玛瑙山历史文化研究丛书
MANAOSHAN LISHIWENHUA YANJIU CONGSHU

贵州清代山地军事防御工事：玛瑙山营盘

◎何 烨 著

Manaoshan Fortress —Guizhou Mountain Fortifications of Qing Dynasty

by He Ye

中央民族大学出版社
China Minzu University Press

图书在版编目（CIP）数据

贵州清代山地军事防御工事：玛瑙山营盘 / 何烨著. —北京：中央民族大学出版社，2019.4

ISBN 978-7-5660-1598-3

Ⅰ.①贵…　Ⅱ.①何…　Ⅲ.①军事—防御体系—研究—贵州—清代　Ⅳ.①E289.73

中国版本图书馆 CIP 数据核字（2018）第 291208 号

贵州清代山地军事防御工事：玛瑙山营盘

作　　者	何　烨
责任编辑	舒　松
封面设计	布拉格
出 版 者	中央民族大学出版社
	北京市海淀区中关村南大街 27 号　邮编：100081
	电　话：68472815（发行部）　传真：68932751（发行部）
	68932218（总编室）　68932447（办公室）
发 行 者	全国各地新华书店
印 刷 厂	北京建宏印刷有限公司
开　　本	787×1092（毫米）　1/16　印张：24
字　　数	350 千字
版　　次	2019 年 4 月第 1 版　2019 年 4 月第 1 次印刷
书　　号	ISBN 978-7-5660-1598-3
定　　价	168.00 元

遵义市文体旅游局

遵义市文物保护与研究所

遵义市风冈县文体旅游局

遵义师范学院师范学院历史与旅游文化学院

玛瑙山营盘

序

习近平总书记指出，中华民族在几千年历史中创造和延续的中华优秀传统文化，是中华民族的根和魂。建立在5000多年文明传承基础上的文化自信，是更基础、更广泛、更深厚的自信。要让收藏在禁宫里的文物、陈列在广阔大地上的遗产、书写在古籍里的文字都活起来。

以贵州遵义师范学院历史文化旅游学院陈季君教授为首的中青年专家团队编撰的《玛瑙山文化丛书》(以下简称《丛书》)作为《凤冈历史文化系列丛书》的重要组成部分即将付梓，这无疑体现出一种高度的文化自觉和自信，也包含着浓厚的家国情怀。

编撰各个地区翔实的区域历史文化记叙，包含考证确凿的史实和当代与时俱进的认知，推介给世人，周知海内外，传续子孙后代，这有益于全世界共同了解和体验中华民族多元一统国家的悠久历程和丰厚底蕴；也有益于父老乡亲更清晰地发现和领悟家乡的美好、特色和魅力，增强实实在在的自豪感、自信心和凝聚力。既是盛举，也是使命。可赞可喜！

编撰可信而又生动的区域文化历史丛书，离不开对正史、方志、民间传说、考古发现、实地勘察资料，以及海内外相关学术研究成果等的充分利用和科学辨析。《丛书》专门辟有《玛瑙山史料辑录与整理》篇，引证了《贵州通志》，嘉庆《重修一统志》(卷505《石阡府》)，光绪《湄潭县志》,《黔南识略》,《钱氏家谱》等诸多文献，辅以重要的《游记》和现场勘察资料，对《丛书》的

专业支撑和严谨性，具有重要作用。

由陈季君教授率领的青年学者张传跃博士和郎丽娜博士以及2015级历史班的12名学生组成的团队通过两个暑假的田野调查后整理编写的《玛瑙山民间故事与传说》篇，为史料的缺失或粗疏提供了重要的补充，也使得《丛书》益发接地气，植根于生活，显得生动、活泼，更显遵义这一地区社会风貌、传统和特征。

任何一个区域文化和社会沿革，都来自特定的山川地理环境、气候、交通、距离等客观条件，更源自血肉气息相连的民族文脉。中国作为一个地域辽阔、气象万千的多民族融合的文明古国，各个地域有着传统久远的向心力，又有着千姿百态的文化架构和各自的特色。这种自然的和人文的背景、基础和前提，在《丛书》陈季君教授的《玛瑙山历史地理研究》中，有清晰的梳理和系统的研究。这不仅深化了人们对玛瑙山区域历史文化由来、现状和历史趋势的领悟和理解，而且对于认识黔北，乃至于更宽泛的文化现象有助益。

玛瑙山所在的遵义，北接巴蜀，东邻湘西，多方向联结重要的人类文化线路；水陆交通四通八达，商贸、文化交往繁荣；亦曾涉及许许多多重大的历史事件。从玛瑙山的历史地理故事中，能感知中华文明的血脉流淌，乃至世界的变迁。

《丛书》中，郗玉松副教授的《清代玛瑙山及周边地区历史文化研究》提供了一份对清代西南地区基层社会状况的研究案例。涉及土司制度、移民文化、科举文化、宗族文化，以及保卫乡村社会稳定的尚武文化等。这和玛瑙山的历史地理沿革构成了合乎逻辑、特色鲜明的区域文化链条。

通观《丛书》，各个篇章都没有离开对玛瑙山历史地理文化中的核心有形物质遗产——玛瑙山营盘的描述、研究和阐释。李飞博士执笔的《玛瑙山：考古、文献与口碑》在对玛瑙山营盘遗址进行考古调查和初步发掘的基础上，通过对玛瑙山的遗迹遗物的整理与文献和传说进行比对研究，对遗址的价值给予较为客观的评价。何烨的《贵州清代山地军事防御工事·玛瑙山营盘》在对玛

瑙山营盘文化遗存全面调查、测绘和研究的基础上，通过和养马城、海龙屯等本省山地军事城堡的对照，提出在近千余处军事防御工事组成的形式多样的贵州山地军事防御体系中，玛瑙山营盘遗址是其中清代山地军事防御工事的重要代表，也是咸同年间贵州农民起义的重要历史见证。

鉴别一处文化遗产的意义和价值，对比分析研究是不可缺少的背景和手段。对玛瑙山文化案例，无论是有形的（物质的），还是无形的（非物质的），本《丛书》从历史沿革、军事营盘形态、民俗传统和乡土文化特色等各个方面，都提供了可资对比研究的要素、现象和线索。同时，《丛书》也为认定玛瑙山有形文化遗产的真实性和完整性，以及无形文化遗产的类型和内涵，提供了依据。

对于有形的物质文化遗产而言，实物的历史见证价值是最基本的价值所在。因而，无论有哪些相关的社会分歧和争端，对这种不可再生的实物见证和文化资源，人类都应该首先尊重和珍惜这一基本价值，真实、完整地维护和传续它。而忠实地记录遗产现状，穷竭相关的演变过程，尽一切可能保存历史的原物，则是保护的要点和重中之重。

《丛书》的面世，以及《凤冈历史文化系列丛书》整体的策划，可以为这样一种保护理念和路径做出自己的贡献。

尽管《丛书》的编撰团队谦称，“由于时间紧、任务重、资料缺少，实物样本量不足等，研究中难免存在诸多错误和遗漏”，但我们还是要衷心地为《丛书》的完成和编撰团队的努力奉献与突出成就点赞。致热烈的祝贺！

郭旃

2018 年 12 月 5 日于北京

前 言

玛瑙山主体蜿蜒在贵州省凤冈县绥阳镇境内。绥阳镇原名绥阳场，历史悠久，曾是唐代夷州州治所所在地，南宋隶思州，明代属石阡府龙泉坪司，清代为平越州湄潭县，民国插花地厘正时划归凤冈县管辖。玛瑙山既可以作为一个片区的称呼，也可以作为一座山的名字。说其为片区，是指以玛瑙山为中心，周边数公里的河流、地貌等自然景观和风土人情、农业民居等人文景观；说其为山名，是因为该山酷似马头，最初被当地人称为“马脑壳”或“马脑山”，后来被文人写成“玛瑙山”，似显文雅。不过，笔者实地考察时发现，此山有一巨大的天然溶洞，里面的钟乳石颇似一串串玛瑙，故称其为玛瑙山更有理可循。也许，文人把马脑山称为玛瑙山是因为见此景象而受到了启发。

玛瑙山不仅在当地家喻户晓，更由于其富含文化遗产而享有盛名，代表性文化遗产是建筑规模巨大的玛瑙山营盘，享有“万米长城”“中国西南地区最完整的古军事建筑”的美誉。这座军事营盘始建于南宋高宗绍兴二年至绍兴二十三年之间（1132 年至 1153 年），历经元明，清代咸丰年间进行了大规模扩建，成为在 19 世纪中国西南广大区域内，社会动荡环境中，集家族生活和防御功能为一体，以石构建筑为主体的小型城堡式建筑群的典型代表，亦为中国传统的封建家族文化的集中体现，是同类文化现象存世最完整最典型的代表作之一。

与同是坐落在遵义境内的海龙屯军事城堡不同，海龙屯以险峻、雄奇令人叹为观止，而玛瑙山军事营盘是地方民众保护家园的乡村军事防御工事，虽地势较为平缓，却处处体现了中国古代南方劳动人民高超的建筑智慧，其遗产具有很高的真实性、完整性。玛瑙山营盘按八卦阵式设计，建有城墙、城门、碉堡、敌楼、兵营，所筑攻防之道，营营相连，洞洞相通，地上营垒与地下洞厅紧紧相套；营盘设有指挥中心，地上城墙曲折迂回，易守难攻，步步惊心，营内四通八达，柳暗花明。建造构思奇特，匠心独运，其军事攻防体系实为罕见。

玛瑙山营盘内的驿道、盐道见证了当时重要的交通和经济功能，更为重要的是它对重大历史事件的见证意义和地方风俗传统的承载，具有黔北民族文化、家族文化、科举文化的重要历史见证意义，更具有农民起义和昔日社会传统与形态结构的矛盾斗争地方化区域化特点。总之，玛瑙山的历史文化价值不可低估。

玛瑙山环境景观优美和谐，伴随着人们文化品位的提高和凤冈旅游开发的勃兴，玛瑙山营盘必将会受到越来越多人的关注。这更需要我们历史工作者进一步加强对营盘的学术研究，发掘和研究这一宝贵的文化遗产，研究这个地方的历史文化衍生、变迁和发展，从而找出这些文化遗产里的文化符号、文化灵魂、文化精神。让观光者在旅游休闲中品味异彩纷呈的奇峰异洞，惊叹构造者的妙思构想和巧夺天工时，增强文化的自信心和自豪感。

从 2015 年起，研究团队以服务地方文化发展为己任，以筚路蓝缕，以启山林的精神精心梳理这一宝贵的历史遗产，探寻玛瑙山地上地下纵横交错的防御体系及其蕴含的历史文化。课题组针对“考古、文献与口碑”“玛瑙山民间故事与传说”“玛瑙山资料记录与整理”“贵州清代山地军事防御工事 · 玛瑙山营盘”“清代玛瑙山及周边地区的历史文化研究”“玛瑙山历史地理研究”等课题进行了深入研究。学者们以严谨求是的精神和科学求实的态度，冒着严寒酷暑数次深入玛瑙山历史的现场，多次深入周边民族村寨进行田野调查，努力搜寻遗址遗迹遗物以及历史的记忆，查证大量文献资料进行相关资料的搜集整理研究，最后完成写作并把研究成果结集出版。这是三年来课题组陈季君、李飞、郗玉松、胡安徽、何烨等学者们辛勤耕耘的成果，是凤冈县人民政府、凤冈县文广局、遵义师范学院、遵义市文化广电新闻出版局、省考古所、省博物馆等单位团结协作的结果。这个成果是支撑凤冈历史文化悠久、灿烂与厚重的又一块基石。

为了对博大厚重的凤冈文化做全面的深度的解读，从 2013 年开始，由县政协委员发起，提出编写一套《凤冈县历史文化系列丛书》提案，希望通过一套“历史文化系列丛书”以系统总结历史，盘点遗产，延续文脉，服务现实，同时彰显凤冈文化的魅力，提升凤冈文化影响力。这些年来，凤冈县文化界、知识界一批有识之士倾注了对凤冈历史文化的深情注视，搜集整理编写出版了一批文史研究著述，为传承和弘扬凤冈文化做出了艰辛的努力，为后来的研究打下了较好的基础。这一套关于玛瑙山课题研究的丛书，就是《凤冈县历史文化系列丛书》的重要组成部分，是融科学性、学术性、知识性、可读性为一体的重要著作。

在贵州遵义凤冈县境内的玛瑙山古军事遗址课题研究成果付梓之时，恰逢改革开放 40 周年这个节点，编者把这套丛书作为庆祝改革开放 40 周年的隆重献礼。

由于时间紧、任务重、资料缺少，实物样本量不足等，研究中难免出现错误和遗漏，诚请方家批评指正。

陈季君

2018 年 12 月 26 日

目录

第一章　宋明清时期贵州山城军事防御工事

第二章　玛瑙山营盘军事防御建筑与艺术

第三章　玛瑙山营盘相关配套设施遗存

第一章
宋明清时期贵州山城军事防御工事

贵州山地军事防御工事近千余处，从唐代“高遥山”到唐宋时期的养马城，从明代的海龙屯到清代的玛瑙山，这些军事防御工事成为贵州山地军事防御工事不同时期的典型代表。唐代“高遥山”仅在《遵义府志》中有所记载，第三次全国文物普查未曾普查到其所在实际地点，地方文史专家及学者也多次组织调研考察，最终也未能找到它的准确地点，更不必说其建筑形式和建筑艺术以及军事防御思想。而养马城已经考古发掘证实其年代属于唐宋时期，2012 年至 2014 年，贵州省文物考古研究所对海龙屯遗址进行考古发掘，已考证其主要建筑年代属于宋代。在第三次全国文物普查中，清代时期营盘遍及全省各地存余 400 余处，其建筑形式、建筑艺术和军事防御思想各异。2017 年至 2018 年，凤冈玛瑙山营盘经贵州省文物考古研究所、遵义市文物保护与研究所和遵义师范学院历史与旅游文化学院对其进行考古调查和系统文物调查，研究发现玛瑙山营盘是对贵州宋明时期山地军事防御工事的建筑形式、建筑艺术、功能布局和军事防御等特点进行的科学发展和传承，完整地保存下来这些特点，将贵州山地军事防御工事发展到了历史顶峰，充分体现了我国古代军事防御体系建设中攻、防、退、守的军事防御思想，成为贵州以及南方地区清代时期山地军事防御工事的典型代表。

第一节　宋代山地军事防御工事养马城

养马城现位于遵义市汇川区高坪镇大桥村养马村民组境内，海拔高度 1101—1156 米，占地面积 1.2 平方公里，东、南、西三面临河谷悬崖，北面一条小径稍平入城，西隔 200 多米深的白沙河谷与海龙屯遥相呼应，是播州杨氏土司牧马之地和主要的军事后勤给养地之一。据《方舆纪要》称：养马城在遵义县北三十余里，唐末，杨氏建为牧马地，可容马数万也。唐僖宗乾符三年（876），因南诏国攻陷播州（今遵义地区和黔南、黔东南部分地区），唐朝廷命山西太原人杨端领兵收复地，入播平息南诏，杨端力战，收复之，从此世袭统治播州领地，次年（877），杨端选择“养马城”一制高地筑城养马，以供战用，明万历年间，杨氏第三十世土司杨应龙与明王朝矛盾加剧，在重建海龙屯之同时，组织工匠对养马城进行重修，并在北部新筑门和平安寨上筑“城中城”，大规模整修“衙门”建筑，以加紧对军马的驯养和对养马城的守卫。

养马城现存有关隘城门六座，城墙一周共3500米，牧马瞭望哨所两座，衙门（朝门）建筑两座，驯养城围墙（城中墙）一周，驯养殿一座。各城门修建于险峻的关隘之上，匾额均已脱落或风化，无法辨认其当时的真实关名，当地人称之为东门、小东门、西门、月儿城门、田家城门和张家城门，城门与城墙将各关口相互连接。[①]

养马城在平面上呈不规则形，城墙均为夯土包石结构，由包边石墙、女墙、顶部石板道路及夯土等部分组成，面积约35万平方米。城圈通过绕团山堡、平安寨、扁桶山、猫脑壳山、豪高坡及中林岗的环山城墙闭合。[②]城内分布有建筑遗址、道路交通遗址和采石场遗址等，贵州省文物考古研究所与重庆文化遗产研究院于2014年对养马城进行考古发掘，其建筑遗址破坏较大、采石场遗址保存较好，其采石场的石材与城墙和城门砌筑的石材非常吻合，属于泥灰岩石材。

养马城城门和城墙的建筑结构和建筑工艺非常特殊，城墙建筑方式和工艺与海龙屯的宋城墙大体相似，建筑材料选用泥灰岩加工成片石进行干摆砌筑而成。城门（门道）的建筑形式和建筑工艺与海龙屯区别较大，月儿城门建筑工艺属闸门式的拱券顶城门，进深3.79米，门洞宽1.95米，面阔4.55米，门洞高2.85米，门券石7块。其余五个城门均采用规整条石重叠而建，属叠涩顶式单通道城门建筑，其进深在3.15—6.15米，门洞宽在1.05—1.615米，门洞高在1.95—2.85米。[③]

① 遵义市汇川区第三次文物普查登记表。何烨，杨毓丹，郑钢，2011年10月。

②《考古》（2015年第11期）《贵州遵义市养马城遗址调查与试掘简报》第30页 贵州省文物考古研究所 重庆文化遗产研究院 袁东山 蔡亚林 韦松恒 王洪领

③《播州土司文化遗存图释》中央民族大学出版社98-99页2015年 何烨 陈季君 刘世野

养马城在军事布局上城内大体可分为军事防御管理区（衙门）、哨所（平安寨）、兵营（豪高坡）、城门（门座），城外东侧设练兵场进行操练。军事功能主要为海龙屯东南前沿军事防御区，对古播州（今遵义城）方向进入海龙屯之敌进行军事防御。

省考古专家刘思元曾到养马城进行考察研究，认为该建筑群建于海龙屯之前，在村民们日耕劳作之时，常常在田间地头和扁楣山等地翻挖出青花碎瓷片，碎瓦当、滴水和筒瓦等。2013—2014年，贵州省文物考古研究所对其进行考古发掘认为，养马城的地层堆积、出土遗物及营造方式均将其始建年代指向南宋，结合文献分析，可能与海龙屯早期城垣同在宋末蒙古进攻云南的背景下，于宝祐六年（1258）左右由南宋朝廷联合播州杨氏土司共同修筑。城内未见明确为唐代或更早时期的遗存，目前考古材料暂不支持《贵州通志》“唐末”之说。[①] 经考古证明，养马城是宋代始建、元明时期续建的一座典型的宋代贵州山地军事防御体系。养马城从功能布局上为城内管理中心、兵营中心、哨所、城门和墙，与其后明代的海龙屯、清代的玛瑙山山地军事防御体而言，其功能布局较为简单；防御方法因火器尚未应用，只能将城墙修筑较宽，防御人员在城墙巡逻，并在女墙（h 形城墙之过墙）上以箭为主要防御器械，其防御能力较差；建筑材料因其生产力水平不高、铁器运用能力低下，城墙、城门等建筑材料选用泥灰岩这一石材，便于开采和加工成片石进行干摆砌筑，与海龙屯早期建筑材料相同；城门建筑形式上主要采用传统建筑中叠涩顶、单通道式干摆的砌筑方法，与拱券式砌筑的城门相比较为简单，虽然拱券式建筑——赵州桥早在隋朝已得到应用，但宋代时期的河北与播州存在文化传播的时间差和生产力水平发展不平衡因素，决定了养马城建筑材料的选用。养马城之北 300 余公里的重庆钓鱼城，始建于宋代，与其为同期建筑，其在建筑材料上同样采用了泥灰岩材料作为城墙、城门的主要建筑材料，其建筑工艺与养马城基本一致，从考古发掘报告和建筑艺术上综合分析，养马城则是宋代贵州山城军事防御体系的典型代表，为之后各个时期的贵

①《考古》（2015 第 11 期）《贵州遵义市养马城遗址调查与试掘简报》第 44 页　贵州省文物考古研究所　重庆文化遗产研究院　袁东山　蔡亚林　韦松恒　王洪领

州山地军事防御工事建设提供了一个实物参考，同时也为研究贵州山地军事防御工事提供了一个实物依据。

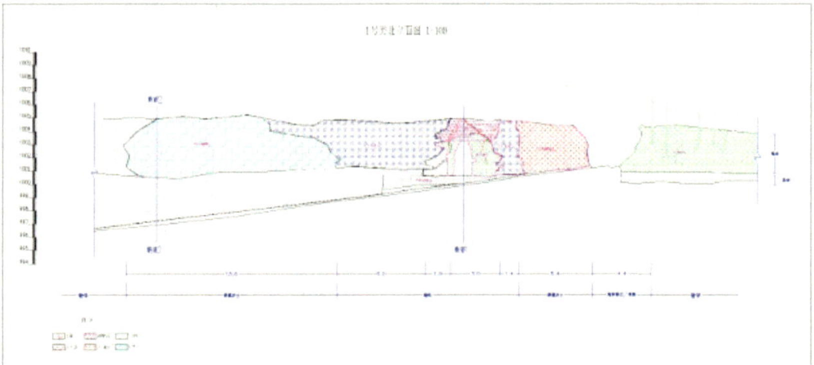

第二节　明代贵州山地军事防御工事海龙屯

海龙屯，位于贵州省遵义市汇川区高坪镇海龙屯村龙岩山上，海拔高度从沟谷的940米至屯顶1324米；屯内占地1.59平方公里。据《遵义府志》记载：海龙屯始建于南宋宝佑五年（1257），蒙古大军由云南挥师东进伐宋，战火烧至播州西境。播州告急，朝廷派两府节度使吕文德至播州部署防御，申报朝廷，“置一城以为播州根本”，播州第15世土官杨文选择险峻的龙岩山构筑军事营垒——龙岩新城（即：海龙屯）。

明朝万历二十一年（1593），杨氏三十代土司杨应龙，调集役夫工匠，扩建龙岩屯关隘，屯驻重兵，在宽约10里的屯上加固土、月二城、屯东山脚右设铜柱关，左设铁柱关，山腰建飞虎关，屯顶东侧建飞龙关、朝天关、飞凤关，坚壁巨垒连成一气；屯西后山建万安关、西关、后关，均以巨石砌筑，各道城门券拱顶的榜额上嵌刻关名，城门上营造箭楼。各关石墙相连，马道互通，城门外深掘壕堑，架设吊桥。三重城墙，内外重叠，外墙临崖绕屯而建，依山势逶迤10余里，下临百丈深谷，险要天成，《明史》称“飞鸟腾猿，不能逾者”。

明万历二十八年（1600）正月，明王朝认定杨氏“谋反”，任命四川总督李化龙并赐尚方宝剑统领云南、广西、贵州、四川、湖南、陕西、山东、河南、宁夏等15省24万步骑兵，分八路进兵播州，遭播州土司兵顽强抵抗，李化龙下令“百道夹攻”，抽精兵轮番仰攻，于六月六日凌晨破屯，官兵在屯上杀戮焚劫，木结构建筑全被焚毁，杨应龙自缢身亡，杨氏自唐以来在播州725余年的世袭统治从此结束，朝廷至此于明万历二十九年（1601）废除播州土司制度，实行改土归流，开辟了播州新纪元。

海龙屯经过万历二十八年平播的毁灭性打击，又历400年沧桑销蚀，其部分关隘和城墙至今仍傲然屹立，凭险设关，关关相连，以料石垒砌高大的城墙关隘设防，形成了多层防御体系，令整个屯堡十分坚固。在建筑功能选择上，海龙屯西侧防御体系采用月城和土城各自向西凸出砌筑城墙，围合成两层围合性防御空间组合，形成了强有力的军事防御体系，加强了海龙屯西侧的攻防能力，弥补了西侧天然地形屏障作用相对薄弱的缺陷，展示了播州筑城思想上因地制宜、因势利导的创新能力，也形成了独特的“两重瓮城”的规划思想，在防御工事的规划、建造上，海龙屯东侧有明显的两重城规划思想。即海龙屯在内城墙东外侧半山腰又修建了高大的外城墙，外城墙围合的一个相对独立的外城空间，和内城组合构成了两重城的屯堡空间和防御体系形式。在管理功能上，海龙屯内城造了环屯内城墙、环屯马道、哨台、飞龙关、瞭望四角亭、朝天关、飞凤关、万安关，以及宋代建筑群、明代建筑群等附属设施。

在海龙屯选址和建设上，充分考虑了重要的使用功能，根据功能需求可分为九个相对独立的区域，即：东外城前沿防御区、东外城防御区、内城东部防御区、内城北部环屯防御区、内城南部环屯防御区、内城中部建筑集中区、内城西部防御区、西外城防御区、西外围前沿防御区。

海龙屯因特殊的地理位置、地理地貌环境、历史原因、政治制度和社会背景造就了这一独一无二的中国南方山地军事屯堡。总体上形成海龙屯东、南、北地势三面临崖、一面通幽，易守难攻，具有非常典型的山顶城军事设施特点。建筑风格采用就地选材、依山而建的石结构建筑。总体布局建前六关隘、后三关隘、三重城墙围护、辅之设哨台加以戒备军事防御设施，中设政治、军事建设设施，外围东南侧设养马城、养鸡池和养鹅池为第一道天然军事屏障，同时与养马城东侧的鸣庄、海龙屯东北侧的永安庄以及南侧的上庄及下庄等开成给养基地，延升之外再设云门屯、青蛇屯、老君关、罗蒙关等数十个关屯屯兵驻守，总体形成了科学的具有军事防御、政治统治、生活给养功能的一个完整体系。

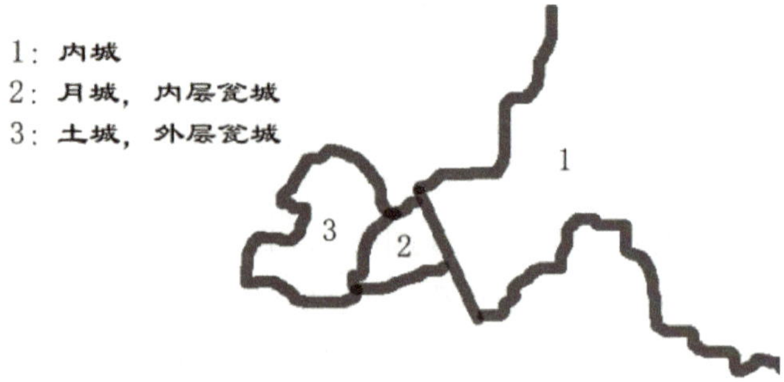

两重瓮城示意图

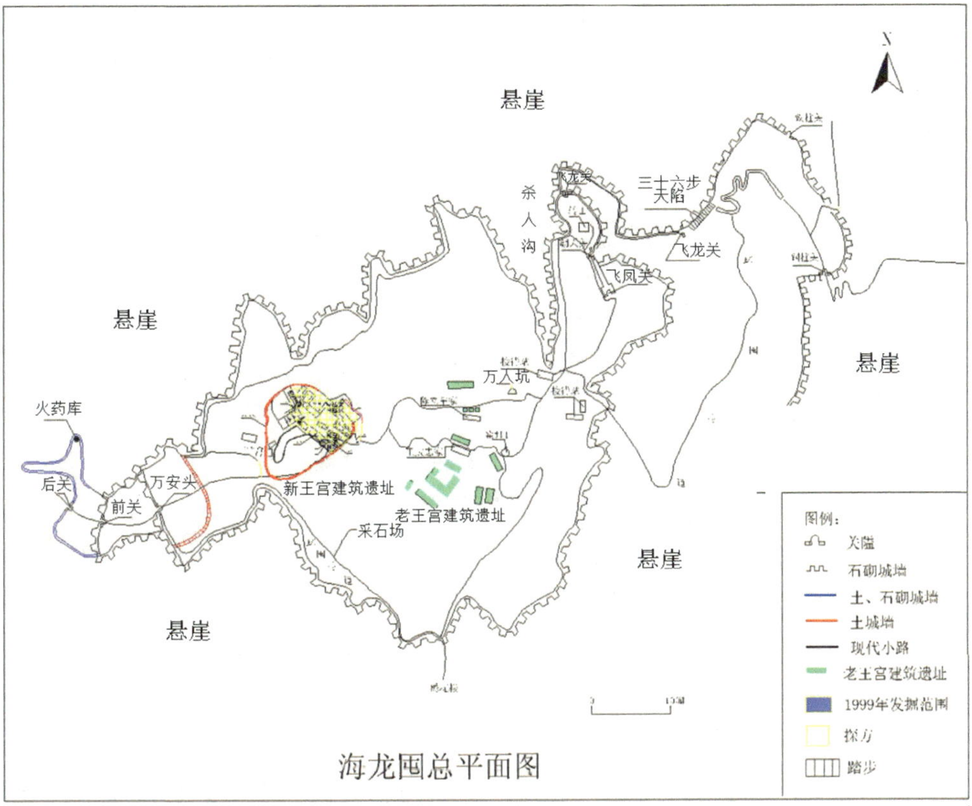

海龙囤总平面图

第三节　清代时期贵州山地军事防御工事

清代晚期，社会动荡不安，清政府倡导各地自办团练以自保，营盘建设在各地兴起，其民国《续遵义府志》收录遵义寨堡有396处，这些营盘的建筑面积、防御能力根据其地势特点进行建设，各具特点、各具形式。经历100多年的历史洗礼、社会的发展、城市建设需要，大多数工事也不复存在，遵义第三次全国文物普查登录的营盘不足100处。目前已公布为省级文物保护单位的有玛瑙山营盘遗址一处，公布为市级文物保护单位的有新蒲新区桐梓铧尖山营盘遗址、汇川区龙爪屯和海云屯营盘遗址、正安县青龙山寨遗址、务川县石步丫营盘遗址、红花岗区金鼎山金瓯门营盘遗址和播州区邓家营盘遗址 7 处。这些公布为文物保护单位的清代营盘与已登录的营盘共同组成清代贵州山地军事防御体系，在这一山地军事防御体系中，每一个营盘工事根据其地形地势的特点具有功能大小不一的军事防御能力。

一、清代时期贵州山地军事防御工事代表性营盘

1. 锌尖山营盘，位于桐梓县夜郎镇华峰村锌尖山顶，海拔高度为 1319.10 米。建于清咸同年间。据民国《桐梓县志・军务志》记载："初，王正伸同王正儒，充当团首，剿平层峦、鼻孔二匪，并团二万家，名太和团，修锌尖山为寨……" 遗址面积约 5000 平方米，营盘内可见明显人工砌筑工事，南门入口处有石台阶 100 余级，最宽处 3 米，最高 0.5 米。营盘内遗存有清咸丰五年（1855）铁炮一门，炮身呈圆筒形，腹部略大，总长 2.3 米，上刻铭文已模糊难辨，依稀可识"开王咸丰五年制"字样。古炮架于一沙石炮台上，炮台呈"凹"字形，高 1.20 米，保存较为完好。锌尖山营盘由城墙、兵营建筑、火炮、城门组成，四周险峻，军事布局上主要以险峻奇峰配以城墙、城门和火炮为军事防御体系，具有军事防御能力；建筑工艺较为考究，以就地采的青石经精加工干摆砌筑而成城墙和城门；选择当地较险峻的峰顶设屯聚守，以守为主，退而艰难，构不成较为完整的军事防御体系。

2. 龙爪囤营盘，龙爪囤，位于汇川区（原遵义县）沙湾镇沙湾村麻石、习早两村民组境内，五座囤寨高低错落，分别修建在附近山顶上，平面分布图形如龙掌大张，伸出五个爪子，故名“龙爪”。分别称为反背寨、马山寨、寨上寨、洋窝寨、大佬山寨，彼此相距 500—1000 米，均占据有利地形，分布在附近山顶上。城堡用巨石垒成，城墙高 3.2 米，厚 1.8 米，修有多个城门和瞭望孔眼。史料记载，当年龙爪囤囤外围还建有“木栅十数层”。占地面积分别在 10—30 亩，山头的相对高差 30—250 米[1]。

龙爪囤与海龙屯距离约 5 公里，距海云囤 5 公里，位于海龙屯与海云囤之间。通过进一步研究发现，龙爪囤建筑材料为青石，砌筑方式为干摆砌筑，与清代营盘非常接近，当然不排除龙爪囤始建于明，清代重建，目前遗存大多数具有清代营盘建筑特征。选址较为特殊，以五个山头分别砌筑城墙和城门，五个山头在平面上呈爪状，互为犄角，构成一道军事防线，有一定的军事防御能力，但同样与大多数清代营盘一样，主要以守和防形成军事防御能力，并没有完全考虑攻、防、退、守为一体的军事防御体系。

①《播州土司文化遗存图释》第 118 页　何烨　陈季君　刘世野　编著　中央民族大学出版社　2015 年

3. 海云囤营盘，位于汇川区沙湾镇沙湾村马门沟山顶，现名大岗寨。大岗寨海拔 1580 米，山体陡峭，三面绝壁，易守难攻，距海龙屯直线距离 3.5 公里，距龙爪囤 1.5 公里，占地面积约 8 万平方米。现存寨墙分为内外两层，毛石堆砌，墙高约 3 米，宽约 1.6 米，墙顶可行人。因地势偏僻险要，人迹罕至，城墙保存相对完好。屯内建筑在战争中被毁，仅存石磨、石碓等工具散落其间。城墙选用开采的青石未经加工进行干摆砌筑而成，其城门建筑不明显，建筑工艺与玛瑙山城墙砌筑方式完全相同，或当属为明代所建，清代重建，其文化遗存主要清代为主。海龙屯在选址上选择山体陡峭、三面绝壁的山顶，构成一道军事防线，有一定的军事防守能力；布局上以城墙、兵营为防御，具有一定的防御能力，但在攻、防、退和守上未能全面体现出军事防御体系。

4. 青龙山寨营盘

青龙山寨遗址，位于正安县俭坪乡龙泉村叶家台寨子对面的青龙山。占地面积 1.3 万平方米，建筑面积约 8000 平方米。团首简永叁为防农民起义军于清同治三年（1864）建。青龙山寨的寨墙用大块毛石垒砌，残高 3—10 米，现存有寨墙上的炮台、垛口、瞭望台等防御设施，山寨前后建两道营门，正对叶家台寨为前营门，高 2.45 米，宽 1.35 米，进深 2.6 米，门楣上有额题“青龙山寨”方碑，城台上建碉楼，形成上为碉楼、下为进寨甬道。前营门正对建有关帝庙。寨后门已毁，寨后门正对建有观音庙。关帝庙、观音庙建筑顶部已毁，墙身仍存，其余建筑仅剩残基，寨内有墓葬十余座。青龙山寨遗址依山就势，地势险要，面积达 1.3 万平方米、寨墙坚固雄伟，防御体系完备；建筑采用就地开采青石经精加工后干摆砌筑形成高大城墙，具有较强的军事防御能力；军事布局上以城墙、城门以及兵营构成军事防御体系，寨内可储备一定的粮食，构成一道军事防线，具有一定的军事防守能力，在退守上较差，构不成较为完备的军事防御体系。但青龙山寨遗址内设关帝庙和观音庙，是同时期与玛瑙山营盘遗址所同之处，体现了军事防御中长期防御的防御思想。

5. 石步丫营盘

石步丫营盘遗址，位于务川县镇南镇同心村三家田组王家坨寨上。清咸同年间黔北号军起义，镇南石步丫团首项希廉侄项文炳修建，名“大夫第”，以避“匪患”。占地面积 3200 平方米。号军，是清咸丰五年（1855) 至同治七年 (1868) 间，由白莲教组织和领导的贵州农民起义军，又称教军。以旗帜和包头巾颜色分为红、黄、白号军。在黔北、黔东北、贵阳周边略地占城，声势浩大，黔北地区主要是白号军。清政府调川、湘军入黔历时 14 年才将起义镇压，同时朝廷也鼓励民间组织团练，由地方富绅任团首，自筹经费训练乡勇，以清查保甲，坚壁清野，地方自保。

石步丫营盘遗址现存内外寨墙、内外寨门、房屋基址、关公庙基址、蓄水池、暗道、射击孔等遗址，暗道用山下溶洞。寨墙分为内外两层，外高内低。内寨门建于寨墙上，石构建、八字形，门楣上方刻“大夫第”。门柱上刻对联，门两侧仿木构建，刻“福”“寿”圆窗，门柱、门楣、圆窗上饰蝙蝠纹、花草纹。石步丫营盘遗址在设计上分内外寨，下设暗道与山下一溶洞相通，防御功能较强，布局非常独特，与玛瑙山营盘军事布局有相同之处，充分利用贵州喀斯特地形地貌的特点，结合军事防御需求进行军事布局，具有攻、防、退、守的军事防御体系，构成两道军事防线。石步丫营盘遗址采用就地采青石经精加工干摆砌筑而成城墙、城门等军事防御设施，同时在石构件上仿木构石刻艺术在军事营盘遗址中实属不多见，其建筑艺术考究。

6. 金鼎山金瓯门营盘

金鼎山金瓯门营盘遗址，位于遵义市红花岗区金鼎山半山腰，万佛寺左侧 300 米处。当地寨老杨裕于清咸丰六年（1856）为防御号军而建。营寨东西向呈葫芦形，南、北两面为深谷。最宽处约 120 米，最窄处 70 米，占地约 2.7 万平方米。寨东西各设圆拱门一道，东为“鼎镇门”双层，内层高 2.98 米，宽 2.4 米，外层高 3.3 米，宽 2.5 米，门楣楷书阴刻“鼎镇门”。西为“圣恩门”，单层，高 2.8 米，宽 1.4 米，门楣楷书阴刻“圣恩门”。南、北面各存数段毛石垒筑残墙，最高为 3.2 米。清同治元年（1862），杨裕本在金鼎寨南约 400 米处用料石筑金瓯门，亦为双层，外层长 15.4 米，门高 3.1 米，宽 2.25 米，门拱楷书阴刻“金瓯门”三字，内层长 12.6 米，门高 2.8 米，宽 2.48 米。金鼎山金瓯门营盘采用就地开采的青石经精加工后干摆砌筑成城墙和城门，其城门一道，城墙绕山梁而建，背依金顶山大山，以城墙一圈构成一道军事防线，具有守和防的军事防御能力，但在退和攻上缺乏一定的能力尚构不成较为完整的军事防御体系。

7. 邓家营盘遗址

邓家营盘遗址位于播州区（原遵义县）龙坪镇上水村邓家寨。建于清咸同年间，为当地邓氏族人抵御号军而修建。寨墙高 2.3 米，厚 1.5 米，沿山顶而建，呈圆形，周长约 400 米，用毛石砌筑，保存完好。3 个青石拱券寨门高 2 米，宽 1.8 米，亦保存较好。遗址内采集到青花瓷残片。2008 年 6 月第三次全国文物普查时发现，2012 年 4 月 9 日遵义市人民政府公布为第四批县级文物保护单位。邓家营盘遗址的主要设施寨墙、寨门为双拱券建筑形式，保存较好，其建造形式在营盘建设中有较强的完整性和代表性，与金鼎寨营盘有相同之处又有不同之处，互为补充，是研究清代时期遵义经济发展的重要实物资料。邓家营盘建筑工艺考究，采用就地开采的青石经精加工干摆砌筑而成城墙 400 余米、城门三道，构成一道军事防线，但其选址和军事布局上尚构不成较为完整的军事防御体系。

贵州省第三次全国不可移动文物普查登记清代时期军事防御工事近400余处，遵义红花岗区雷台山营盘城墙一圈，残存50余米，残高1.2—3.6米；三都水族自治县三合镇西1.5公里处的罗王营盘，仅残存墙基100余米；惠水县抵麻乡摆亚村的摆儿堡营盘，城墙一圈，残存50余米，残高0.6—2.5米；雷山县达地水族乡巫达村的大坪山营盘，城墙一圈，残存2500米，残高4—5米；麻江县景阳布衣族乡景阳村的大营营盘，城墙一圈，残存50余米，残高1—1.5米；麻江县碧波乡柿花村的菜冲营盘，城墙一圈，残存200余米；从江县洛香镇大团村的香炉岩营盘，城墙一圈，残存100余米；榕江县塔石瑶族水族自治乡塔石村的大坪山八宝山营盘，城墙不存，仅存遗迹；荔波县玉屏镇拉岜村的拉岜山营盘，占地面积7500平方米，城墙一圈仅残存150余米，残高4.2米，残宽2米；江口县桃映土家族苗族自治乡瓮会村北的三元屯营盘，占地面积近30万平方米，城墙两圈，残存5000余米，残高4—4.5米，残宽1.6米，东南西北各设城门两道；思南县凉水井镇凉山村东侧的凉水井营盘，占地面积1200平方米，城墙一圈600米现残存20余米，残高1.5米，残宽1—1.2米。

根据第三次全国可移动文物普查资料，全省具有一定代表性的清代山地军事营盘有诸如思南县鹦鹉镇蜘蛛坝村的十二盘营盘、思南县杨家坳苗族自治乡中城村的中城山营盘、思南县东华土家族苗族自治乡大水溪村北的大水溪营盘、德江县潮砥镇潮砥村北的潮砥村营盘、毕节市大屯彝族自治乡左泥村垭口寨的垭口营盘、贵阳市白云区都拉布依族自治乡的都拉营盘等。这些营盘大多设置城墙1—2圈，门道4—8道，占地面积从500平方米到8000平方米不等，保存基本不完整，其城墙的设置所构成的军事防御体系一般为一道军事防线和两道军事防线，防御能力基本具备守和防的功能，而贵州凤冈玛瑙山营盘占地面积10多万平方米，现残的2000多米城墙将玛瑙山分为内外四层的三道军事防线，同时与地下天然溶洞相互利用又形成了地上军事防御体系和地下军事防御体系，是贵州清代山地军事防御工事的典型代表。

二、清代时期贵州山地防御工事的典型代表玛瑙山营盘

玛瑙山营盘位于今贵州省遵义市凤冈县绥阳镇东北隅的绥阳镇玛瑙山村境内，南距凤冈县城20公里、距绥阳镇政府所在地约2公里，北倚玛瑙山、距务川县城60公里，设置于凤冈至务川、德江的古驿道边上。

清咸丰元年（1851），洪秀全金田起义胜利，建都南京，为太平天国的“天京”，清王朝调贵州驻军参与镇压，致使省内清军锐减。为填补兵力不足，饬令地方组建武装保境[①]。据光绪《湄潭县志·武备志》记载：“道光二十年庚子（1840），四川教匪刘义顺来龙邑长连坝传教，事败遁去。白号始此。咸丰四年（1854），桐梓叛匪杨隆喜攻遵义城，知县张志绂札各里齐团防堵。五年乙卯，都匀抬拱等处苗作乱，青号始此。六年丙辰，教匪刘义顺作乱，攻陷思南府，转攻龙邑城，启里各团救却之。遵义的筑营活动是在咸丰四年（1854）杨隆（龙）喜之乱后，在清政府的倡议下大规模展开的。”[②] 据钱氏家谱载，玛瑙山是凤冈名门望族钱氏家族钱清云于咸丰七年（1857）为抵御外来入侵者而修建的一个山地军事城堡，与玛瑙山北侧的官田古寨配合使用，是冷兵器时期钱氏家族的一个集屯兵、生活和军事指挥中心于一体的军事防御体

①《玛瑙山官田寨》第39页　贵州人民出版社　凤冈县旅游事业局编　2008年

②《玛瑙山：考古，文献与口碑》李飞　2018年

系。同时，周边几大家族紧邻钱氏营盘修建了杨家营盘、丁家营盘和安家营盘等，拱卫在钱氏家族营盘周围，形成了功能分区科学、具有较强军事防御能力的军事防御体系，共同抵御外来入侵者。

玛瑙山营盘北与官田古寨相连，东靠玛瑙山，西临同江河。海拔高度在 835—880 米，占地面积 82909 平方米。玛瑙山营盘由城墙 2262 米、城门 48 道、射击孔 53 个、炮楼（碉楼）2 座、炮座 12 个、哨所 3 座、碓窝 15 个、军事指挥中心建筑遗址、军事管理中心建筑遗址、兵营遗址等组成。四重城墙、内外重叠，充分利用山、崖、洞、水等自然条件进行科学设置，将玛瑙山营盘七个小山头相互连接、与地下溶洞相互贯通，空间布局上形成地上军事防御和地下溶洞军事防御两个军事防御体系；地上军事防御体系以东部外城墙（M14 号门道）沿东南部哨所（S3 号）至南部哨所（S2 号）一线的城墙哨所构筑第一道军事防线，以东营、南营、子营南部严防区、西营、北营、杨家营、安家营到丁家营八个军事防御区外城墙一圈构筑第二道军事防线，以中营外城防御区外城墙一圈构筑第三道军事防线；地下军事防御体系以地下中营腹部天然溶洞防御区和南营腹部天然溶洞军事防御区与其贯通至营盘外的官田古寨构筑第四道军事防线。玛瑙山营盘地上军

事防御体与地下军事防御体系的相互配合使用，将贵州宋明时期山地军事防御工事的建筑形式、建筑艺术、功能布局和军事防御等特点发展和传承、完整地保存下来，将贵州山地军事防御工事发展到历史顶峰，充分体现了我国古代军事防御体系建设中攻、防、退、守的军事防御思想。

（一）地上军事防御体系

玛瑙山营盘地上军事防御体系由中营、子营、东营、西营、南营、北营、杨家营、安家营和丁家营八个营盘和南部外城军事防御区、东南外城军事防御区组成，以城墙、门道、射击孔、哨所、炮楼、炮座、碓窝等军事设施科学布置和科学运用，形成了玛瑙山营盘具有强大军事防御能力的地上军事防御体系。

1.1 中营

中营位于玛瑙山营盘中部，当地人称“金磐山”，海拔高度856米，位于北纬28° 7′ 8.65″，东经107° 45′ 54.85″。它是玛瑙山营盘的军事指挥中心，由中营内城和中营外城组成。内城平面上呈长方形，南北城墙长45米、残高5—6.5米，东西城墙长33米、残高4.6—8.6米之间，占地1485平方米。

中营内城建筑形式考究、建筑工艺精细、建筑材料坚实。四周城墙采用就地开采的青石精加工后干摆砌筑而成，城墙建筑形式为“台阶形”城墙，由座墙、过墙和扶墙组成，城墙高大厚实，是玛瑙山营盘建筑规格最高、建筑工艺最好、防御能力最强的区域。

从功能分区上，中营内城分军事指挥中心指挥区、中营内城防御区、中营内城退守区和中营内城给养区。中营内城指挥区由中部两组建筑组成，一组位于中营内城中心位置，建筑遗址长26米、宽6米，占地面积156平方米，是玛瑙山的军事指挥中心指挥所，另一组建筑位于指挥所东侧，建筑遗址长7米、宽6米，占地面积42平方米，是玛瑙山营盘中营指挥中心指挥所的办公中心。中营内城防御区分为一是四周城墙防御区，由“台阶形”城

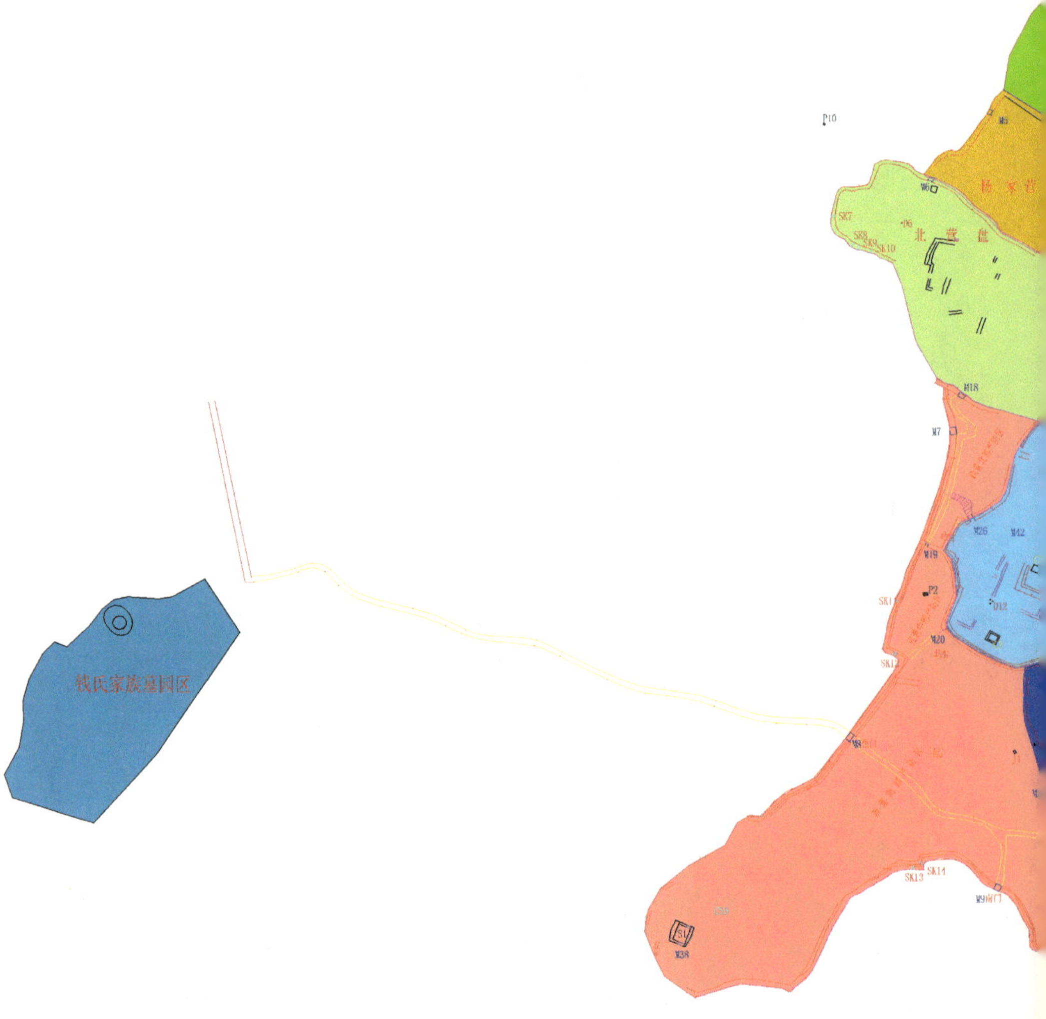

玛瑙山营盘军事防御体系功能分区图

遵义市文物保护与研究所 何烨 潘昌敏 制

2018年9月 遵义 玛瑙山

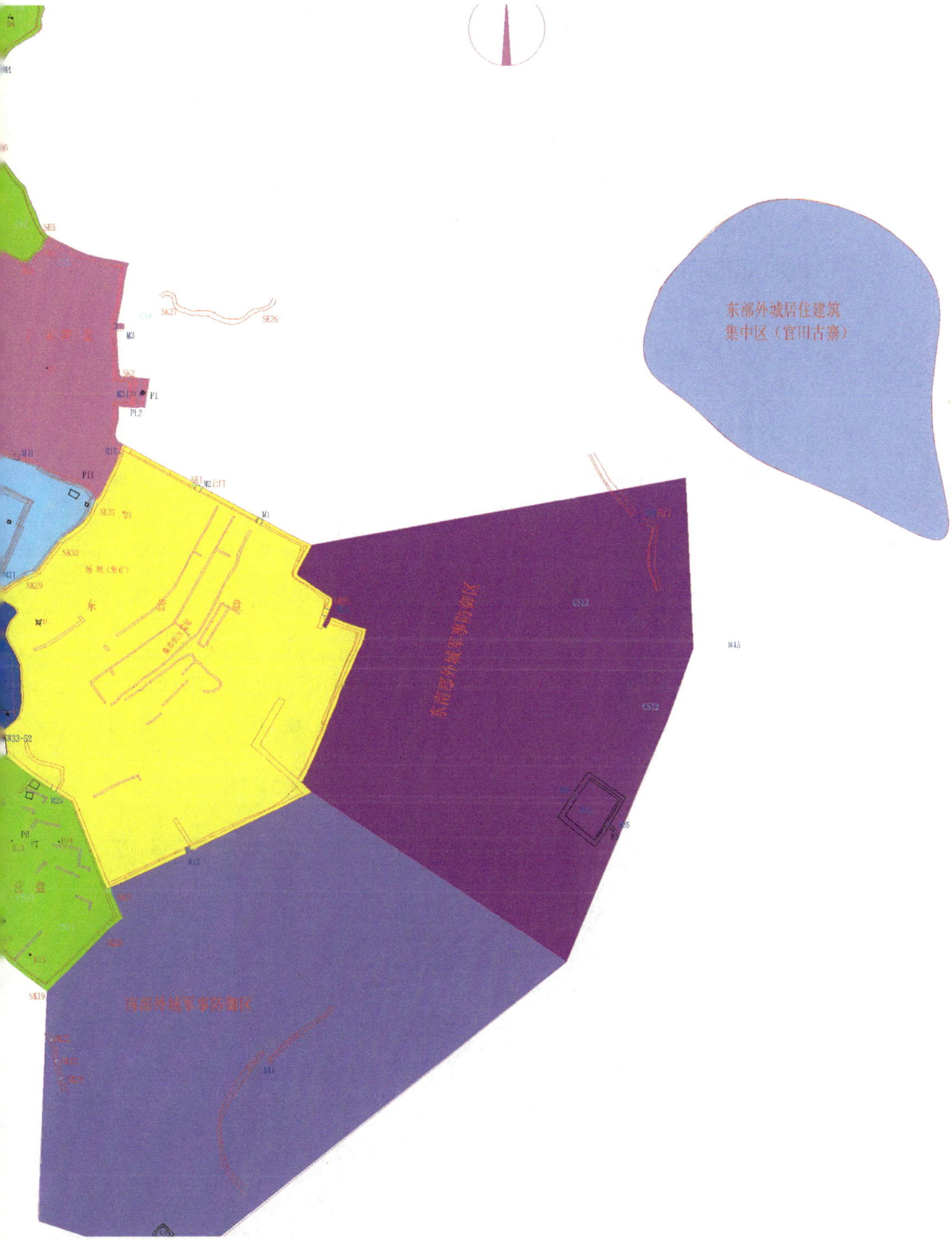
东部外城居住建筑
集中区（官田古寨）
东南部外城军事防御区
南部外城军事防御区
东
营
盘
场坝（集市）
SK27
SK26
SK31
SK30
SK29
SK33-52
SK19
SK1
M2石门
M1
M3
M12
M25
M31
M45
P1
P12
P11
P6
P7
CS13
CS12
营
盘

墙组成，主要以防御人员持火枪或弓箭在“台阶形”石墙上进行巡逻防御；二是北侧设置M33号作为中营内城与中营外城在北部外防御区的出入口，南侧设置M28号门与作为中营内城与中营外城的主要出入口，在M28号门和M33号门之间的建筑区还设置了M32号门作为中营内城南侧进入中营指挥区的出入口，中营东侧设置M31号门作为中营东外城进入中营内城南侧和进入中营腹部地下通道的出入口，西侧未设置门道；内城南侧还设置M29号门作为内城南及和中营防御人员防御退守进入中营腹部地下通道的出入口，形成中营内城守、攻、防和退的军事防御体系。中营内城退守区位于内城东南侧，由M29号门、M30号门和M30号门与M31号门之间通道以及地下溶洞入口组成。中营内城给养区位于指挥所建筑西侧，由碓窝、池子和建筑组成，主要为中营内城防御人员的生活进行后勤服务。

中营外城设置于中营内城城墙外四周，以中营外城墙与内城墙合围的空间为外城。中营外城平面上呈不规则状，沿“金磐山”台地砌筑石墙而成，外城占地面积3578平方米。外城墙以就地开采的青石经粗加工后干摆砌筑而成，城墙坚实高大，由座墙、过墙和扶墙组成城墙，城墙上设置射击孔，在建筑工艺上和用材比内城墙上次之。

中营外城在平面布局上分为中营外城东部防御区、中营外城西部防御区、中营外城南部防御区和中营北部防御区。中营外城东部防御区与内城之间距离较小，城墙设置了 M29 号射击孔、M30 号射击孔、M30 号射击孔和 M31 号射击孔，其射击孔与其他射击孔相比体量较大，防御能力较强，主要防御东营军事需求；中营外城西部防御区在城墙上设置了 M26 号门道为西营北部严防区与中营外城西部防御区的主要出入口，M26 门相对向的中营内城西侧城墙下设置了 M42 号门道作为进入中营腹地地下通道的主要出入口，这一设置是作为西营、中营外城东部防御区、中营南部防御区退守时的主要区域，其功能主要是防御退守。中营北部防御区在城墙上设置了 M27 号门，作为北营与中营东部防御区的主要出入口，同时还在城墙上设置了 SK32 号射击孔、城墙内设置了 P8 号炮座和 D8 号、D9 号碓窝，这一区域是中营军事防御的重点区域之一，主要防御丁家营、安家营和北营，构成玛瑙山营盘的第二道防线。中营南部防御区外城墙高大，设置了 M23 号门作为与子营的主要出入口，城墙上未设置射击孔，其主要功能是与子营进行军事信息传递和军事命令的传达。

中营东侧设置东营盘，西侧设置西营北部严防区、西营中部严防区和西营南部严防区，北部设置丁家营盘、杨家营盘和北营盘，南部设置子营和南营盘，构成了玛瑙山营盘以中营内城为军事指挥中心、中营外城为第三道军事防御防线的军事防御体系，成为玛瑙山营盘最重要的军事枢纽中心和军事大本营。

1.2　子营

子营位于玛瑙山营盘中营侧，当地人称钱家老房子，现为钱清云后裔钱江住宅，海拔高度 861 米，于北纬 28° 7′ 5.35″，东经 107° 45′ 55.79″，平面上呈不规形状，营内东西向两条石墙将子营一分为三，形成子营北部过渡区、子营中部管理区和子营南部严防区三个功能分区。西部城墙残高 3.5—4.6 米、东部城墙残高 0.5—1.8 米、北部城墙为中营南部外城城墙、南部城墙残高 0.6—1.46

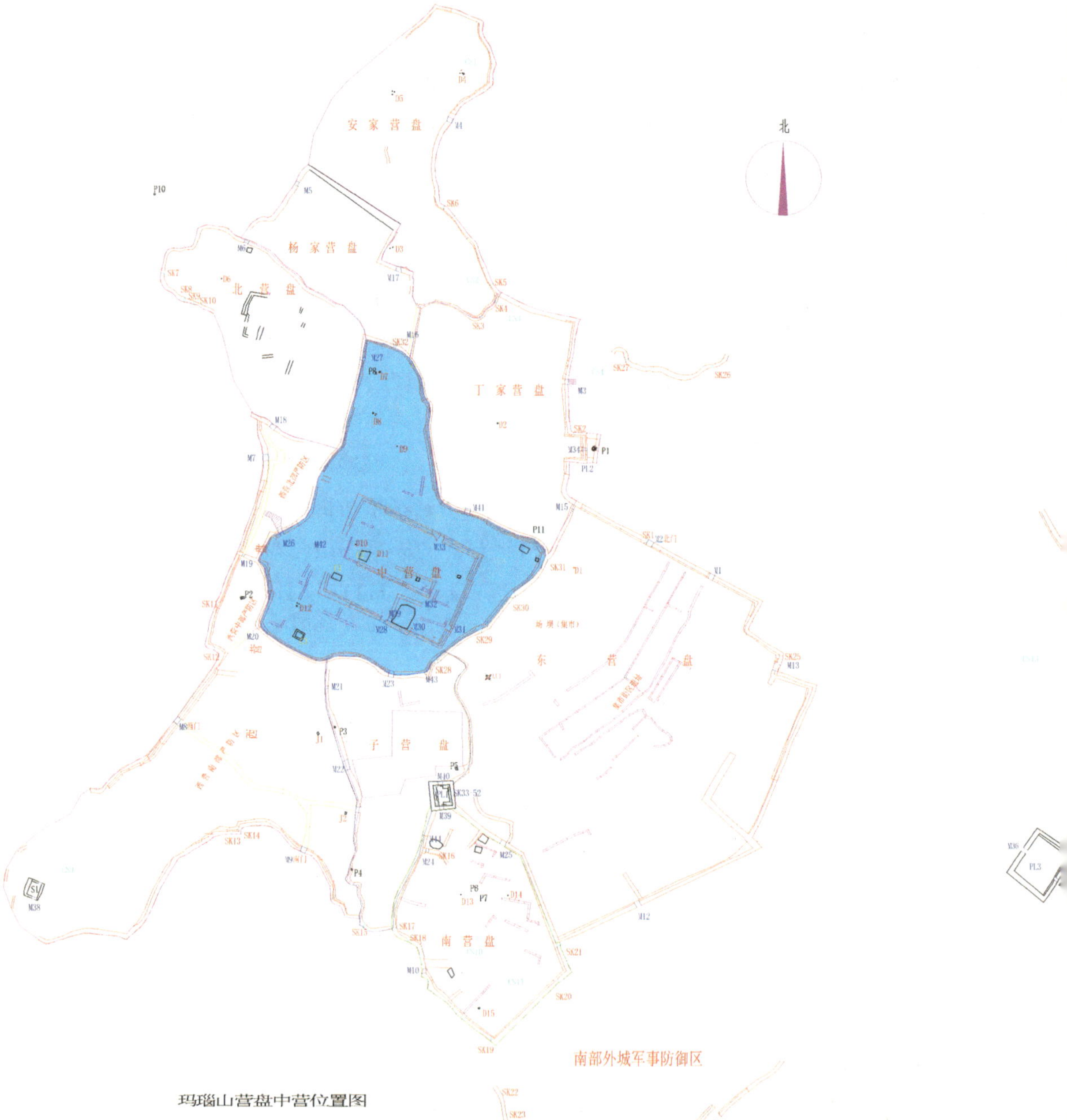

玛瑙山营盘中营位置图

遵义市文物保护与研究所 何烨 制

2018年9月 遵义 玛瑙山

米，营内东西向北侧石墙无存见墙基、南侧石墙残高0.8—1.0米。总占地面积约3000平方米，城墙周长255米，是玛瑙山营盘的军事管理中心。

子营西侧城墙外为西营，城墙北侧设置M21号门道作为西营进入子营过渡区的主要出入口，城墙中部设置M22号门道作为西营进入子营中部军事管理区的主要出入口，城墙西南部设置M46号门道作为西营进入子营南部军事严防区的主要出入口，东南部城墙设置M47号门进入南营北侧，经M44门可入南营腹部地下溶洞。东侧城墙外为东营，东营西南侧城墙上设置的M48号门可进入子营中部军事管理区。子营南侧设置PL1号炮楼，炮楼下设置M39号和M40号门道。子营两道石墙间设置门道（门道无存）分别可进入子营北部过渡区和子营南部严防区，子营南部严防区西石墙的M46号门与东石墙的M47号门以及东营西石墙的M48号门设置在古驿道上，是玛瑙山从西部进入东部的主要通道，这一区域中部设置PL1号炮楼，是玛瑙山的主要严防区域。

1.2.1 子营中部军事管理区

子营中部军事管理区位于子营军事管理中心中部，平面上呈正长方形，是玛瑙山营盘的军事管理中心，执行玛瑙山营盘军事管理。管理中心建筑坐东向西，占地面积1370平方米，

设置了穿斗式、悬山顶、小青瓦屋面三合院式的传统民居建筑，建筑西侧城墙上设置M22号作为西营进入管理中心的主要出入口、同时在城墙西北侧设置P3号炮座护卫着子营军事管理中心安全，北侧东西向石墙设置门道（无存）进入子营北部过渡区、同时作为中营腹部地下通道M43门出口经子营向南营腹部地下通道退守，东南部设置PL1号炮楼护卫子营军事管理区安全、同时又作为子营军事管理中心退守进入南营腹部地下通道的出入口。

子营军事管理中心建筑基本保存原有布局，其三合院建筑现存正房和南厢房，北厢房建筑不存，仅存建筑基址；正房保存较好，南厢房建筑后期约有修葺。正房面阔三间，通面阔17500mm、通进深8500mm、通高6600mm，其中正房明间面阔

5300mm、南北次门面阔 5100mm ，台明宽 1125mm、高 1250mm，明间中轴线上设置青石台阶 7 步、步高 80mm，明间存放“进士”匾额一块；台明石、陡板石、土衬石、台阶石以青石经精加工为条石后干摆砌筑，院落采用粗加工青石铺地，具有典型的黔北地区清代时期传统民居建筑风格、建筑形式和建筑布局；南厢房面阔三间、通面阔 13600mm，通进深 4200mm，通高 5189mm，一层后期进行修葺、二层后期约有改动，但基本保持传统建筑的形式和风格。子营军事管理中心建筑是玛瑙山营盘内唯一保存较为完整的地面建筑，是玛瑙山营盘历史的主要例证。

子营军事管理中心的主要功能一是负责玛瑙山营盘军事管理；二是战时负责对西营和 PL1 号炮楼的军事信息传递；三是退守时负责中营防御人员出 M43 号门经 PL1 号炮楼的 M39 号门道和 M40 号门道进入南营腹部地下通道进行退守防御；四是负责闲时对子营南部严防区过往人员进行防御。

1.2.2　子营南部严防区

子营南部严防区位于子营南侧，东侧和东南侧为南营、西侧为西营南部严防区、南侧为西南外侧军事防御区，平面呈长方形，坐东向西，占地面积 906 平方米，城墙 135 米。西侧城墙设置 P4 号炮座、南侧城墙设置了 SK15 号射击孔、西北侧城墙设置了 M46 号门道、东北侧城墙设置了 M47 号门道、东侧高大城墙背靠南营，形成相对独立的军事防御区。

西侧 P4 号炮座主要在敌人攻克 M8 号门和 M9 号门进入西营南部严防区时对敌人进行有效的打击，阻击敌人再次攻克 M46 号门和 M22 号门进入子营，确保子营安全。

南侧设置的 SK15 号射击孔与南营西南侧城墙上的 M17 号射击孔和 M18 号射击孔以及 SK19 号射击孔、西营南侧城墙上设置的 SK14 号射击孔和 SK15 号射击孔以及 S1 号哨所、南部外城军事防御区西侧“一字形”城墙上的 SK22 号射击孔和 SK23 号射击孔以及 SK24 号射击孔配合使用，形成玛瑙山西南外城军事防御体系，对玛瑙山西南外城来敌进行防御打击，防止犯敌攻克西南外城区域的 M9 号门道进入西营和攻克 M10 号门道进入南营，确保西营和南营安全。

北侧设置了 M46 号门道和 M47 号门道与 PL1 号炮楼以及炮楼上的 21 个射击孔配合使用，西营失守时子营防御人员和西营防御人员进入 M46 号门道后经过子营南部严防区进入 M47 号门再通过 M44 号门道进入玛瑙山南营腹地地下通道退守。当防御人员退守后对 M46 号门道和 M47 号门道进行关闭形成瓮城，PL1 号炮楼和炮楼上的射击孔配合使用对其瓮城区进行有效防御的打击，确保退守人员安全。

1.2.3　子营北部过渡区

子营北部过渡区位于子营北侧，北侧为中营高大城墙、东侧为东营、西侧为西营南部严防区，坐东向西，占地面积 450 平方米，石墙 120 米。北侧高大城墙设置 M23 号门道，城墙底部设置 M43 号门道、西侧城墙设置 M22 号门道、南侧石墙设置门道（门道无存）形成相对独立空间的军事防御过渡区。

西侧城墙设置的 M22 号门道与北侧高大城墙上设置的 M23 号门道和 M43 号门道以及城墙上的 SK28 号射击孔、南侧石墙的门道配合使用，一是西营南部严防区所发现的敌情或军事请求事宜通过子营过渡区进入 M23 号门道向中营指挥中心报告，同时也使

玛瑙山营盘子营位置图

遵义市文物保护与研究所 何烨 制

2018年9月 遵义 玛瑙山

中营军事指挥中心的军事命令又通过 M23 号门道经子营北部过渡区出 M21 号门道向西营进行传递；二是当中营防御西外城防御人员退守时进入 M42 号门道经中营腹地地下通道出 M43 号门道，再经子营北部过渡区过子营后再进入南营 M44 号门入南营腹地地下通道向官田古寨退守；三是中营南部防御人员退守时出 M23 号、西营南部严防区防御人员退守时入 M21 门道经子营北部过渡区过子营后再进入南营 M44 号门入南营腹地地下通道向官田古寨退守；四是当退守人员安全撤离进入玛瑙山南营腹地地下通道后，PL1 号炮楼防御人员对子营中部军事管理区和子营北部过渡区进行有效的防御打击，确保撤离人员安全。

1.3 西营

西营位于玛瑙山营盘西侧，西侧城墙外为玛瑙山营盘西外城军事防御区、北侧为玛瑙山北营盘、南侧和西南侧为玛瑙山营盘西南外城军事防御区、东侧为中营和子营，坐东向西，平面呈不规则形状，占地面积 6960 平方米，城墙 533 米。由西营南部严防区、西营中部严防区和西营北部严防区组成。海拔高度 854 米，于北纬 28° 7′ 9.11″，东经 107° 45′ 53.29″。

1.3.1 西营南部严防区

西营南部严防区位于西营南侧，东侧子营、西侧为西外城防御区、南侧为西南外城军事防御区，北侧为西营中部严防区，平面呈不规则形状，占地面积 1579 平方米，是西营三个军事严防区中占地面积最大的军事防御区。西侧城墙设置 M8 号门道，西南侧小山上设置 S1 号哨所，南侧城墙上设置 SK13 号射击孔、SK14 号射击孔和 M9 号门道、南侧内城设置 P12 号炮座，东侧城墙设置 M21 号门道、M22 号门道和 M46 号门道，哨所、炮座、射击孔、城墙和门道配合使用，形成西营南部相对独立的军事严防区和退守区。

西南侧小山上设置 S1 号哨所、南侧城墙上设置 SK14 号射击孔和 SK15 号射击孔以及 M9 号门道与南侧内城设置 P12 号炮座、子营南侧城墙上的 SK15 号射击孔、南营西侧城墙上的 SK17 号射击孔和 SK18 号射击孔以及 SK19 号射击孔、南部外城军事防御区西侧“一字形”城墙上的SK22号射击孔和SK23号射击孔以及SK24号射击孔配合使用，形成西南侧军事防御体系，对西南外城军事防御区一线犯敌进行有效防御和军事打击，防止来敌攻克M9号门道进入子营南部严防区和攻克M10号门道进入南营，确保子营南部严防区和南营安全。

南侧内城设置P12号炮座与西侧M8号门道、西南侧S1号哨所、子营西侧城墙上的P4K号炮座配合使用，形成西营南部严防区中线军事防御体系，对玛瑙山营盘西侧犯敌进行有效军事防御，防止敌人对M8号门进行攻击，同时对犯敌攻克M8号门后敌人进行集中军事打击，确保子营南部严防区安全。

东侧城墙上设置的M21号门道、M22号门道和M46号门道，分别进入子营北部严防区、中部军事管理区和南部严防区，功能详见后“门道”章节中M21号门道、M22号门道和M46号门道介绍。北侧石墙设置M20门道详见“门道”章节中M20号门道介绍。

1.3.2　西营中部严防区

西营中部严防区位于西营中部，东侧为玛瑙山营盘中营、西侧为西外城防御区、南侧为西营南部严防区，北侧为西营北部严防区，平面呈长方形，占地面积420平方米，是西营三个军事严防区中占地面积最小的军事防御区域。西侧城墙设置SK11射击孔，北侧石墙设置M19号门道、南侧城墙上设置SK12号射击孔、东侧内城设置P12号炮座，东侧背靠中营外城高大城墙。

西营中部严防区西侧设置的SK11号射击孔与内侧设置的P2号炮座东西向成一条线，相互配合协作，形成以短距离防御与中远程防御相结合的军事防御能力，对西外城军事防御区中部进行军事防御，防止犯敌对西营中部防御区进行攻击，成为中营西侧外城第二道军事防线，确保中营安全；南侧城墙设置的SK12号敲击孔与内城P2号炮座南北向呈一条轴线，相互配合使用，形成短距离防御与中远程防御相结合的军事防御能力，对西外城军事防御区南侧犯敌进行军事防御和军事打击，防止敌人向M8号门进行攻击，成为中营西南外城的第二道军事防线，也是西营南部防御区西侧外城的一道防线，确保M8号门和西营南部严防区安全；西营中部防御区北部石墙和南部石墙分别设置了M19号门道和M20号门道（详见“门道”章节介绍）。西营中部严防区城墙上只设置SK11号射击孔、SK12号射击孔与内城P2号炮座配合使用，在一个不足500平方米的范围内形成相对独立的军事防御，同时对西外城军事防御区中部和南部进行有效的军事防御和军事打击，同时确保西营南部防御区和中营安全，具有双重防御功能的作用，选址较为隐蔽，但视野非常开阔，在玛瑙山营盘军事防御体系中有着非常重要的作用。

1.3.3　西营北部严防区

西营北部严防区位于西营北部，东侧为玛瑙山营盘中营、西侧为西外城防御区、南侧为西营中部严防区，北侧为玛瑙山北营盘，平面呈梯状，坐东向西，占地面积520平方米，是西营三个军事严防区中面积次之的军事防御区域。西营北部严防区西侧城墙为“台阶型”城墙，城墙扶墙上设置射击孔（射击孔无存），城墙西北侧设置M7号门道，北侧石墙设置M18号门道，南侧石墙上设置M19号门道，东侧背靠中营外城高大城墙，设置台阶至中营西外城城墙上的M26号门道。

西营北部严防区西侧设置的射击孔（无存）主要对西外城军事防御区北部区域进行军事防御，防止犯敌对M7号门进攻后进入西营北部严防区域后对中营造成威胁，同时也是保护中营后勤给养人员从西外城防御区进入M7号门道再进入中营时的安全；内城中部设置的台阶与北石墙M18号门道、南石墙M19号门道、中营西外城城墙上的M26号门道配合使用，形成西营北部严防区，成为北营和西营中部严防区的退守军事防御体系。当北营失守时，防御人员通过M18号门道进入西营北部严防区后，上台阶进入M26号入中营西外城，再通过中营外城的M42号门道进入中营腹地地下通道退守防御；当西营中部严防区失守时，防御人员通过M19号门道进入西营北部严防区后，上台阶进入M26号入中营西外城，再通过中营西外城的M42号门道进入中营腹地地下通道退

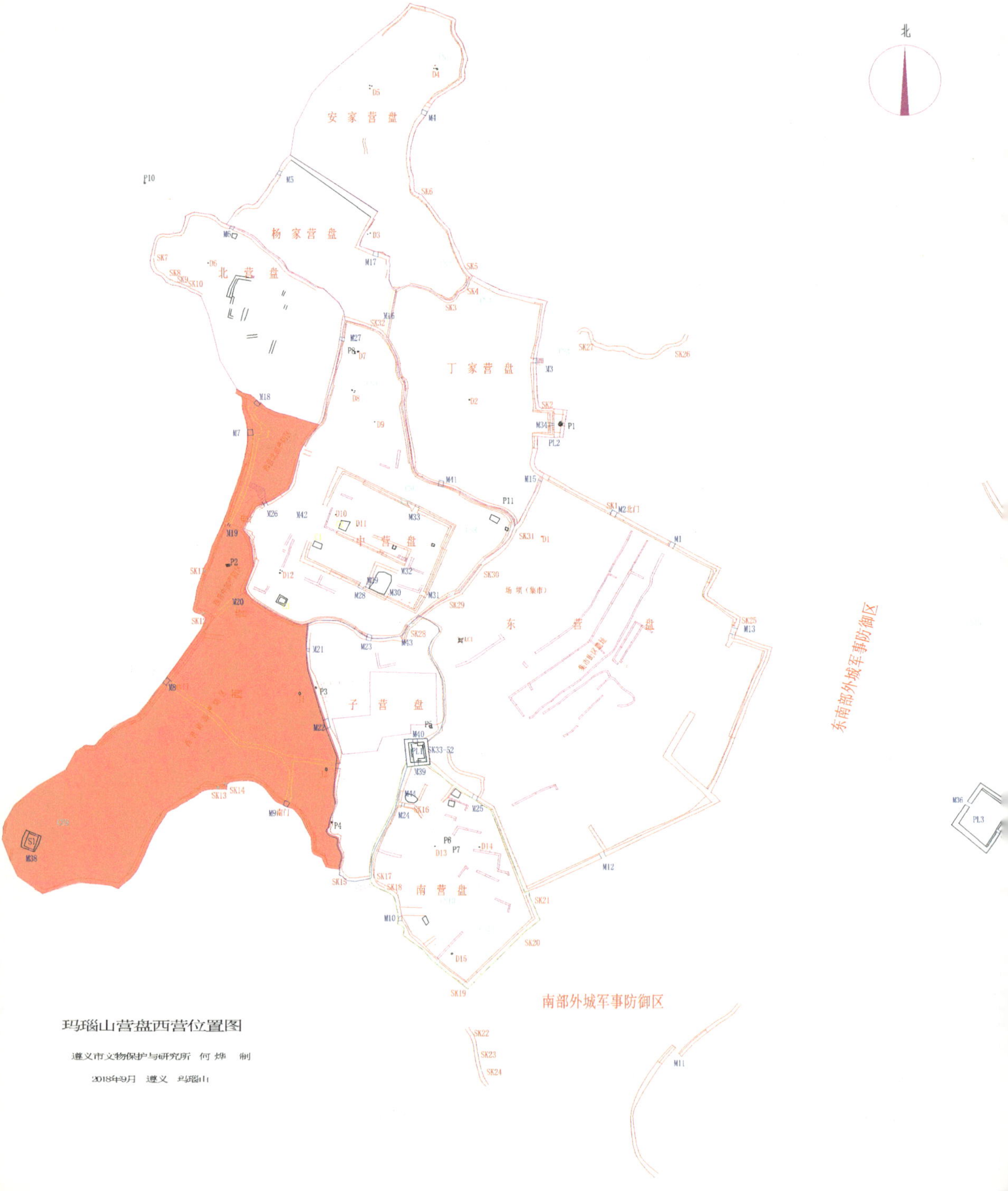

玛瑙山营盘西营位置图

遵义市文物保护与研究所 何烨 制

2018年3月 遵义 玛瑙山

守防御。西营北部严防区军事布局和军事设置构成了玛瑙山营盘军事防御体系中中营西部的第二道军事防线，保证了中营的军事安全并确保北营和西营中部严防区的军事退守防御。

1.4　北营

北营位于玛瑙山营盘西北侧，西侧城墙外为玛瑙山营盘西北外城军事防御区、北侧和东侧为玛瑙山杨家营盘、南侧为玛瑙山营盘西外城军事防御区和西营北部严防区，平面呈不规则形状，占地面积 2544 平方米，城墙 216 米。由城墙、射击孔、碓窝、门道、炮座和兵营组成。

北营南侧城墙上设置了较为密集的 SK7 号射击孔、SK8 号射击孔、SK9 号射击孔和 SK10 号射击孔，西侧城墙外侧设置了 P10 号射击孔，北侧城墙上设置了M6 号门道，营内设置了D6 号碓窝，东侧设置了兵营，形成了一个相对独立的军事防御区域。

北营南侧城墙上设置了较为密集的 SK7 号射击孔、SK8 号射击孔、SK9 号射击孔、SK10 号射击孔和 D6 号碓窝，与西营北部严防区西城墙上的射击孔、西营中部严防区西城墙上的 SK11 号射击孔和 P2 号炮座配合使用，对西外城军事防御区进行军事防御和军事打击；北营城墙西北外城防御区设置了 P10 号炮座对西北外

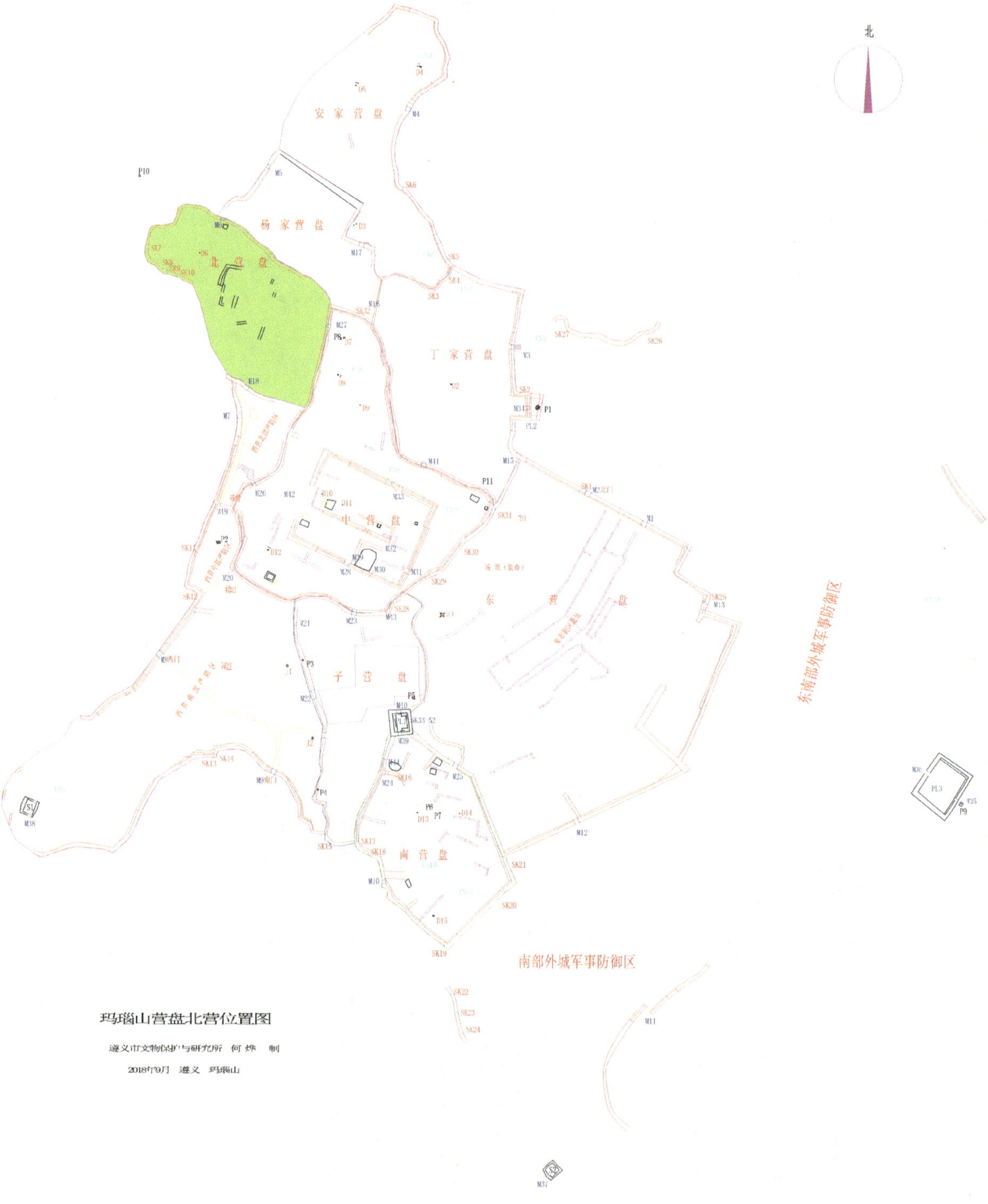

玛瑙山营盘北营位置图

遵义市文物保护与研究所 何烨 制

2018年9月 遵义 玛瑙山

城军事防御区进行军事防御和军事打击，构成玛瑙山营盘西北部第三道军事防线；内城东侧兵营，占地面积近500平方米，是玛瑙山9个营盘中具有防御人员常驻的兵营之一（中营、南营、北营和东营4个营盘有兵营设置），与城墙、射击孔、碓窝和炮座构成强大的军事防御体系，是玛瑙山营盘较为重要的军事防御区域，成为玛瑙山营盘西北部第二道军事防线；北侧城墙设置了M6号门道和南侧城墙设置了M18号门道详见“门道”章节介绍。

1.5　杨家营

杨家营位于玛瑙山西北侧，西北侧城墙外为玛瑙山营盘西北外城军事防御区、北侧和东侧为玛瑙山安家营盘、南侧为玛瑙山营盘中营和丁家营盘，平面呈不规则形状，占地面积1660平方米，城墙192米。由城墙、射击孔和门道组成。海拔高度865米，位于北纬28° 7′ 12.16″，东经107° 45′ 55.34″。

杨家营位于安家营盘和北营盘之间的一个低洼之处，相对较为隐蔽，西北侧城墙设置了M5号门道，东侧设置了M17号门道，东南侧设置了M16号门道。西北侧城墙上设置有射击孔（无存）、内城设置有碓窝（无存）。M5号门道设置在城墙

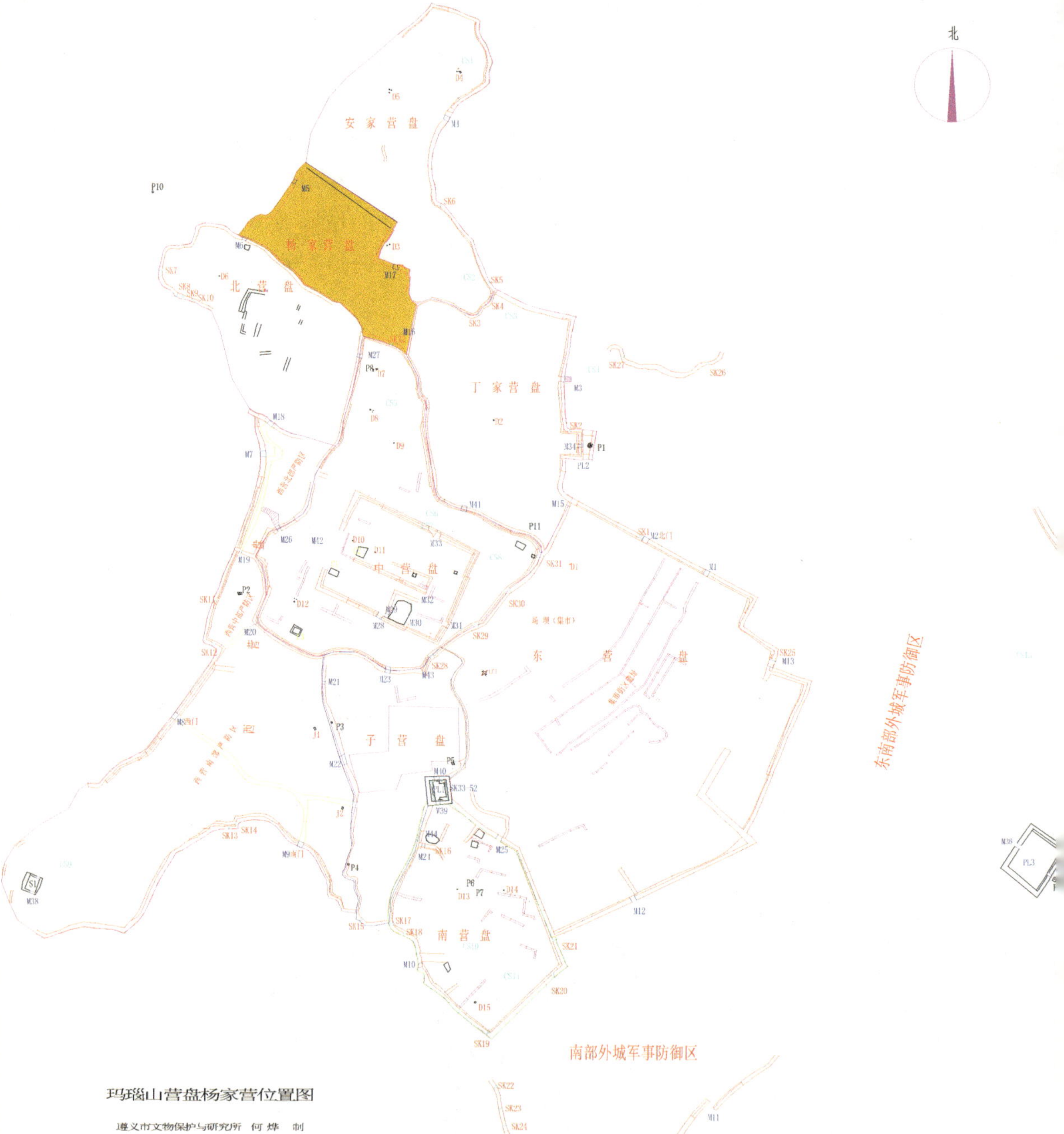

玛瑙山营盘杨家营位置图

遵义市文物保护与研究所　何烨　制

2018年9月　遵义　玛瑙山

下部的临时沟之上，非常隐蔽，出 M5 号门道沿小沟谷可直通西北外城的同江河。南侧 M6 号可进入北营、东侧 M17 号门道可进入安家营、东侧设置的 M16 号门道可进入丁家营。就其军事防御布局而言，杨家营南有北营和中营为屏障、北有安家营为屏障、东侧有丁家营为屏障，西北侧城墙上的射击孔与北营城墙外侧的 P10 炮座配合使用，对西北外城军事防御区北部地区进行军事防御和军事打击。从其功能布局和建筑设施分析研究，玛瑙山营盘水源较差，M5 号门道是玛瑙山北营盘兵营取水的主要通道。取水人员将同江的水挑取经沟谷进入较为隐蔽的 M5 号门，经 M6 号门向北营盘送水，另一方面也供给杨家营内防御人员生活用水和经 M17 号门道供给安家营防御人员的生活用水。杨家营西北侧的射击孔和西北侧城墙上的射击孔形成的军事防御体系，构成玛瑙山营盘西北侧第二道军事防线和第三道军事防线，同时这两道军事防线还保障了玛瑙山北营兵营的主要用水和杨家营、安家营防御人员的生活用水，具有军事防御和军事后勤保障两大功能。

1.6　安家营

安家营位于玛瑙山北侧，北侧城墙外为玛瑙山营盘北部外城军事防御区、南侧为玛瑙山安家营盘和丁家营盘、东侧为玛瑙山东北外城军事防御区、西侧为玛瑙山西北外城防御区，平面呈不规则形状，占地面积 3103 平方米，城墙 290 米。由城墙、射击孔、碓窝和门道组成。海拔高度 867 米，位于北纬 28° 7′ 13.78″，东经 107° 45′ 54.89″。

安家营东侧城墙上设置了 SK5 号射击孔、SK6 射击孔和 M4 号门道、南侧城墙上设置了 SK3 号射击孔和 SK4 号射击孔、北部城墙设置的射击孔损毁无存、东侧城墙设置的射击孔损毁无存、东侧内城设置了 D4 号碓窝和 D5 号碓窝以及炮座（炮座无存），西侧为陡坡悬崖。

东侧的 SK5 号射击孔和 SK6 号射击孔与炮座配合使用，形成安家营东侧集短距离射击与中远距离射击为一体的军事防御体系，主要对东北外城区域进行军事防御，防止犯敌对 M4 号门道进行进攻，确保 M4 号门道安全和玛瑙山东北部区域的军事安全；北部城墙上的射击孔（无存）与内城炮座（损毁无存）配合使用，与东部军事防御体系相同，形成安家营北侧集短距离射击与中远距离射击为一体的军事防御体系，主要对北部外城区域进行军事防御，防止犯敌对城墙进行进攻，确保玛瑙山北部区域的军事安全；南部城墙上 SK3 号射击孔和 SK4 号射击孔主要配合丁家营的军事防御，当丁家营失守时，犯敌进入丁家营后，丁家营城墙四周设置的 M34 号门道、M15 号门道、M41 号门道、M16 号门道同时关闭形成瓮城，集中火力对瓮城的敌人进行军事打击；西侧为悬崖形成天然的防御屏障；南侧与杨家营相连接，以 M17 号门道互通。安家营选址在玛瑙山营盘北部较高的一小座山上，西侧有悬崖作为天然屏障、北侧有高大城墙配以火炮与枪械、东侧设置高大城墙并配以火炮与枪械、南侧与中营有杨家营和丁家营相隔，这一军事防御体系构成了玛瑙山营盘北部区域的第三道军事防线。

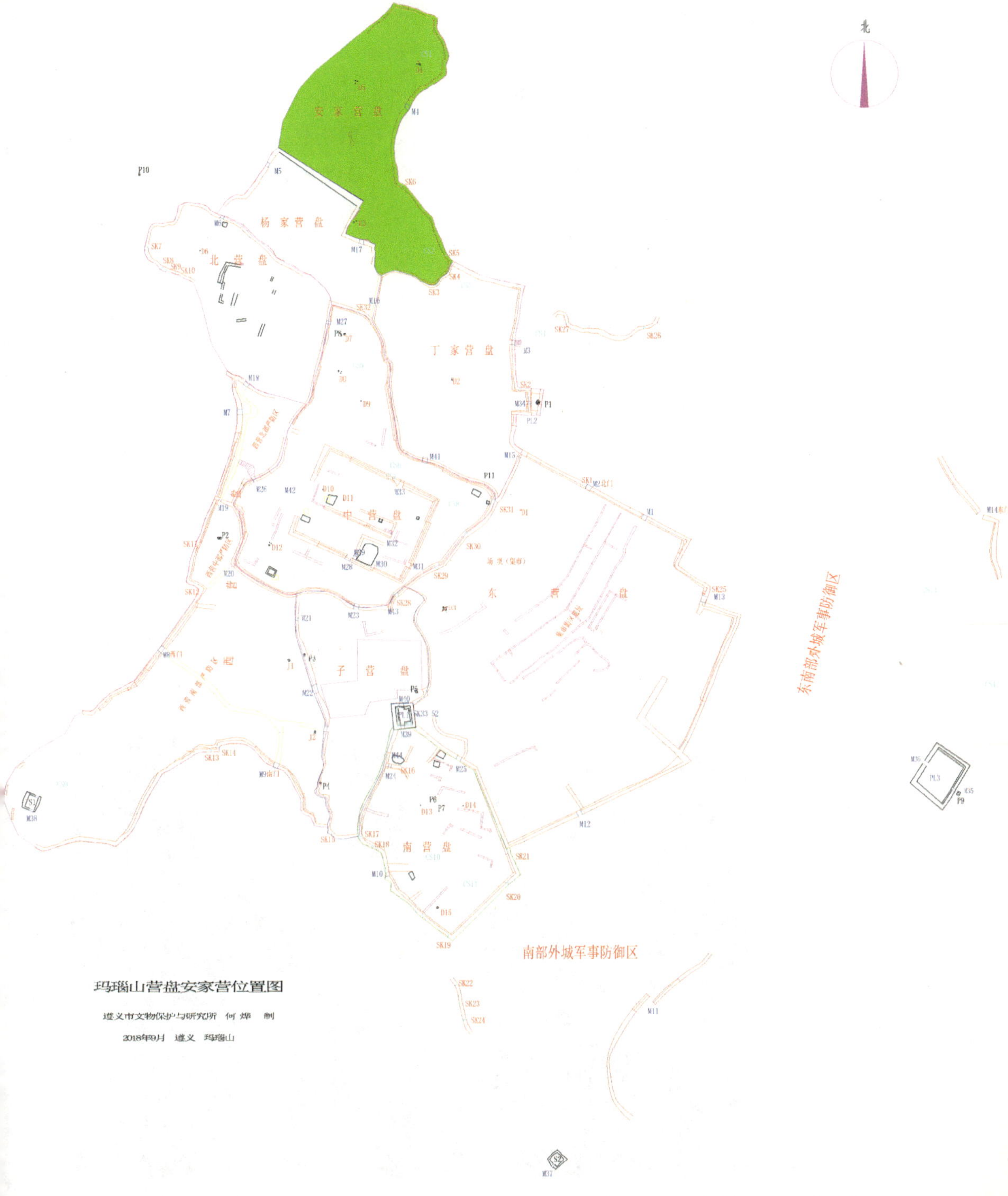

玛瑙山营盘安家营位置图

遵义市文物保护与研究所　何烨　制

2018年9月　遵义　玛瑙山

1.7 丁家营

丁家营位于玛瑙山东北侧，东侧城墙外为玛瑙山营盘东北部外城军事防御区和东外城军事防御区、南侧为玛瑙山中营盘和东营盘、西侧为玛瑙山中营、北侧为玛瑙山杨家营和安家营，平面呈不规则状，占地面积3281平方米，城墙264米。由城墙、射击孔、碓窝、炮楼、炮座和门道组成。海拔高度856米，位于北纬28° 7′ 10.23″，东经107° 45′ 56.19″。

丁家营东侧城墙上设置了M3号门道、PL2号炮楼、P1号炮座，东侧城墙外还设置了东西向的“一字型”城墙、城墙上设置了SK26和SK27号射击孔，西侧背靠中营东部外城高大城墙、并设置M41号门道和P11号炮座，南侧设置城墙与东营相隔、并设置M15号门道与东营互通，北侧城墙设置M16号门道与杨家营互通、设置了SK3号射击孔和SK4号射击孔。

东侧城墙上设置的PL2号炮楼与P1号炮座、SK2号射击孔、东营东侧城墙上的射击孔和西侧中营外城城墙外侧的P11号炮座配合使用，形成玛瑙山东部区域集短距离射击和中远距离射击为一体的、具有强大军事防御能力的军事防御体系，防止玛瑙山东外城区域的犯敌对M3号门道和城墙进行进攻。西侧背靠中营高

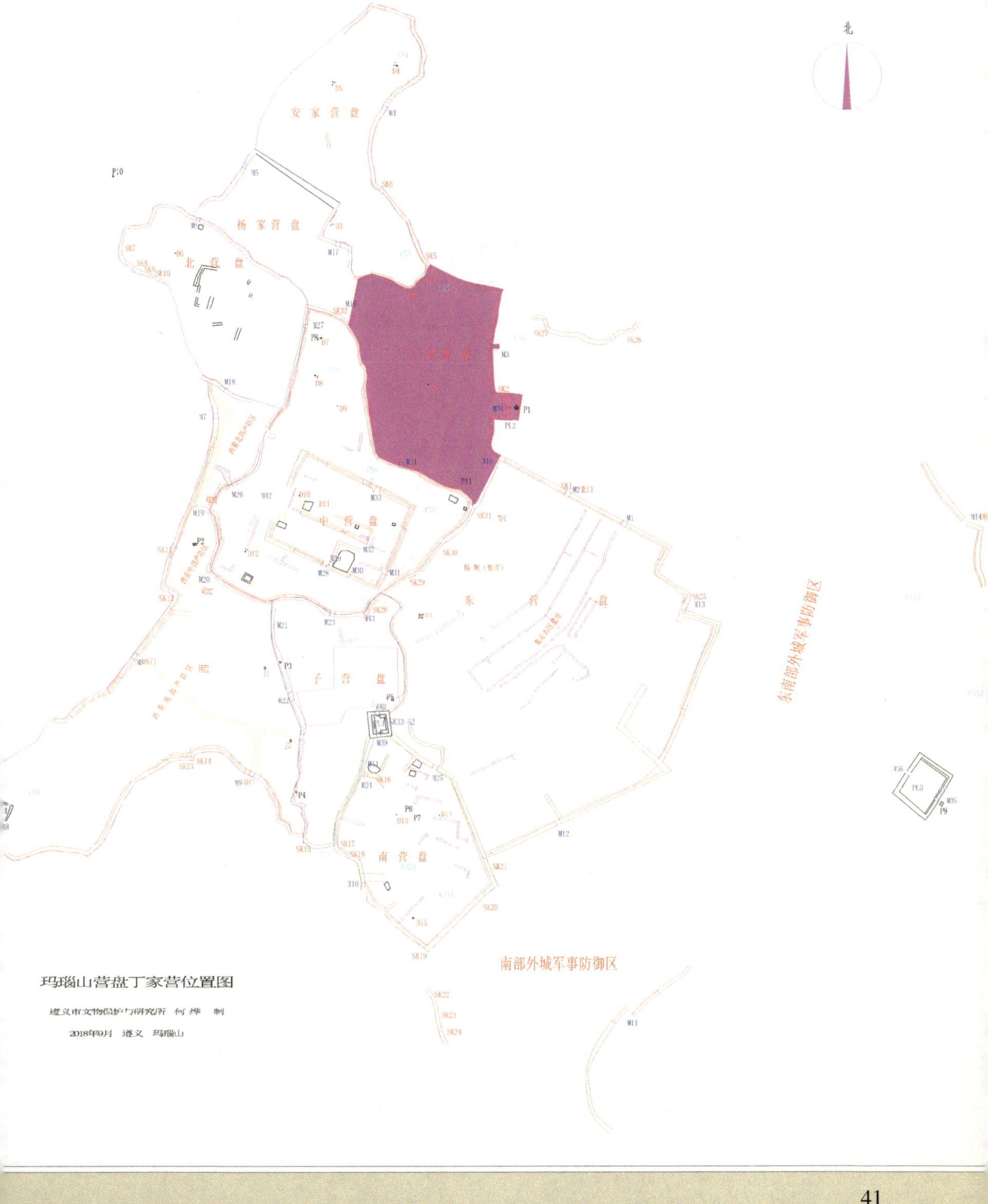

玛瑙山营盘丁家营位置图

遵义市文物保护与研究所　何烨　制

2018年9月　遵义　玛瑙山

大城墙上的M41号门道，一方面当丁家失守时配合南侧和北侧门道同时关闭形成瓮城，北侧的SK3号射击孔和SK4号射击孔对其进行军事打击，另一方面作为中营与丁家营的主要进出口和信息或军令传递通道。北部城墙设置的M16号门道与SK3号射击孔和SK4号射击孔配合使用，与西侧军事防御功能相同。南侧城墙设置的M15号门道主要作为与东营的互通，未见射击孔。

丁家营东外城区域较为平缓，设置了高大城墙、炮楼和炮座等具强大火力的军事设施，确保玛瑙山营盘东北部区域的军事能力和军事防御，其炮楼、炮座、射击孔、门道和城墙等构成玛瑙山营盘东北部的第二道军事防线。

1.8 东营

东营位于玛瑙山营盘东侧，东侧城墙外为玛瑙山营盘东外城军事防御区和东南外城军事防御区、南侧为玛瑙山南部外城军事防御区、西侧为玛瑙山南营和子营、北侧为玛瑙山中营和丁家营，平面呈四方形，占地面积10112平方米，城墙425米，是玛瑙山营盘中占地面积最大的营盘区。由城墙、射击孔、碓窝、碾槽、兵营和门道组成。海拔高度844米，位于北纬28° 7′ 6.01″，东经107° 45′ 54.01″。

东营东侧城墙设置M1号门道、M2号门道、M13号门道、SK1号射击孔和SK25号射击孔（城墙上多数射击孔损毁），南侧高大城墙设置了M12号门道，西侧城墙设置了M25号门道和M48号门道，北侧中营外城高大城墙上设置了SK29号射击孔、SK30号射击孔和SK31号射击孔（该组射击孔向东营内射击）；内城西北角设置了LC1号碾槽一个，东北侧设置D1号碓窝一个，中部设置兵营，兵营建筑呈长方形三级台地状，占地面积1449平方米，是玛瑙山营盘中最大的兵营。

东侧城墙设置SK1号射击孔与丁家营东侧城墙上的PL2号炮楼、P1号炮座和东营城墙上已损毁的射击孔配合使用，形成玛瑙山东部东外城区域集短距离射击和中远距离射击为一体的军事防御体系，主要防御东外城区域犯敌对 M1 号门道和 M2 号门道进行进攻，确保东营东区域安全。东营东南侧“之字形”城墙上设置的 SK25 号射击孔与其城墙上已损毁的射击孔配合使用，形成东南侧外城军事防御区的内城军事防御体系，主要防御东南侧攻克 M14 号门道进入东南部军事防御区的犯敌对 M13 号门进行的进攻，同时也是内部军事管理的哨卡。南部高大城墙设置的 M12 号门道建于一缓坡地带，是东营与南部外城防御区的主要进出口，城墙上未设置射击孔等军事设施，是玛瑙山营盘南部区域的管理设施。西部城墙上设置的 M25 号门道与 M12 号门道功能相同，属于东营与南营的主要进出口通道，是玛瑙山营盘西侧的一个军事管理设施；城墙设置的 M48 号门道与南营西城墙上的 M47 号门道和子营南部严防区西侧城墙上的 M46 号门道在一条直线上，其功能一是休战时作为凤冈县至务川县的古驿通道或古盐道，二是战时从东营进入 M48 号门道后再经 M44 号门道进入南营腹地地下通道进行退守防御，三是作为南营和东营功能分区的军事管理功能。北侧高大城墙设置的 SK28 号射击孔、SK29 号射击孔、SK30 号射击孔和 SK31 号射击孔呈“一字型”排列，射击孔射击方向为东营整个区域，其射击孔的建筑面积和射线范围是玛瑙山营盘 53 个射击孔中最大的射击孔，把玛瑙山东营 90% 的区域全部纳入其

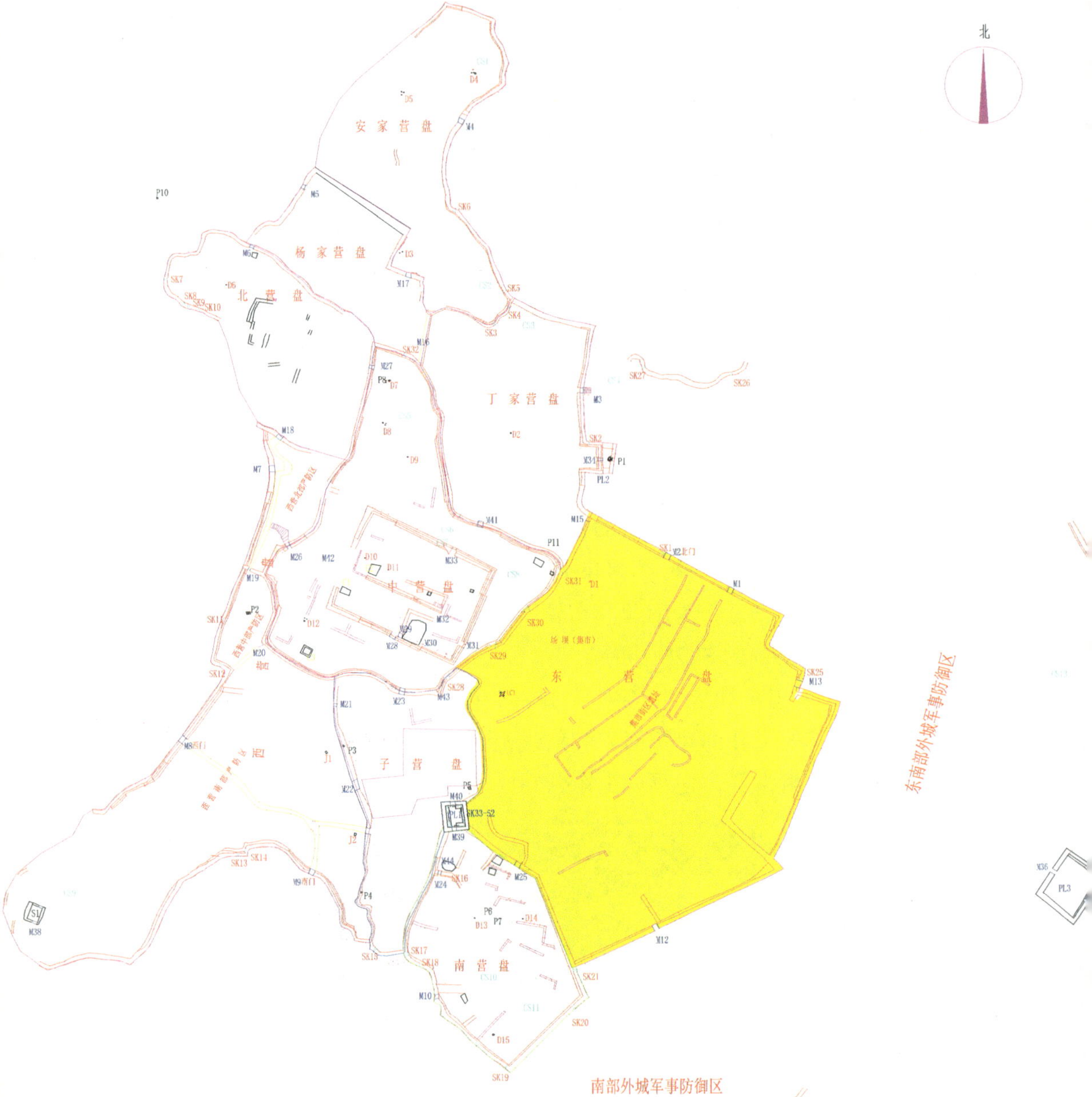

玛瑙山营盘东营位置图

遵义市文物保护与研究所 何烨 制

2018年9月 遵义 玛瑙山

射击范围（除城墙少部分范围外）。其主功能一是当东营失守时，将M1号门道、M2号门道、M48号门道、M12号门道和M25号门道关闭形成瓮城，以SK28号射击孔、SK29号射击孔、SK30号射击孔和SK31号射击孔呈“一”字形排列向东营进行集中射击，二是休战时对这一区域进行军事防御（当地传说这一区域曾有“场坝”之称），三是这一区域驻地人员较多，防御人员、管理人员较为复杂，对其进行内部军事防御。内城中部设置的兵营占地面积达1449平方米，位于凤冈县至务川县和德江县的古驿道上，其主要功能一是用于屯兵驻守的防御防守人员驻地和管理人员驻地，二是在休战时也作为集市商贸之用等。

1.9　南营

南营位于玛瑙山营盘南侧，东侧城墙外为玛瑙山营盘东营、南侧为玛瑙山南部外城军事防御区、西侧为玛瑙山子营和西南外城军事防御区、北侧为子营，平面呈多边形，占地面积2541平方米，城墙206米，是玛瑙山营盘中设置有兵营的三个营盘之一。由城墙、射击孔、碓窝、炮座、兵营和门道组成，分为南营南部军事防御区和南营北部军事退守区。海拔高度856米，位于北纬28° 7′ 9.86″，东经107° 45′ 59.05″。

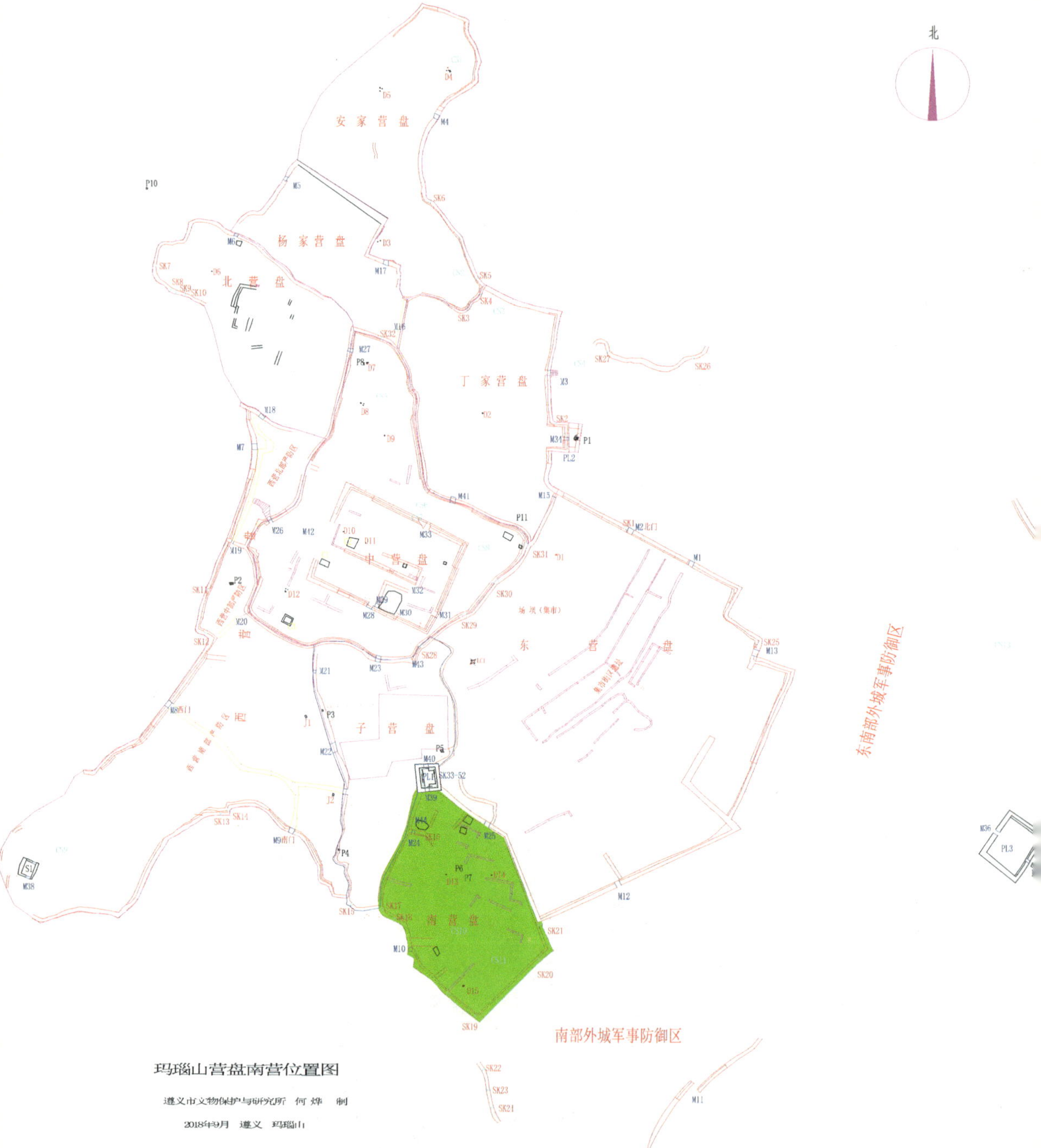

玛瑙山营盘南营位置图

遵义市文物保护与研究所 何烨 制

2018年9月 遵义 玛瑙山

1.9.1　南营南部军事防御区

南营南部军事防御区位于南营南部，东侧城墙设置了 M25 号门道和 SK21 号射击孔，南侧城墙上设置了 SK20 号射击孔，西侧城墙上设置了 SK19 号射击孔、SK17 号射击孔、SK18 号射击孔和 M10 号门，北城墙上设置了 SK16 号射击孔和 M24 号门道。南营内城东侧、南侧和西侧设置兵营，中部设置 P6 号炮座、P7 号炮座和 D13 号碓窝。

东侧城墙设置 M25 号门道主要是于东营的进出口，设置的 SK21 号射击孔的射击范围为东营南侧的城墙上的 M12 号门，对 M12 号进行军事防御，同时也配合南营对南部外城军事防御区进行军事防御。南侧城墙设置的 SK20 号射击孔和其已损毁的射击孔与南部外城军事防御区外城墙配合使用，构成了玛瑙山营盘南部外城的第三道军事防线。西侧城墙上设置的 SK19 号射击孔、SK18 号射击孔和 SK17 号射击孔与子营南侧城墙上设置的 SK15 号射击孔、南部外城防御区西侧的“一”字形城墙上的 SK22 号射击孔、SK23 号射击孔、SK24 号射击孔互为犄角，形成火力集中、防御能力较强的军事防御体系，对西南部外城军事防御区进行军事防御和军事打击，防止犯敌攻克 M10 号门道进入南营南部防御区，构成了玛瑙山营盘西南部的第二道军事防线，是玛瑙山营盘较为重要的军事防御区域。北侧城墙设置的 SK16 号与其城墙上已损毁的射击孔与南营北部退守区的 PL1 号炮楼配合使用，主要防御南营退守区范围，同时也作M24 号门道内部防御的军事管理哨卡防御，当南营退守时，防御人员通过 M24 号门道进入南营北部退守区、M44 号门道后入南营腹部地下溶洞进行退守防御。

1.9.2　南营北部军事退守区

南营北部军事退守区位于南营北部，东侧为东营、西侧为子营南部严防区、南部为南营南部军事防御区和南营腹部地下溶洞防御区、北部为子营。东侧城墙设置了 M48 号门道，西侧城墙设置了 M47 号门道，南侧城墙设置了 M24 号门道，北侧设置了 PL2 号炮楼，炮楼南墙上设置了四个射击孔。南营北部军事退守区在

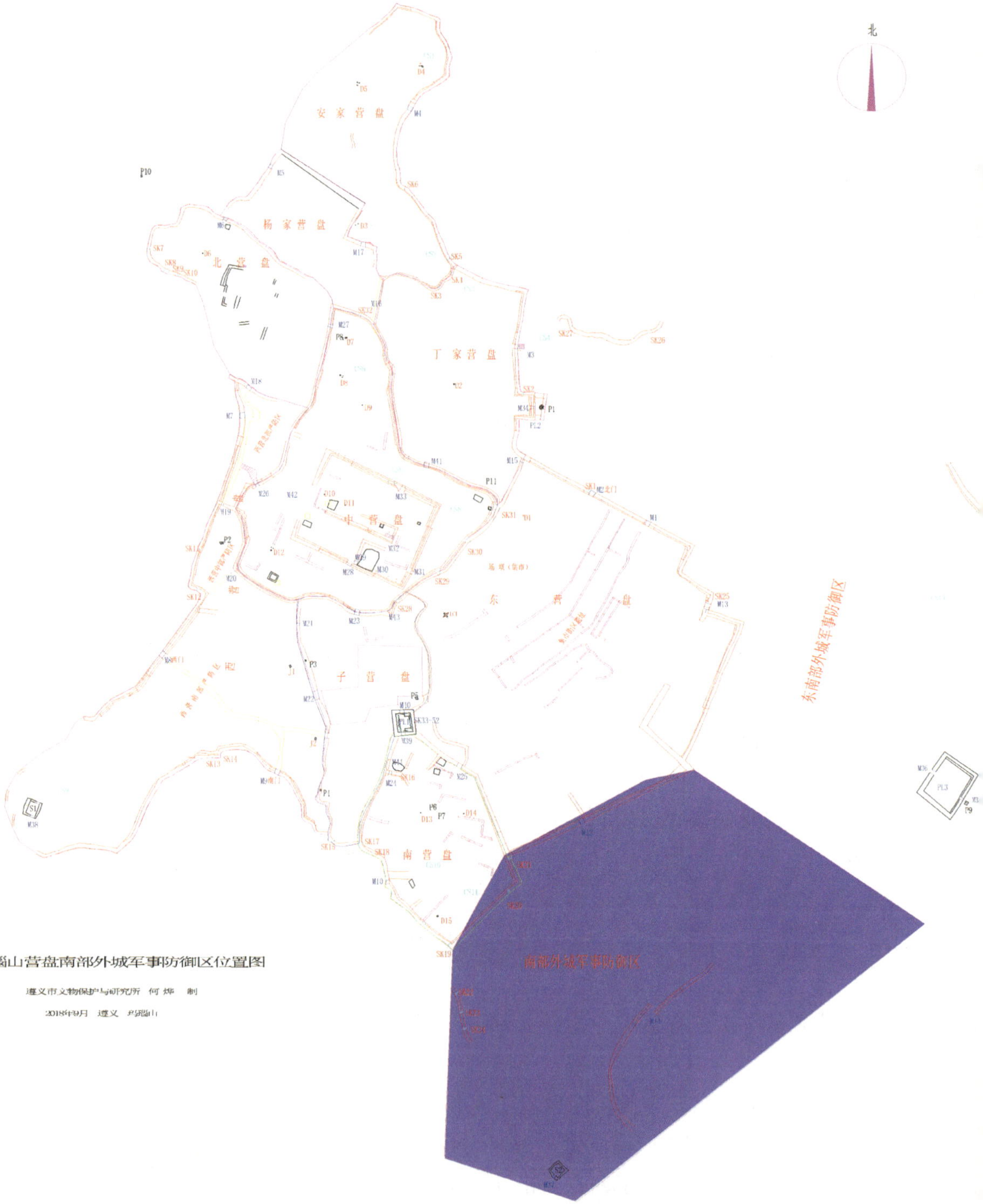

玛瑙山营盘南部外城军事防御区位置图

遵义市文物保护与研究所 何烨 制

2018年9月 遵义 玛瑙山

一个不足 200 平方米的空间内设置密集的军事防御设施，可见其军事防御较为重要，是玛瑙山营盘军事防御体系的重点防御区域。东侧城墙上的 M48 号门道、西侧城墙上的 M47 号、南侧城墙上的 M24 号门道与 PL1 号炮楼下的 M39 号门道以及 M40 号门道相互配合使用，形成南营北部军事防御退守区域的防御功能。主要功能一是东营、西营南部严防区、子营南部严防区、南营南部军事防御区、子营中部军事管理区、中营腹部地下溶洞防御区等的防御人员分别从四个门道进入南营北部军事退守区后进入 M44 号门道再入南营腹部地下通道至官田寨退守通道；二是当退守人员进入南营北部退守后，对其相应的门道关闭后与该营的其他门道形成瓮城，从而对其进行军事打击；三是非战争时期与 M48 号门道和 M46 号门道同时开启作为古驿道的通道。

1.10 南部外城军事防御区

南部外城军事防御区位于玛瑙山营盘南部，东侧为玛瑙山东南部外城军事防御区，西侧为玛瑙山西南外城军事防御区、南侧为 S2 号哨所、北侧为南营。这一区域地势较为平坦，北侧以南营为屏障，东南侧依山势设置了城墙并设置 M11 号门道出营盘进入官田寨，南侧以 S2 号哨所为屏障，西侧设置了“一”字形城墙并设置射击孔，东部与东南外城防御区相邻，形成相对独立的军事防御区，城墙、哨所、门道和射击孔构成玛瑙山营盘南部第三道军事防线，对南部犯敌实施有效军事防御和军事打击。

1.11 东南部外城军事防御区

东南部外城军事防御区位于玛瑙山营盘东南部，东侧为玛瑙山东部外城城墙和 M14 号门道，东南侧为 S3 号哨所和 P9 号炮座，西侧为玛瑙山东营，西南侧为玛瑙山营盘南部外城军事防御区。东南侧地势较高，设置了 S3 号哨所和 P9 号炮座，对东南外城进行军事防御，东侧地势较平坦，设置东南外城墙，并在外城墙上设置了 M14 号门道，经 M14 号门道可出营盘至官田寨，入 M14 号门道经这一区域由 M13 号门道入东营。东南部外城军事防御区东

玛瑙山营盘东南部外城军事防御区位置图

遵义市文物保护与研究所 何烨 制

2018年9月 遵义 玛瑙山

侧以“一”字形城墙为屏障、东南侧以S3号哨所和P9号炮座为屏障，西南侧为陡坡地带，以城墙、哨所、门道和射击孔构成玛瑙山营盘东南部第三道军事防线，对东南部犯敌实施有效军事防御和军事打击。

（二）地下军事防御体系

玛瑙山营盘地下军事防御体系由中营腹部地下溶洞军事防御区和南营腹部地下溶洞军事防御区组成，以地下溶洞配以门道与地上军事设施进行科学设置，形成了玛瑙山营盘具有强大军事防御退守功能的地下军事防御体系。

2.1 中营腹部地下溶洞防御区

中营腹地地下溶洞防御区位于玛瑙山中营腹地，溶洞较为平坦，宽窄不一，最宽处约36米、最窄处约5米，总长度142米，溶洞中空面积约2800平方米，可容纳百余人，由地下溶洞、M42号门道、M43号门道和天然竖井组成。溶洞西北侧M42号门道和溶洞南侧的M43号门道原为一天然溶洞口，人为加工后并配置门框和板门形成门道；溶洞内人为进行加工形成较为平坦的道路和空间供防御人员退守。M42号门道是玛瑙山中营西外城进入中营腹地地下通道的主要入口；当北营、西营北部严防区、西营中部严防区防御人员退守进即通过中营西外城城墙上的M26号门进入中营西外城，再由M42号门道进入中营腹部地下溶洞；中营内城、中营东外城、中营西外城和南外城防御人员退守时分别经M29号门道、M30号门道和M31号门道直接由中营内城南侧的天然竖井进入中营腹部地下溶洞进行退守。经由M42号门道和天然竖井进入地下溶洞的防御人员，出中营外城南城墙外侧的M43号门道，经过子营和PL1号炮楼再入南营北侧M44号门道进入南营腹部地下溶洞后，通过M45号门道出溶洞可至官田寨退守。

2.2 南营腹部地下溶洞防御区

南营腹部地下溶洞防御区位于玛瑙山南营腹部，溶洞狭窄，长263米，最高11.7米，最宽23米，占地面积约2000平方米，可容纳百余人依次通过，由M44号门道、M45号门道和溶洞组成。溶洞北侧、南营北部退守区南侧的M44号门道和溶洞西南侧的M45号门道原为一天然溶洞口，人为加工并配以门框和板门形成门道，地下溶洞经人为加工后形成较平整的地道路和空间供防御人员退守。M44号门道是中营腹部地下通道的入口，M43号门道防御人员退守时由该门道进入中营腹部地下溶洞，东营、南营、子营、西营防御人员退守时已是由该门道进入中营腹部地下通道，进入中营地下通道的防御人员经M45号门道出溶洞到官田寨，确保防御人员安全退守。

玛瑙山中营地下溶洞和南营地下溶洞与地上军事防御体系相配合使用，形成了玛瑙山第四道军事防线，这一地上军事防御体系与地下军事防御体系的运用，将贵州清代山地防御工事体系的军事防御思想体现到极致，成为贵州清代山地军事防御工事的经典。

第二章
玛瑙山营盘军事防御建筑与艺术

第一节　城　墙

玛瑙山营盘城墙分布在玛瑙山金盘山为中心的七个小山堡之上，随地形走势绵延2200余米，坚实牢固，城墙残高1—8米不等，采用就地取材方式干摆砌筑而成。玛瑙山营盘遗址城墙建筑布局考究，四重城墙、内外重叠，将玛瑙山分成中营、子营、南营、北营、东营、西营、安家营、丁家营和杨家营进行科学分置，又互为相通，形成层层瓮城，并结合中营与南营下的地下溶洞相结合，形成攻、防、守、退的军事防御体系。玛瑙山城墙建筑形式特别，建造者根据其军事功能需求分别建设的“台阶形”“h形”“凸字形”和“I字形”城墙。从建筑工艺上又根据不同军事区域的功能和军事防御能力设置了精加工方整石或条石干摆砌筑城墙、粗加工块石干摆砌筑城墙和不规则形块石干摆砌筑城墙。

“台阶型”城墙主要分布在中营内城城墙、中营外城东侧城墙、中营外城南部城墙、中营外城西部城墙、中营外城北部城墙大部份和西营西侧城墙，体量占玛瑙山营盘比例最大。“台阶型”城墙一般由座墙、过墙和扶墙组成，座墙厚在1000—2200mm之间，过墙与扶墙呈梯级状向上收缩，大部分在扶墙上设置射击孔，过墙上供人行和匍匐射击。这种城墙在清代较为广泛应用，主要是火器的应用促进了“台阶型”城墙的诞生，具有较强的军事防御能力。中营内城城墙是玛瑙山营盘的最高点之一，又是玛瑙山营盘的军事指挥中心，座墙、过墙和扶墙建筑体量高大厚重，扶墙上未设置射击孔，防御人员直接在扶墙上行走观察对周边进行军事防御并接收和传递军事信息。

“h 形”城墙主要分布在东营东侧城墙、南营一圈城墙、中营北部一小部分城墙、丁家营东南侧城墙、北部城墙和东侧外城“一字型”城墙，建筑体量次于“台阶型”城墙。“h 型”城墙由座墙和扶墙组成，与“台阶型”城墙不同之处是没有过墙，扶墙设置射击孔，防御人员直接站在座墙身贴扶墙进行射击防御。这种城墙同样也是在清代时期广泛应用，其军事防御能力与“台阶形”城墙较次之。

“凸”字形城墙主要分布在西营南侧的一段城墙之上，残存不足百米，是玛瑙山营盘较为特殊的一类城墙。“凸”字形城墙由座墙、过墙和凸墙组成，射击孔设置在凸墙底部，上部以不规则块石干摆砌筑而成，防御人员站在过墙上进行防御射击。其凸墙上部的不规则块石在必要时可用作以“擂石”为军事打击物，对已临城墙下的犯敌实施近距离“擂石”打击。“凸”字形城墙将宋明时期的军事防御方法与清代时期的军事防御思想有机结合，集火器射击与“擂石”打击为一体形成较强的军事防御能力。

“I”字形城墙主要分布在玛瑙山南部外城军事防御区南侧城墙、南部外城军事防御区西侧城墙、子营南部严防区南部城墙、子营南部严防区西南侧西段城墙、北营一圈城墙、杨家营一圈城墙、西营内部隔墙、子营内部隔墙和南营内部隔墙。“I”字形城墙设置一般在玛瑙山地形地势较为险峻地段和营盘内隔墙以及部分营盘间的隔处。设置在地势较为险峻地段主要是因为险峻地段本身已经具备了一定的军事防御能力，这些地段设置“I”字形城墙并在其城墙上直接设置射击孔，有利于增加防御人员对防御区域的观察视野和防御人员进行有效军事打击。设置在各营内部的隔墙，一方面是军事功能分区的需要和在防守时具备一定的军事防御能力，另一方面设置射击孔在内营隔墙上具有对这一区域军事管理作用。

精加工方整石或条石干摆砌筑城墙主要分布在玛瑙山营盘中营内城城墙上，其建筑结构、建筑艺术是玛瑙山营盘的精髓，南侧城墙长 43 米、北侧城墙长 43 米、东侧城墙长 32 米和西侧城墙南北两段 19 米，共计 137 米城墙。中营内城城墙采用就地开采的青石经精加工后干摆砌筑而成，最大方整石近 1500 斤，每块方石材非常规整，基本达到五个面加工平整，口面錾道在寸四道以上錾路。

粗加工块石干摆砌筑城墙主要分布在玛瑙山中营外城城墙、西营外侧城墙、东营外侧城墙、子营一圈城墙和南营一圈城墙上。这类城墙在玛瑙山营盘中所占比例较大，是玛瑙山营盘城墙建筑的主体，城墙相对较为高大，座墙、过墙坚实牢固，建筑工艺简单，有利于短时间内尽快完成营盘建设和节约资金支出。

不规则形块石干摆砌筑城墙主要分布在北营一圈城墙、安家营一圈城墙和丁家营北侧一部分城墙上。这一类城墙在玛瑙山营盘中所占比例较小，一般设置在地形地势较险峻的区域，城墙建筑体量相对较小、建筑工艺较为简单，一方面有利于节约资金成本，另一方面可缩短建造时间，其三在军事防御时还可以将城墙上不规则块石作为“擂石”对已临城墙下的犯敌进行有效军事打击。

第二节　门　道

玛瑙山营盘门道分布于玛瑙山内外四重城墙之上，是进入玛瑙山营盘遗址和炮楼的通道，也是连接中营、子营、东营、南营、西营、北营、杨家营盘、丁家营盘、安家营盘以及其他防御区之间的通道，现存有门道 48 道，其建筑形式主要有“八卦形拱券式”门道、“圆弧形拱券式”门道、“菱形拱券式”门道、“叠涩式”门道和“槛框式”门道四种，其中“八卦式”“八卦形拱券式”门道在黔北地区首次发现。

2.1　M1 号门

M1 号门位于玛瑙山营盘遗址东北部外墙上，紧临M2 号门道，相距 21 米。坐南朝北，座向 31°，海拔高度 850 米，位于北纬 28° 7′ 9″，东经 107° 45′ 59″。M1 号门道内为东营（集市），进入门道与集市建筑群相连，经集市主街区往西与古驿道相连接。从现状分析，该门道作为东营防御人员或集市常住人员出入口，其建筑形式单一，为“槛框式”门道，门框两侧用规整青石干摆砌筑成门墙，紧临门墙竖以木枋，上置木框枋，形成槛框，加以木板门而形成门道，槛框上再置以条石，条石上砌筑石墙。

M1 号门道保存状况差，木门框、板门不存，门楣石不存，仅存东西两侧门墙与城墙，其还保留原有的形制。门道宽 1570mm、北侧门墙残高 1200mm、西侧门墙残高 2100mm、门墙厚 1850mm。

M1 号门道残存的主要原因：一是自然因素，即长期的风雨浸蚀造成木构件糟朽不存；二是人为破坏因素，如咸同起义造成石墙建筑的破坏等。

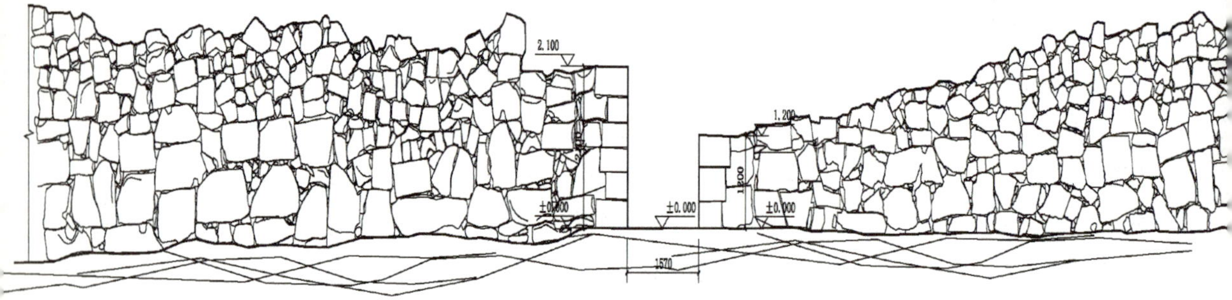

M1北立面图 1:50

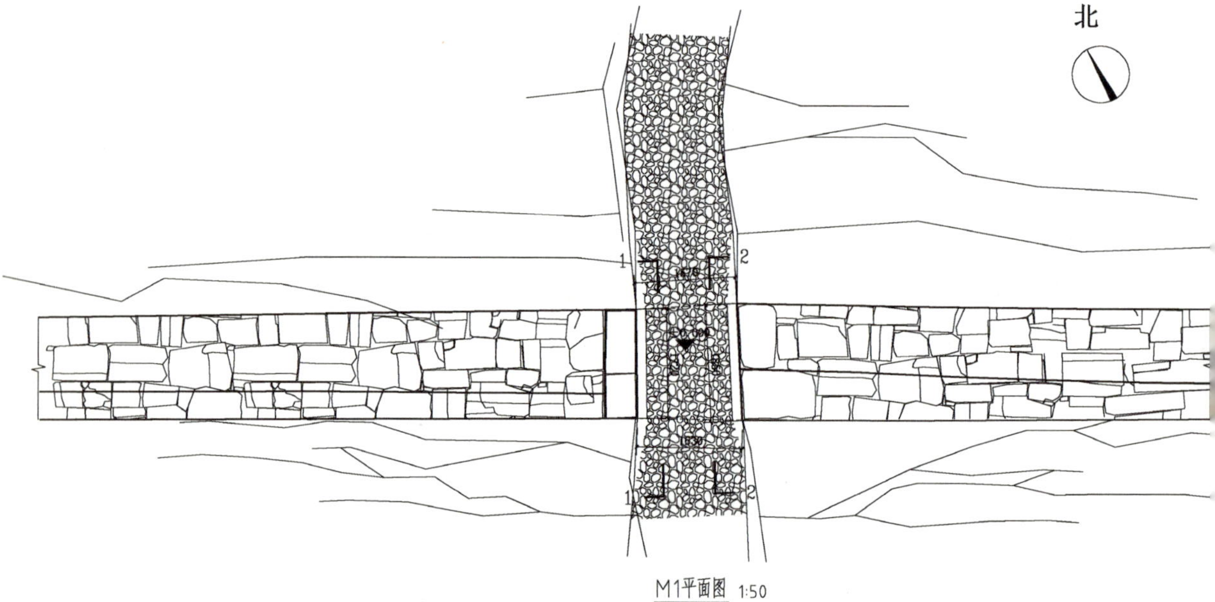

M1平面图 1:50

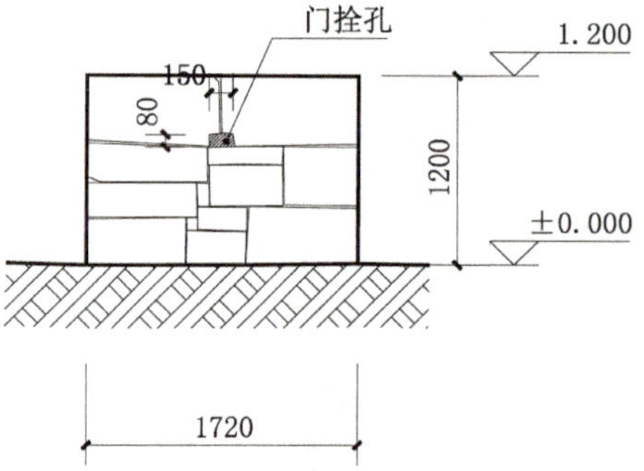

1-1剖面图 1:50

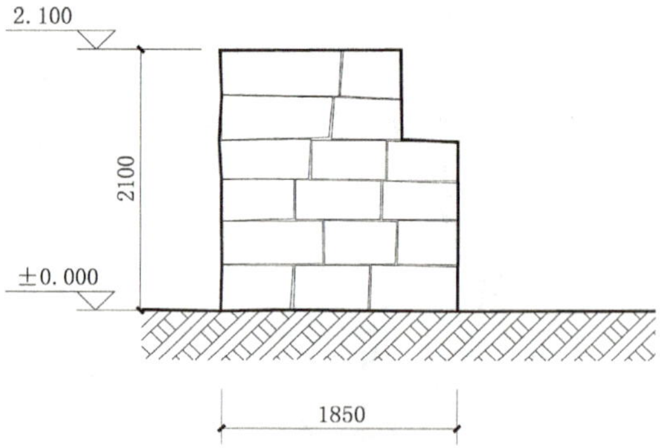

2-2剖面图 1:50

2.2　M2 号门

M2 号门位于玛瑙山营盘遗址东北部外墙上，紧临南侧 M1 号门道，坐南朝北，座向 27°，海拔高度 850 米，于北纬 28° 7′ 9″，东经 107° 45′ 59″，与 M1 号门呈东西向平行，相距 21 米。M2 号门道内为场坝，是从北部进入玛瑙山的主要出入口，入门道即为东营(集市)。门道建筑高大，建筑形式为“叠涩式”门道，两侧门墙以规整条石干摆砌筑而成，门墙顶部两侧以两块条石分别向内伸进形成支翘，再在支翘石上盖一条石置顶，形成“叠涩式”，为双层“叠涩式”门道。门楣石上干摆石墙，石墙西北角设 SK1 号射击孔一个。M2 号门道无门框，门墙两侧各设门拴孔两对，上下设门臼并置以石门槛，为对开式板门。

M2 号门道保存状况较好，基本保存原始建筑形制。板门不存，门楣石墙残存。门道宽 1940mm、门道净高 2610mm，门槛净高 300mm，支翘石净厚 214mm，门楣石净厚 239mm，东侧门墙厚 1790mm、西侧门墙厚 1890mm，西北角置 400mm × 230mm 射击孔一个。

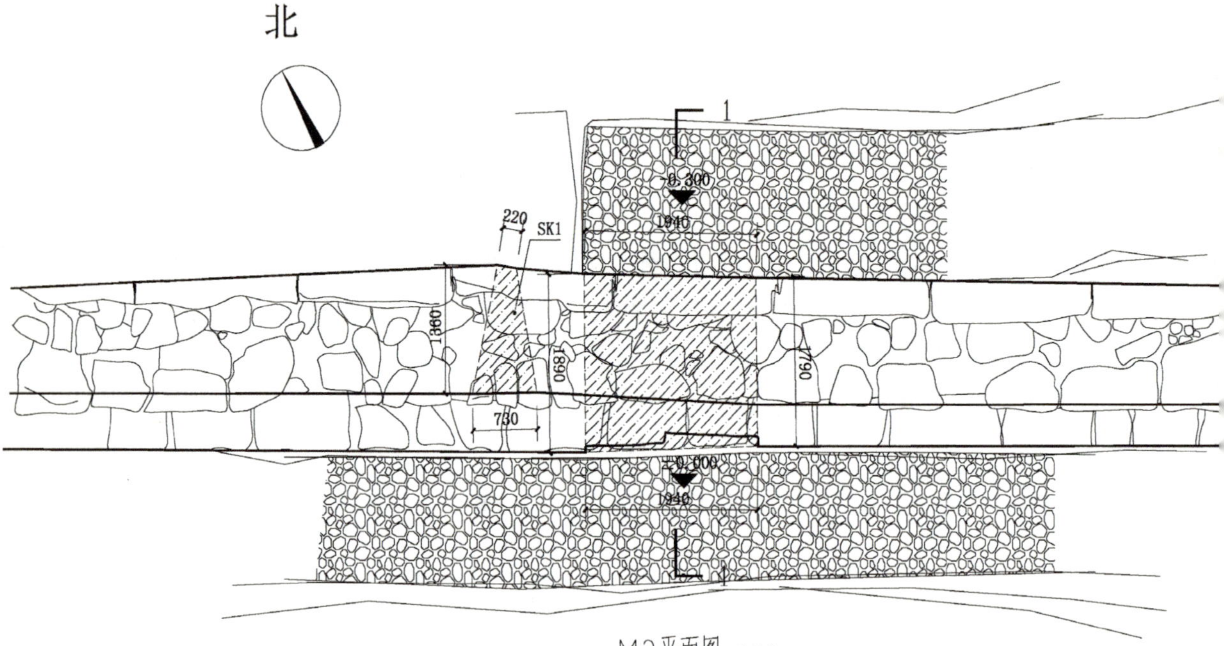

M2平面图 1:50

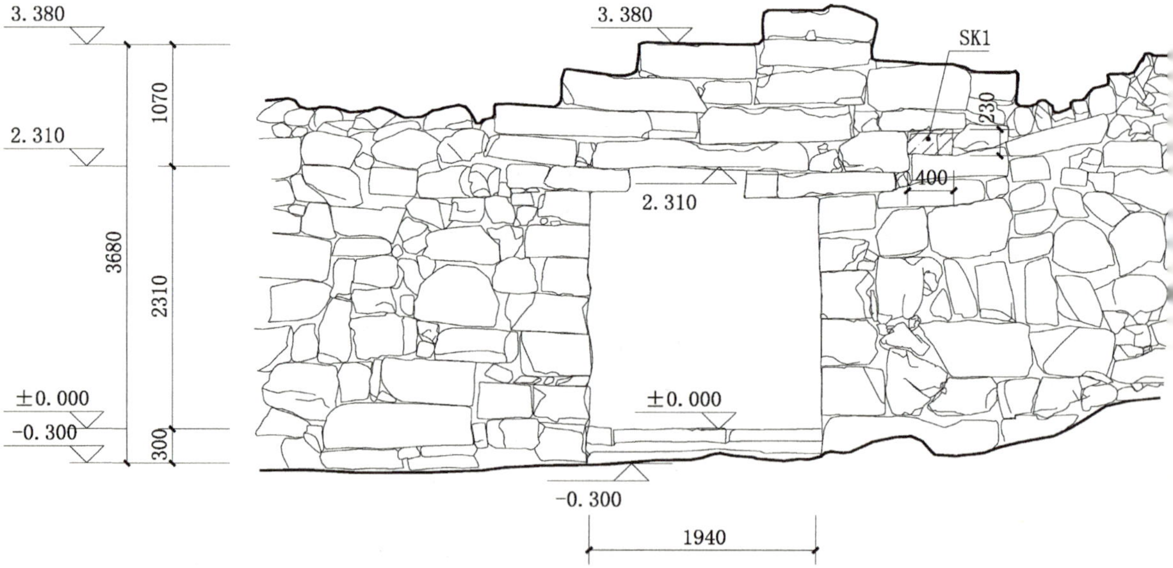

M2北立面图 1:50

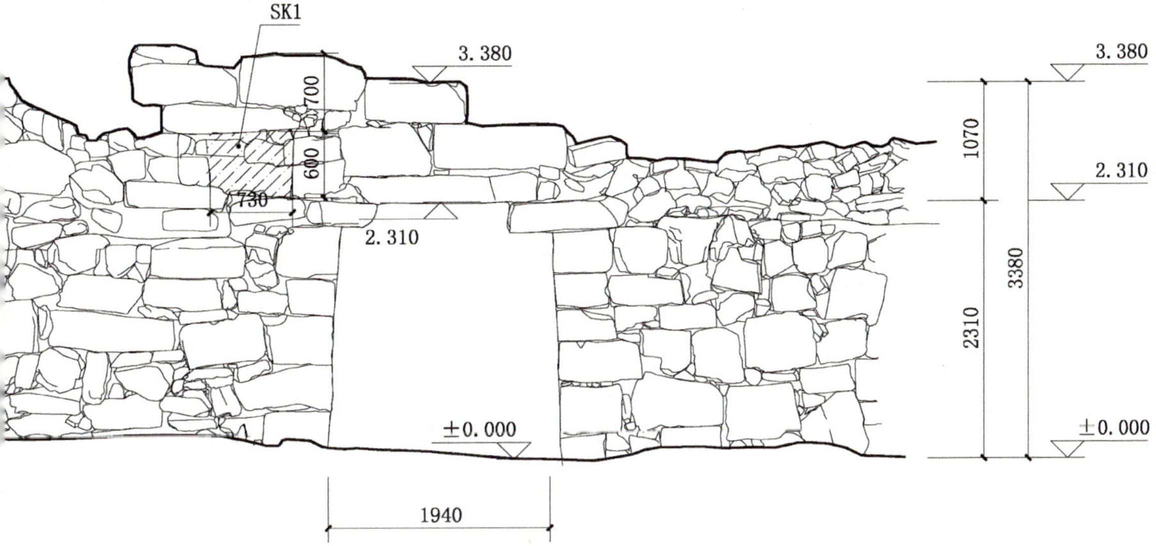

M2南立面图 1:50

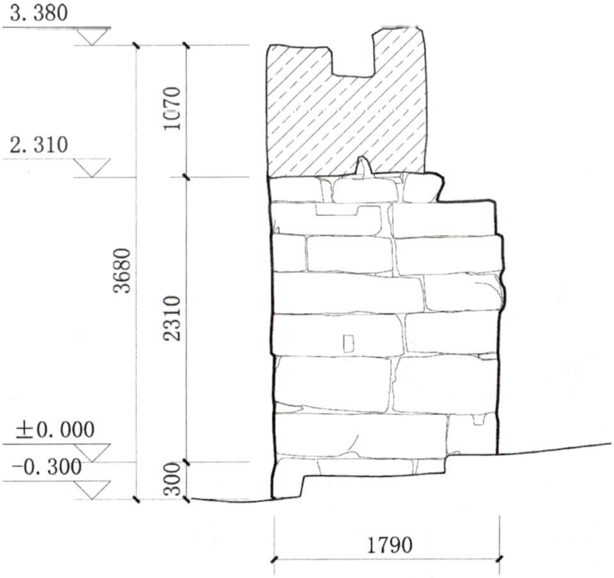

1-1剖面图 1:50

M2 号门道残存的主要原因：一是自然因素，即长期的风雨浸蚀造成木构件糟朽不存和门槛石风化酥碱；二是人为破坏因素，如咸同起义造成石墙建筑的破坏等。

2.3 M3 号门

M3 号门位于玛瑙山营盘遗址东北部外墙上，南与丁家营盘炮楼紧临，M3 号门坐西朝东，座向 122°，海拔高度 860 米，位于北纬 28° 7′ 10″，东经 107° 45′ 57″，与 P1 号炮楼呈南北向平行，相隔 17 米。

M3 号门道内为丁家营盘，是从东外城防御区域进入丁家营的主要出入口。进入丁营盘，西侧与钱家中营外城墙相连接并设置 M41 号门可进入中营，南侧与场坝城墙相连接并设置 M15 号门进入场坝，北与杨家营盘、安家营盘城墙相连接并设置 M16 号门进入杨家营盘；从 M3 号门往东出为一平坝，北侧设置一城墙东西走向与 M4 号东城墙相连接，并设射击孔若干以防御北侧的薄弱地理环境，形成了较强的防御功能。

M3 号门道建筑高大，建筑形式为“叠涩式”门道，两侧门墙以规整条石干摆砌筑而成，门墙顶部两侧以两块条石分别向内两层伸进形成支翘，再在二层支翘石上盖一条石置顶，形成“叠涩

式”，为三层“叠涩式”门道。门楣石上干摆石墙。M2 号门道无门框，门墙两侧各设门拴孔两对，上下设门臼并置以石门槛，为对开式板门。

M3 号门道保存状况一般，门道已用青石堵塞，基本保存原始建筑形制。门楣石和支翘石无存、板门无存，门道宽 1750mm、门道净高 3000mm，往东出门道下设石质踏步五步，踏步高自下而上分别为 190 mm、200 mm、230 mm、450 mm、120 mm。

M3 号门道残存的主要原因：一是自然因素，即长期的风雨浸蚀造成木构件糟朽不存和门槛石风化酥碱；二是人为破坏因素，如农业生产对门道造成一定的损坏及咸同起义造成石墙建筑的破坏等。

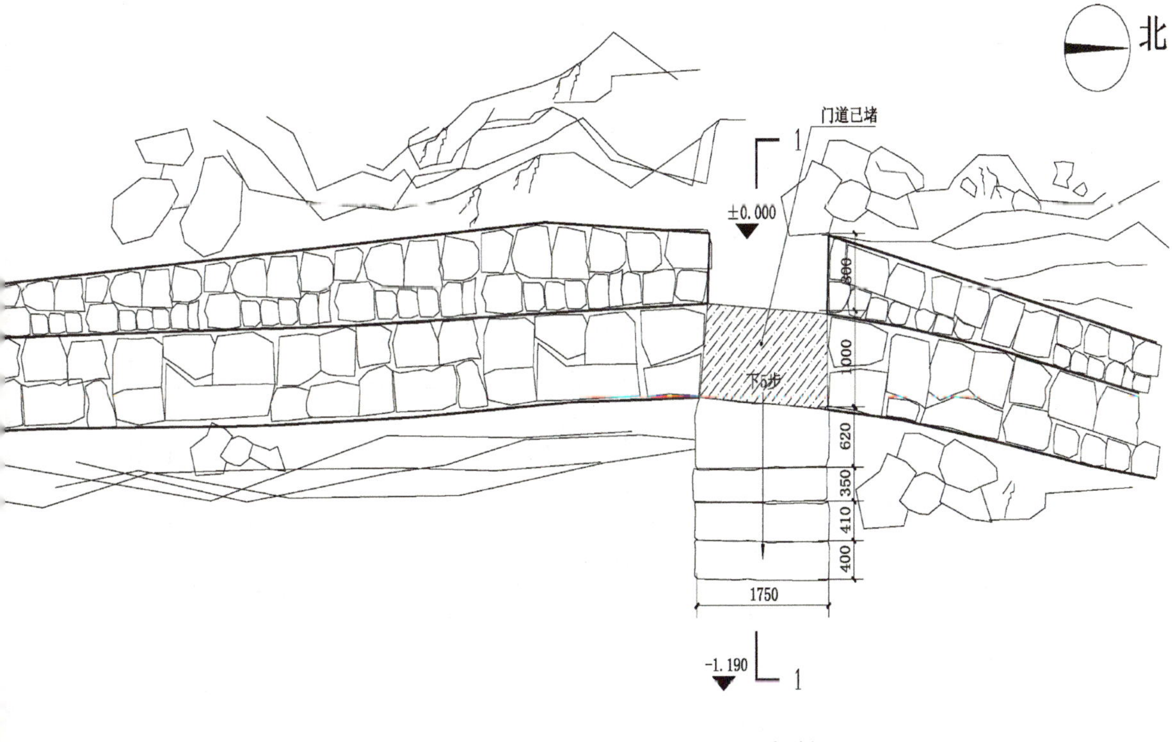

M3平面图 1:50

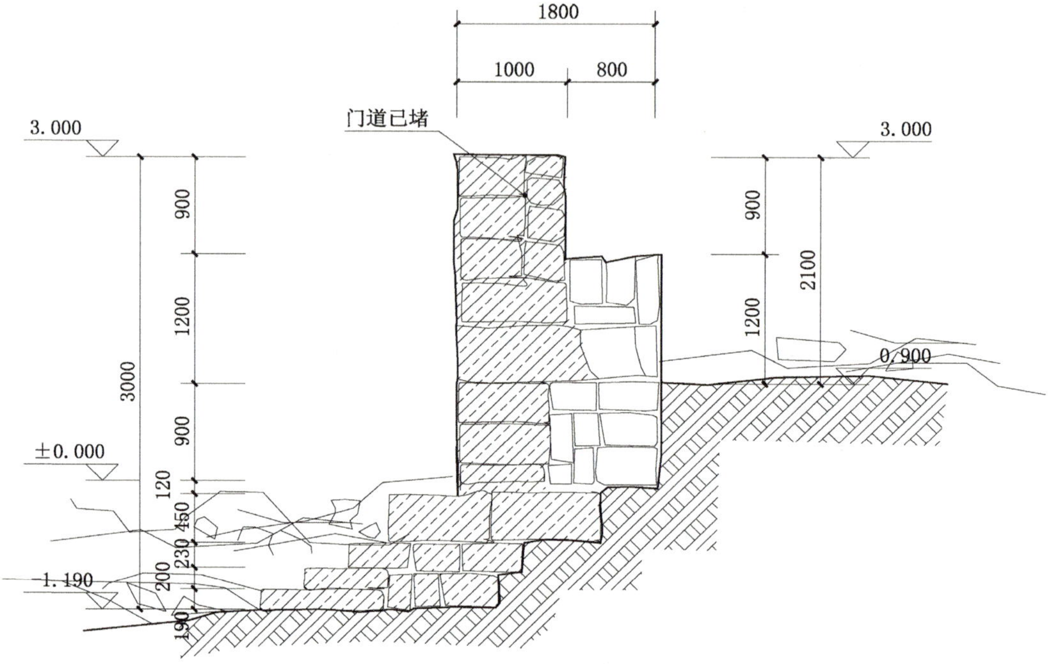

1-1剖面图 1:50

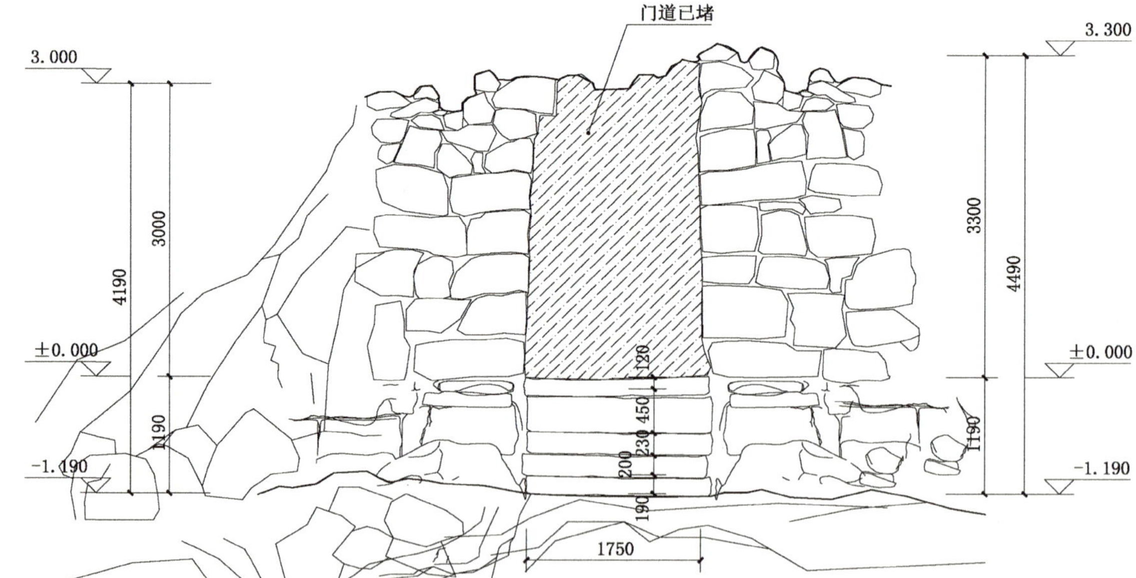

M3东立面图 1:50

2.4　M4号门

M4号门位于玛瑙山营盘遗址北部、安家营盘东侧城墙上，M4号门坐西朝东，座向117°，海拔高度861米，位于北纬28° 7′ 13″，东经107° 45′ 56″。

M4号门道内为安家营盘，是从东部进入安家营盘的主要出入口。进入安家营盘，西侧紧临丁家营盘以一城墙相隔，并设置M17号门与杨家营盘相连通，南侧置一城墙与丁家营相隔，但未设置门道与丁家营连通，北部为城墙和陡崖；从M4号门往东出为一沟壑，门道、城墙与沟壑构成又一较强的防御系统。

M4号门道建筑体量一般，门道上部垮塌严重，建筑形式不详，或为“叠涩式”门道、或为“槛框式”门道，两侧门墙以规整条石或方石干摆砌筑而成，门墙顶部不存。从现状残存情况分析，其门道建筑形式应为“槛框式”门道。

M4号门道保存状况较差，门道上部全部垮塌，其垮塌石构件堆积于门道中，仅残存部分门墙，但基本保存原始建筑形制。门道宽1450mm、南门墙残高2350mm、北门墙残高2750mm、门墙厚2300mm。M4号门建筑体量较大，从其门道现状综合研究，M4号门应为“叠涩式”门，其门楣石和支翘石无存、板门无存。

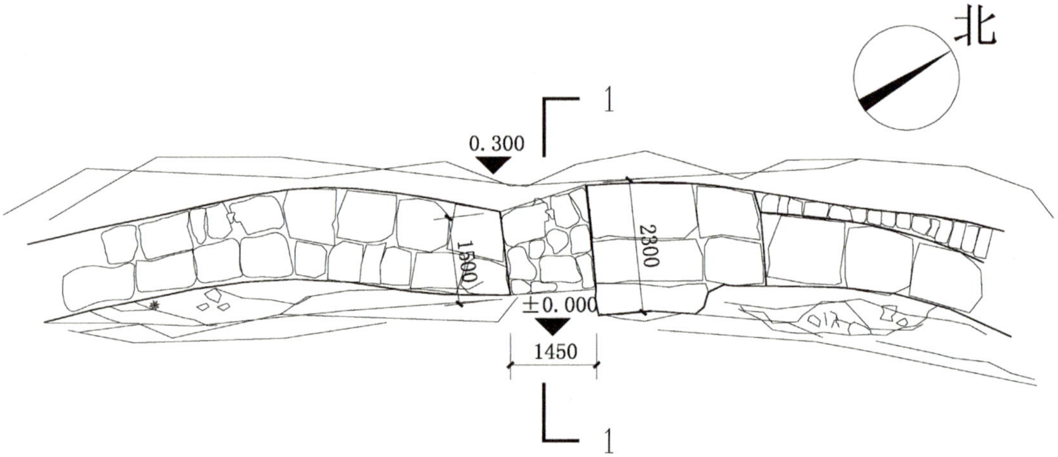

M4平面图 1:100

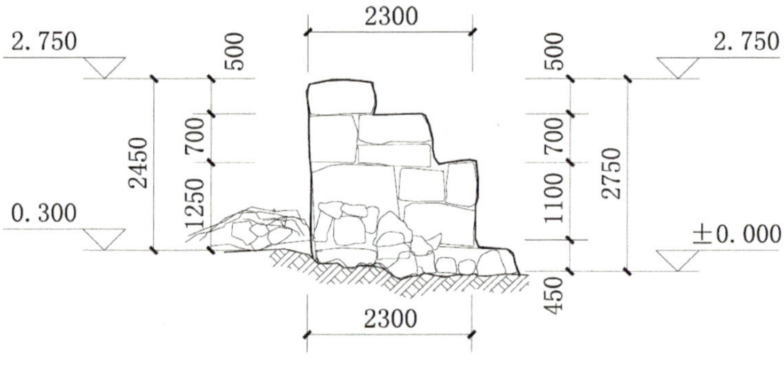

1-1剖面图 1:100

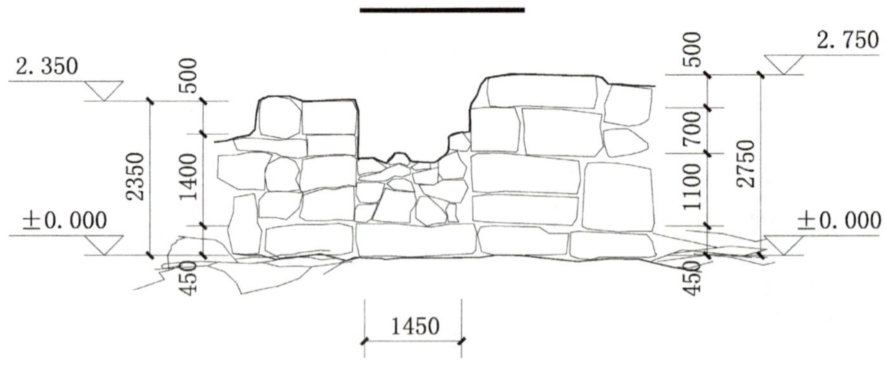

M4东立面图 1:100

M4 号门道残存的主要原因：一是自然因素，即长期的风雨浸蚀造成木构件糟朽不存和门槛石风化酥碱；二是人为破坏因素，如农业生产对门道造成一定的损坏及咸同起义造成门墙石垮塌等。

2.5　M5 号门

M5 号门位于玛瑙山营盘遗址西北部、杨家营盘西北外城墙上，M5 号门坐东朝西，座向 289°，海拔高度 855 米，位于北纬 28° 7′ 12″，东经 107° 45′ 53″。

M5 号门道较为隐蔽，是从西北进入杨家营盘的主要出入口。进入杨家营盘，北侧以一崖壁紧临安家营盘，南侧设置 M6 号门道进入钱家主营之西部子营，东侧设置 M17 号门道与安家营盘相连通，东南侧置又设置 M16 号门道进入丁家营盘。从 M5 号门出西北为一沟壑，经沟壑往西北直下可直通玛瑙山西侧的龙塘湾（溪水），当地人传说是一个较为隐藏的取水通道。其地形落差相对较大，行径又较为隐秘，门道、城墙、沟壑与安家营盘、丁家营盘和钱氏主营盘配合使用，构成又一套较强的攻、防、退、守的军事防御系统，为玛瑙山营盘提供水源保障。

M5 号门道建筑体量一般，基岩上凿出凹槽，两侧基岩上干摆粗加工条石或方整石形成门墙，门墙上置青石板形成“槛框式”门道。

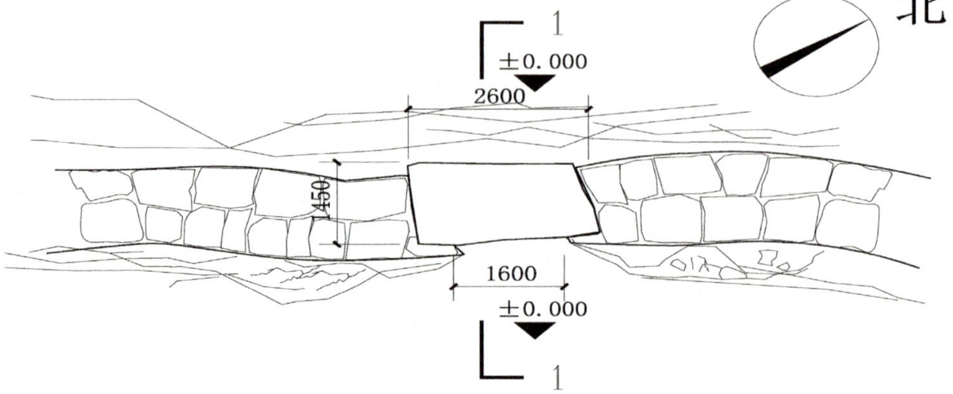

M5平面图 1:100

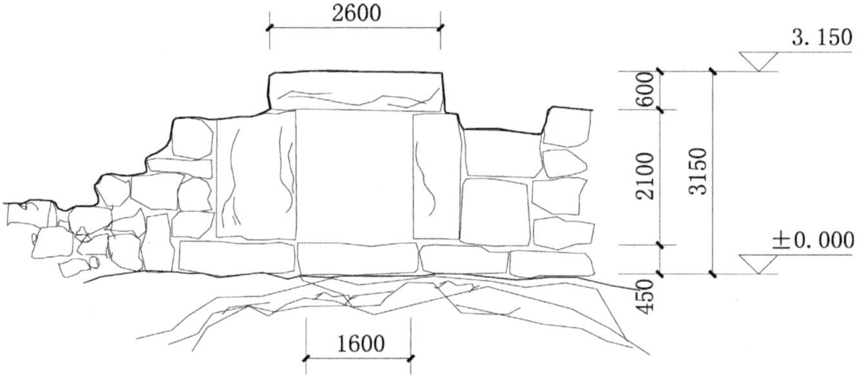

M5东立面图 1:100

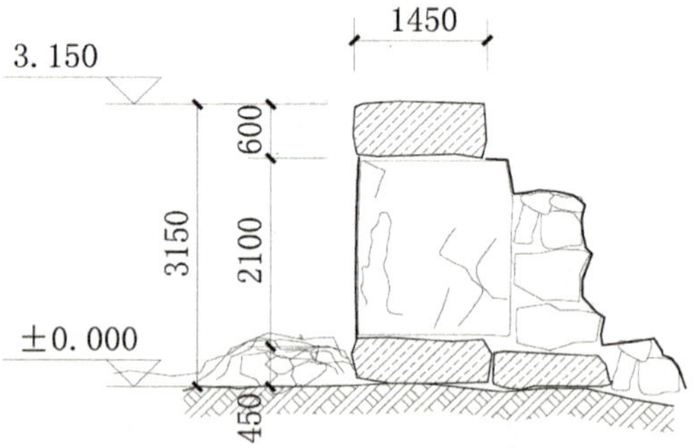

1-1剖面图 1:100

M5 号门道保存状况较好，基本保持原有的建筑形制，门道中堆积杂石。门道及门楣石保存完好，板门不存。门道宽 1600mm、门墙高 2100mm、门墙厚 1450mm。门楣石较为坚实，长 2600 mm、宽 1450 mm、厚 600 mm。M5 号门建筑体量一般，为对开式板门，其建筑质量坚实、牢固而隐蔽，增强了门道的防御功能。

M5 号门道残存的主要原因：一是自然因素，即长期的风雨浸蚀造成木构件糟朽不存、门墙石和门楣石风化酥碱；二是人为破坏因素，如杂树杂草对石砌体造成一定的损坏及咸同起义造成门墙石垮塌等。

2.6　M6 号门

M6 号门位于玛瑙山营盘遗址西北部、杨家营盘南部与钱家营盘主营之西营盘的城墙上，M6 号门坐南朝北，座向 22°，海拔高度 850 米，位于北纬 28° 7′ 12″，东经 107° 45′ 43″。

M6 号门道建在一缓坡台地上，是杨家营盘往南与钱家营盘西部营盘的主要出入口，也是杨家营盘进入西子营唯一的进入口，杨家营与钱氏西子营以“孪生营”形式拱卫着钱家主营，形成西北部较强的前沿军事防御体系。

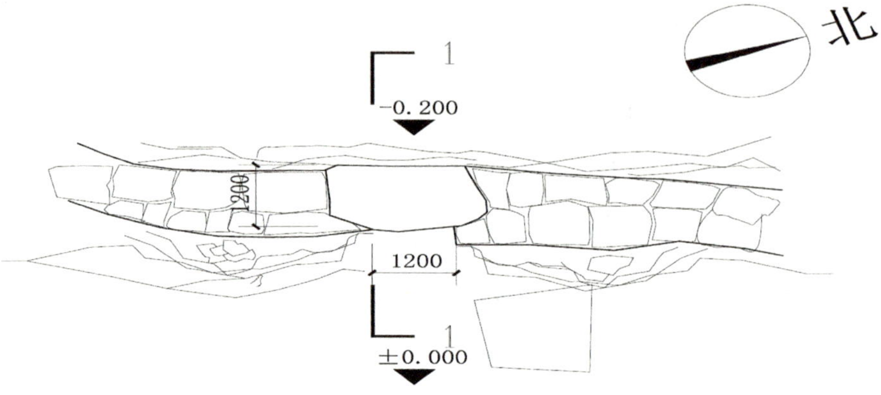

M6平面图 1:100

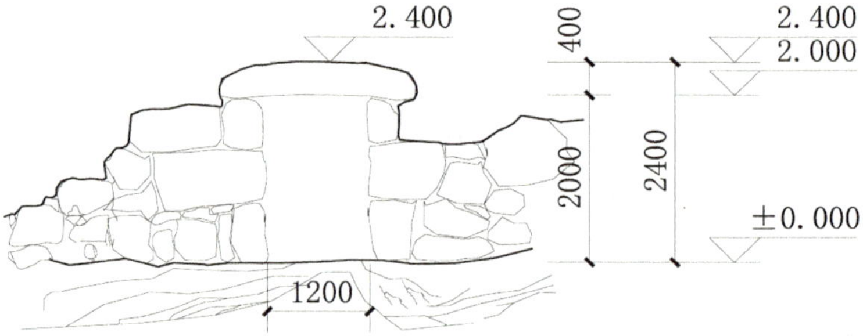

M6东立面图 1:100

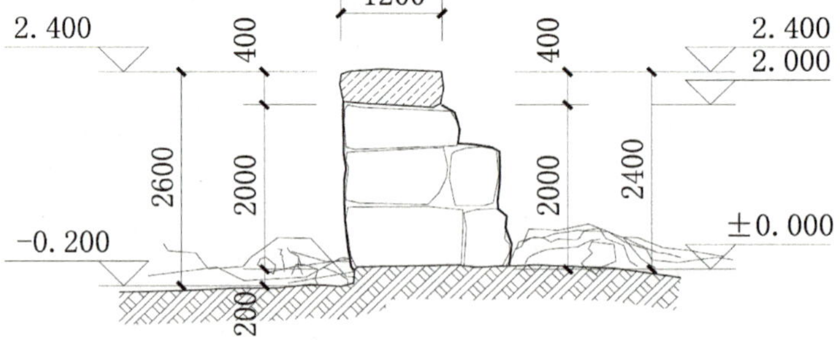

1-1剖面图 1:100

M6 号门道建筑体量一般，系在一缓坡台地上选址建设，城墙沿台地筑墙基，墙基上砌城墙，充分运用山地自然特点筑墙形成高大城墙，增强其军事防御能力。M6 号门道门墙两侧以干摆粗加工条石砌筑形成门墙，门墙上置一门楣石形成“槛框式”门道，门墙上置木门框，木质门框上再置木板门，以木门栓闭合。

M6 号门道保存状况一般，基本保持原有门道的建筑形制，门楣石上部墙体垮塌且石构件不存，东侧墙体垮塌严重，残损 30%，门残损 10%；西侧门墙保存完整；门道及门楣石保存完好，门墙门框道保存完好，完全可见原木门框的规格和尺寸；

板门不存、木门框及门栓不存。门道宽 1200mm、门墙高 2000mm、门墙厚 1200mm。门楣石由一块整石构成，青石材质，结构较为坚实，有所酥碱风化，长 2310 mm、宽 1200 mm、厚 400 mm。M6 号门建筑体量在玛瑙山营盘中偏小，为单开式板门。

M6 号门道残存的主要原因：一是自然因素，即长期的风雨浸蚀造成木构件糟朽不存、长期的风雨浸蚀造成门墙石和门楣石风化酥碱；二是人为破坏因素，如农业生产造成城墙石构件遗失及咸同起义造成门墙石垮塌等。

2.7　M7 号门

M7 号门位于玛瑙山营盘遗址西部、西营盘北部严防区西侧外城墙上，M7 号门坐东朝西，座向 263°，海拔高度 835 米，位于北纬 28° 7′ 10″，东经 107° 15′ 54″。

M7 号门道建在玛瑙山西部平坝缓坡的上一级台地上，是由玛瑙山西部进入西营盘北部严防区的主要出入口，北以 M18 号门可进入北部营盘，南以 M19 号门进入西营中部严防区，东以 M26 号门可进入钱家中部营盘（主营）。

M7 号门道建筑体量较大，城墙选址在一缓坡台地上，地势环境相对没有防御能力，其城墙砌筑较为高大坚实，采用青石经相对精加工沿台缓坡上一级地台砌筑城墙。该段城墙充分运用山地自然特点筑墙形成高大城墙，增强其军事防御能力。以现存形

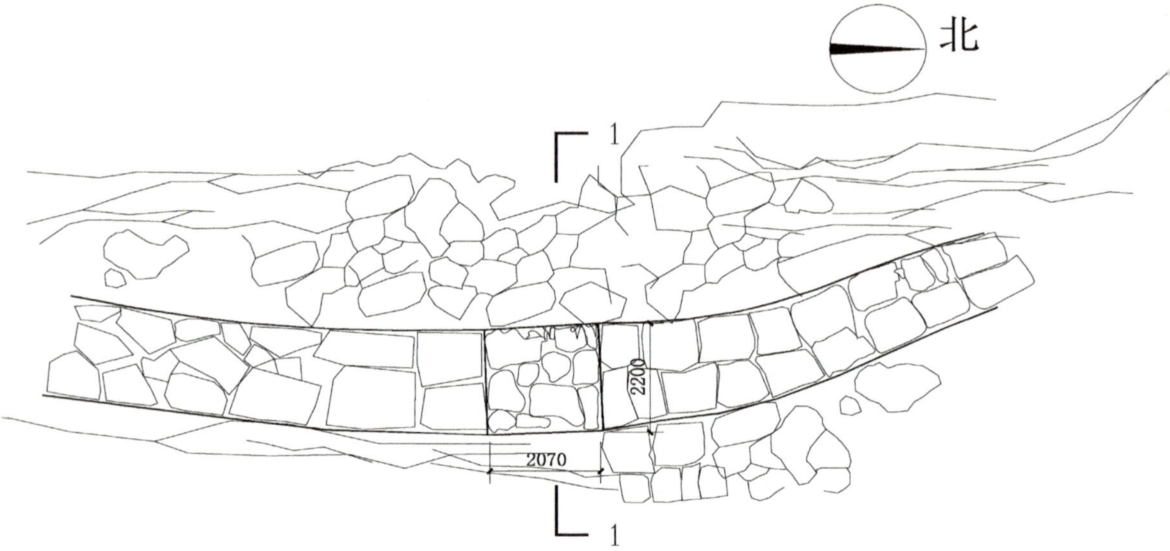

M7平面图 1:100

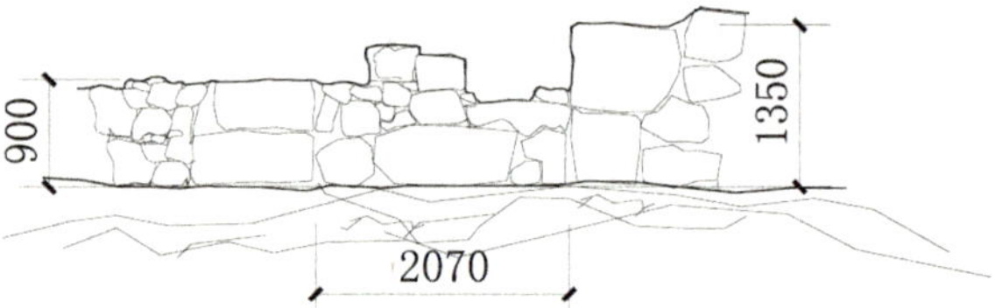

M7东立面图 1:100

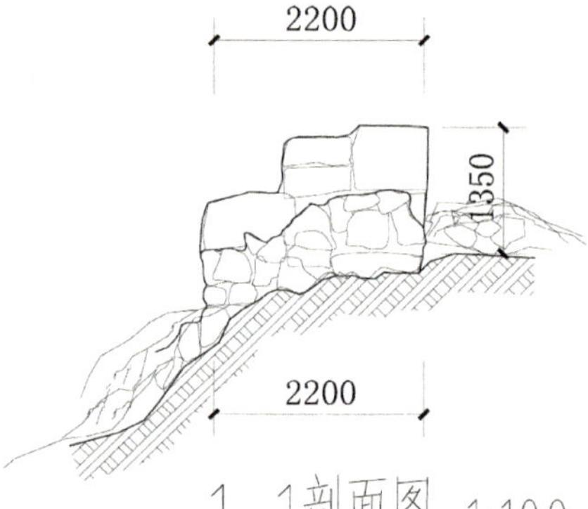

1-1剖面图 1:100

制和残存建筑构件为依据，M7 号门体量较大，门墙两侧是以精加工条石干摆砌筑，门墙上置拱券，拱券内置一门楣石，以板门闭合，为“拱券式”双开门道。

M7 号门道保存状况很差，门道下部基本保持原有门道的建筑形制，门楣石上部墙体全部垮塌、门墙石残存 30%—40%，大部分门墙石和拱券石不存，现存零星拱券石和门墙石；板门不存、门楣石不存、门臼石不存。门道宽 2070mm、北侧门墙残高 1350mm、南侧门墙残高 900mm，门墙厚 2200mm。

M7 号门道残存的主要原因主要是人为因素：（1）咸同起义给门道造成一定损毁；（2）20 世纪 50 年代破“四旧”时，绥阳区工作组对其进行人为破坏；（3）当地村民钱某某拆除门墙石和城墙石为其父母修墓园造成较为严重破坏。

2.8　M8 号门

M8 号门位于玛瑙山营盘遗址西部、西营盘南部严防区西侧外城墙上，M8 号门坐东朝西，座向 312°，海拔高度 840 米，于北纬 28° 7′ 7″，东经 107° 45′ 52″。当地人称“西门”。

M8 号门道建在玛瑙山西部平坝台地上，是由玛瑙山西部进入西营盘南部严防区的主要出入口，进入西营南部严防区，北以 M20 号门可进入西营中部严防区，南以 M9 号门（当地人称南门）出西营南部严防区，东以 M21 号门、M22 号门可进入钱家子营盘。M8 号门进入玛瑙山线路也是古驿道和古盐道，西出 M8 号门经钱氏家族墓园跨石拱桥通往凤冈、余庆县等，南出 M9 号门和东出 M2 号门通往务川县和德江县等地。

M8 号门道建筑体量较大，城墙及门道选址在一平坝台地上，东、西两侧为一平地，南为一小山，北为缓坡地，其地势环境相对没有防御能力。其建筑南依山脊建城墙而上，北沿缓坡地建城墙，中设 M8 号门道。其城墙砌筑较为高大坚实，采用青石经精加工砌筑城墙，门道设置高大，充分运用山地自然特点通过砌筑高大城墙和门道以增强其军事防御能力。

M8 号门道门墙两侧是以精加工条石或方整石干摆砌筑，门墙上置拱券，拱券内置一木门楣，门墙两侧置木门框并置门臼，门框两侧上部设门栓孔，下设门槛石，以板门闭合，为“拱券式”双开门道。

M8 号门道保存状况较好，保持原有门道的建筑形制，现存拱券、门墙、门栓孔、门臼、门槛保存完好，两侧城墙及门道上方砌体曾毁坏，凤冈县文物管理所于 2013 年进行修缮。板门不存、木门楣不存。门道宽 2380mm，门道通高 3390mm，门墙高 2207mm，拱券高 1183mm，门墙厚 1910mm，门槛石厚 120mm、高 200mm，门栓尺寸为孔 240mm × 150mm。

M8 号门道损毁的主要原因是人为因素造成的：（1）咸同起义给门道造成一定损毁；（2）农业生产在门中人为建设一水沟造成门槛石破坏。

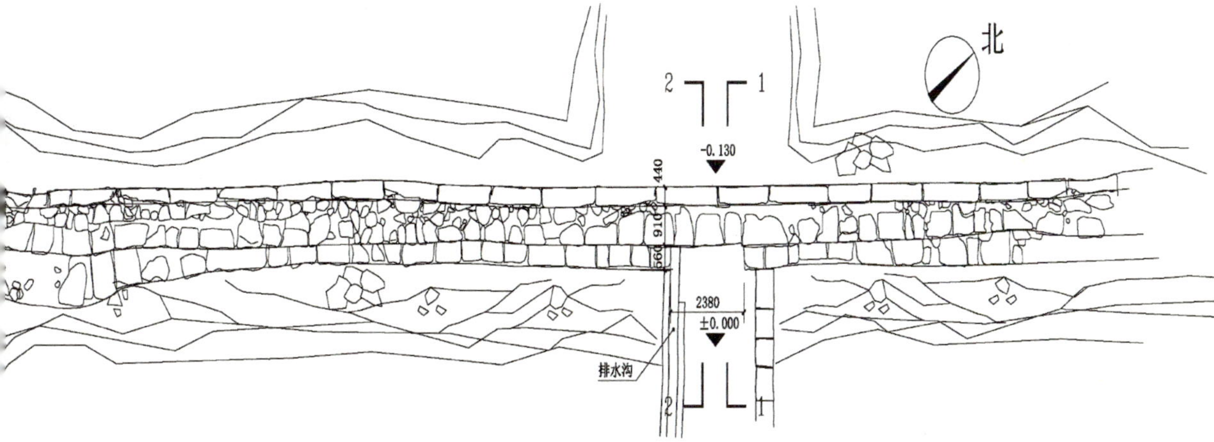

M8平面图 1:100

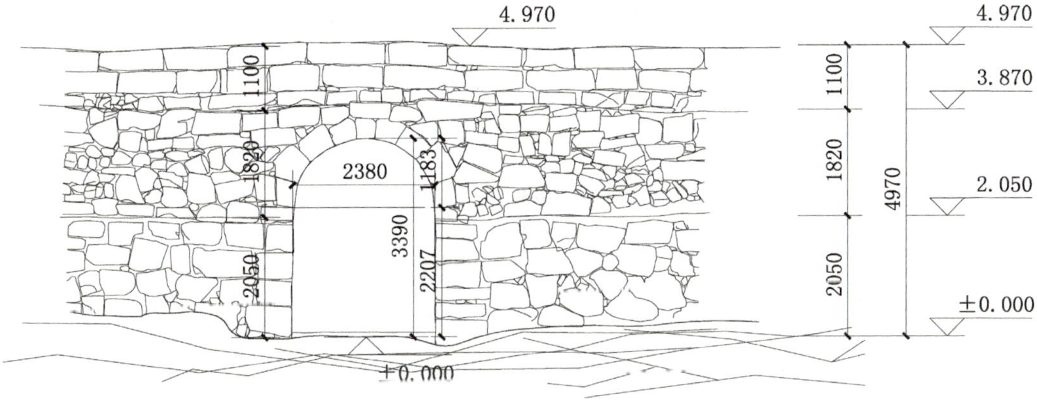

M8东立面图 1:100

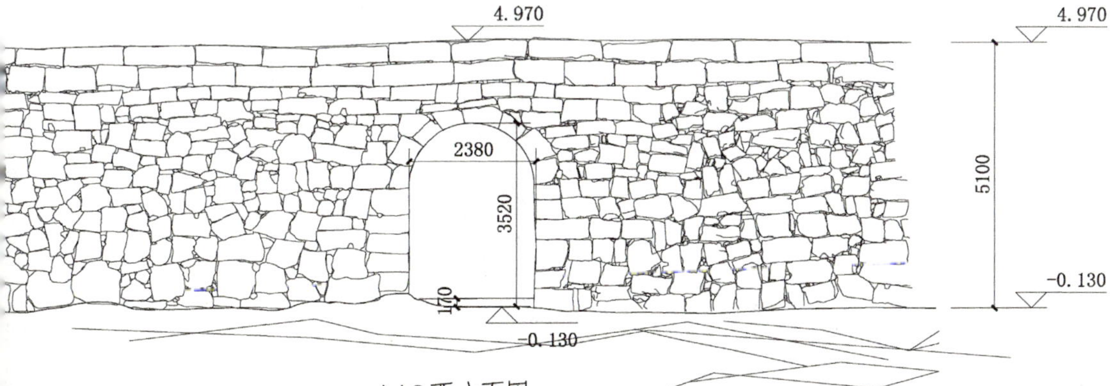

M8西立面图 1:100

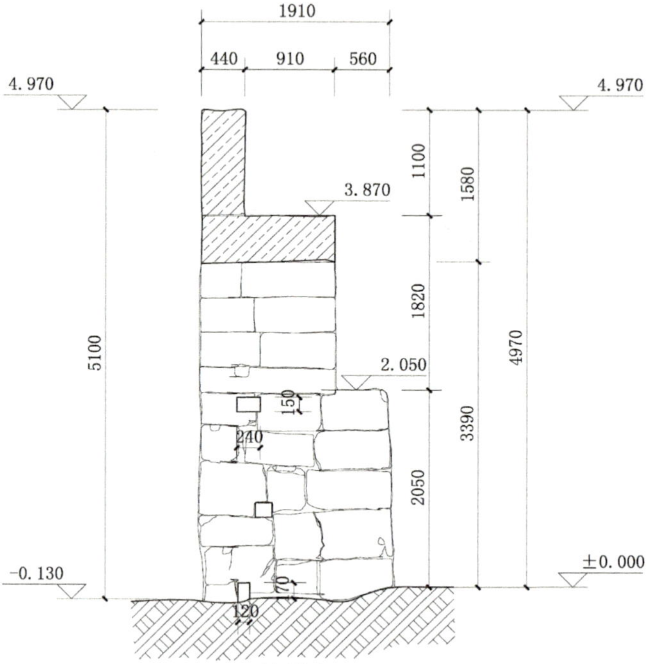

1-1剖面图 1:50

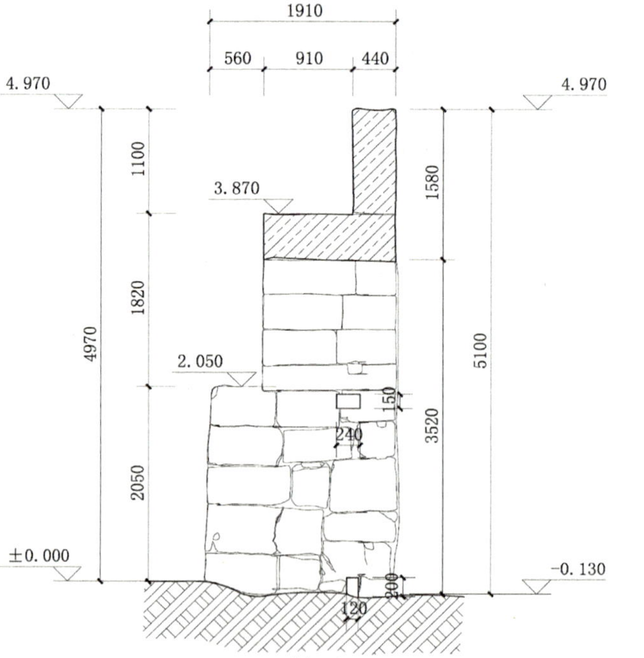

2-2剖面图 1:50

2.9　M9 号门

M9 号门位于玛瑙山营盘遗址南部、西营盘南部严防区南侧外城墙上，M9 号门坐北朝南，座向 198°，海拔高度 843 米，位于北纬 28° 7′ 5″，东经 107° 45′ 54″，当地人称“南门”。

M9 号门道建在玛瑙山南部一平坝的上一级台地上，是由玛瑙山南部进入西营盘南部防严防区的主要出入口，进入西营南部严防区，北以 M20 号门可进入西营中部严防区，西以 M8 号门（当地人称西门）出西营南部严防区，东以 M21 号门、M22 号门可进入钱家子营盘。M9 号门进入玛瑙山的线路也是古驿道和古盐道，南出 M9 号门和东出 M2 号门通往务川县和德江县等地，西出 M8 号门经钱氏家族墓园跨石拱桥通往凤冈、余庆县等地。

M9 号门道建筑体量较一般，城墙及门道选址在一台地上，南、北两侧皆为平地，西为一小山，依山脊砌城墙与 M8 号门道连接，东为子营城墙。其地势环境相对没有防御能力，在西侧小山与子营之间建门道 M8 号，其门道建筑体量并不大，但其非常坚实牢固，并设内外两层门道，提高了其军事防御能力。

M9 号门道门墙东侧门墙是在一基岩之上以粗加工条石或方整石干摆砌筑，西侧门以粗加工条石或方整石干摆砌筑而成，

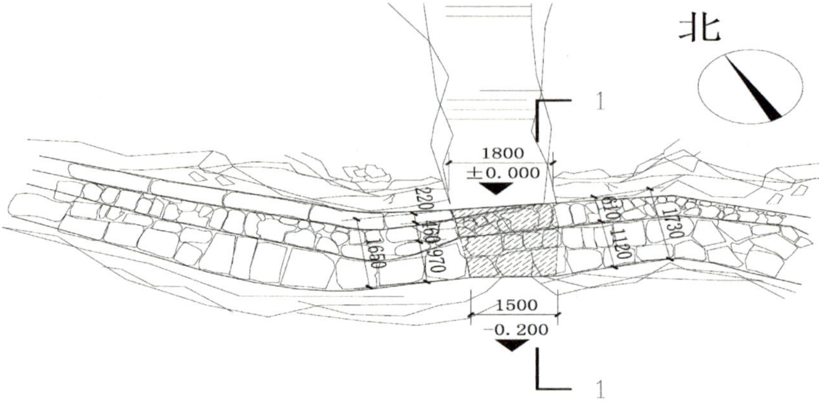

M9平面图 1:100

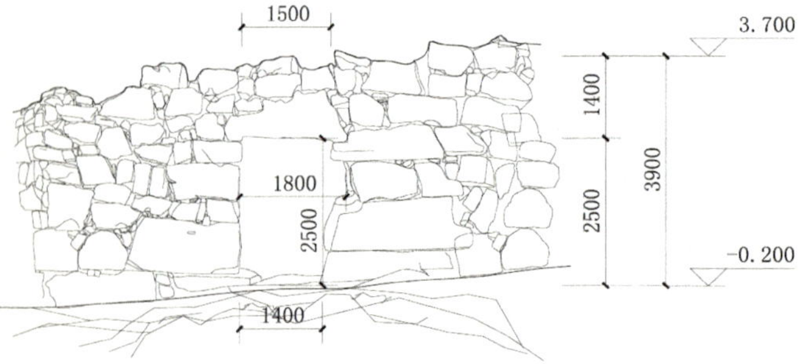

M9南立面图 1:100

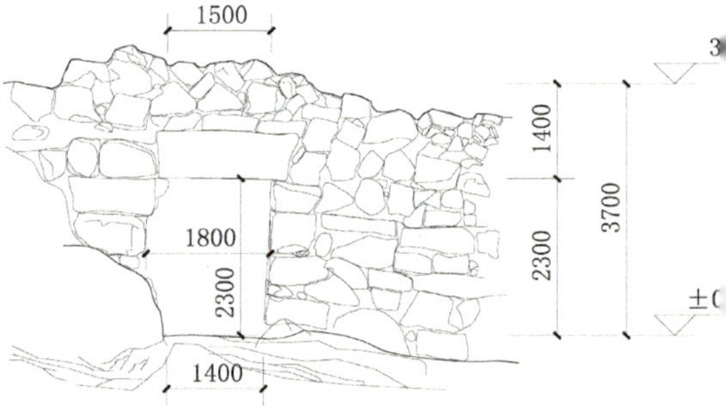

M9北立面图 1:100

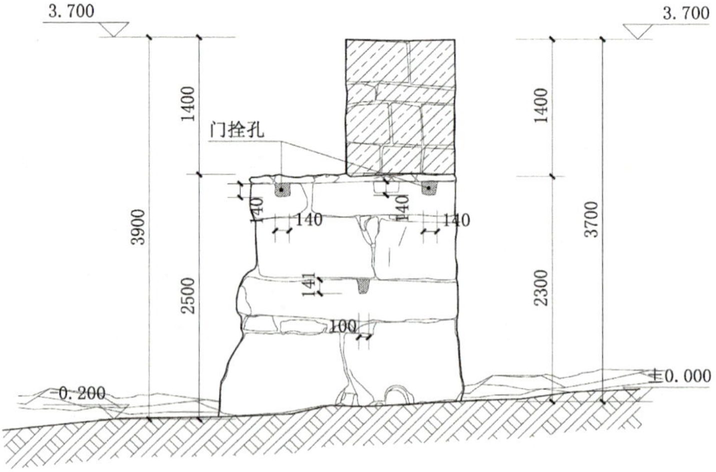

1-1剖面图 1:50

门墙上置门楣石，门楣石上再砌石墙形成门道。门道两侧建门栓孔内外两层、上下各两个，门楣上和门道下各置门臼，以板门闭合。M9 号门建筑形式是“槛框式”双层门道，其防御能力非常强。

M9 号门道保存状况较好，保持原有门道的建筑形制，门楣石、门墙、门栓孔、门臼保存完好；板门不存、门槛石不存。门道外侧宽 1500mm、门道内侧上宽 1800mm、门道内侧下宽 1400mm，门墙高 2500mm，门墙西侧厚 1650mm，门墙东侧厚 1730mm，上门栓孔尺寸为 140mm × 140mm、下门栓孔尺寸为 141mm × 100mm。

M9 号门道损毁的主要原因：一是人为因素，即咸同起义给门道造成一定的损毁；二是自然因素，如长期的风雨浸蚀造成门墙石和门楣石风化酥碱等。

2.10　M10 号门

M10 号门位于玛瑙山营盘遗址南部、南营盘西侧外城墙上，M10 号门坐东朝西，座向 263°，海拔高度 831.2 米，位于北纬 28° 7 ′ 4 ″，东经 107° 45 ′ 55 ″。

M10 号门道建在玛瑙山南部一陡坡上，是玛瑙山西部进入南营盘的主要出入口，进入南营盘，北以 M24 号门可进入 PL1 号炮楼，经 PL1 号炮楼 M39 号门道和 M40 号门道可进入子营，东北经 M25 号门道可进入东部营盘。

M10 号门道建筑体量较大，建筑形式简单粗糙。城墙沿陡坡呈南北走向，门道设置于城墙中部，门道西侧为陡坡、东为平地，选址较为隐蔽，防御上有“一夫当关、万夫莫开”之势，退守时作为一门洞使用。

M10 号门道两侧门墙以粗加工条石或方整石干摆砌筑，门墙上置整石为门楣石，门楣石上再砌石墙。门道上置木门框，门框上装木板门闭合。M10 号门建筑形式是“槛框式”单开式门道，配合其天然地理环境，具有较强的防御能力和退守功能。

M10 号门道保存状况较好，门道上堆积杂石近 50%，保持原有门道的建筑形制，门楣石、门墙、门栓孔保存完好；因堆积

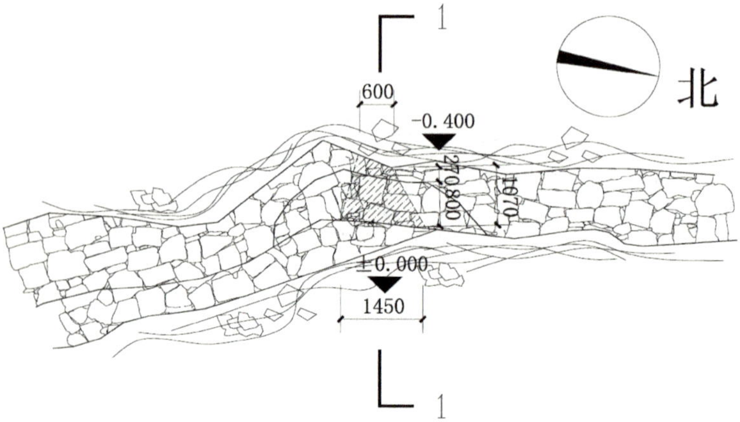

M10平面图 1:100

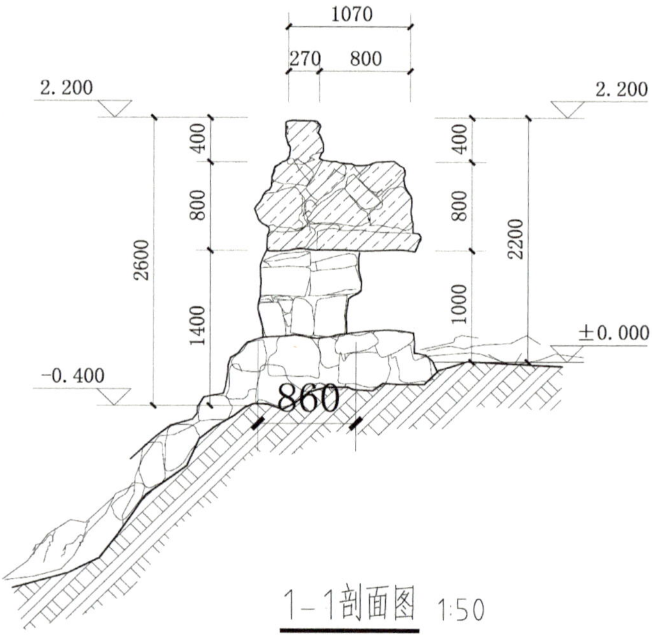

1-1剖面图 1:50

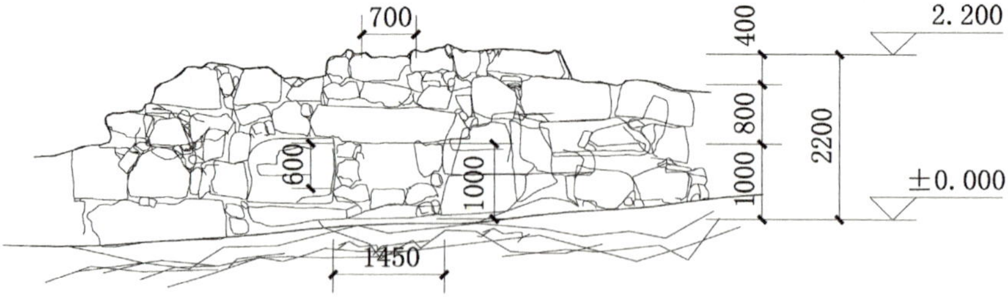

M10东立面图 1:100

杂石而未见门臼，板门不存、门槛石不存。门道平面形式呈梯形，外窄内宽，城墙鼓膨造成门道变形严重，现门道残存外侧宽 600mm、内侧宽 1450mm，门墙高残存 1000mm，门墙厚残存 860mm。

M10 号门道损毁的主要原因：一是人为因素，即咸同起义给门道造成一定的损毁及农业生产对门道造成损毁；二是自然因素，如长期的风雨浸蚀造成门墙石和门楣石风化酥碱、长期无人管理造成门道堵塞，雨水流通不畅造成门墙爆鼓及杂树生长其根系造成门墙爆鼓等。

2.11　M11 号门

M11 号门位于玛瑙山营盘遗址南部、南营盘南侧山下的外城墙上，M11 号门坐北朝南，座向 224 °，海拔高度 860 米，于北纬 28° 7′ 3″，东经 107° 45′ 59″。

M11 号门道建在玛瑙山南部一缓坡地带的上一级台地上，是玛瑙山南部进入南部外城军事防御区的主要出入口，进入南部军事防御区，向西依山脊顺势建城墙至山顶并设哨所 S2 以观察南部外城态势，向东建城墙依山势与 S3 哨所相连接，北部可通过 M11 号门进入东部营盘。

M11 号门道建筑体量较大，建筑形式及工艺较为考究，门道设置于南部外城军事防御区的西北角山脊底部，南与向东方向延伸的城墙连接，门道与城墙呈“之”字拐布局，出门道向南下设台阶数级与道路连接，门道内为一平地，南部道路正视不可见门道，具有较强的隐蔽性，因地利修建门道，增强其军事防御功能。

M11 号门道南北两侧门墙以粗加工条石或方整石干摆砌筑于基岩之上并紧贴城墙，门墙上置整石为门楣石，门楣石上再砌石墙。门道上置木门框，门框上装木板门闭合。M11 号门建筑形式是“槛框式”双开门道。

M11 号门道保存状况较差，门道保持原有门道的建筑形制，门墙残存 50%，门楣石、门臼、板门不存、门槛石不存。现门道宽 1900mm，北侧门墙高残存 1230mm，南侧门墙高残存 1060mm，门墙厚残存 1630mm。

M11 号门道残存的主要原因：一是人为因素，即咸同起义给门道造成一定的损毁，拆除门墙石对门墙造成的损毁；二是自然因素，如长期的风雨浸蚀造成门墙石风化酥碱等。

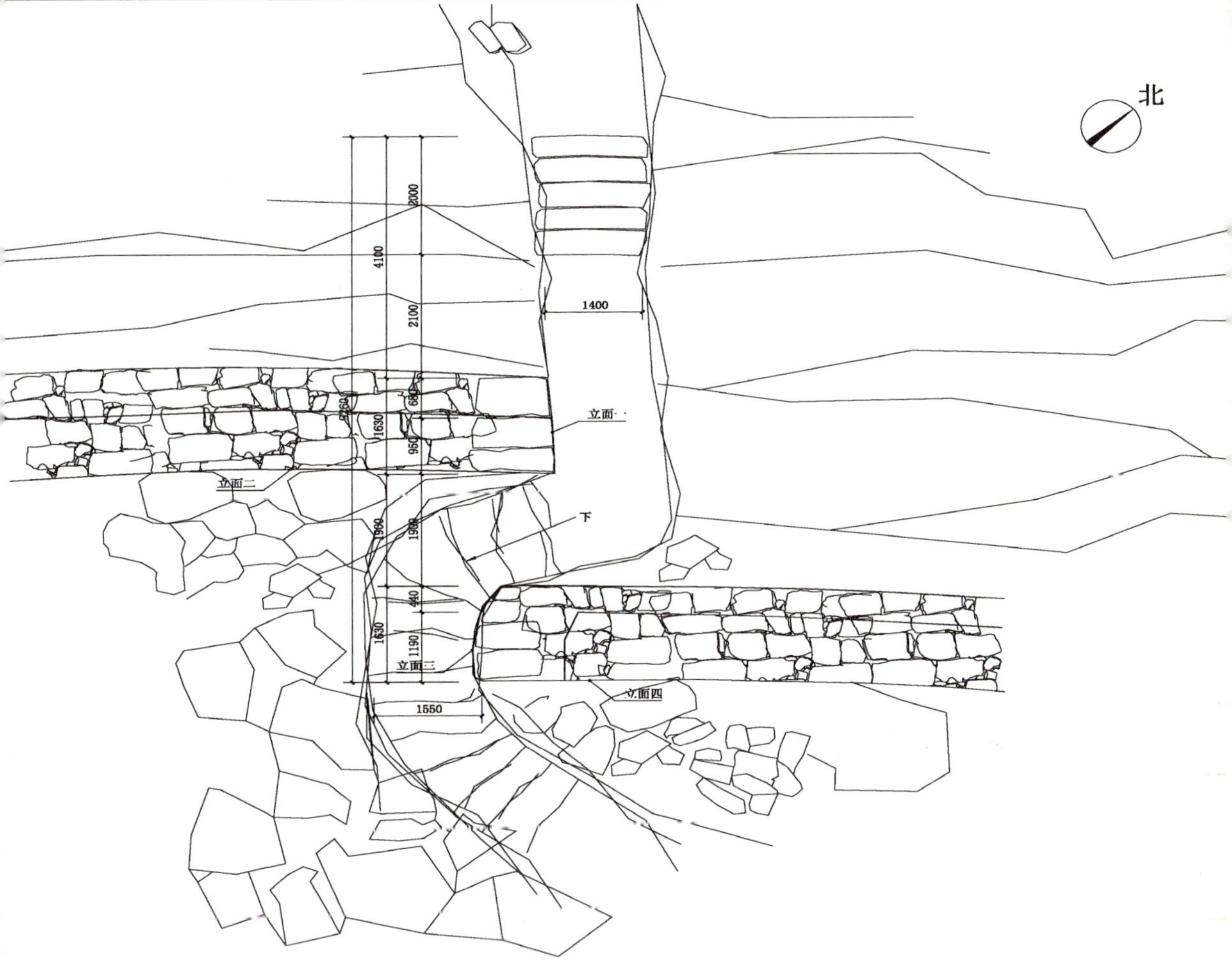

M11平面图 1:50

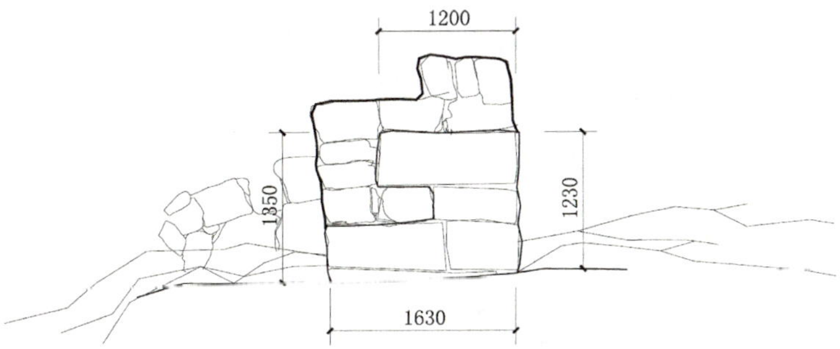

立面图一 1:50

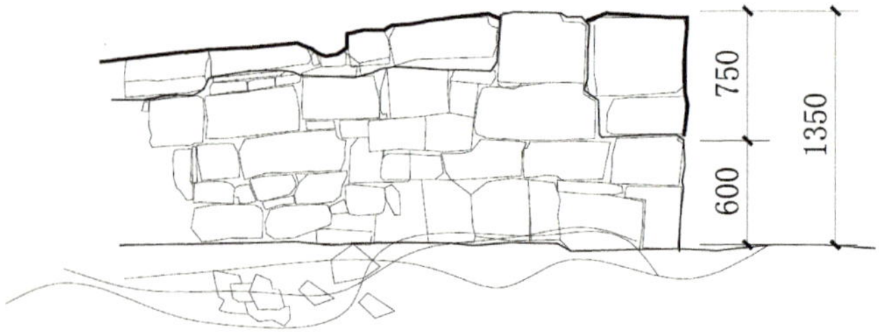

立面图二 1:50

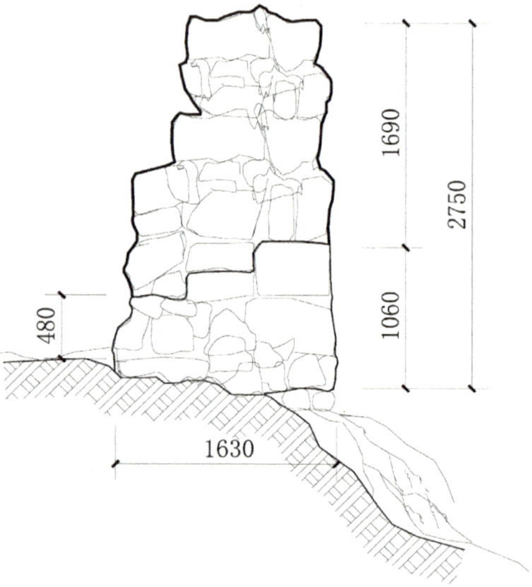

立面图三 1:50

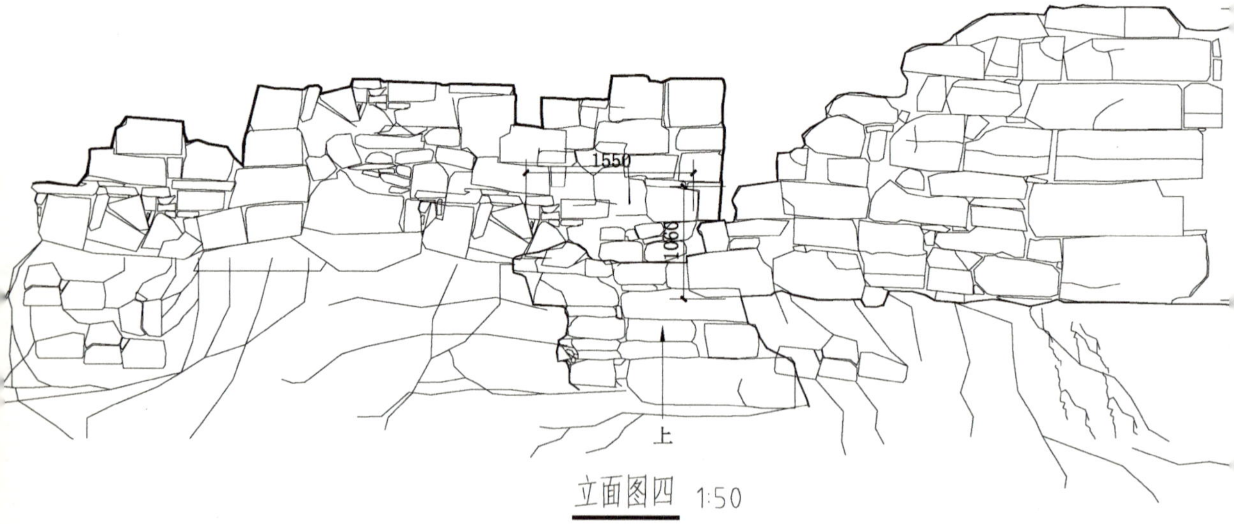

立面图四 1:50

2.12　M12 号门

M12 号门位于玛瑙山营盘遗址南部、南部军事防御区进入东营盘南部的城墙上，M12 号门坐南朝北，座向 337°，海拔高度 860 米，位于北纬 28° 7′ 5″，东经 107° 45′ 58″。

M12 号门道建在玛瑙山东部一缓坡地向南抬升的上一级台地上，是由玛瑙山东部东营进入南部外城军事防御区的主要出入口。进入南部外城军事防御区往西通往 S2 号哨所，往西南可出 M11 号门出城，往东通往 S3 号哨所。

M12 号门道建筑体量一般，门道建于城墙中部，北出门道进入东营盘，门道南上台阶 7 步（现残存 6 步）为平地即进入南部外城军事防御区，东侧城墙向东延伸后北转与丁家营盘相连接形成合围空间、西侧城墙向西延伸与西部营盘城墙相连接形成合围空间，这个合围空间即称为东部营盘。M12 号门道选址西为西营、南为南部外城军事防御区，从地理环境上讲没有太大的军事防御功能，其主要功能是将东营盘与南部外城军事防御区的功能进行分区，具有较强的军事管理功能。

M12 号门道东西两侧门墙是以精加工条石或方整石干摆砌筑，门墙上置门楣石，门楣石上再砌石墙形成门道。门道两侧建门栓孔，门楣上和门道下各置门臼，以板门闭合。M9 号门建筑形式是“槛框式”双开门道，其军事管理能力非常强。

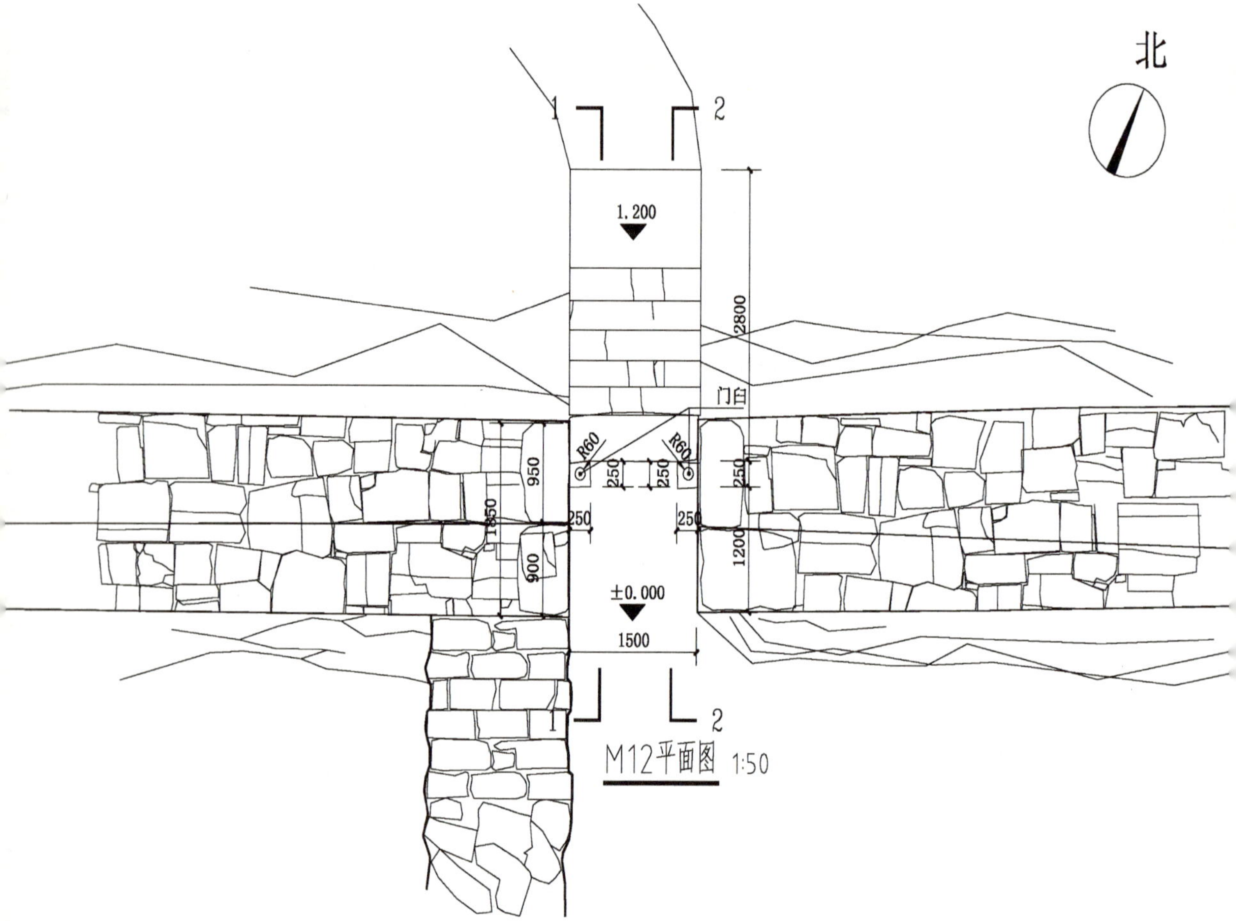

M12平面图 1:50

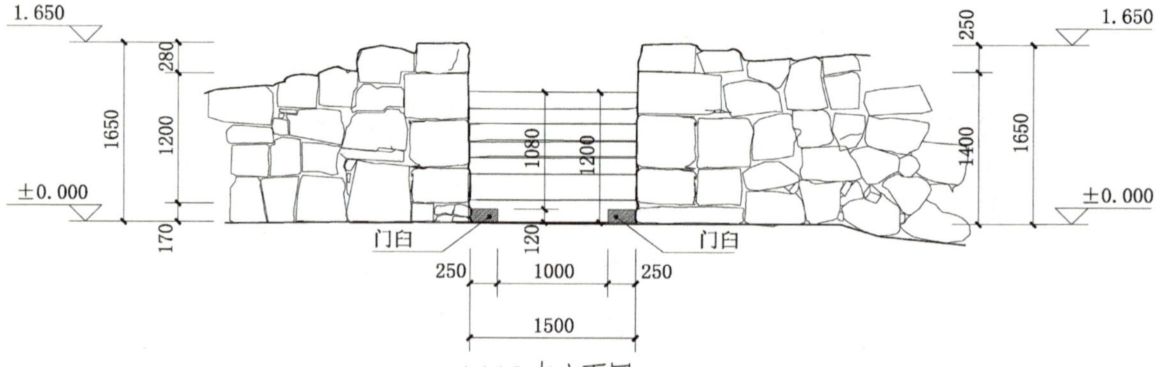

M12南立面图 1:50

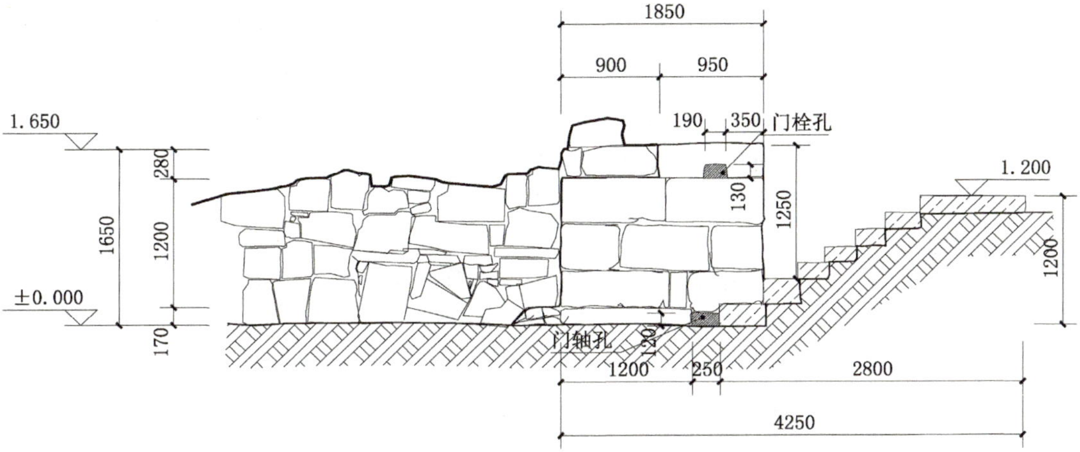

1-1剖面图 1:50

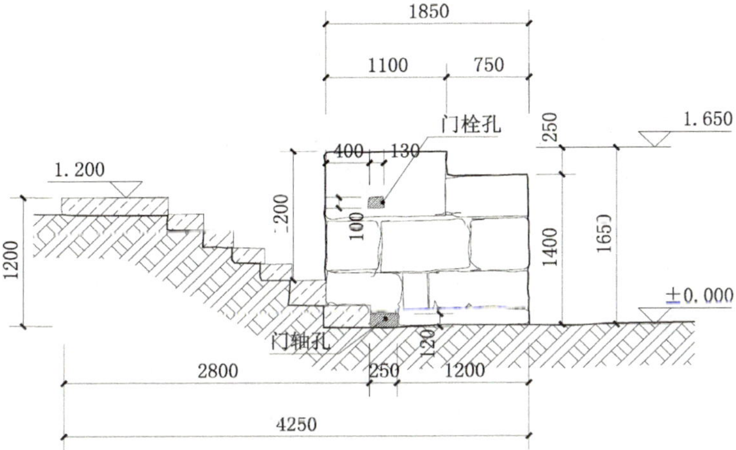

2-2剖面图 1:50

M12号门道保存状况较差，门道及门墙等基本保持原有门道的建筑形制，现存门道形式保存完好、门栓孔两侧上下各两个、门臼两侧各一个；门墙残存60%，门楣石、板门、门槛石不存。门道宽1500mm、东侧门墙残高1400mm，西侧门墙残高1200mm，门墙厚1850mm，东侧上门栓孔尺寸190mm×130mm、东侧下门栓孔尺寸250mm×120mm，西侧上门栓孔尺寸130mm×100mm、西侧下门栓孔尺寸 250mm × 120mm，东西两侧门臼直径 600mm。

M12 号门道损毁的主要原因：一是人为因素，即咸同起义给门道造成一定损毁及拆除门墙石对门墙造成的损毁；二是自然因素，如长期的风雨浸蚀造成门墙石风化酥碱等。

2.13 M13 号门

M13 号门位于玛瑙山营盘遗址东部、东营盘东南侧城墙上，M13 号门坐西北向东，座向 105°，海拔高度 860 米，位于北纬 28° 7′ 8″，东经 107° 45′ 59″。

M13 号门道建在玛瑙山东营盘东部一缓坡地的上一级较高台地上，是由玛瑙山东部官田古寨经 M14 号门（当地称“东门”）进入玛瑙山东南部外城军事防御区后再进入东营盘的主要出入口，也是东营盘与东南部外城军事防御区的主要通道。

M13 号门道建筑体量较大，门道建于南北城墙呈“之”字中间城墙上，东出门道下数级台阶进入东部外城军事防御区，内侧为缓坡地，其主要功能是通过门道与城墙将内城与外城相隔离，内城东部营盘主要为集市和驿站，外城主要功能为军事防御。

M13 号门道东西两侧门墙是以粗加工条石或方整石干摆砌筑的。因门道建筑高大，门墙顶部两侧以两块条石分别向内伸进形成支翘，再在支翘石上盖一条石置顶，形成“叠涩式”，门楣石上干摆砌筑石墙，上下设门臼、门轴孔并置以石门槛，置以木板门双开式，M13 号门为双层“叠涩式”门道，具有较强的防御功能。

M13 号门道保存状况较差，现已全部封堵，但从现存的门道、门墙及遗存建筑构件上可以大体得出门道的建筑形式和建筑体量。现存门道为平面，呈梯形，北侧门道残宽 2760mm，南侧门道残宽 1800mm。

M13 号门道建筑形式保存基本完好，门栓孔、门臼、门楣石、板门、门槛石不存。门道已全部封堵，门墙残宽 1850mm，门墙残高 3300mm，城墙残高 4100mm。

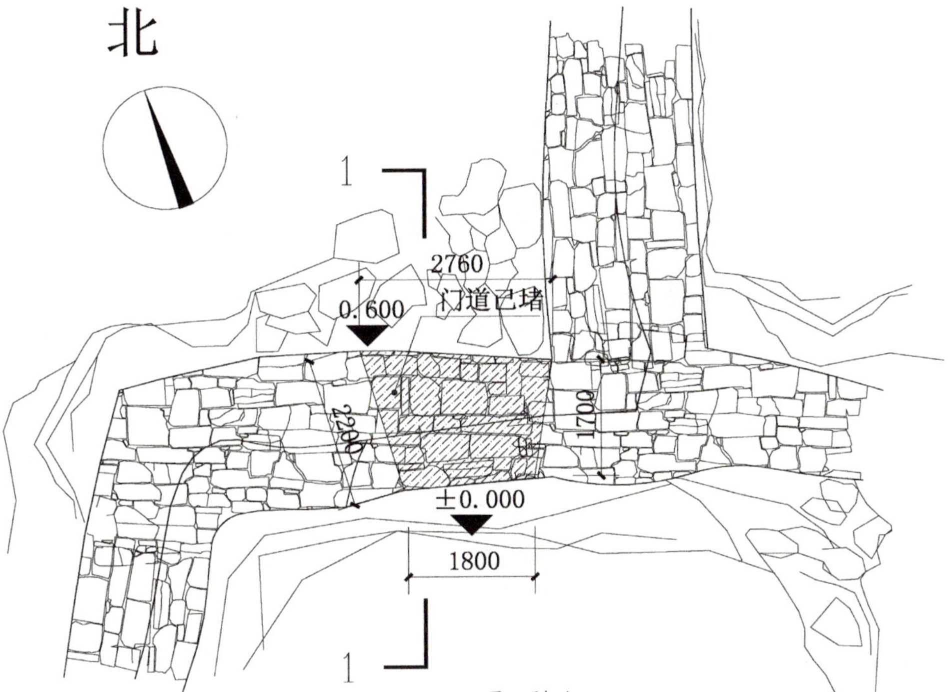

M13平面图 1:100

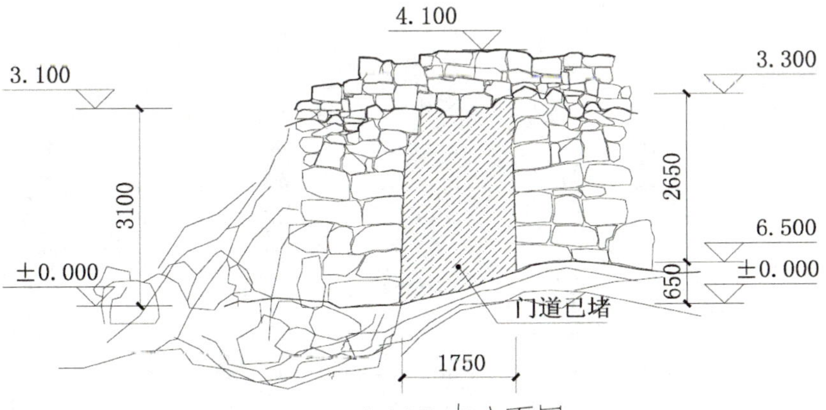

M13南立面图 1:100

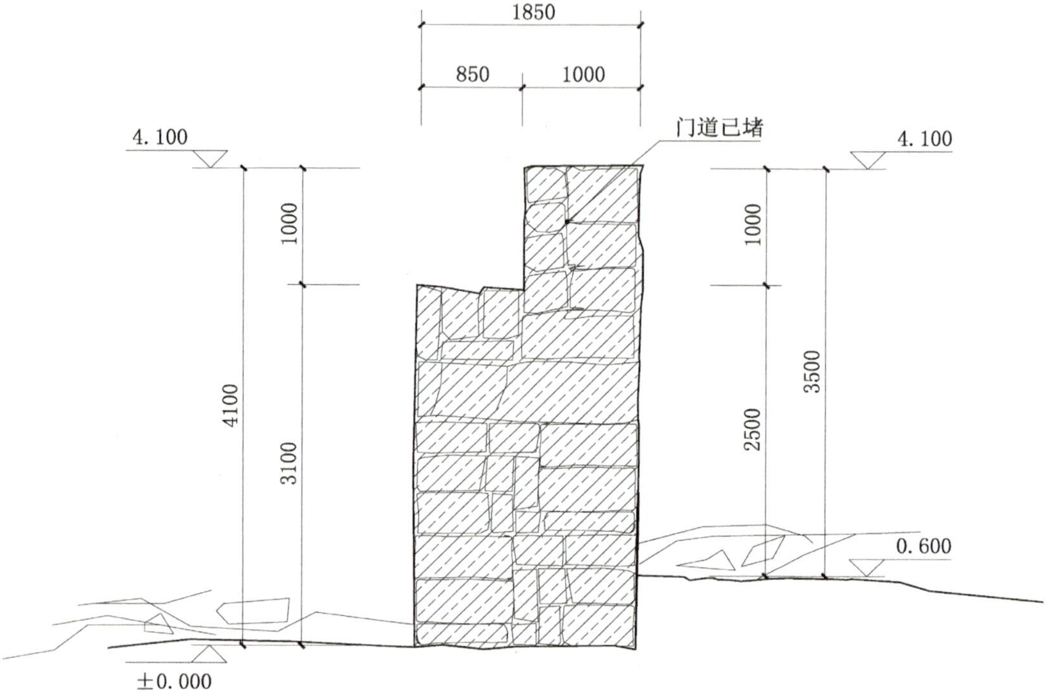
1850
850
1000
门道已堵
4.100
4.100
1000
1000
4100
3100
2500
3500
0.600
±0.000

1-1剖面图 1:50

M13 号门道损毁的主要原因：一是人为因素，即咸同起义给门道造成一定损毁、拆除门墙石对门墙造成损毁及人为对门进行封堵造成门楣石等建筑构件的破坏；二是自然因素，如长期的风雨浸蚀造成门墙石风化酥碱及杂树根系造成城墙和门墙开裂鼓膨等。

2.14　M14 号门

M14 号门位于玛瑙山营盘遗址东南部东南外城军事防御区东侧城墙上，M14 号门坐西向东，座向 54°，海拔高度 860 米，位于北纬 28° 7′ 9″，东经 107° 46′ 3″。

M14 号门道建在玛瑙山东营盘东南部东南外城军事防御区东侧上一级台地上，设置在玛瑙山东部出城进入官田古寨的通道上，南北两侧城墙沿山脊延伸形成防御，与玛瑙山东营盘东城墙及自然陡坡地形成玛瑙山东南外城军事防御区，牵制着东南部之敌情，是玛瑙山东外城的最后一道屏障。

M14 号门道建筑体量较大，门道建于南北城墙呈“之”字中间城墙上，当地人称“东门。”东出门道下数级台阶进入东部外城军事防御区，内侧为一平地，其主要功能是通过门道与城墙将内城与外城相隔离，内城东部营盘主要为集市和驿站，外城主要功能为军事防御。

M14 号门道东西两侧门墙是以粗加工条石或方整石干摆砌筑。因门道建筑高大，门墙顶部两侧以两块条石分别向内伸进形成支翘，再在支翘石上盖一条石置顶，形成“叠涩式”，门楣石上干摆砌筑石墙，上下设门臼、门轴孔并置以石门槛，置以木板门对开式，M13 号门为双层“叠涩式”门道，具有较强的防御功能。

M14 号门道保存状况较差，破坏较大，但从现存的门道、门墙及遗存建筑构件可以大体得出门道的建筑形式和建筑体量。现存门道为平面呈“梯形”，西侧门墙破坏较大形成门道北宽南窄的现状。

M14 号门道建筑形式保存基本完整，门楣石、板门、门槛石和上部门轴孔不存，现南北两侧下方各一个；门墙残存 60%。东

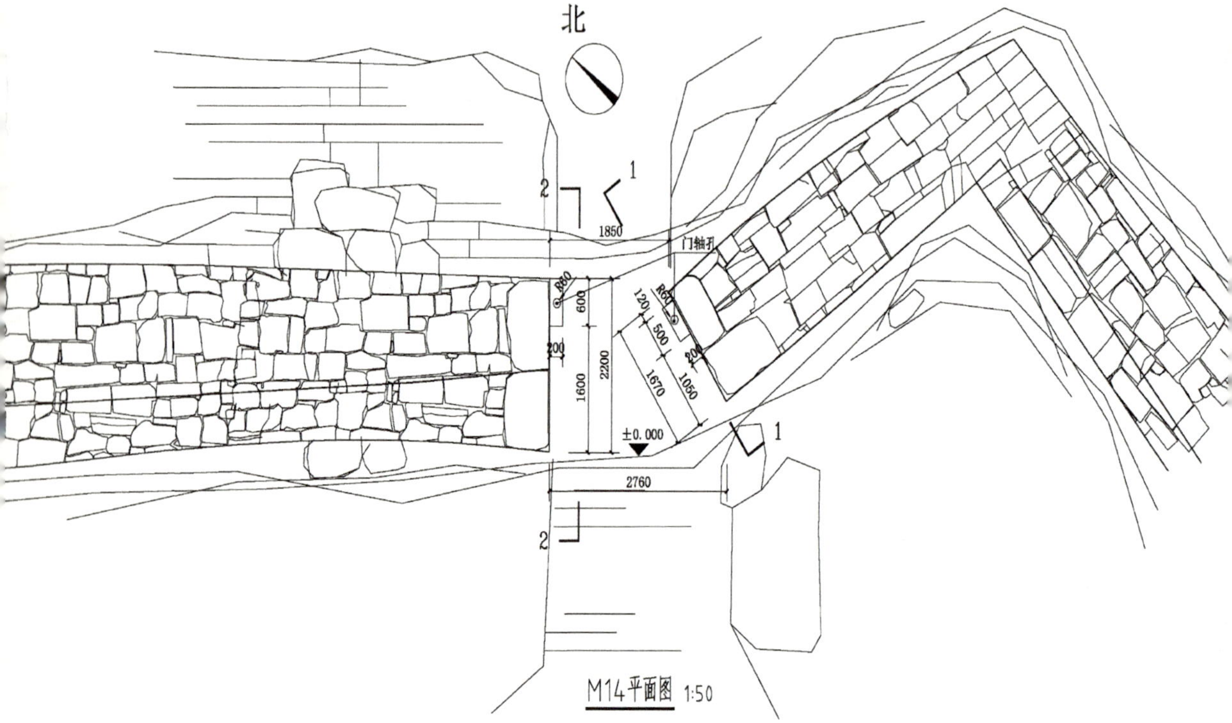

M14平面图 1:50

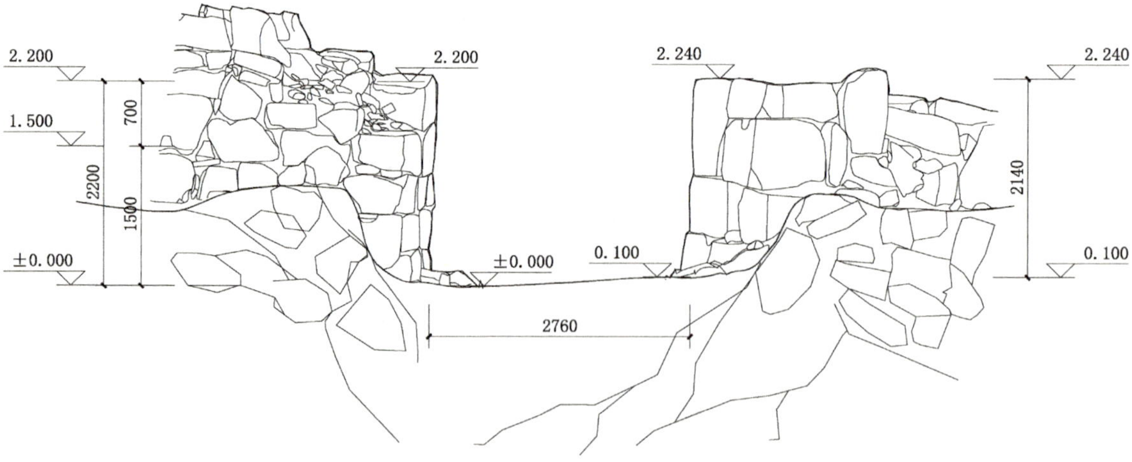

M14东立面图 1:50

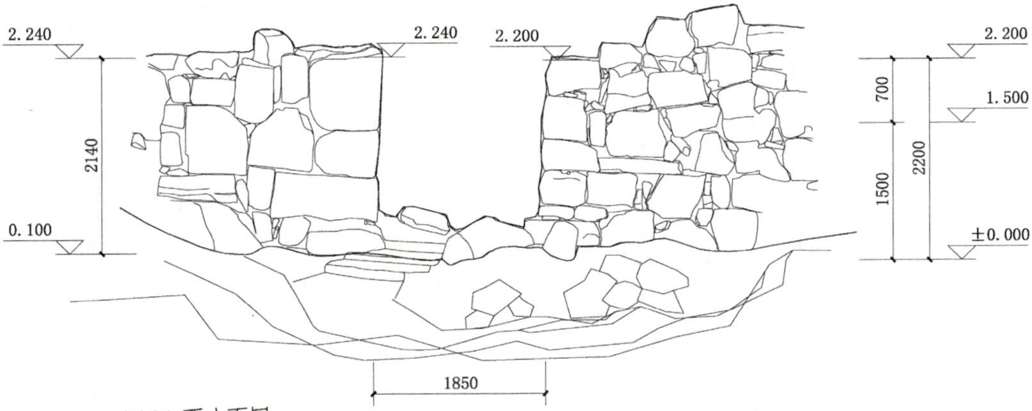

M14西立面图 1:50

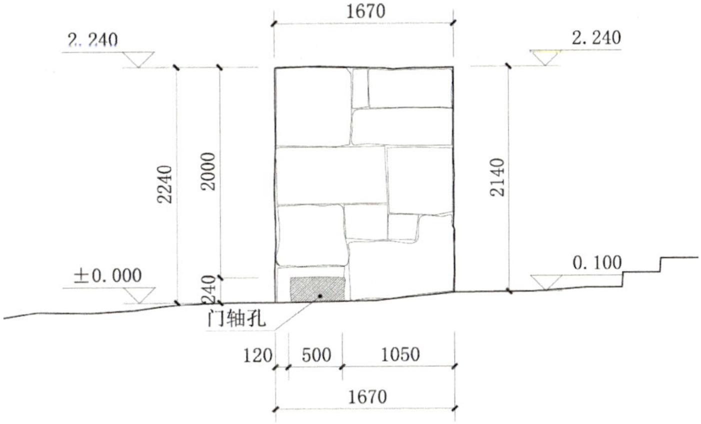

1-1剖面图 1:50

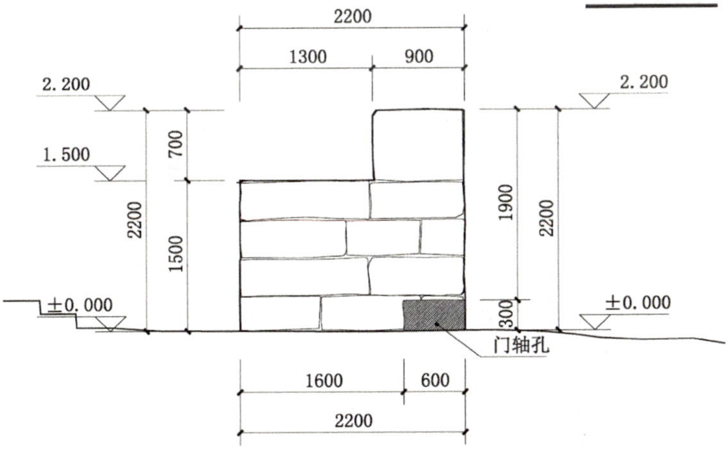

2-2剖面图 1:50

侧门道残宽 2760mm、西侧门道残宽 1800mm，东侧北门墙残高 2200mm、南门墙残高 2240mm，西侧北门墙残高 2240mm、南门墙残高 2200mm，南侧门墙厚 1670mm、北侧门墙残厚 2200mm，北侧门臼直径 60mm、南侧门臼直径 60mm，

M14 号门道损毁的主要原因：一是人为因素，即咸同起义给门道造成一定的损毁、拆除门墙石对门墙造成损毁；二是自然因素，如长期的风雨浸蚀造成门墙石风化酥碱及玛瑙山旅游开发对本体造成一定的破坏等。

2.15 M15 号门

M15 号门位于玛瑙山营盘遗址东部东营盘与丁家营盘的城墙上，门道设置紧临玛瑙山东外城墙，M15 号门坐西朝东，座向 116°，海拔高度 850 米，位于北纬 28° 7′ 9″，东经 107° 45′ 57″。

M15 号门道建在玛瑙山东营盘东北部上一级台地上，是由玛瑙山北部丁家营盘进入东营盘的主要出入口，紧临玛瑙山遗址东部内城城墙。M15 号门道建筑体量一般，门道西南段城墙与中营城墙相连接，东北侧与内城外城墙相连接，南下台阶数级进入东营盘，门道将丁家营与钱家营分隔，其主要功能是军事管理。

M15 号门道东西两侧门墙是以粗加工条石或方整石干摆砌

筑，门墙上置整条石为门楣石，门楣石上再砌石墙，门墙上设门栓孔，门道上置木门框，门框上装木板门闭合。M15 号门建筑形式是“槛框式”双开门。

M15 号门道保存状况较差，破坏较大，从现存的门道、门墙及遗存建筑构件进行研究可以复原出门道的建筑形式和建筑体量。门楣石、板门、门槛石、门臼石不存。现西南侧门墙残高 1500mm，东侧门墙残高 9400mm，门道残宽 1340mm，门墙厚 1240mm。

M15 号门道损毁的主要原因：一是人为因素，即咸同起义给门道造成一定的损毁、拆除门墙石对门墙造成的损毁及玛瑙山旅游开发对门道进行道路建设造成门道破坏；二是自然因素，如长期的风雨浸蚀造成门墙石风化酥碱等。

2.16　M16 号门

M16 号门位于玛瑙山营盘遗址北部丁家营盘与杨家营盘的城墙上，门道设置于城墙中部，M16 号门坐西北朝东南，座向 134°，海拔高度 860 米，位于北纬 28° 7′ 11″，东经 107° 45′ 55″。

M16 号门道建在玛瑙山北部丁家营盘与杨家营盘相接壤的一

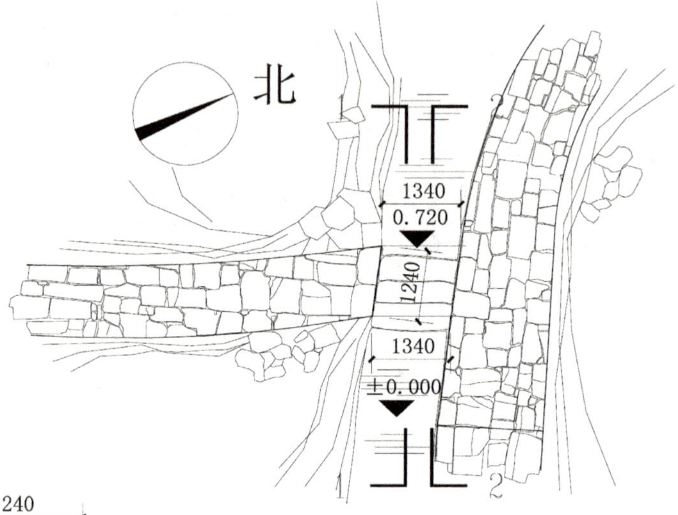

M15平面图 1:100

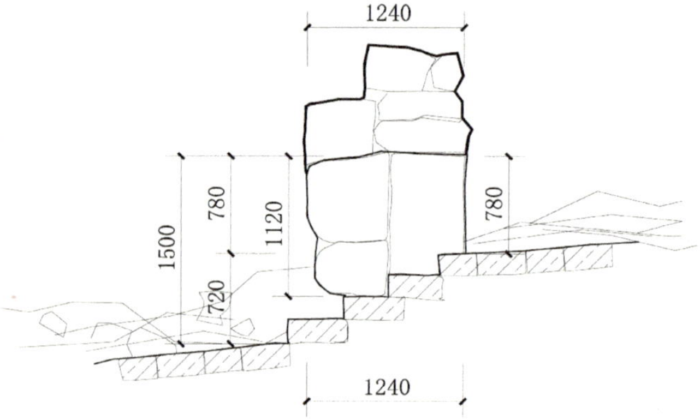

1-1剖面图 1:50

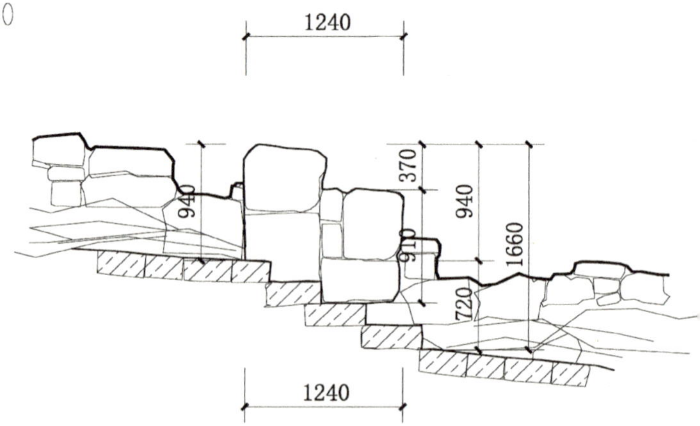

2-2剖面图 1:50

缓坡地的狭窄地带，是玛瑙山北部丁家营盘与杨家营盘之间的主要出入口，南北两侧城墙较短，南侧城墙与中营内城墙相连接，北侧城墙与安家营盘北侧的岩体山脊相连接。门道将丁家营与杨家营盘营分隔，其主要功能是军事管理。

M16号门道门墙南北两侧门墙是以粗加工不规则石材干摆砌筑，门墙上置整条石为门楣石，门楣石上再砌石墙，门墙上设门栓孔，门道上置木门框，门框上装木板门闭合。M16号门建筑形式是“槛框式”双开门。

M16号门道保存状况较差，破坏较大，现存门道以乱石材料堵塞，并在东侧城墙与岩体处拆除城墙用作现行旅游通道，城墙被人破坏。现存的门道、门墙等基本保持原有建筑形式和建筑体量。门楣石、板门、门槛石不存，门臼石未见。M16号门道建筑体量较小，现存南侧门墙残高850mm，北侧门墙残高1100mm，门道残宽1100mm，门墙厚1230mm。

M16号门道残存的主要原因：一是人为因素，即咸同起义给门道造成一定的损毁、农业生产对门道进行堵塞造成一定的损毁及玛瑙山旅游开发拆除石墙作为通道对其环境及文物本体造成一定的破坏；二是自然因素：如长期的风雨浸蚀造成门墙石风化酥碱及植物根系生长对门墙造成一定的损害等。

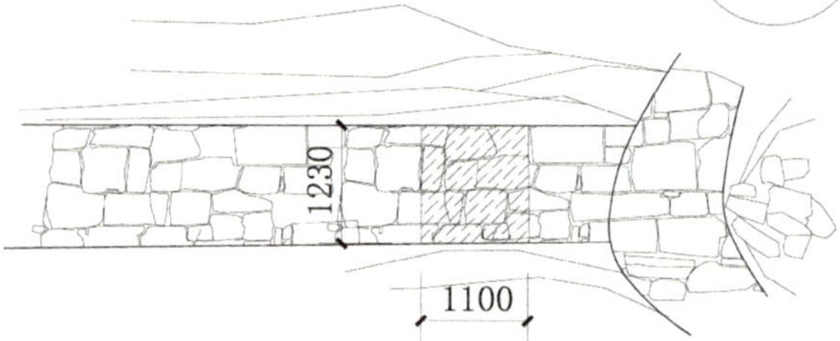

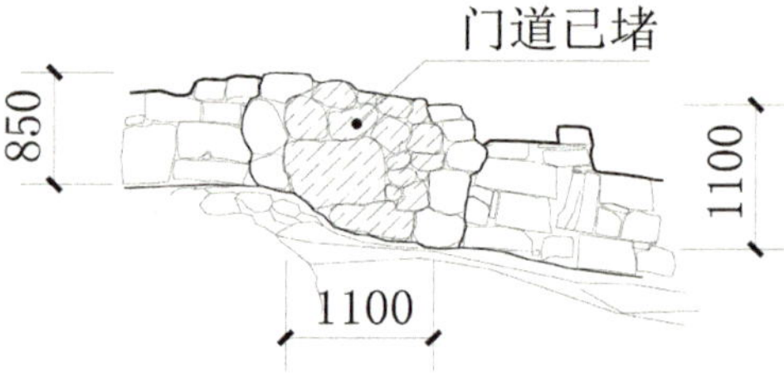

M16平面图 1:100

M16东立面图 1:100

2.17 M17 号门

M17 号门位于玛瑙山营盘遗址北部杨家营盘与安家营盘的城墙上，门道设置于城墙东部与岩体相邻处，M17 号门坐北朝南，座向 183°，海拔高度 865 米，位于北纬 28° 7′ 12″，东经 107° 45′ 52″。

M17 号门道建在玛瑙山北部丁家营盘与杨家营盘相接壤的一缓坡地狭窄地带，是玛瑙山北部杨家营盘与安家营盘之间的主要出入口，东西两侧城墙较短，东侧城墙向东走向，后南拐与丁家营城墙相连接，西侧城墙向西走向，后再向北拐至石崖陡坡。门道将杨家营与安家营盘营分隔，其主要功能是军事管理。

M17 号门道门墙东西两侧门墙是以粗加工不规则石材干摆砌筑，属门墙上置整条石为门楣石，门楣石上再砌石墙，门墙上设门栓孔，门道上置木门框，门框上装木板门闭合。M17 号门建筑形式是“槛框式”双开门。

M17 号门道保存状况较差，破坏较大，现存门道基本保持原有位置和总体格局，门墙石损毁达 90% 以上，仅存东侧门墙土衬石一块，西侧门墙基本不存；门道形制破坏较大，为旅游开发将城墙石拆除后在其门道上修建石台阶以方便游客进入。门楣石、板门、门槛石不存，门臼石未见。M17 号门道建筑体量较大，现存东侧墙残高 478mm，西侧门墙残高 1700mm，西侧门墙残高

478mm，北侧门道残宽 1321mm，南侧门道残宽 1900mm，东侧门墙残厚 1690mm，西侧门墙残厚 1376mm。

M17 号门道损毁的主要原因：一是人为因素，咸同起义给门道造成一定的损毁、农业生产对门道进行堵塞造成一定的损毁及玛瑙山旅游开发拆除石墙修建石台阶对文物本体和环境造成一定的破坏；二是自然因素，如长期的风雨浸蚀造成门墙石风化酥碱及植物根系生长对门墙造成一定的损害等。

2.18　M18 号门

M18 号门位于玛瑙山营盘遗址西北部西营盘与北营盘的城墙上，门道设置于城墙中部岩体陡坡处，M17 号门座东北朝西南，座向 226°，海拔高度 850 米，位于北纬 28° 7′ 10″，东经 107° 45′ 54″。

M18 号门道设置在玛瑙山西北部西营盘与北营盘相接壤的一陡坡地狭窄的岩石缝隙中，是玛瑙山西北部西营盘与北营盘之间的主要出入口。西城墙向东延伸至岩崖处，长度较短，东侧城墙向东走向后与中营城墙相连接，门道将西营与北营分隔；门道以北为北营盘，门道以南为西营盘西营北部严防区，其军事管理功能与军事防御功能相结合，以强化军事管理和增强军事防御。

M18 号门道是对岩体进行开采加工形成门道，在门道南北

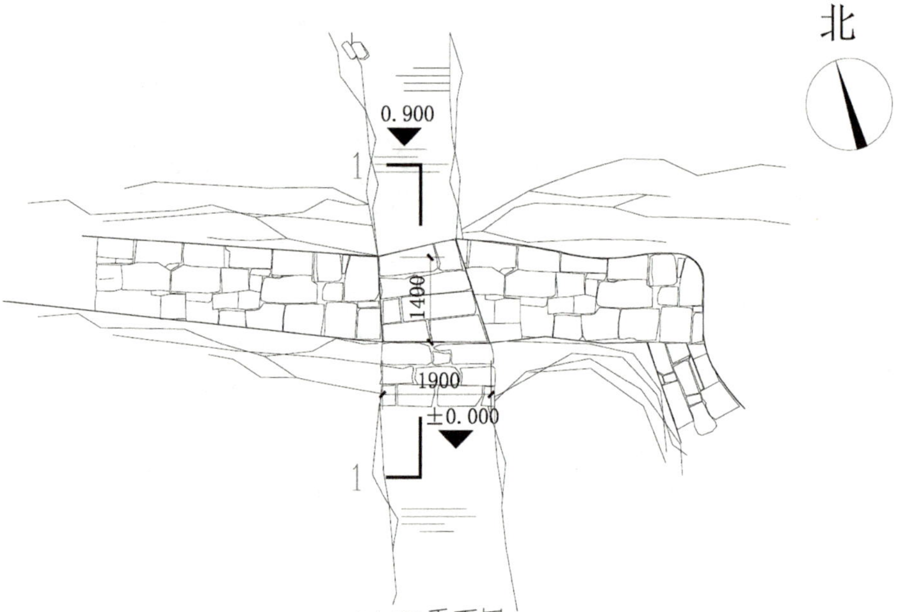

M17平面图 1:100

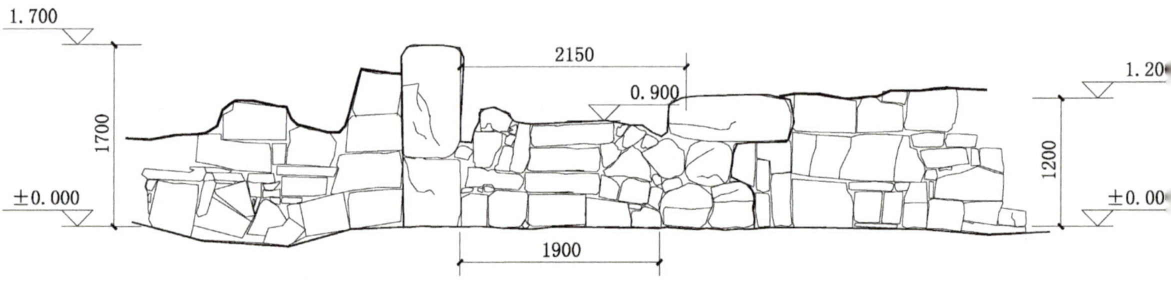

M17南立面图 1:50

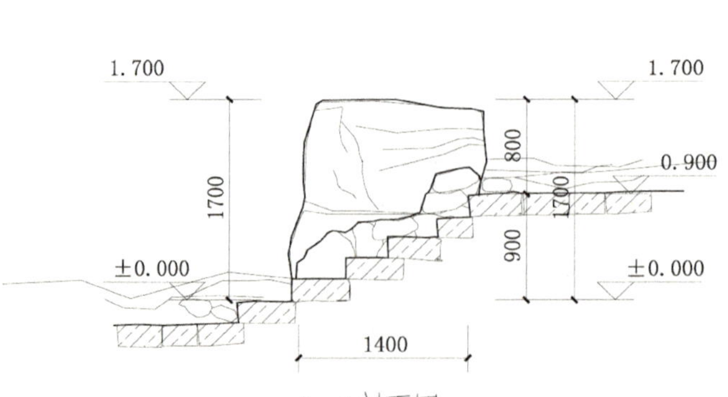

1-1剖面图 1:50

方向的陡坡基岩上再人工加工成石台阶供行人上下，这是在玛瑙山的门道中较为独特的一种建造方式。东侧门墙砌筑方式是在开采的基岩上干摆砌筑两块粗加工的方整石和条石形成门墙，西侧门墙砌筑方式同样也是在开采的基岩上干摆砌筑三块粗加工的条石或方整石形成门墙，东西两侧门墙石顶端一块分别向门道内伸进形成支翘，支翘上置以千斤巨石为门楣石，门楣石上再砌筑石墙。M18号门道开启形式为在门墙上设门栓孔，门道上置木门框，门框上装木板门闭合。M18号门道建筑形式为“叠涩式”门道。

M18号门道保存状况一般，破坏Ⅲ级，基本保持原有位置和总体格局，门墙及门楣石保存较好，门道保护原有形制；板门、门槛石不存，门臼石未见。M18号门道建筑体量较大，东西侧门墙高2990mm，门道宽1850mm、门道顶宽1630mm，门楣石为一规整条石，厚710mm，长2890mm，宽803mm。

M18号门道损毁的主要原因：一是人为因素，即咸同起义给门道造成一定的损毁、玛瑙山旅游开发修建石台阶对文物本体和环境造成一定的破坏；二是自然因素，如长期的风雨浸蚀造成门墙石风化酥碱及排水不畅和植物根系生长对门墙造成一定的损害等。

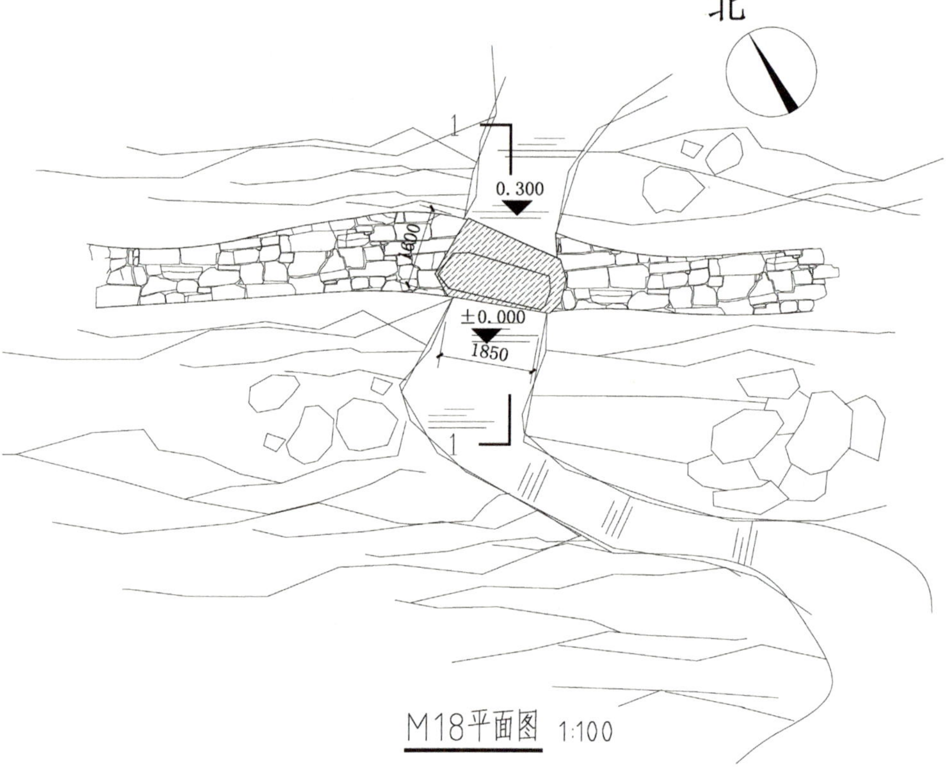

M18平面图 1:100

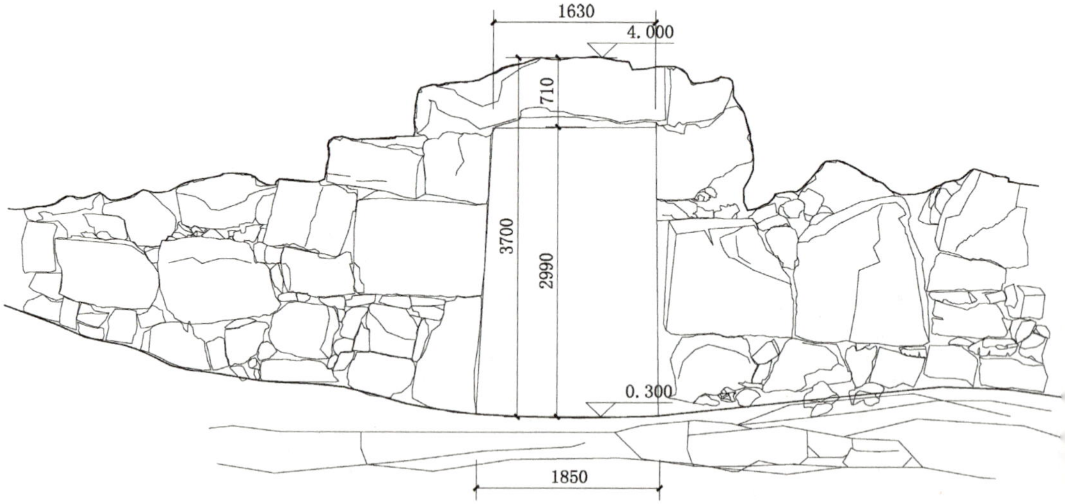

M18北立面图 1:50

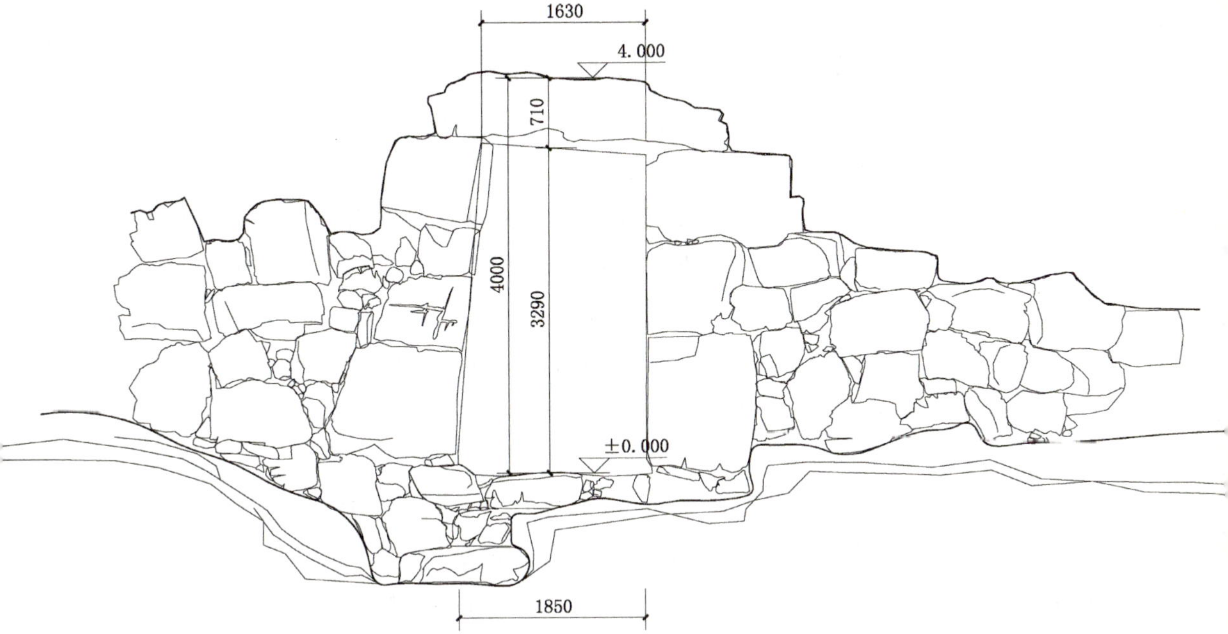

M18南立面图 1:50

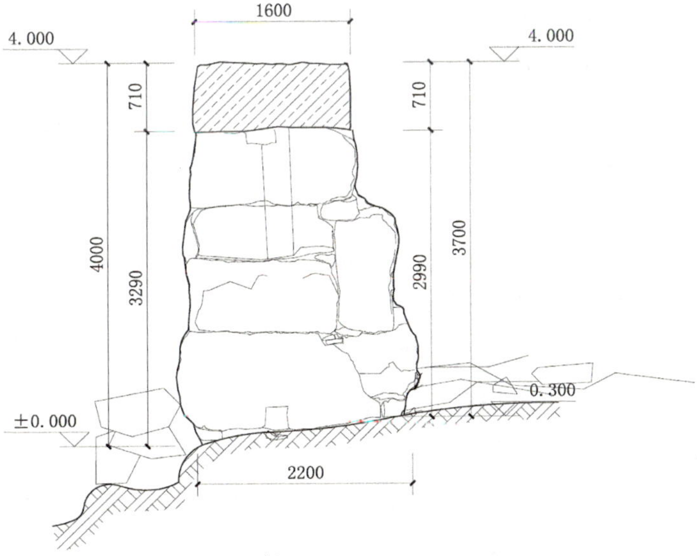

1-1剖面图 1:50

2.19 M19号门

M19号门位于玛瑙山营盘遗址西部西营盘北部严防区与中部严防区之间的石墙上，M19号门坐西南向东北，座向23°，海拔高度640米，位于北纬28° 7′ 9″，东经107° 45′ 53″。

M19号门道设置在玛瑙山西部西营盘北部严防区与中部严防区之间的石墙与西营盘西外城石墙处，是玛瑙山西部西营盘北部严防区与中部严防区之间的主要出入口。石墙向东走向与中营城墙相连接，门道以北为西营盘北部严防区，门道以南为西营盘中部严防区。M19号门的设置主要功能是军事管理，将北部严防区与中部严防区分割管理；M19号门的设置也与军事防御功能相结合，以石墙与门道分隔形成两个瓮城，即西营北瓮城和西营中部瓮城，两者相结合增强了玛瑙山营盘的军事防御功能。

M19号门道是在砌筑门墙石的时候形成的，西侧门墙将门墙石嵌入西营盘西外城石墙中，东侧门道与石墙砌筑相连接。M19号门建筑体量一般，从残存建筑构件进行研究，可推断M19号门为拱券式单开式门道。开启形式为在门墙上设门栓孔，拱券上置门楣石，门挡石下置门臼石和门槛石，以板门闭合。M19号门道建筑形式为“拱券式”门道。

M19号门道保存状况较差，破坏程度为Ⅳ级，但基本保持原有位置和总体格局，门道保持原有形制，西侧门墙石保存20%、东侧门墙石保存10%，拱券石残存散落零星可见一块；板门不存、门槛石不存、门臼石不存、门楣石不存。西侧门墙残高366mm、门墙残厚1070mm，东侧门墙石残高700mm、门墙残厚1050mm，门道残宽720mm。

M19号门道损毁的主要原因：一是人为因素，咸同起义给门道造成一定损毁、玛瑙山旅游开发修建游览步道对文物本体和环境造成一定破坏，即农业生产需要对门道进行拆除造成的破坏等；二是自然因素，如长期的风雨浸蚀造成门墙石风化酥碱及排水不畅对门墙造成一定的损害。

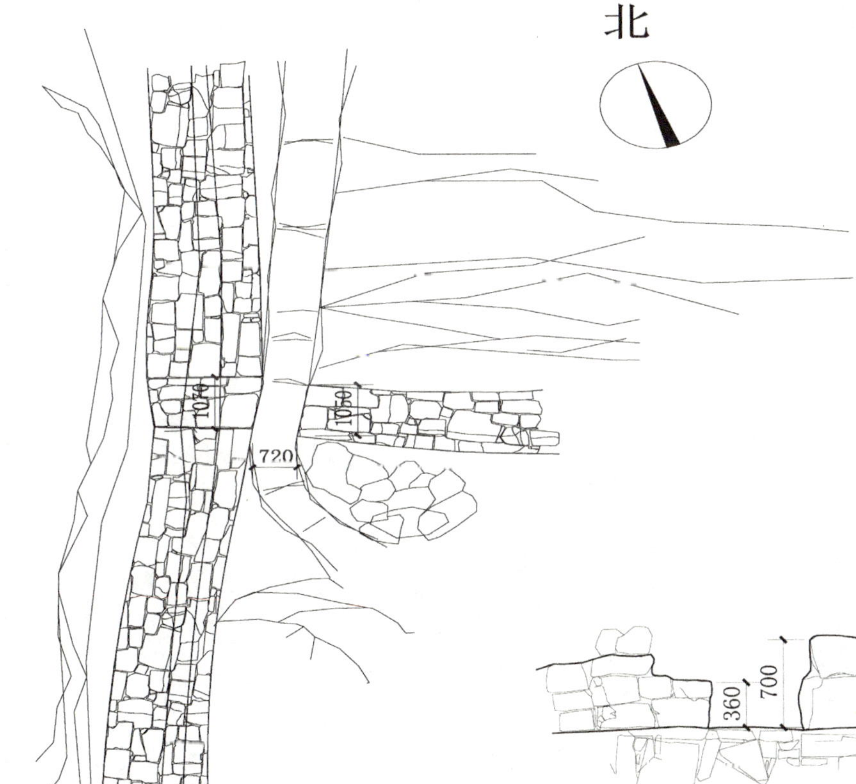

M19平面图　1:100

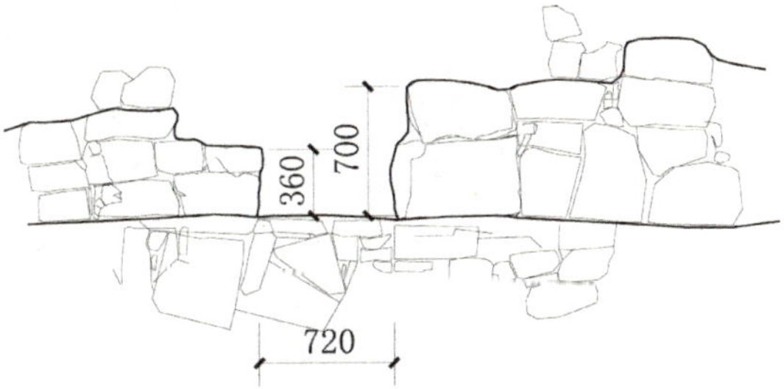

M19北立面图　1:50

2.20　M20 号门

M20 号门位于玛瑙山营盘遗址西部西营盘南部严防区与中部严防区之间的石墙上，M20 号门坐东南向西北，座向 320°，海拔高度 640 米，位于北纬 28° 7′ 9″，东经 107° 45′ 53″。

M20 号门道设置在玛瑙山西营盘西部严防区与中部严防区之间的石墙处，是玛瑙山西营盘西部严防区与中部严防区之间的主要出入口。石墙向东走向与中营城墙相连接，门道以北为西营盘西部严防区，门道以南为西营盘南部严防区。M20 号门设置的主要功能是军事管理功能，将西部严防区与中部严防区分割管理；M20 号门的设置也与军事防御功能相结合，以石墙与门道分隔形成两个瓮城，即西营南部瓮城和西营中部瓮城，两者相结合增强了玛瑙山营盘的军事防御功能。

M20 号门道是在砌筑门墙石的时候形成的门道，西侧门墙将门墙石嵌入石墙中，东侧门道与中营外城城墙相连接。M20 号门建筑体量一般，从残存建筑构件进行研究，可推断 M20 号门为拱券式单开式门道。开启形式为在门墙上设门栓孔，拱券上置门楣石，门挡石下置门臼石和门槛石，以板门闭合。M20 号门道建筑形式为“拱券式”门道。

M20 号门道保存状况较差，破坏程度为Ⅱ级，但基本保持原有位置和总体格局，门道保持原有形制，拱券石残存散落零星可见两块；板门不存、门槛石不存、门臼石不存、门楣石不存。西侧门墙残高 1250mm、门墙残厚 1850mm，东侧门墙石残高 1650mm、门墙残厚 1850mm，门道残宽 1500mm。

M20 号门道损毁的主要原因：一是人为因素，即咸同起义给门道造成一定的损毁、玛瑙山旅游开发修建游览步道对文物本体和环境造成一定的破坏；二是自然因素，如长期的风雨浸蚀造成门墙石风化酥碱及排水不畅对门墙造成一定的损害等。

2.21 M21 号门

M21 号门位于玛瑙山营盘遗址子营盘西部与西营盘中部严防区东部之间的石墙上，M21 号门坐东向西，座向 275°，海拔高度 850 米，位于北纬 28° 7′ 8″，东经 107° 45′ 53″。

M21 号门道设置在玛瑙山子营盘西部与西营盘中部严防区东部之间的石墙西北角，是玛瑙山西部西营盘中部严防区进入子营的次出入口，与设置于该墙南侧的 M22 号门配合使用，是子营的南北两道门之一。M21 号门为北门，即为子营的右门，主要为军事防御通道，进入 M21 门后，往东通过 M23 号门可进入中营向军

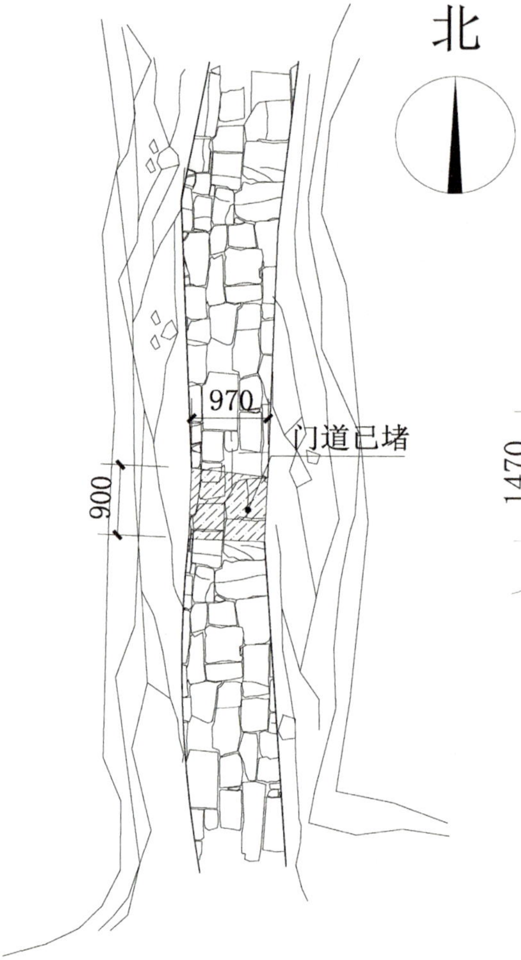

M21平面图 1:100

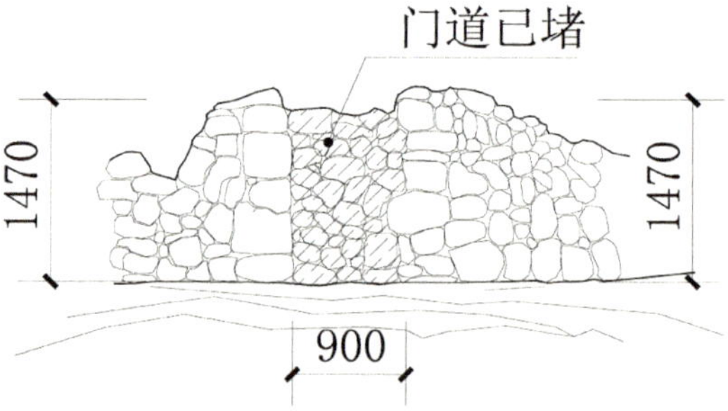

M21西立面图 1:100

事指挥中心进行信息军事报送，同时也是将中营军事指挥中军令通过 M23 号门出 M21 号门向西营发出命令；当西营在防守时即可通过 M21 号门迅速进入中营腹部地下通道退守。

M21 号门是在砌筑石墙时砌筑门墙石形成的门道，南北两侧门道门墙石与石墙砌筑错缝相连接，以粗加工方整石干摆砌筑。M21 号门建筑体量较小，门道已人为以乱石封堵，从残存建筑构件进行研究，可推断 M21 号门开启形式为在门墙上设门栓孔，门道顶部置门楣石，门楣石上再砌筑石墙，门墙石下置门臼石和门槛石，以板门闭合；M21号门道建筑形式为“槛框式”门道。

M21号门道保存状况较一般，破坏程度为Ⅱ级，总体保持原有位置、形制和格局，门道大部分保持原有形制，板门不存、门槛石不存、门臼石不存、门楣石不存。南北侧门墙残高1470mm、门墙残厚970mm，门道残宽900mm。

M21号门道损毁的主要原因：一是人为因素，即咸同起义给门道造成一定的损毁、钱氏后裔在子营生活及生产封堵门道给文物环境造成一定的影响及农业生产耕作对门道、门墙石及石墙基造成一定的损毁；二是自然因素，如长期的风雨浸蚀造成门墙石风化酥碱及排水不畅对门墙造成一定的损害等。

2.22　M22号门

M22号门位于玛瑙山营盘遗址子营盘西部与西营盘中部严防区东部之间的石墙上，M22号门坐东向西，座向266°，海拔高度720米，位于北纬28° 7′ 7″，东经107° 45′ 53″。

M22号门道设置在玛瑙山子营盘西部与西营盘中部严防区东部之间的石墙西南角，是玛瑙山西部西营盘中部严防区进入子营的主要出入口，与设置于该墙北侧的M21号门配合使用，是子营的南北两道门之一。M22号门为南门，即为子营的左门，主要为军事管理与军事防御相结合的通道，进入M22号门后，即为子营钱氏的主要生活起居场所和军事管理中心，当备战或防御时，西营防御区遇紧急军情时则通过M22号门进入子营向军事指挥中心进行信息军事报送，同时也将子营军事管理中心指令通过M23号门进入中营向军事指挥中心发出命令，以及出M22号门向西营发出命令；当子营军事管理中心遇紧急情况时可往北进入中营腹部地下溶洞和通过M40、M41号门进入南营腹部地下溶洞防守，军事撤退时即可通过M40号门和M41号门讯速进入南营腹部地下通道出玛瑙山营盘到官田古寨据守。

M22号门在砌筑方法上与M21号门相同，是在砌筑石墙时砌筑门墙石形成的门道，南北两侧门道门墙石与石墙砌筑错缝相连接，以粗加工方整石干摆砌筑。M22 号门建筑体量较大，门道已人为以乱石封堵，从残存建筑构件进行研究，门道建筑高大，建筑形式为“叠涩式”门道，两侧门墙以规整条石精加工干摆砌筑而成，门墙顶部两侧以两块条石分别向内伸进形成支翘，再在支翘石上盖一条石置顶，形成“叠涩式”，为双层“叠涩式”门道。门楣石上干摆石墙，M21 号门与 M22 号门之间石墙设炮座架设土炮。M22 号门道无门框，门墙两侧各设门拴孔，上下设门臼并置以石门槛，为对开式板门。

M22 号门道保存状况较一般，破坏程度为Ⅱ级，总体保持原有位置、形制和格局，门道大部分保持原有形制，板门不存、门楣石不存、门槛石未见、门臼石未见。南侧门墙残高 2400mm，北侧门墙残高 2830mm、门墙残厚 1900mm，门道残宽 2930mm。

M22 号门道损毁的主要原因：一是人为因素，即咸同起义给门道造成一定的损毁、钱氏后裔在子营生活及生产封堵门道给文物环境造成一定的影响及农业生产耕作对门道、门墙石及石墙基造成一定的损毁；二是自然因素，如长期的风雨浸蚀造成门墙石风化酥碱及排水不畅对门墙造成一定的损害等。

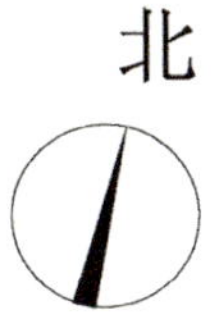

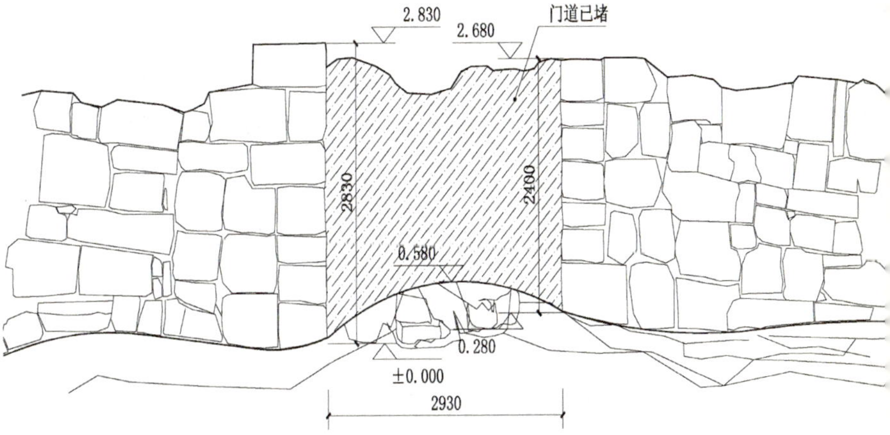

M22西立面图 1:50

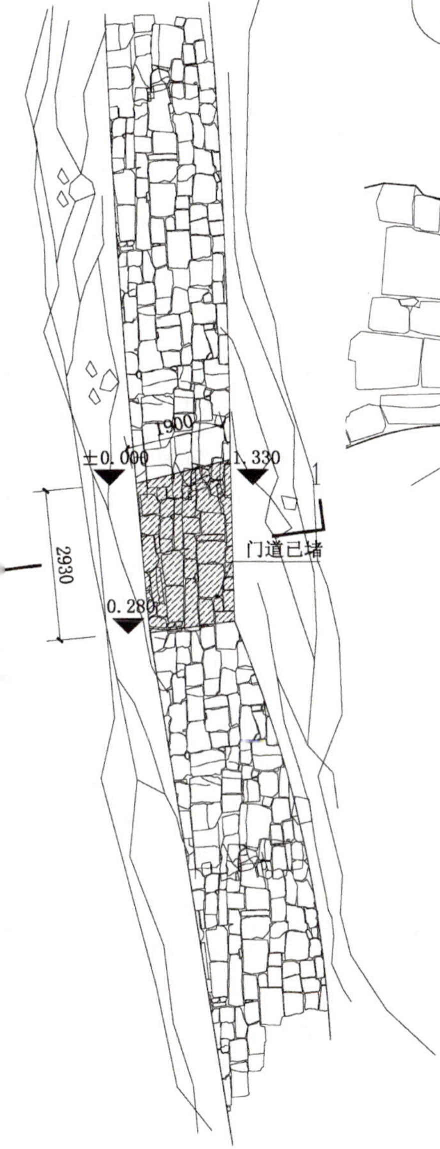

M22平面图 1:100

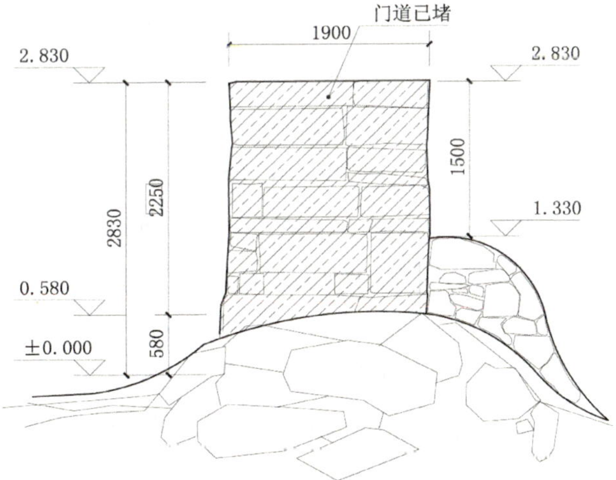

1-1剖面图 1:50

2.23　M23 号门

M23 号门位于玛瑙山营盘遗址子营盘北部与中营盘南侧的石墙上，M23 号门坐南向北，座向 30°，海拔高度 880 米，位于北纬 28° 7′ 8″，东经 107° 45′ 54″。

M23 号门设置在玛瑙山子营盘北部与中营盘南部石墙中部下方，与设置于该门西侧的 M21 号门、东侧地下溶洞出入口等配合使用。进入中营从东、南、西、北四个方向共计有四道门，其中 M23 号门为南门，是玛瑙山营盘从南部进入中营的唯一出入口，其建筑坚实、牢固，具有较强的防御功能。

M23 号门是在缓坡地下一级台地的岩体上从天然缝隙中进行加工形成的门道，在门道南北方向陡坡基岩上人工加工成石质台阶供行人上下，从子营上台阶四步进入门道，门道中在基岩上凿 3 级石台阶出门道，出门道再在基岩上凿 7 级石台阶即进入中营平地，7 级石台阶在一块整体基岩上人工凿挫而成，两侧形成天然石墙，石墙上再设盖板门覆盖，与编号 M23 号形成平推开启式和上下开启式的双层门。M23 号门是玛瑙山营盘的门道建造中充分利用地理地势的特点进行设计建设的典型代表，也是玛瑙山营盘门道建设中较为独特的一种建造方式，具有较强军事防御功能。东侧门墙砌筑方式是在开采的基岩上干摆砌筑一块粗加工的方整石形成门墙，西侧门墙砌筑方式也为在开采的基岩上干摆砌筑五块粗加工的条石形成门墙，东西两侧门墙石与石墙以粗加工石材错缝干摆连接，东西两侧门墙上置一块条石为门楣石，门楣上不规则石材干摆砌筑形成减力层，再在减力层上干摆一块粗加工减力石，减力石上再干摆砌筑高大石墙，石墙高 3550mm。采用减力石和减力层建造门道的这种建造方式主要是通过减力石和减力层减少和分散上部高大石墙对门楣石的载荷，保证门楣石不受上部强大载荷而断裂，即使在门楣石断裂情况下，减力石还可支撑上部石墙的载荷，这种按照力学砌筑门道和城墙（石墙）的方式是玛瑙山营盘遗址迄今发现唯一采用减力石和减力层建造的门道，在清代南方地区地方生产力水平低下的情况下，由此可见钱氏家庭及其当地石作工匠对石砌建筑力学的运用已达到较高水平。

M23 号门建筑体量较小，建筑形式为“槛框式”和“盖板式”双层门道，“槛框式”门墙石置门栓孔，门楣石上设门轴孔，门墙石下设门臼，未设门槛石，以木板门闭合，为单开式板门；“盖板式”门是在基岩石墙上的东西两侧平面置对称性门轴孔，以板门上下开启，现板门不存。

M23 号门道保存状况较好，破坏程度为Ⅰ级，基本保持原有位置、形制和格局，门道大部分保持原有形制，板门不存、门臼未见，门楣石呈纵向断裂，门道及石踏步用现代水泥与卵石进行贴面。门道宽 1000mm、门墙残高 1900mm、门墙残厚 1660mm，门楣石长 2026mm，厚 398mm，宽 1210mm，减力石长 1829mm，厚 344mm，宽度隐蔽不详。

M23 号门道损毁的主要原因：一是人为因素，即咸同起义给门道造成一定的损毁、旅游开发对门道进行人为加工造成门道及石踏步一定的损毁；二是自然因素，如长期的风雨浸蚀造成门墙石风化酥碱和门楣石断裂及排水不畅对门墙及石墙造成一定的损害等。

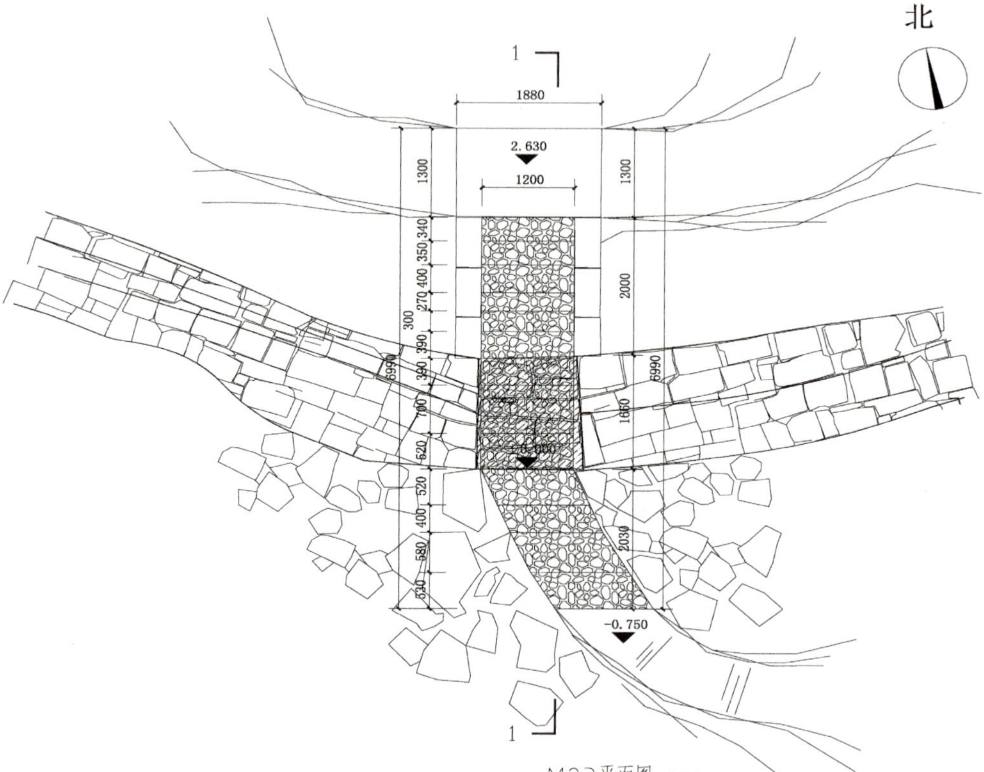

M23平面图 1:50

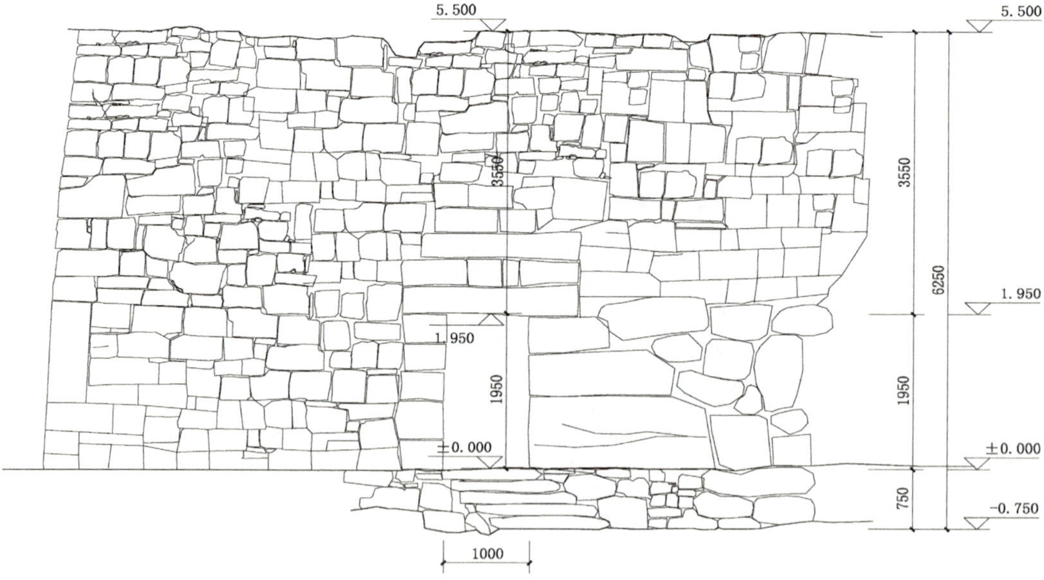

M23南立面图 1:50

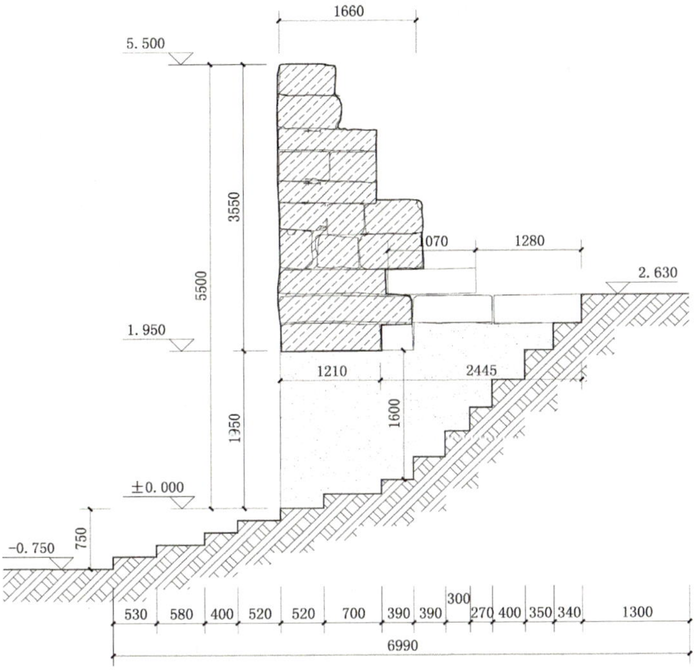

1-1剖面图 1:50

2.24　M24 号门

M24 号门位于玛瑙山营盘遗址南部南营盘西北角，M24 号门坐南向北，座向 8°，海拔高度 850 米，位于北纬 28° 7′ 6″，东经 107° 45′ 55″。

M24 号门设置在玛瑙山南部南营盘西北角一陡坡地的最上一级台地上，处于南营盘北侧石墙的西北角，紧靠南营盘西侧石墙；门道北侧下方为南营盘腹部地下通道入口，经入口西侧道路向北下坡进入炮台 PL1。当子营盘发现军情后即通过 M24 号门经 M39 号门和 M40 号门进入子营向军事管理中心报告，M24 号门为南营盘进入子营的主要出入口，也是当南营盘退守时进入南营腹部地下通道的唯一出口。

M24 号门是在砌筑石墙时砌筑门墙石形成的门道，东西两侧门墙石与石墙砌筑方式为粗加工方整石干摆砌筑，东侧门墙现存为 2 块粗加工方整石干摆、西侧门墙石现存以 4 块粗加工方整石干摆且紧临南营盘西石墙，门墙石上置一块粗加工条石为门楣石，门楣石上再干摆砌筑石墙。

M24号门建筑体量较小，但较为坚实牢固，且选址在一陡坡地的最上一级台地上，具有较强的军事防御功能和能力。从残存建筑构件进行研究，可推断M24号门开启形式为在门墙上设门栓孔，门道顶部置门楣石，门楣石上再砌筑石墙，门墙石下置门臼石和门槛石，以板门闭合；M24号门的建筑形式为“槛框式”门道。

M24号门道保存状况一般，破坏程度为Ⅰ级，基本保持原有位置、形制和格局，门道、门墙和门楣石大部分保持原有形制，其中门道有所变形；板门不存、石踏步不存，门臼未见；门楣石上部石墙残损严重，石墙坍塌石质构件堆积门道内（南营盘内侧），堆积高度900mm。北侧门道宽880mm、南侧门道宽955mm，门墙残高1650mm，门墙残厚1300mm，门楣石长1545mm，厚400mm，宽850mm+400mm。

M24号门道损毁的主要原因：一是人为因素，即咸同起义给门道造成一定的损毁、早年农耕生产造成门道及石踏步一定程度的损毁；二是自然因素，如长期的风雨浸蚀造成门墙石风化酥碱和门道变形及排水不畅对门墙及石墙造成一定的损害等。

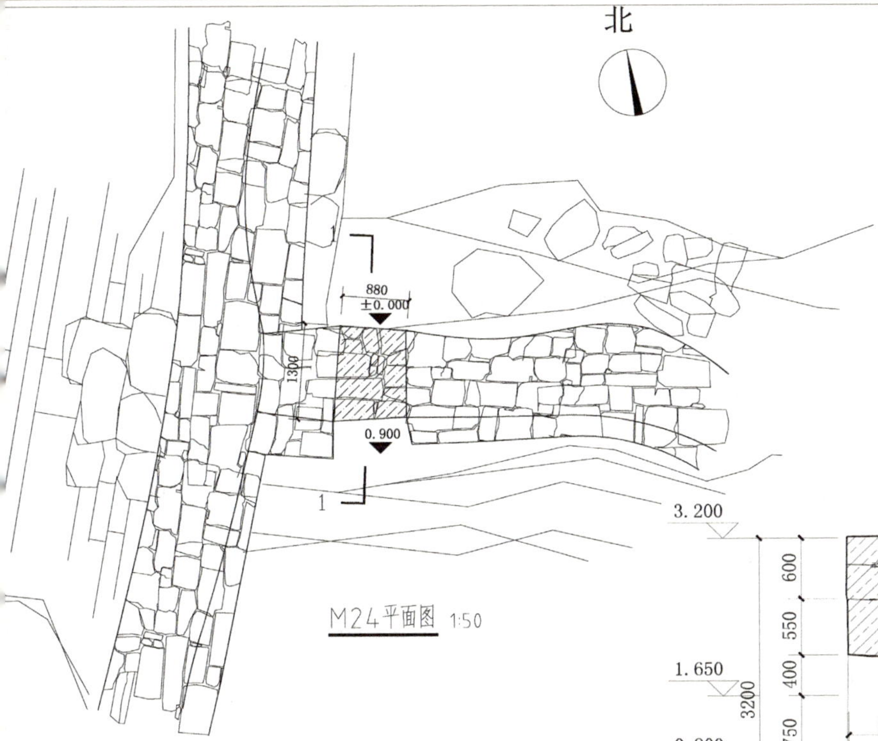

M24平面图 1:50

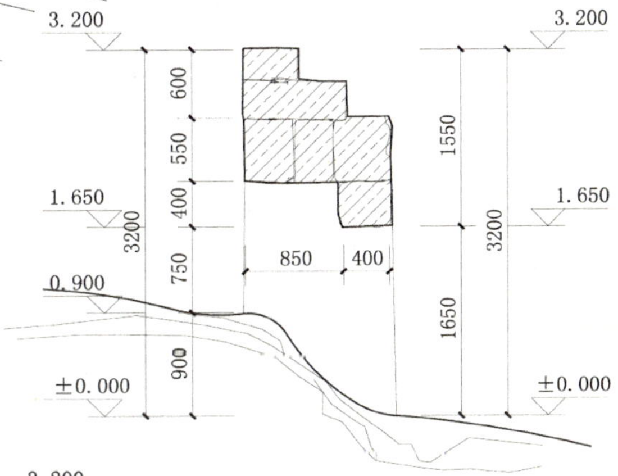

1-1剖面图 1:50

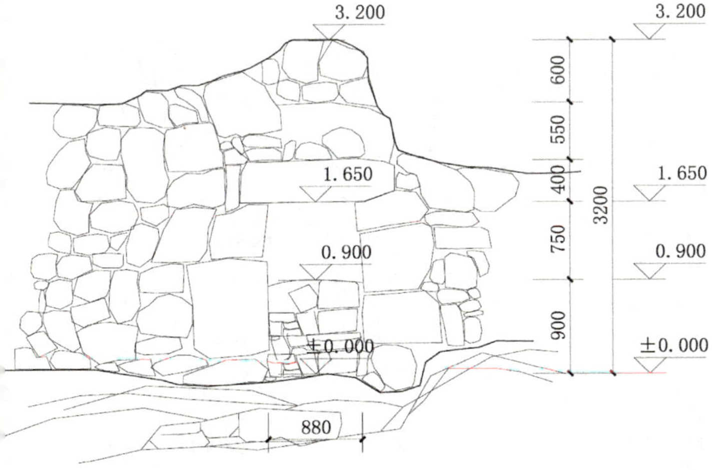

M24南立面图 1:50

2.25　M25 号门

M25 号门位于玛瑙山营盘遗址南部南营盘东侧与东营盘的石墙上，M25 号门坐北向南，座向 162°，海拔高度 850 米，位于北纬 28° 7′ 7″，东经 107° 45′ 55″。

M25 号门设置在玛瑙山南部南营盘东北面一陡坡地的上一级台地上，处于南营盘北侧石墙的北段；门道东北侧为玛瑙山营盘遗址的东营盘，是东营盘进入南营盘的唯一出入通道。

M25 号门是在砌筑石墙时砌筑门墙石形成的门道，东侧门墙石为一块方整石经粗加工后干摆砌筑形成的门墙石，西侧门墙石以两块方整石经粗加工后干摆墙砌筑为门墙石，门墙石上两侧设置门栓孔，门墙石上置一块粗加工条石为门楣石，门楣石上再干摆砌筑石墙。

M25 号门建筑体量较大，又较为坚实牢固，且选址在一陡坡地的最上一级台地上，具有较强的军事防御功能和能力。从残存建筑构件进行研究，可推断 M25 号门开启形式为在门墙上设门栓孔，门道顶部置门楣石，门楣石上再砌筑石墙，门墙石下置门臼石和门槛石，以板门闭合；M25 号门的建筑形式为“槛框式”双开门道。

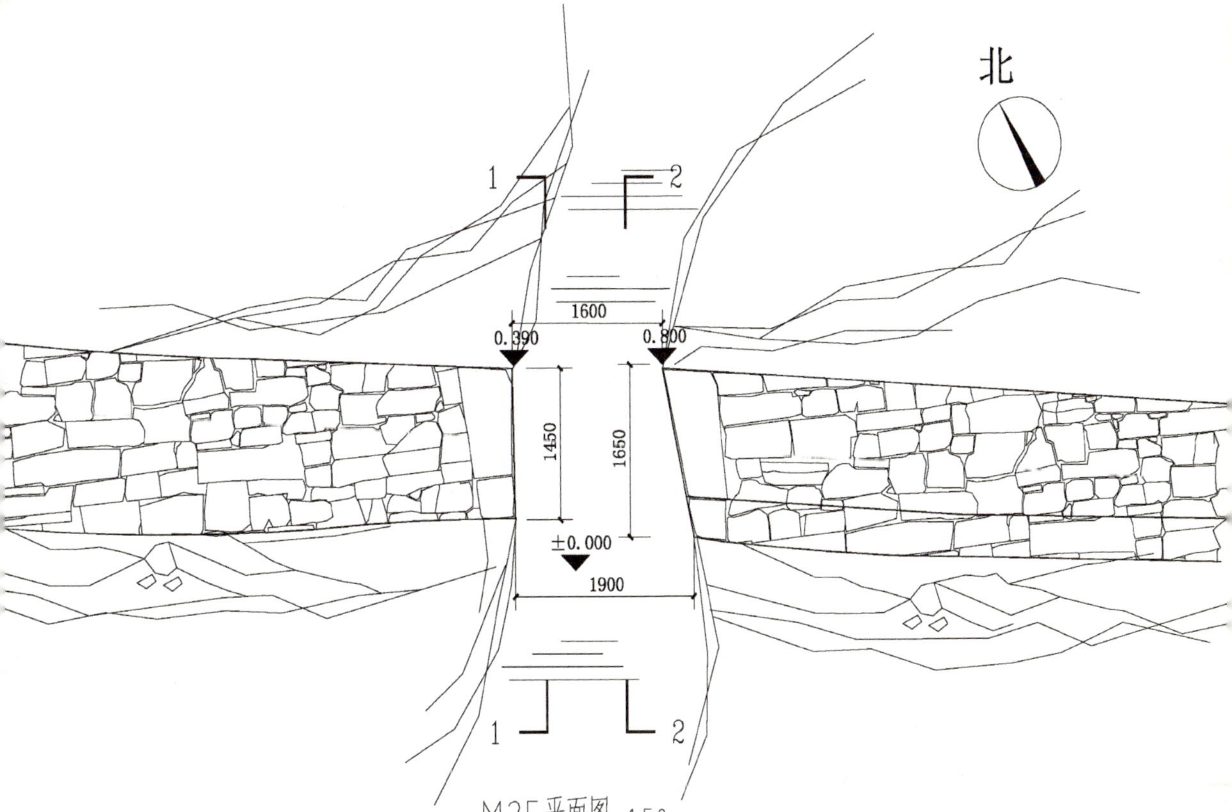

M25平面图 1:50

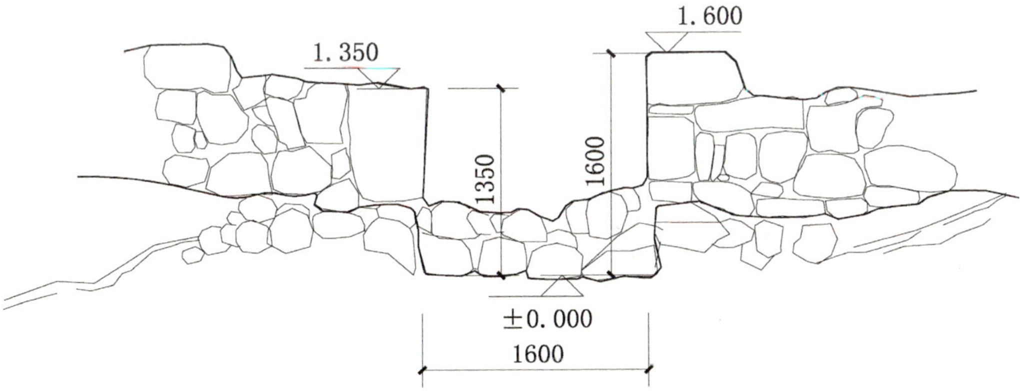

M25北立面图 1:50

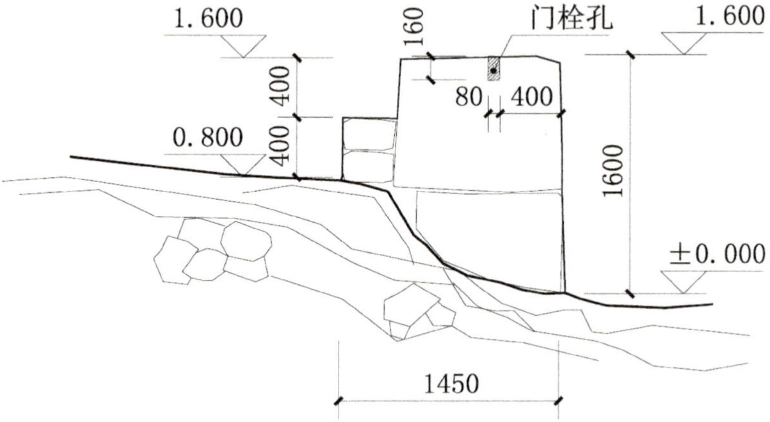

1-1剖面图 1:50

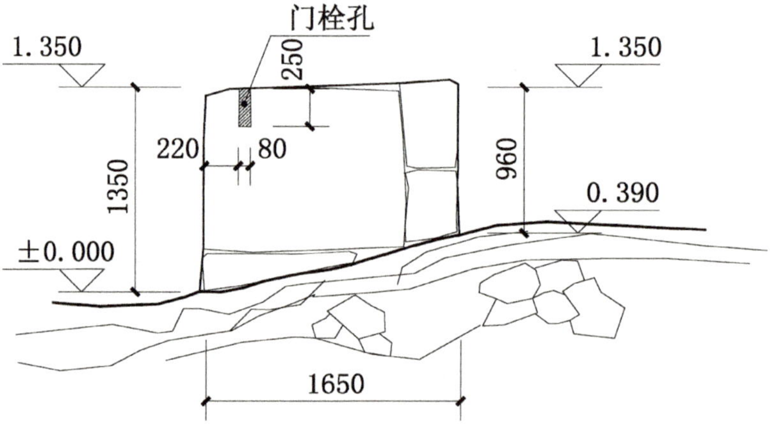

2-2剖面图 1:50

M25号门道保存状况一般，破坏程度为Ⅰ级，基本保持原有位置、形制和格局，门道、门墙石大部分保持原有形制，其中门道有所变形；门楣石不存、板门不存、石踏步，门臼未见，石墙坍塌石质构件堆积门道内，堆积高度500mm。北侧门道残宽1600mm、南侧门道宽1900mm，东侧门墙残高1350mm、西侧门墙残高1600mm，东侧门墙残厚1650mm、西侧门墙残厚1450mm，东侧门栓孔口径残存80mm×250mm，西侧门栓孔口径残存80×160mm。

M25号门损毁的主要原因：一是人为因素，即咸同起义给门道造成一定的损毁、早年农耕生产造成门道及石踏步一定程度的损毁；二是自然因素，如长期的风雨浸蚀造成门墙石坍塌、门墙石风化酥碱和门道变形即排水不畅对门墙及石墙造成一定的损害等。

2.26 M26号门

M26号门位于玛瑙山营盘遗址中营西部与西营北部严防区的城墙上，M26号门座南向北，座向318°，海拔高度860米，位于北纬28°7′9″，东经107°45′55″。

M26号门设置在玛瑙山西部西营盘北部严防区东侧一陡坡地的最上一级台地上，门道东进为玛瑙山中营外城，门道西出为玛瑙山西营北部防区。从M26号门进入中营外城，门道与玛瑙山腹部地下通道（溶洞）西部入口处相距约17米，与中营腹部地下通道紧紧配合使用，其军事防御能力非常强大。M26号门是西营北部严防区进入中营盘外城和防御时进入中营腹部退守的唯一通道。

M26号门是在砌筑石墙时经过科学设计后砌筑的门道，其选材和砌筑工艺都较为考究，是玛瑙山遗址门道中“品级”较高的一条门道。西侧门墙石采用整石经精加工而成，东侧门墙北面采用一块整石经精加工而成，南侧以5块方整石精加工对其进行补配，门墙上置一块经精加工的条石板为门楣石，门楣石上再干摆砌筑石墙。

M26号门建筑体量一般，用材考究、结构坚实牢固，且选址在一陡坡地的最上一级台地上，具有较强的军事防御功能和能力。M26号门开启形式为在门墙上设门栓孔，门道顶部置门楣石，门楣石上再砌筑石墙，门墙石下置门臼石和门槛石，以板门闭合；M26号门的建筑形式为“槛框式”双开门道。

M26号门道保存状况较好，破坏程度为Ⅰ级，基本保持原有位置、形制和格局，门墙石和门楣石完全保持原有形制，其中门道已由乱石封堵，且有所变形；板门不存，门臼未见、门栓孔未见、门槛石未见；门楣石上部石墙有一定残损、东侧北面门墙石断裂，门道北侧石踏步人为在玛瑙山旅游开发中改为水泥踏步。北侧门道残宽1800mm、南侧门道宽1460mm，东侧门墙残厚2440mm、西侧门墙残厚2220mm，东西两侧门墙残高2100mm，门楣石长2526mm，厚252mm，宽与门墙厚同，但因门道已堵，由几块条石组成不清。

M26号门损毁的主要原因：一是人为因素，即咸同起义给门道造成一定的损毁、旅游开发造成石踏步一定程度的损毁；二是自然因素，如长期的风雨浸蚀造成门墙石风化酥碱及排水不畅造成门道变形等。

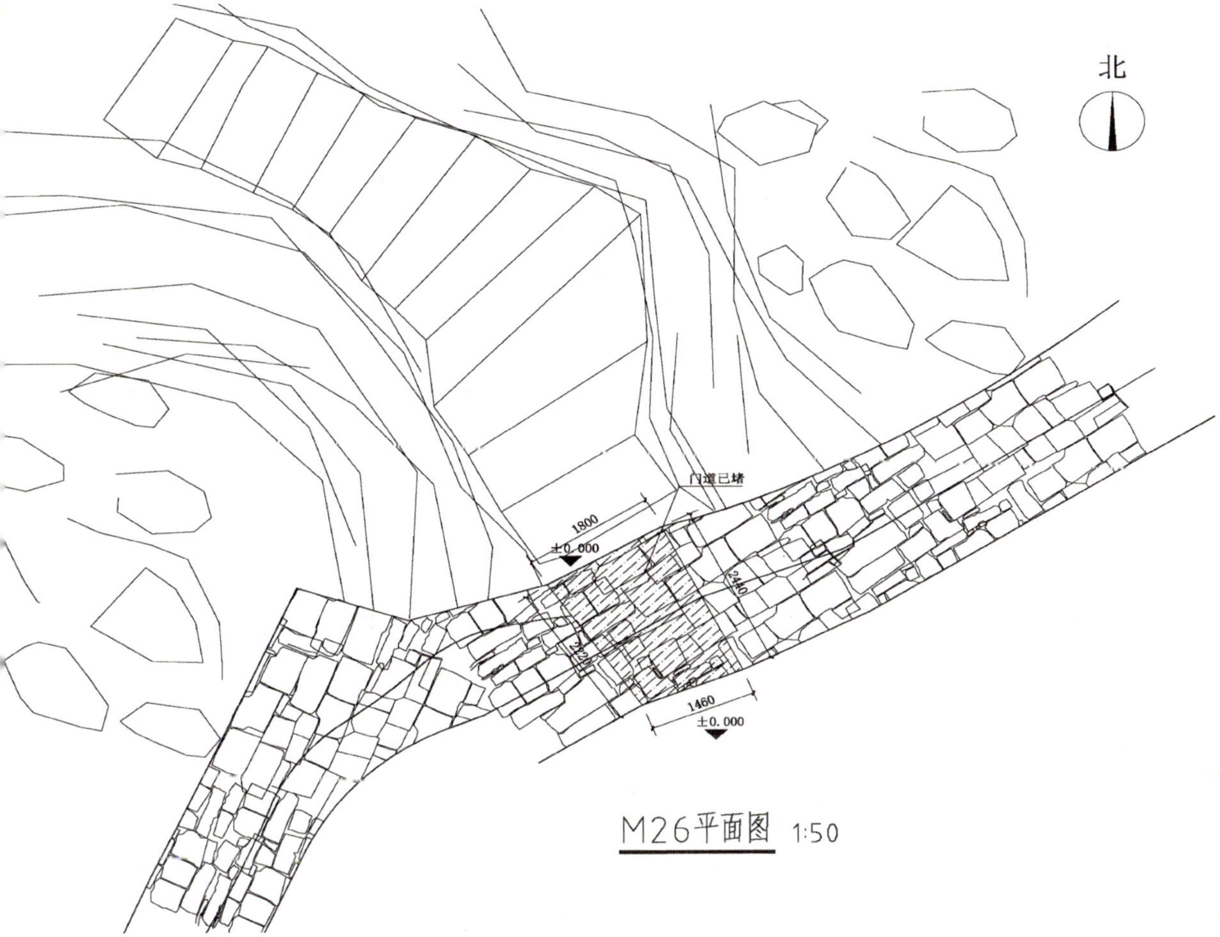

M26平面图 1:50

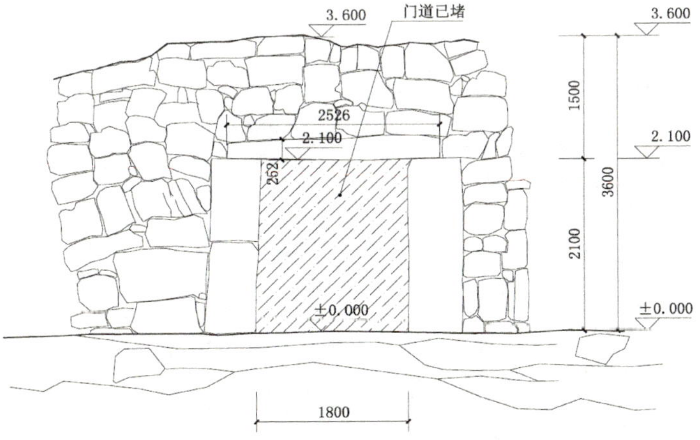

M26南立面图 1:50

2.27 M27 号门

M27 号门位于玛瑙山营盘遗址中营北部外城与北营东侧相分隔的城墙上，M27 号门坐东向西，座向 95°，海拔高度 857 米，位于北纬 28° 7′ 11″，东经 107° 45′ 55″。

M27 号门设置在玛瑙山北部北营盘东南部一陡坡地的最上一级台地上，门道东进为玛瑙山中营外城，门道西出为玛瑙山北营。从 M27 号门进入中营外城区域，该区域在中营外城中面积最大，设置了炮座、碓窝等军事防御设施和火药加工设施，是中营外城北部的主要军事防御区域。与北营盘军事防御区紧紧配合使用，构成了较为强大的军事防御体系。M27 号门是北营将军情送进中营军事指挥中心的唯一通道，也是中营军事指挥中心将军事指挥命令通过 M27 号门向北营传达的通道。

M27 号门是在砌筑石墙时经过科学选址后砌筑的门道，其选材较为规整，选用青石经粗加工干摆砌筑。北侧西面门墙砌在基岩上，以两块方整石与石墙错缝干摆砌筑形成门墙；北侧东面门墙以三块方整石与石墙错缝干摆砌筑形成门墙。南侧西面门也同为砌筑基岩上，以四块方整石与石墙错缝干摆砌筑形成门墙，南侧东面门墙以五块以上（门道堵塞不清）石材与石墙错缝干摆砌筑形成门墙；置一块经精加工的条石板为门楣石，门楣石上再干摆砌筑石墙。

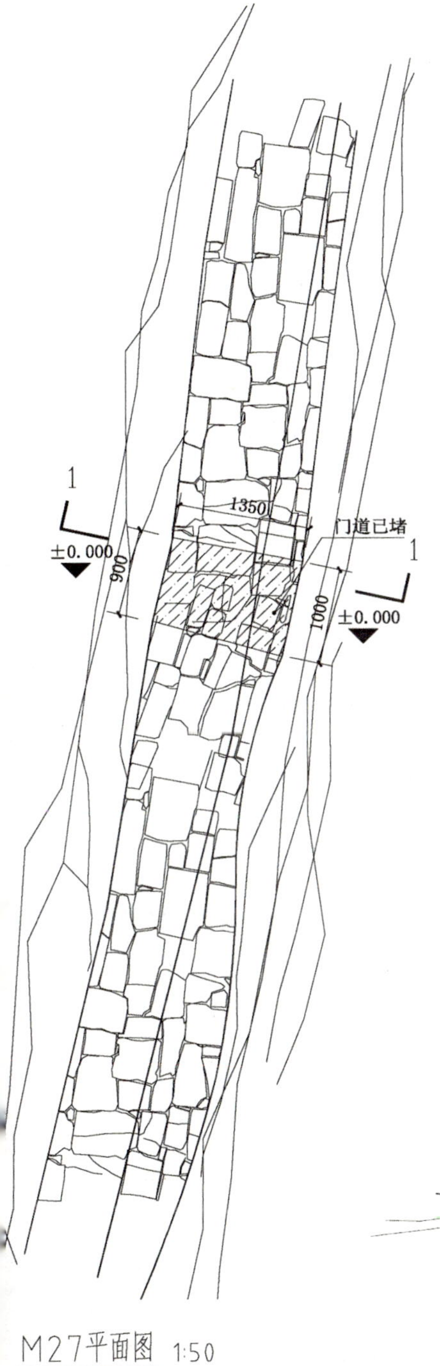

M27平面图 1:50

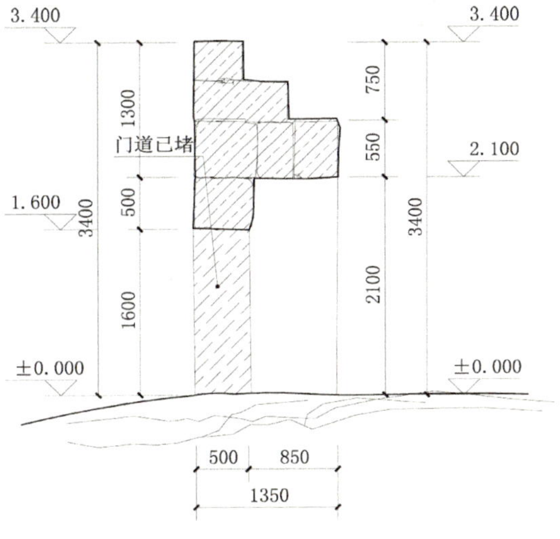

1–1剖面图 1:50

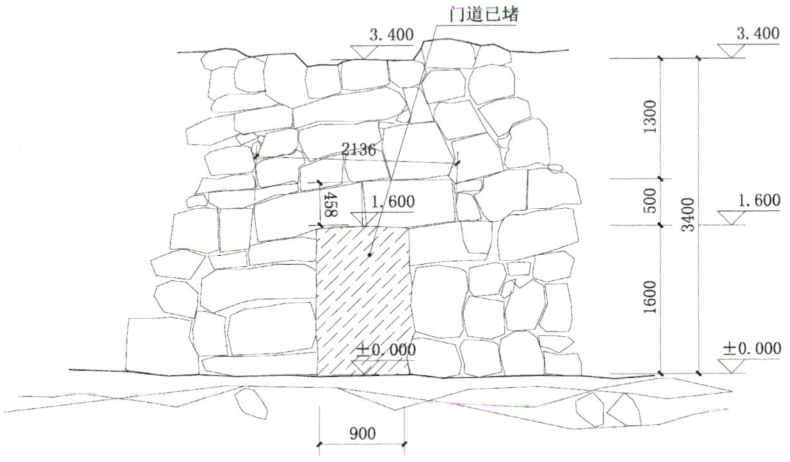

M27西立面图 1:50

M27号门建筑体量一般，用材考究、结构坚实牢固，且选址在一陡坡地的最上一级台地上，具有较强的军事防御功能和能力。M27号门开启形式为在门墙上设门栓孔，门道顶部置门楣石，门楣石上再砌筑石墙，门墙石下置门臼石和门槛石，以板门闭合；M27号门的建筑形式为“槛框式”单开门道。

M27号门道保存状况较好，破坏程度为Ⅱ级，基本保持原有位置、形制和格局，门道西面门墙石、门东面北侧门墙石和门楣石完全保持原有形制，门道东面南侧门墙石开裂、破损，有部分缺失；门道已由乱石封堵，东面门道有所变形；板门不存，门臼未见、门栓孔未见、门槛石未见；门道西侧石踏步在农业生产中被破坏。西侧门道宽900mm、东侧门道残宽1000mm，门墙残厚1350mm，门楣石长2136mm、厚458mm、宽与门墙厚同，门楣石为一块整条石。

M27号门损毁的主要原因：一是人为因素，即咸同起义给门道造成一定的损毁、早年农耕生产造成石踏步一定程度的损毁及人为堵塞门道造成排水不畅对门道有一定的损毁；二是自然因素，如长期的风雨浸蚀造成门墙石风化、酥碱和开裂以及部分坍塌及杂树杂草对门墙造成一定的损毁等。

2.28　M28号门

M28号门位于玛瑙山营盘遗址中营南部内城城墙中部，M28号门坐北向南，座向213°，海拔高度840米，位于北纬28° 7′ 12″，东经107° 45′ 52″。

M28号门设置在玛瑙山遗址中营外城北与中营内城之间的一缓陡坡地的上一级台地上，是中营外城南部进入中营内城的唯一通道。门道外设五级石质台阶下至中营外城，其中南侧下端两级台阶为基岩上人工凿成，另三级台阶为石质踏步；门道内东侧为M29号门道可进入中营腹部地下通道（地下溶洞），经一窄小道路向东上M30号门道与M31号门道相连接，出M31号门道进入中营东部外城；M28号门道向北上数级石质台阶进入中营内城军事指挥中心。M28号门道是南营、西营南部防御区发现军情后经子营军事管理中心向中营军事指挥中心发出命令时进入中营的第二道门哨，也是中营军事指挥中心发现重大军情向子营军事管理中心的报告的主要通道。

M28号门道建筑工艺考究、选址特别，建设在中营内城南部基岩上，其选材质量较高，选用规整青石经精加工干摆砌筑。东西两侧门墙石选用一整条石经精加工作为金刚石（又称门挡石），东西两侧金刚石上各选用一块整石经精加工成直角梯形作为发券石并代替平水石，发券石上再各选用一块整石经精加工为等腰梯形作为发拱券石，拱券石之门同样选用一块整石经精加工为等腰梯形作为合龙石，发券石、拱券石、合龙石干摆砌筑形成拱券。通常的拱券门道是将平水石、发券石、拱券石和合龙石加工为弧形石进行券拱，而M28号门道是把发券石、拱券石和合龙石加工成梯形进行券拱，券拱成的拱券形式似“半八卦”形状，拱券之上直接干摆砌筑石墙。M28号门的建筑形式为“八卦型拱券式”双开门道。

M28号门建筑体量一般，用材考究、结构坚实牢固，且选址在一缓坡地的上一级台地上，具有较强的军事防御功能和能力。M28号门开启形式为在东西两侧拱券石内侧置对称铆口，以木枋铆固形成门楣，门楣上置门轴孔，金刚石下方设置一对称铆口，以木枋铆固形成门槛，门槛内两侧设置门臼，两侧分别与门楣上的门轴对称；再在金刚石之间设地袱石，地袱石上凿铆口，铆口上再置门挡，以板门闭合；M28号门栓固方式较为特别，除了在门中部设置活动门栓外，还在西侧金刚石上设门栓孔一个，东侧金刚石上设置滑槽一个，以一木枋将一端插入西侧金刚石的门栓孔内，再将另一端滑入东侧金刚石滑槽，这种栓固方式增强了门道的防御功能。

M28号门道保存状况较好，破坏程度为Ⅰ级，全部保持原有位置、形制和格局，东侧金刚石北面有破损和部分缺失，西侧金刚石在水纹处有开裂，地袱石残损70%左右；板门不存，门臼不存、门楣不存、门轴孔不存、门槛不存、木门挡不存。门道宽1600mm、门道高1988mm，西侧金刚石为一块重达千斤整石，呈直角梯形，厚528mm、高1786mm、下底宽930mm、上底宽742mm；东侧金刚石与西金刚石同样为千斤整石并呈直角梯形，厚528mm、高1769mm、下底宽827mm，上底宽615mm；西侧发券石为一整石经精加工呈直角梯形，以直角边代替平水石，厚528mm、高324mm、下底宽506mm、上底宽396mm；东侧发券石与西侧发券石同样为一整石经精加工呈直角梯形，以直角边代替平水石，厚528mm、高340mm、下底宽506mm、上底宽396mm；西侧拱券石为一整石经精加工呈等腰梯形，厚528mm、高377mm、下底宽743mm;东侧拱券石与西侧拱券石同样为一整石经精加工呈等腰梯形，厚528mm、高345mm、下底宽885mm、上底宽588mm；合龙石为一整石经精加工呈等腰梯形，厚528mm、高371mm、下底宽759mm、上底宽1162mm;西侧金刚石门栓孔为54mm×145mm,东侧金刚石滑槽107mm×820mm，东西两侧门槛铆口为73mm×90mm，东侧门楣铆口为581mm×107mm，西侧门楣铆口为588mm×107mm，地袱石铆宽528mm,残存长1600mm。

M28号门残存的主要原因：一是人为因素，即咸同起义给门道造成一定的损毁、早年农耕生产造成地袱石损毁；二是自然因素，如长期的风雨浸蚀造成金刚石风化、酥碱和开裂及后期无人管理造成板门、门楣、门槛、门挡、门臼等木质构件缺失等。

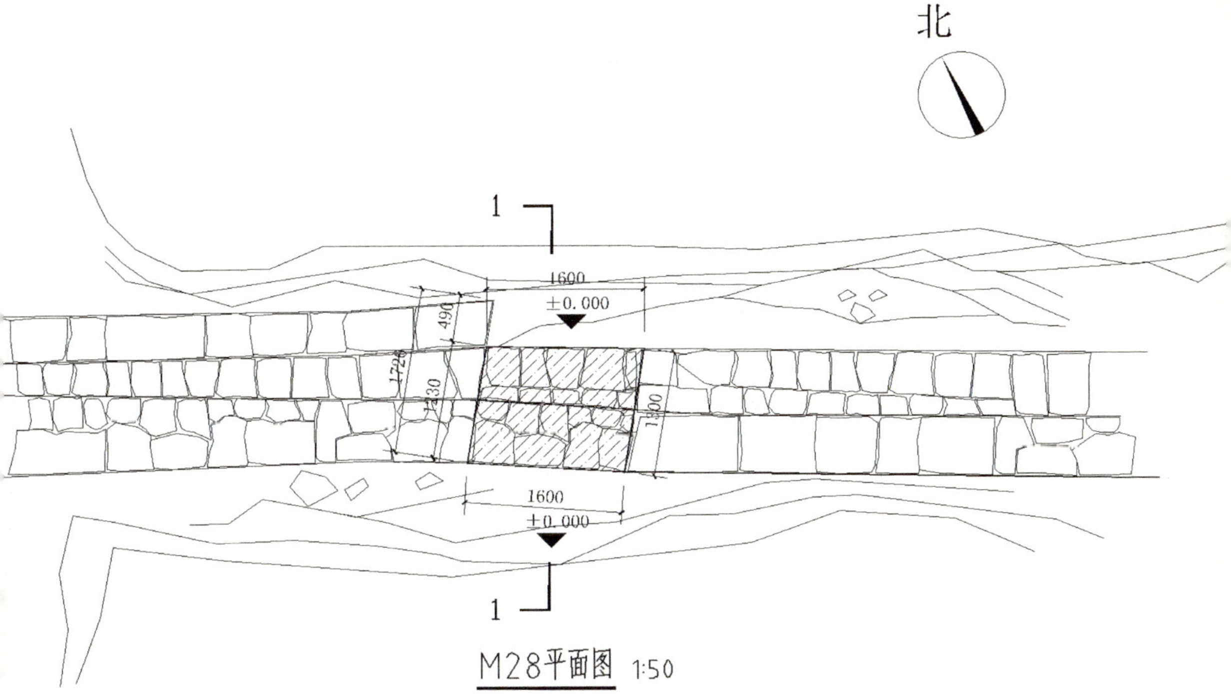

M28平面图 1:50

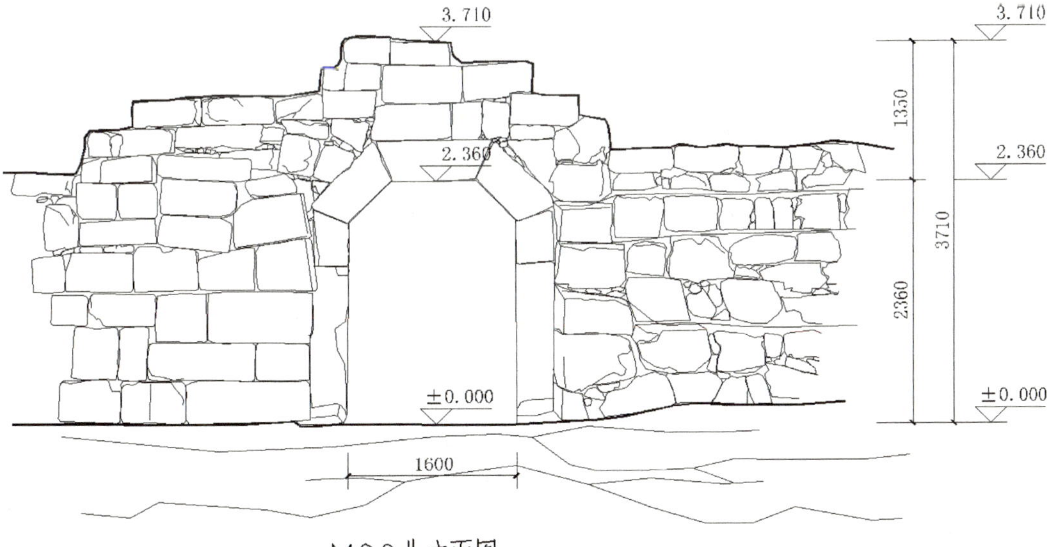

M28北立面图 1:50

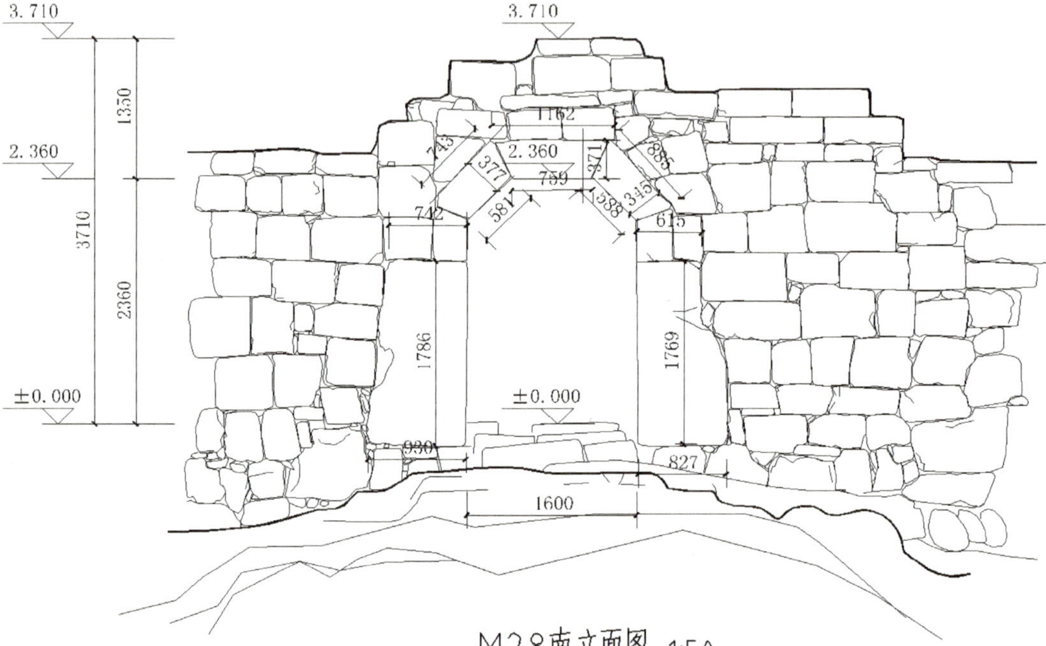

M28南立面图 1:50

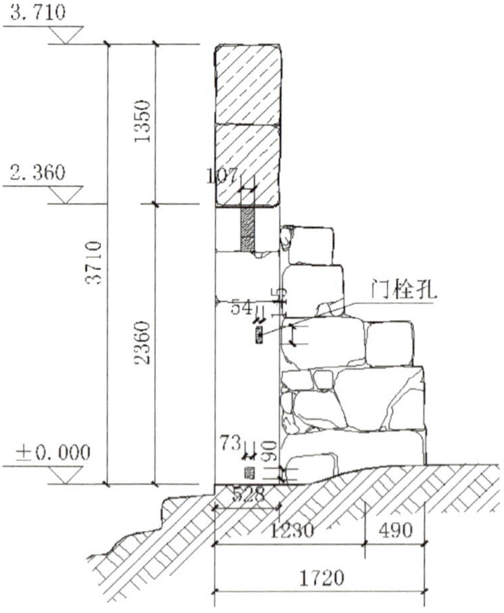

1-1剖面图 1:50

2.29　M29 号门

M29 号门位于玛瑙山营盘遗址中营内城南部 M28 号门内侧东石墙上。M29 号门坐东向西，座向 289°，海拔高度 840 米，位于北纬 28° 7′ 12″，东经 107° 45′ 52″。

M29 号门设置在玛瑙山遗址中营内城南部 M28 号门内侧一平地台地上，门道南侧紧邻 M28 号门，门道北侧砌石墙向北延伸 8 米后向东拐 8 米，与玛瑙山中营内城南墙和 M30 号北侧天然崖壁形成一围合空间，这一围合空间即为玛瑙山营盘中营腹部地下通道入口。门道西出为玛瑙山营盘中营内城，中营内城内和中营军事指挥中心发现紧急军情即通过门道东进入一窄小便道，通过窄小便道上设置的木梯下入中营腹部地下通道（地下溶洞）退守，经便道也可向东进入 M30 号门进行信息传递。门道与玛瑙山营盘中营腹部地下通道（溶洞）和 M30 号门道紧密配合使用，具有较强的军事防御功能。M29 号门是玛瑙山营盘中营内城和中营军事指挥中心防御退守时进入中营腹部地下通道（地下溶洞）的唯一通道。

M29 号门是在砌筑石墙时因地利进行设计后砌筑的门道，选址科学合理且较为隐蔽，就地取材经精加工为方整石或条石干摆砌筑而成门墙，门墙石与石墙错缝干摆砌筑。

M29 号门建筑体量一般，用材较为考究、结构简单但坚实牢固，且选址在内城平地的台地上，具有军事防御和军事管理功能。M29 号门开启形式为在门墙上设门栓孔，门道顶部置门楣石，门楣石上再砌筑石墙，门墙石下置门臼石和门槛石，以板门闭合；M29 号门的建筑形式为“槛框式”双开门道。

M29 号门道保存状况较差，破坏程度为Ⅳ级，但门原有位置、形制和格局还基本保持，南北两侧门墙石也保持原有形制，但有所缺失；板门不存，门臼未见、门栓孔未见、门槛石未见；门楣石上部石墙有一定残损、北侧门墙石残存四块方整石、南侧门墙石残存三块方整石，西侧门道残宽 1100mm、东侧门道残宽 1278mm，北侧门墙残厚 1250mm，南侧门与中营内城南石墙错缝砌

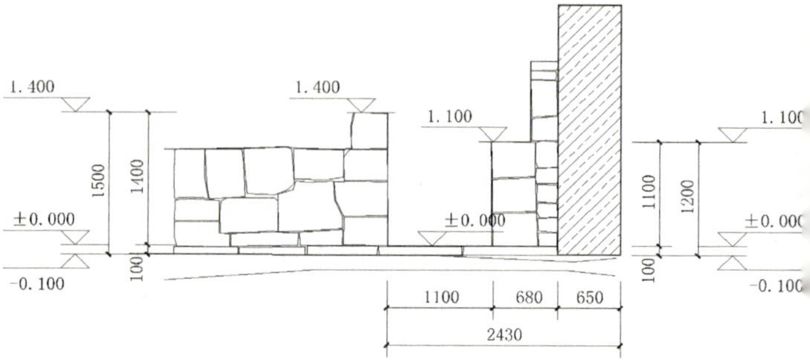

M29西立面图 1:50

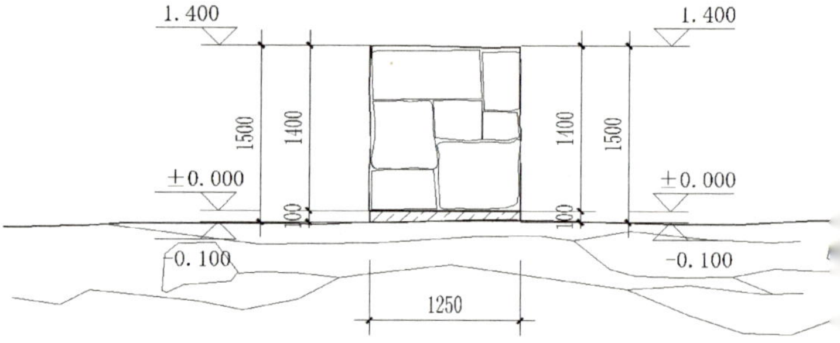

1-1剖面图 1:50

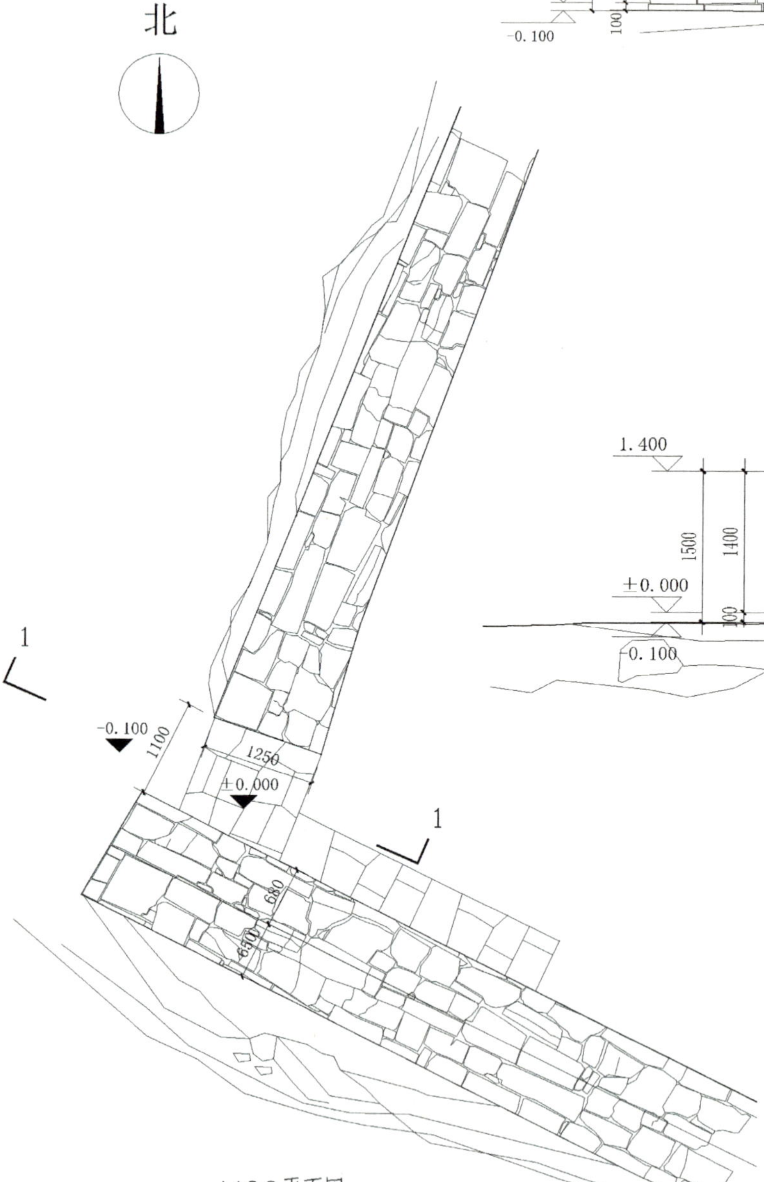

M29平面图 1:50

筑，宽为680mm,同时依中营内城南石墙向东延伸并作为矮墙人行或防守人员匍匐射击之用。北侧门墙残高1400mm、南侧门墙残高1100mm。

M29号门损毁的主要原因：一是人为因素，即咸同起义给门道造成一定的损毁、旅游开发造成石踏步一定程度的损毁及早年农耕生产造成门道、门墙及石墙一定程度的损毁；二是自然因素，如长期的风雨浸蚀造成门墙石风化酥碱和门道变形及排水不畅造成南侧门墙石及中营内城南石墙向南歪闪、开裂等。

2.30　M30号门

M30号门位于玛瑙山营盘遗址中营内城南部玛瑙山腹部地下通道（地下溶洞）入口处以东的石墙南端。M30号门坐东向西，座向304°，海拔高度841米，位于北纬28°7′12″，东经107°45′52″。

M30号门设置在玛瑙山营盘遗址中营内城南部玛瑙山腹部地下通道（地溶洞）入口处以东上一级台地的石墙南端，门道南侧紧临中营内城南石墙，门道北侧砌1500mm长石墙与天然崖壁相连接，与M29号门北墙、M29号门北墙向北延伸后再向东延伸的石墙、中营内城南墙形成一围合空间，其空间即中营内城玛瑙山腹部地下通道天然入口。门道西出为玛瑙山营盘中营内城东南角防务区，该区域再往西经 M31 号门出中营内城进入中宫外城。中营外城东部和内城东南角防务区发现紧急军情即通过 M31 号门道出 M30 号门道，沿天然基岩上人工凿成的三组台阶进入中营内城南侧的窄小便道，通过窄小便道上设置的木梯下入中营腹部地下通道（地下溶洞）退守。M30 号门道与 M31 号门道和玛瑙山营盘中营腹部地下通道（溶洞）紧密配合使用，具有较强的军事防御功能。M30 号门是玛瑙山营盘中营内城东南防务区和中营外城东部防御退守时进入中营腹部地下通道（地下溶洞）的唯一通道。

M30 号门是因地利砌筑石墙时进行设计的门道，选址结合地形特点和军事功能布局需要，选材采用就地取材经粗加工为方整石或条石干摆砌筑而成门墙，门墙石与石墙错缝干摆砌筑。

M30 号门建筑体量一般，用材较为考究、结构简单但坚实牢固，且选址在内城平地的台地上，具有军事防御和军事管理功能。M30 号门开启形式为在门墙上设门栓孔，门道顶部置门楣石，门楣石上再砌筑石墙，门墙石下置门臼石和门槛石，以板门闭合；M30 号门的建筑形式为“槛框式”双开门道。

M30 号门道保存状况较差，破坏程度为Ⅳ级，但门原有位置、形制和格局还基本保持，南北两侧门墙石也保持原有形制，但基本缺失；板门不存，门臼未见、门栓孔未见、门槛石未见；门楣石上部石墙有一定残损、北侧门墙石残存两块方整石、南侧门墙石残存三块方整石，南侧门与中营内城南墙石错缝砌筑，宽 700mm，同时作为中营内城南石墙向东延伸并作为矮墙人行或防守人员匍匐射击之用。

M30 号门损毁的主要原因：一是人为因素，即咸同起义给门道造成一定程度的损毁、旅游开发造成石踏步一定程度的损毁及早年农耕生产造成门道、门墙及石墙损毁；二是自然因素，如长期的风雨浸蚀造成门墙石风化酥碱和石构件缺失等。

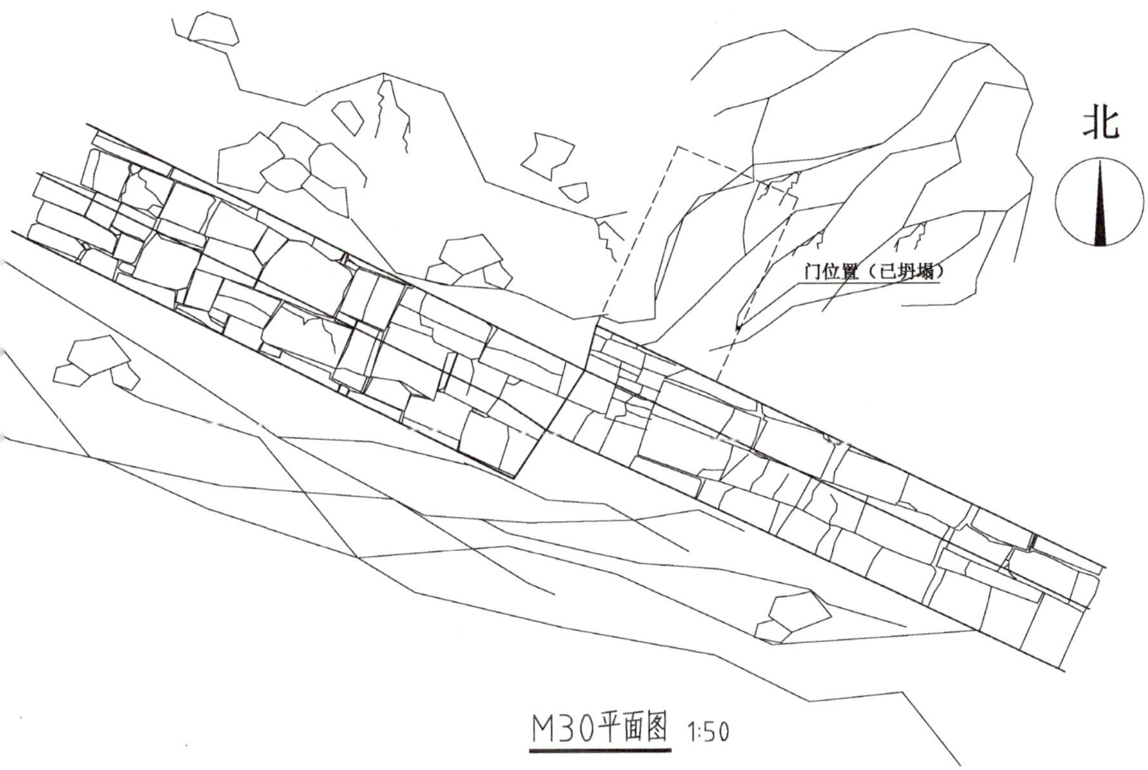

M30平面图 1:50

2.31 M31 号门

M31 号门位于玛瑙山营盘遗址中营内城东南防务区以东的北侧。M31 号门坐西向东，座向 116°，海拔高度 841 米，于北纬 28° 7′ 12″，东经 107° 45′ 52″。

M31 号门设置在玛瑙山营盘遗址中营内城东南部防务区以东石墙的北侧，门道北侧沿缓坡向北砌石墙 23000mm 与中营北石墙相连接、南侧砌石墙向南延伸 5000mm 与中营内城南石墙连接、南石墙连接西石墙、西石墙连接北石墙形成长方形围合空间，即为中营内城。M31 号门与 M30 号门呈东西向分布，两道门与中营内城南石墙和两道门北侧天然崖壁形成又一个较小的围合空间，这个围合空间的功能作用一是作为内城东南军事防务区，二是作为中营外城东部防务人员退守时进入中营腹部地下通道（地下溶洞）的退守通道。

M31 号门道建筑工艺考究，材料质量较高，选用规整青石经精加工干摆砌筑。南侧门墙石选用五块青石经精加工作为方整石与南石墙干摆错缝砌筑形成门墙，门墙上以一块青石经精加工干摆砌筑作为平水石，北侧门墙采用天然基岩经粗加工后作为门墙石，再对天然门墙石顶端进行精加工代替平水石，最后再选用一块青石精加工成等腰梯形作为合龙石，平水石、拱券石、合龙石以干摆砌筑形成拱券，再在券拱的合龙石上直接干摆砌筑石墙。M31 号门道拱券与 M28 号门道拱券有相似之处，都是将发券石、拱券石和合龙石加工为梯形进行券拱，券拱成的拱券形式似半“菱形”。

M31 号门建筑体量较小，因地形地势设计而建，且用材考究，结构坚实牢固，选址在中营东南部内城与外城之间一缓坡地的上一级台地上，具有较强的军事防御功能和防御能力。M31 号门开启形式为在南北两侧拱券石内侧置对称铆口，南北两铆口分别置以一木枋向下直立形成抱框，以南北两铆口间铆固一横木枋形成上槛，再以南北两框下方铆固一横木枋形成下槛，上槛、下槛与抱框组合形成木门框。上槛与下槛分别再置以门轴孔，以木质板闭合，其栓固方式为在板门上置木门栓栓固。在上槛上的空间部分采用在南北拱券石两铆口上部凿一铆槽，铆槽间置木板封闭或置以木质漏窗。M31号门的建筑形式为“菱形拱券式”双开门道。

M31号门道保存状况较好，破坏程度为Ⅰ级，全部保持原有位置、形制和格局，合龙石歪闪、门道地袱石残存80%；板门不存，门框不存。门道宽1700mm、门道高2630mm，门道高2062mm；南侧平水石呈长方体形状，长662mm、高387mm、厚520mm，南侧发券石为一整石经精加工呈等腰梯形，下底宽745mm、上底宽1079mm、高340mm、厚520mm，北侧发券石与南侧发券石同样为一整石经精加工呈等腰梯形状，下底宽753mm、上底宽1091mm、高364mm、厚520mm，合龙石也是一整石经精加工呈等腰梯形，下底宽365mm、上底宽639mm、高295mm、厚520mm，拱券石铆口162mm×123mm，铆槽430mm×41mm。

M31号门损毁的主要原因：一是人为因素，即咸同起义给门道造成一定程度的损毁、旅游开发对门道通道造成一定程度的损毁及早年农耕生产造成门道、门墙及石墙一定损毁；二是自然因素，如长期的风雨浸蚀造成门墙石风化酥碱和合龙石歪闪及排水不畅造成门臼淹没和地袱石酥碱等。

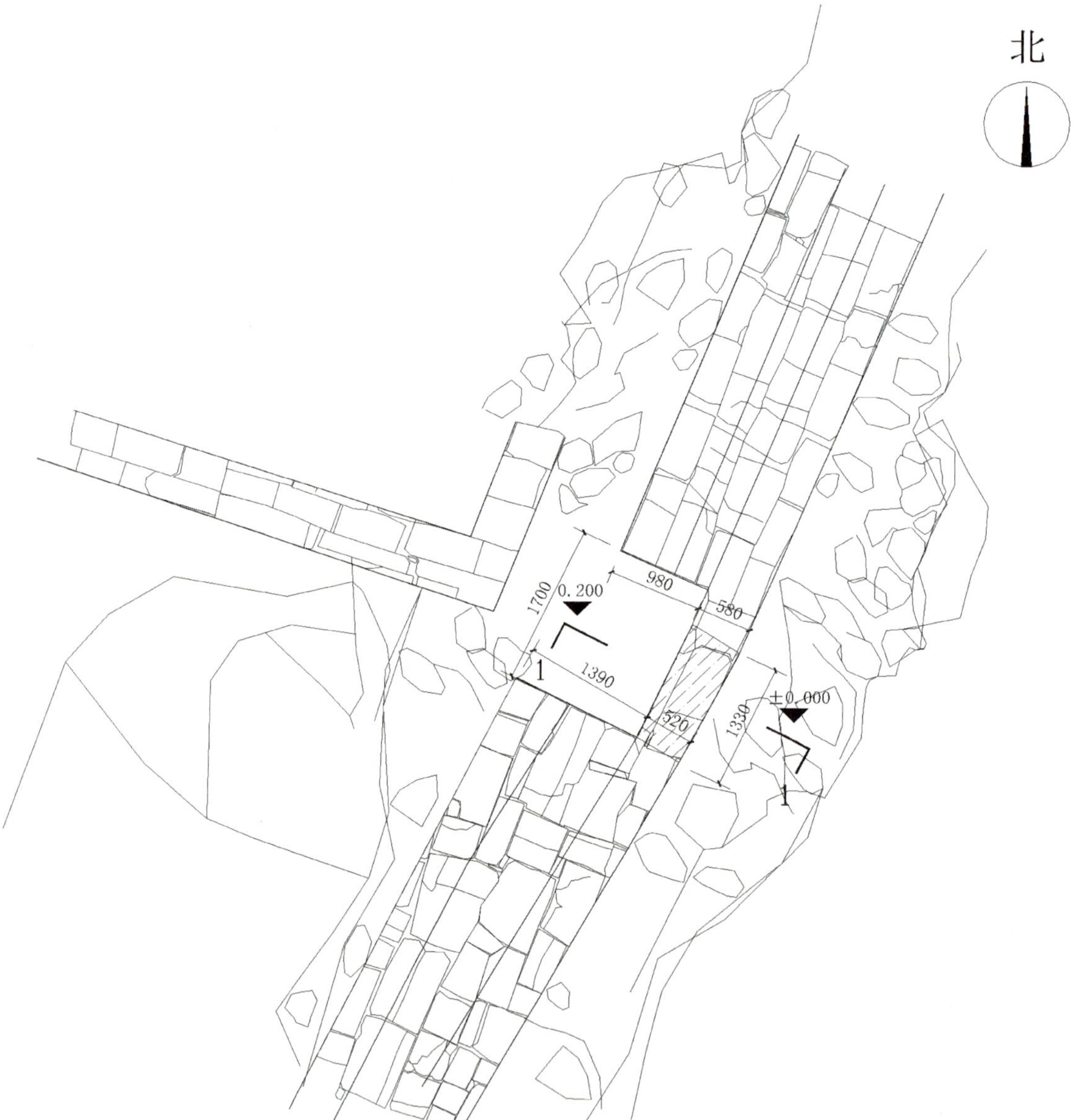

M31平面图 1:50

M31东立面图 1:50

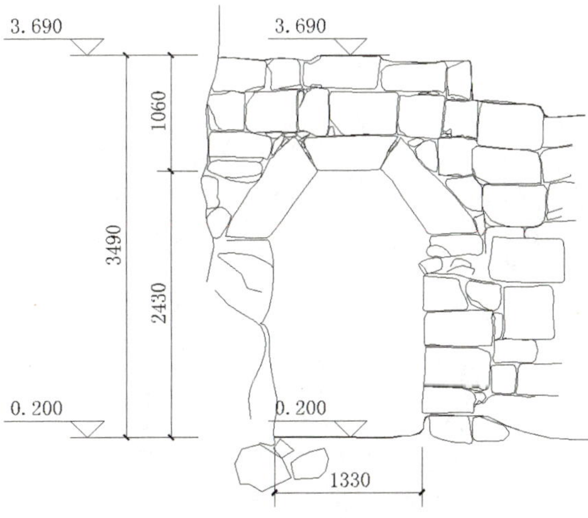

M31西立面图 1:50

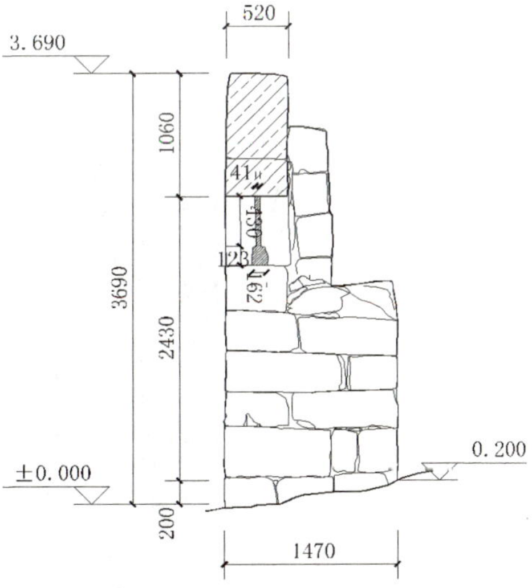

1-1剖面图 1:50

2.32 M32 号门

M32 号门位于玛瑙山营盘遗址中营内城北部中营军事指挥中心建筑基址的堡坎上。M32 号门坐北向南，座向 214°，海拔高度 846 米，位于北纬 28° 7′ 12″，东经 107° 45′ 52″。M32 号门设置在玛瑙山营盘遗址中营内城北部陡坡地的上一级台地、中营指挥中心建筑基址南侧基岩上，沿 M28 号门上数级台阶可进入，进入 M32 号门向北与 M33 号门相连接，出 M33 号门即为中营外城北部防务区。M32 号门是中营内城南部进入指挥中心的唯一出入口，进入 M32 号门，西侧为中营指挥中心军事指挥区，东侧为中营指挥中心休息区，由指挥区和休息区组成中营军事指挥中心。

M32 号门道是与中营指挥中心军事指挥区南石墙和中营指挥中心休息区南石墙选用规整青石经精加工干摆错缝砌筑形成门墙。M32 号门破坏程度较大，从残存建筑构件的门道形制进行研究，其建筑形制是“槛框式”门道，开启形式为在门墙上设门栓孔，门道顶部置门楣石，门楣石上再砌筑石墙，门墙石下置门臼石和门槛石，以板门闭合。

M32 号门道保存状况较差，破坏程度为Ⅳ级，基本保持门道原有位置、形制和格局，门楣石不存、板门不存，门框不存、板门不存，门墙残存 20%，门道南石质台阶保存较为完整。门道宽 1380mm、西侧门道残高 600mm，东侧门道残高 520mm；

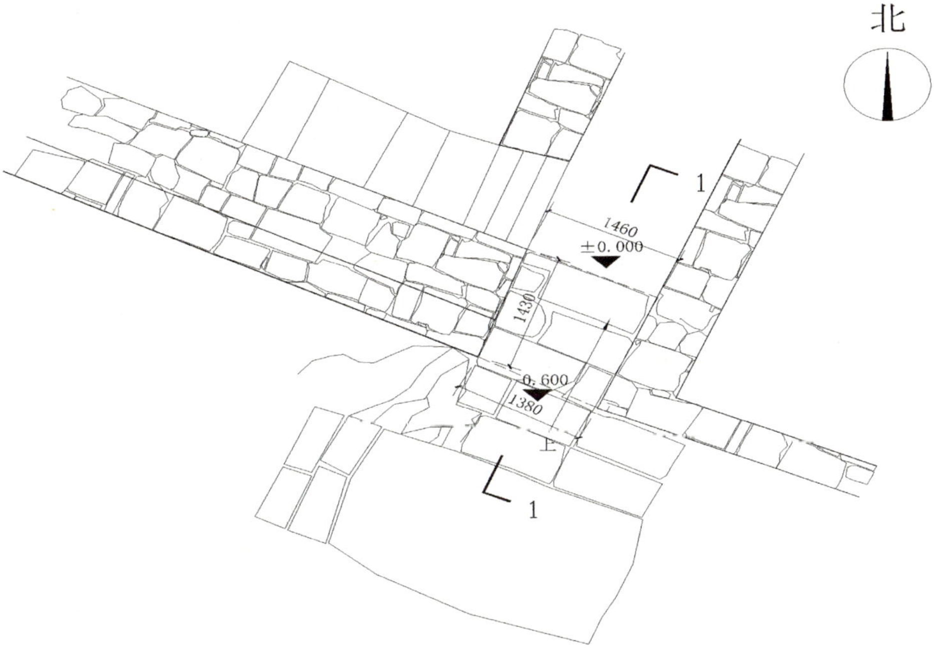

M32平面图 1:50

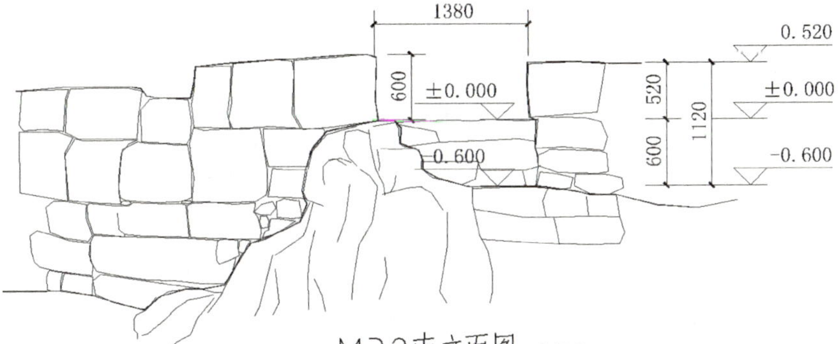

M32南立面图 1:50

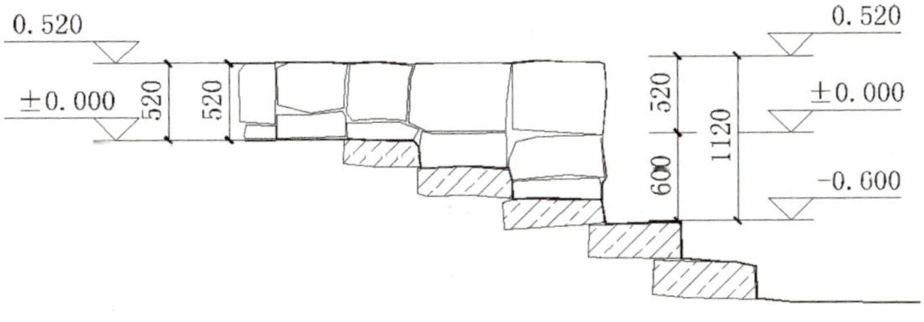

1-1剖面图 1:50

M32 号门损毁的主要原因：一是人为因素，即咸同起义给门道造成一定损毁、旅游开发对门道造成一定损毁及早年农耕生产造成门道、门墙及石墙一定程度的损毁；二是自然因素，如长期的风雨浸蚀造成门墙石风化酥碱及植物根系造成门墙鼓膨等。

2.33 M33 号门

M33 号门位于玛瑙山营盘遗址中营内城北部石墙上，西部西营盘南部严防区西侧外城墙上，M33 号门坐南朝北，座向 30°，海拔高度 880 米，位于北纬 28° 7′ 8″，东经 107° 45′ 54″。

M33 号门道建在玛瑙山营盘中营内城北部一平地的石墙上，是由玛瑙山中营外城北部进入中营内城的主要出入口。进入 M33 号门，以小巷道与 M32 号相连接，出 M32 号门为中营内城南部防备区。巷道西侧为中营内城指挥中心军事指挥区、东侧为中营内城指挥中心休息区。

M33 号门道选材质量较高，选用规整青石经精加工干摆砌筑；建筑工艺考究，是中国传统石作技艺的典型代表。东西两侧门墙石选用一整条石经精加工作为金刚石（又称门档石），两侧金刚石上再各选用一块整石精加工成等腰梯形作为发券石，并以发券石代替平水石，发券石之间同样选用一块整石经精加工为等腰梯形作为合龙石，发券石、合龙石外观形式为弧形，将发券石、合龙石干摆砌筑形成拱券，拱券上直接干摆石墙。在通常的拱券门道中，发券石也与平水石或金刚石纵面口在一条线上，而 M33 号门是将发券石与金刚石砌筑时向外平移 70—75mm，给金刚石留出一平台，再将木门楣装置在这个平台上加以固定。M33 号门的建筑形式为“弧形拱券式”双开门道。

M33 号门建筑体量一般，用材考究、结构坚实牢固，选址在中营北侧隐蔽的一平地上，具有较强的军事防御功能和管理能力。M33 号门开启形式为在东西两侧金刚石上置一木枋为门楣，门楣内侧上再置门轴孔，金刚石下方再置门臼和门槛，以板门门轴开启与闭合。M33 号门栓固方式较为特别，除了在门中部设置活动门栓外，还在西侧石墙上凿门栓孔，东侧石墙上凿滑槽，以一木枋将一端插入西侧金刚石的门栓孔内，再将另一端滑入东侧金刚石滑槽，这种栓固方式增强了门道的防御功能。门楣上方半圆形部分置半圆形漏窗或半圆形余塞板。

M33 号门保存状况一般，破坏程度为Ⅱ级，门道基本保持原有位置、形制和格局，东侧金刚石与石墙开裂，西侧石墙坍塌造成门栓孔不存，板门不存，门臼不存、门楣不存、门轴孔不存、门槛不存；拱券石歪闪。门道宽 1100mm、门道高 1960mm，东西侧金刚石各为一块重达千斤的整石，呈长方体状，厚 504mm、残高 1450mm、宽 470mm；西侧发券石为一整石经精加工呈等腰梯形，厚 504mm、高 319mm、下底宽 930mm、上底宽 657mm；东侧发券石与西侧发券石同样为一整石经精加工呈等腰梯形，厚 504mm、高 305mm、下底宽 957mm、下底宽 666mm；合龙石为一整石经精加工呈等腰梯形，厚 504mm、高 306mm、下底宽 766mm、上底宽 507mm；东侧石墙滑槽 81 mm × 513 mm。

M33 号门道损毁的主要原因：一是人为因素，即咸同起义给门道造成一定程度的损毁、管理不善造成西侧石坍塌堆积门道，同时造成门栓孔不存；二是自然因素，如西侧石墙坍塌堆积到致门道排水不畅，造成门道建筑构件酥碱及石墙坍塌挤压造成拱券歪闪等。

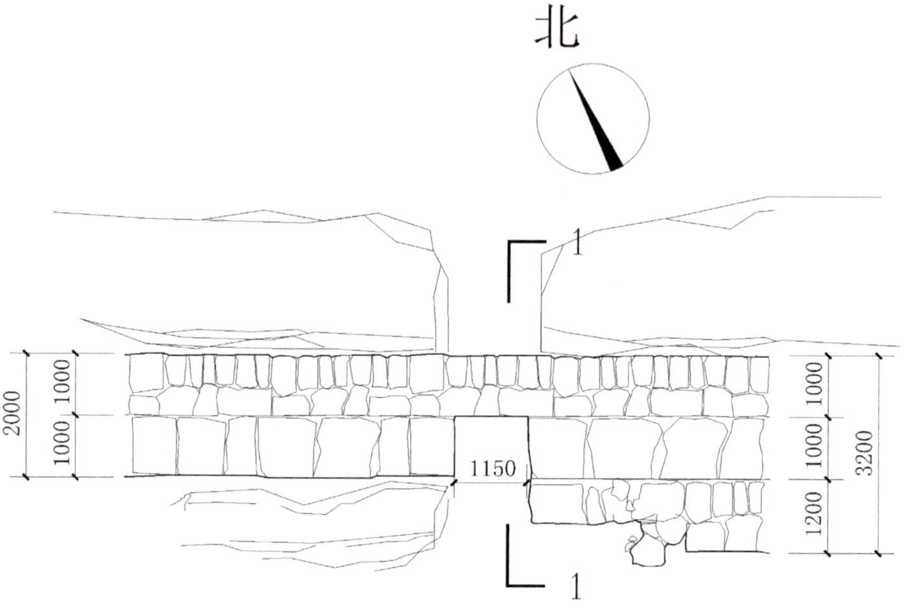

M33平面图 1:100

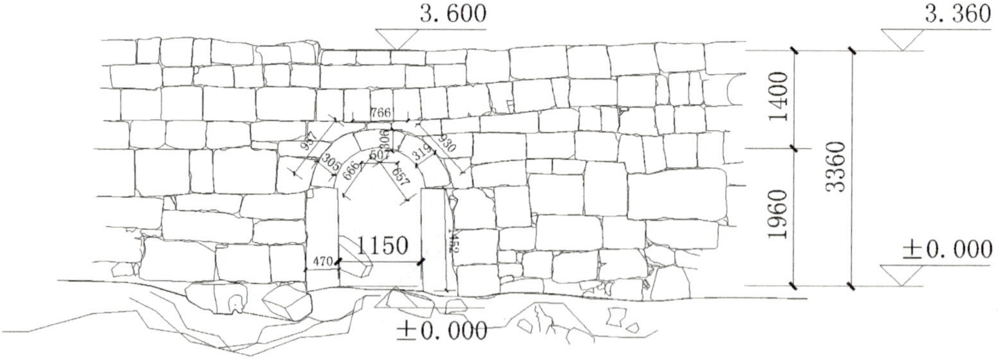

M33北立面图 1:100

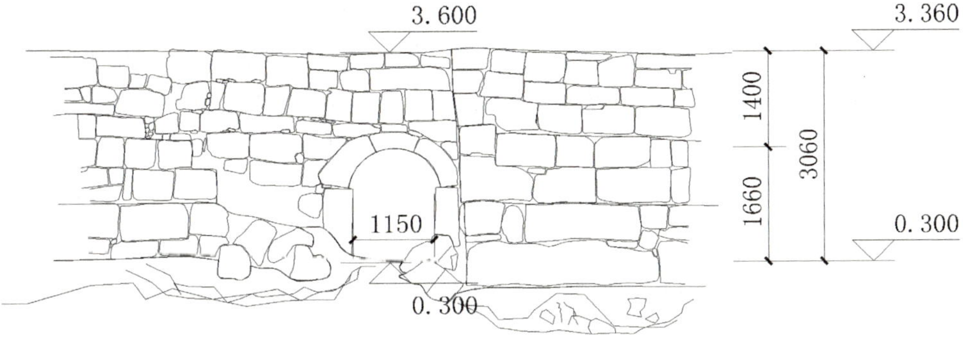

M33南立面图 1:100

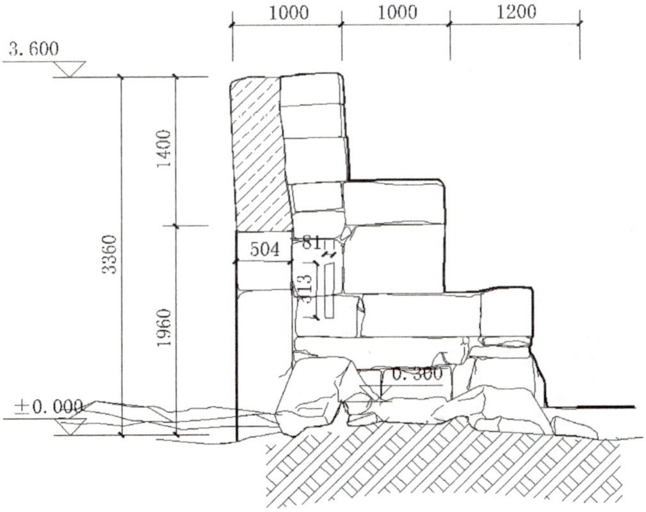

1-1剖面图 1:50

2.34 M34 号门

M34 号门位于玛瑙山营盘遗址丁家营东侧炮楼 PL2 底部。M34 号门坐西向东，座向 81°，海拔高度 860 米，位于北纬 28° 7′ 10″，东经 107° 45′ 57″。

M34 号门设置在玛瑙山遗址丁家营盘东侧一缓坡地的下一级台地上，出门道为 P1 号炮座，门道内为 PL2 号炮楼院落，门道南北两侧为炮楼 PL2 石墙。门道内大外小，外立面设置炮座，炮座水平位置高于门道出口上皮，使城外观察炮楼时只见炮楼石墙，不见门道出口，非常隐蔽；门道内部设计为“地道式”，炮楼院落地表平面与门道出口上皮在一平面上，从炮楼院落地表平面向下开一窄小槽口置 6 级石质台阶出门道，军事防务人员出门道须下 6 级石质台阶匍匐方能出门道出口，其中沿水平下 3 级台阶为门楣石滴水线，另 3 级位于门道上。在冷兵器时代，当炮座失守，敌人攻入炮座后想再次攻入炮楼内，实属不易。M34 号门道建筑设计具有较强军事防御能力，这种形制的门道在玛瑙山营盘门道中是一种形式非常独特的门道，在贵州山地军事防御体系中也尚未发现。M34 号门道与 P1 号炮座紧紧配合使用，其军事防御能力非常强大。M34 号门道是 P1 号炮座进入 PL2 号炮楼在进攻和防御时的唯一通道。

M34 号门道是在建设 PL2 号炮楼和 P1 号炮座时进行科学设计砌筑后砌筑的门道，其选材和砌筑工艺都较为考究，是玛瑙山遗

址门道中防御功能最强的、隐蔽性最高的一道门道。门道内侧南北两侧门墙石采用整石经粗加工与炮楼第一层石墙错缝干摆砌筑而成，门墙上置一块整条石为门楣石，门墙外侧东西两侧门墙与内侧门砌筑方式相同，门楣石与炮楼石墙错缝砌筑后，再在其上方干摆错缝砌筑石墙。M34 号门的建筑形式为地道形“槛框式”直通门道。

M34 号门建筑体量较小，石材规整、结构坚实牢固，且选址在一缓坡地的下一级台地上，其建筑设计呈“地道式”，内大外小，总体建筑体量较小，隐蔽性又极强，仅能以一人匍匐通过，未设置板门关闭。

M34 号门道保存状况较好，破坏程度低于 I 级，完全保存门道原有位置、形制和格局，M34 号门道是玛瑙山营盘保存最完整的一道门道。门道石踏步人为改为水泥踏步，东侧出口门楣石与石墙有鼓膨开裂。东侧门道宽 900mm、高 1200mm，西侧门道宽 1000mm、额墙高 1500mm，门道中心净高 2700mm，门墙残厚 1785mm。

M34 号门损毁的主要原因：一是人为因素，即玛瑙山旅游开发中将门道石质台阶人为改造为水泥路面造成一定的损毁；二是自然因素，如长期的风雨浸蚀造成门楣石风化酥碱和石墙鼓膨等。

2.35　M35 号门

M35 号门位于玛瑙山营盘遗址东南部外城军事防御区东南侧一小山上炮楼 PL3 东侧石墙底部。M35 号门坐西北向东南，座向 125°，海拔高度 880 米，位于北纬 28° 7′ 6″，东经 107° 46′ 2″。

M35 号门设置在玛瑙山 PL3 号炮楼东侧石墙中段底部，门道内为 PL3 号炮楼院落，出门道为 P9 号炮座，门道南北两侧为炮楼 PL3 石墙。M35 号门和 P9 号炮座之间的建筑设计理念与 M34 号门和 P1 号炮建筑设计理念基本相似，同样将炮座与门道设置在一条轴线上，且炮座水平位置高于门道出口上皮，使城外观察炮楼时只见炮楼石墙，不见门道出口，非常隐蔽。门道内部设计同样也是“地道式”门道，炮楼院落地表平面高于M35号门道上皮470mm，从炮楼院落地表平面向下开一窄小槽口置5级台阶出门道，军事防务人员出门道须下5级石质台阶匍匐方能出高1000mm、宽1000mm的门道出口。M35号门道主要功能是炮楼PL3与炮座P9之间的出入口，它与P9号炮座配合使用，一方面增强了防务人员进出门的隐蔽性，另一方面增强了PL3号炮楼的军事防御能力。这种设计建造方式是玛瑙山营盘因地利和结合军事防御能力进行科学设计的成果，是贵州清代山地军事防御体系中的一种独特的防御工事。

M35号门是在建设PL3号炮楼和P9号炮座时进行科学设计砌筑后砌筑的门道，其选材和砌筑工艺都较为考究，是玛瑙山遗址门道中防御功能最强的、隐蔽性最高的一种形制的门道。门道内侧南北两侧门墙石采用整石经粗加工砌筑于基岩上，两侧分别用三块条石与炮楼石墙错缝干摆砌筑而成，门墙上置一块整条石为门楣石，门墙外侧东西两侧门墙与内侧门砌筑方式相同，门楣石与炮楼石墙错缝砌筑后，再在其上方干摆错缝砌筑高大石墙。M35号门的建筑形式为地道形“槛框式”直通门道。

M35号门建筑体量较小，石材规整、结构坚实牢固，且选址在一缓坡地的下一级台地上，其建筑设计呈“地道式”，内大外

小，总体建筑体量较小，隐蔽性又极强，仅能以一人匍匐通过，未设置板门关闭。

M35号门道保存状况一般，破坏程度低于Ⅱ级，基本保存门道原有位置、形制和格局，门道砾石堆积。东侧门道宽1000mm、高1000mm，西侧门宽高1000mm、宽1000mm，额墙高1080mm，门道中心净高2080mm，门墙残厚1600mm。

M35号门损毁的主要原因：一是人为因素，即咸同起义造成石墙损毁坍塌堆积门道；二是自然因素，如长期的风雨浸蚀造成门墙石酥碱等。

2.36　M36号门

M36号门位于玛瑙山营盘遗址东南部外城军事防御区东南侧一小山上炮楼PL3西侧石墙底部。M36号门坐东南向西北，座向318°，海拔高度880米，位于北纬28° 7′ 6″，东经107° 46′ 2″。

M36号门设置在玛瑙山PL3号炮楼西侧石墙中段，门道内为PL3号炮楼院落，与M35号门对向，但不在一轴线上，出门道为玛瑙山营盘东南外城军事防御区，门道南北两侧为炮楼PL3石墙。M36号门是在建设PL3号炮楼时进行科学设计砌筑后砌筑的门道，门道南北两侧门墙石采用整石经粗加工砌筑于基岩上。两侧分别用方整石与炮楼石墙错缝干摆砌筑而成，门墙上置一块整条石为门楣石，门墙外侧东西两侧门墙与内侧门砌筑方式相同，门楣石与炮楼石墙错缝砌筑后，再在其上方干摆错缝砌筑高大石墙。M36号门的建筑形式为地道形“槛框式”门道。

M36号门建筑体量较大，是PL3号炮楼军事防御人员的主要进出口。建筑石材相对规整、结构坚实牢固，且选址在台地上，具有较强的防御能力。M36号门道保存状况差，破坏程度为Ⅳ级，基本保存门道原有位置、形制和格局，门道砾石堆积。北侧门墙垮塌30%、南侧门墙垮塌50%，门楣石不存、门臼石不存、板门不存。东侧门道宽1250mm，西侧门道宽1220mm，北侧门墙残高1600mm、南侧门墙残高700mm，北侧门墙残厚1560mm、南侧门

墙残厚 1670mm。

M36 号门损毁的主要原因：一是人为因素，即咸同起义造成石墙损毁坍塌堆积门道、农耕生产拆除门墙石；二是自然因素，如长期的风雨浸蚀造成门墙石酥碱及排水不畅造成基础歪闪等。

2.37　M37 号门

M37 号门位于玛瑙山营盘遗址南部外城防御区南侧的小山上的 S2 哨所西侧石墙底部。M37 号门坐西北向东南，座向 120°，海拔高度 880 米，位于北纬 28° 8′ 8″，东经 107° 46′ 0″。

M37 号门主要功能是 S2 号哨所唯一的进出口，门道外低内高，进入门道后设置 5 级台阶与 S2 号哨所室内地表面平行，其设计方式与 M35 号门有相同之处，但门道外无防御工事。

M37 号门的砌筑方法是利用基岩自然形成的槽口经粗加工后形成门道，南侧门墙在基岩上砌筑石墙形成的门道，北侧门墙以粗加工块石干摆砌筑形成门墙，南北两侧门道门墙石与石墙砌筑错缝相连接，门墙石上置门楣石，门楣石上再干摆砌筑石墙。M37 号门建筑体量较小，门道已人为以乱石封堵，从残存建筑构件进行研究，初步判断其建筑形式为“槛框式”门道，

门道置门框，门墙两侧或框枋上各设门栓孔，上下设门臼并置以门槛，为单开式板门。其主要功能为哨台，仅具军事管理功能。

M37 号门保存状况较差，破坏程度为Ⅳ级，基本保持原有位置、形制和格局，北侧门墙残存 60%、南侧门墙残存 30%，门楣石不存、门框不存、板门不存、门槛石未见、门臼石未见。南侧门墙残高 600mm，北侧门墙残高 650mm、门墙残厚 690mm，门道残宽 850mm。

M37 号门损毁的主要原因：一是人为因素，即咸同起义给门道造成一定的损毁和农业生产耕作对门道、门墙石及石墙基造成一定的损毁；二是自然因素，如长期的风雨浸蚀造成门墙石风化酥碱、排水不畅对门墙造成一定的损害及植物生长和根系串入使石踏步开裂鼓膨等。

2.38 M38 号门

M38 号门位于玛瑙山营盘遗址西营南部严防区西南侧的小山上的 S1 哨所南侧石墙底部。M38 号门坐北向南，座向 207°，海拔高度 869 米，位于北纬 28° 7′ 5″，东经 107° 45′ 51″。

M38 号门主要功能是 S1 号哨所唯一的进出口，门道内外基本要同一平面上，其设计方式与 M37 号门有不同之处，其主要功能为 S1 号哨所军事管理。

M38 号门的砌筑方法是因地利进行简单规划砌筑，东侧门墙直接利用基岩；西侧门墙以基岩作为土衬石，土衬石以粗加工条石干摆砌筑形成门墙，门墙石与石墙干摆错缝砌筑相连接。东西两侧门墙石上置门楣石，门楣石上再干摆砌筑石墙。M37 号门建筑体量一般，门道已人为以乱石封堵，从残存建筑构件进行研究，初步判断其建筑形式为“槛框式”门道，门道无门框，门墙两侧各设门栓孔，上下设门臼并置以门槛，为双开式板门。其主要功能为哨台。

M38 号门保存状况较差，破坏程度为Ⅳ级，基本保持原有位置、形制和格局，东侧门墙残存 70%、西侧门墙残存 40%，门楣石不存、板门不存、门槛石未见、门臼石未见。东侧门墙残高 1000mm，北侧门墙残高 900mm、门墙残厚 950mm，门道残宽 1100mm。

M38 号门损毁主要原因：一是人为因素，即咸同起义给门道造成一定的损毁、农业生产耕作和放牧撤除部分石墙封堵门道，给门墙石及石墙基造成一定的损毁；二是自然因素，如长期的风雨浸蚀造成门墙石风化酥碱、排水不畅对门墙造成一定的损害及植物生长和根系串入门墙造成门墙石坍塌或鼓膨等。

2.39　M39 号门

M39 号门位于玛瑙山营盘遗址南营西部退守区 PL1 号炮楼南石墙底部，与 M40 号门道同在炮楼南北两侧石墙上，呈北南轴线排列，坐北向南，座向 174°，海拔高度 850 米，位于北纬 28° 7′ 6″，东经 107° 45′ 55″。

M39 号门是 PL1 号炮楼和子营中部军事管理区南侧的唯一进出口，门道内低外高，出门道上 5 级台阶进入南营西部退守区平台（其中门道内设置台阶两级），向西出 M47 号门为子营南部严防区、向东出 M48 号门为东营、向南下 M44 号门为南营腹地地下溶洞退守区、向南上 M24 号门为南营，其主要功能为 PL1 号炮楼军事管理和军事防御。

M39 号门道选材质量较高，选用规整青石经精加工干摆砌筑；建筑工艺考究，是中国传统石作营造技术的典型代表。门道外侧东西两侧门墙石选用经精加工后方整石材干摆砌筑形成金刚石（又称门挡石、门墙石），两侧金刚石上再各选用一块整石精加工成长方形作为平水石，平水石上各选用一块经精加工成直角梯形的石材作为发券石，东西两侧发券石之间选用两块整石经精加工为等腰梯形作为拱券石，东西两侧拱券石之间同样选用一块整石经精加工后干摆形成合龙石，发券石、拱券石和合龙石外观形式为弧形，将发券石、拱券石与合龙石干摆砌筑形成拱券，拱券上直接干摆石墙。门道内侧砌筑方法与外侧基本相似，M39 号门的建筑形式为单通道、纵砌联法“拱券式”双开门道。

M39 号门建筑体量一般，用材考究、结构坚实牢固，建设在 PL1 号炮楼南墙底部，具有较强的军事防御功能和管理能力。M39 门栓固方式较为特别，内侧东西两侧座墙上各有环形带把凹槽，疑似以绳索进行绞动固定，尚未对其有科学的研究结果，有待进一步研究。M39 号门道建设在 PL1 号炮楼南墙底部，具有较强的军事防御功能和管理能力，其表现一是与 M40 号门道关闭形成炮楼内部独立空间，确保炮楼内部防御人员安全并对四周进行军事防御；二是 M39 号门关闭后与南营 M24 号门道、南营北部退守区 M47 号门道、南营北部退守区 M48 号门道形成南营北部退守区独立空间，确保退守人员安全；三是与 M40 号门道同时开启时为中营、北营等北部区域防御人员退守时通过 M40 号门道和 M39 号门道进入 M44 号门道入南营腹部地下溶洞进行退守防御；四是作为南营和东营防御人员进入子营中部军事管理区的主要通道。

M39 号门保存状况一般，破坏程度为Ⅱ级，门道基本保持原有位置、形制和格局，栓孔不存，板门不存，门臼不存、门楣不存、门槛不存；拱券石歪闪。门道宽 1570mm、门道高 2560mm，东西侧金刚石各残高 1700mm；西侧发券石为一整石经精加工呈直角梯形，厚 473mm；东侧发券石与西侧发券石同样为一整石经精加工呈直角梯形，厚 494mm；东侧拱券石分别为 359mm、377mm，西侧拱券石厚分别为 359mm、494mm; 合龙石为一整石经精加工呈等腰梯形，厚 359mm.

M39 号门道损毁的主要原因：一是人为因素，即咸同起义给门道造成一定的损毁、旅游开发对门道踏步造成一定的破坏；二是自然因素，如石墙坍塌挤压造成拱券歪闪等。

2.40　M40 号门

M40 号门位于玛瑙山营盘遗址南营西部退守区 PL1 号炮楼北石墙底部，与 M39 号门道同在炮楼南北两侧石墙上，呈北南轴线排列，坐南向北，座向 355°，海拔高度 850 米，位于北纬 28° 7′ 6″，东经 107° 45′ 55″。

M40 号门主要功能是 PL1 号炮楼和子营中部军事管理区北侧的唯一进出口，门道内外在同一平面上，出门道为子营中部军事管理区，门道内 PL1 号炮楼内城，其主要功能为 PL1 号炮楼军事管理和军事防御。

M40 号门道与 M39 号门道一样选材质量较高，选用规整青石经精加工干摆砌筑；建筑工艺考究，是中国传统石作营造技术的典型代表。与 M39 号门的建筑形式同为单通道、纵砌联法“拱券式”双开门道。M40 号门建筑体量一般，用材考究、结构坚实牢固，门栓固方式与 M39 号门道有较大区别，开启形式为在东西两侧金刚石上置一木枋为门楣，门楣内侧再置门轴孔，金刚石下方再置门臼和门槛，以板门门轴开启与闭合。M40 号门道建设在 PL1 号炮楼北墙底部，具有较强的军事防御功能和管理能力，其表现一是与 M39 号门道关闭形成炮楼内部独立空间，确保炮楼内部防御人员安全并对四周进行军事防御；二是 M40 号门道关闭后与子营其他门道及城墙形成子营中部军事管理区独立空间，确保子营中部军事管理区安全；三是与 M39 号门道同时开启时为中营、北营等北部区域防御人员退守时通过 M40 号门道和 M39 号门道进入 M44 号门道入南营腹部地下溶洞进行退守防御；四是作为南营和东营防御人员进入子营中部军事管理区的主要通道。

M40 号门保存状况一般，破坏程度为Ⅱ级，门道基本保持原有位置、形制和格局，栓孔不存，板门不存、门楣不存、门槛不存；拱券石歪闪、门墙石歪闪。门道宽 1750mm、门道高 2560mm，东西侧金刚石各残高 1750mm；西侧发券石为一整石经精加工呈直角梯形，厚 500mm；东侧发券石与西侧发券石同样为一整石经精加工呈直角梯形，厚 504mm；东侧拱券石厚分别为

585mm、342mm, 西侧拱券石厚分别为 570mm、392mm; 合龙石为一整石经精加工呈等腰梯形，厚 352mm。

M40 号门道损毁的主要原因：一是人为因素，即咸同起义给门道造成一定的损毁、旅游开发对门道踏步造成一定的破坏；二是自然因素，如石墙歪闪挤压造成拱券歪闪等。

2.41 M41 号门

M41 号门位于玛瑙山营盘遗址中营北外城城墙上，坐南向北，座向 17°，海拔高度 880 米，位于北纬 28° 7′ 8″，东经 107° 45′ 54″。

M41 号门是中营北侧外城与丁家营的唯一进出口，门道内高外低，出门道为玛瑙山丁家营，进门道上数级台阶为中营北侧外城地面（台阶损毁不存），其主要功能为玛瑙山营盘与丁家营的军事管理和军事防御。

M41 号门设置在中营外城城墙之中上部，选用规整青石经粗加工干摆砌筑，门道已人为封堵，城墙为“台阶型”城墙，外侧高 6100mm，内侧高 3840mm、厚 1600mm。从现场勘察门道所留下的痕迹分析，M41 号门的建筑形式为单通道、纵砌联法“拱券式”双开门道。M41 号门建筑体量一般，用材考究、结构坚实牢固,M41 号门栓固方式不详。具有较强的军事防御功能和管理能力，其防御能力主要一是丁家营的军事信息通过 M41 号门道向中营传递，同时中营的军事命令也是通过该门道向丁家送达；二是丁家营失守时，与丁家营的 M34 号门道、M16 号门道、M15 号门道同时关闭形成瓮城，以 P11 号炮座和 SK 3 号射击孔、SK4 号射击孔等对其进行军事打击。

M41 号门保存状况一般，破坏程度为Ⅱ级，门道基本保持原有位置、形制和格局，门道封堵。门道残宽 1540mm、残高 1650mm、墙厚 1600mm。

M41 号门道损毁的主要原因：一是人为因素，即咸同起义给门道造成一定的损毁、农耕生产对其门道进行封堵；二是自然因素，如石墙歪闪挤压造成拱券歪闪及排水不畅造成墙体歪闪等。

2.42　M42 号门

M42 号门位于玛瑙山营盘遗址中营西侧陡坡地一崖壁上，坐东北向西南，座向 240°，海拔高度 860 米，位于北纬 28° 7′ 9″，东经 107° 45′ 55″。

M42 号门设置在玛瑙山营盘遗址中营内城西侧中营外城东侧

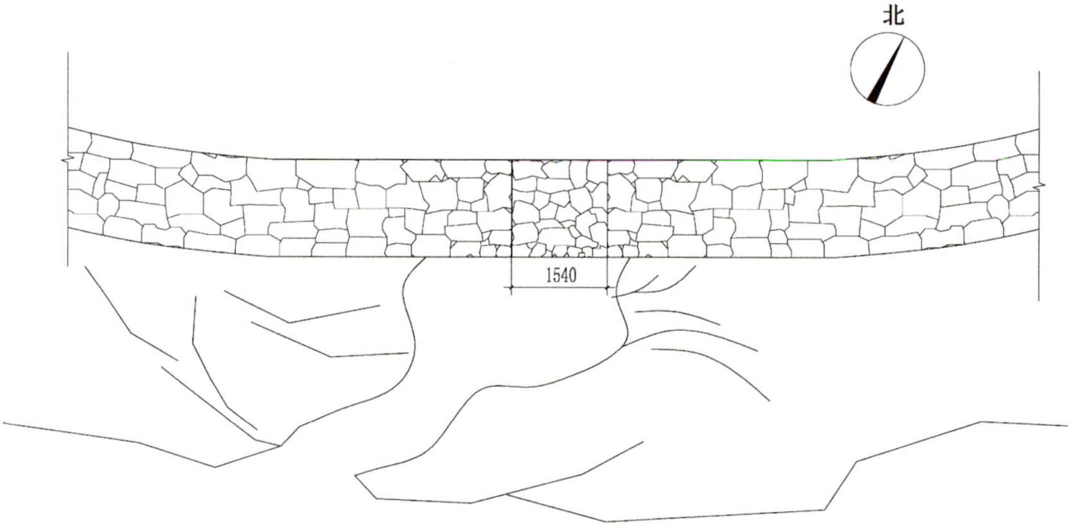

M41号门平面图 1:50

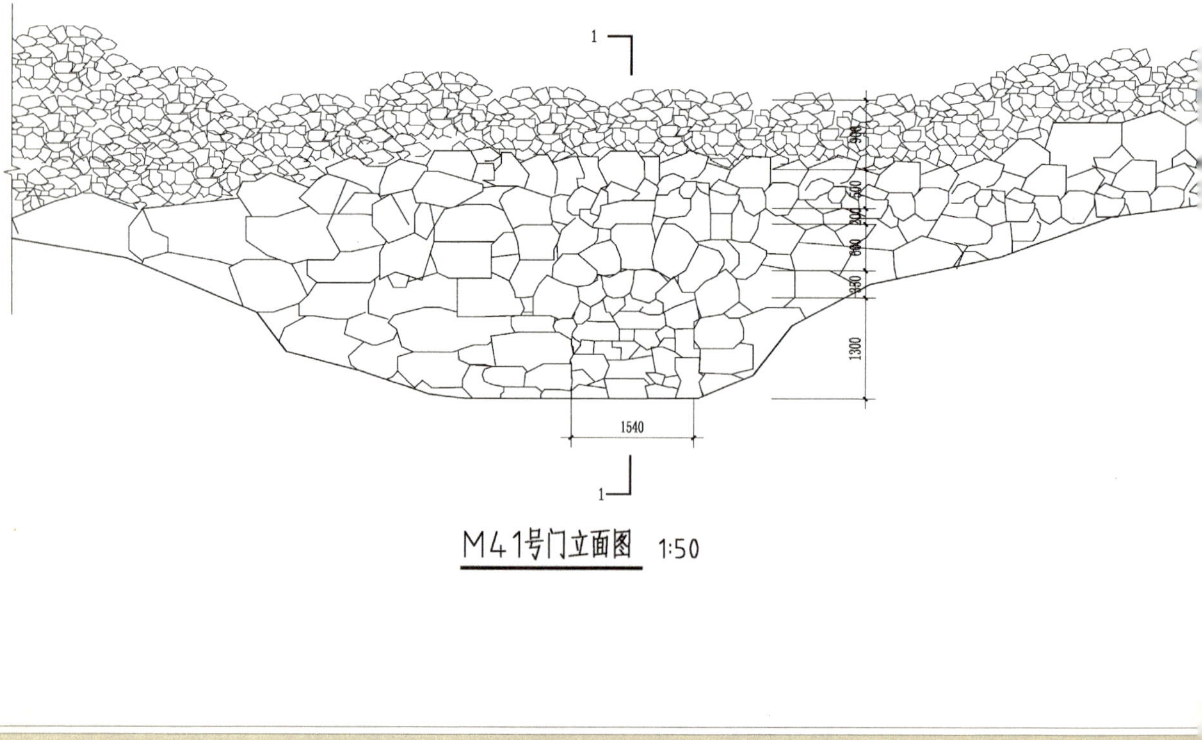

M41号门立面图 1:50

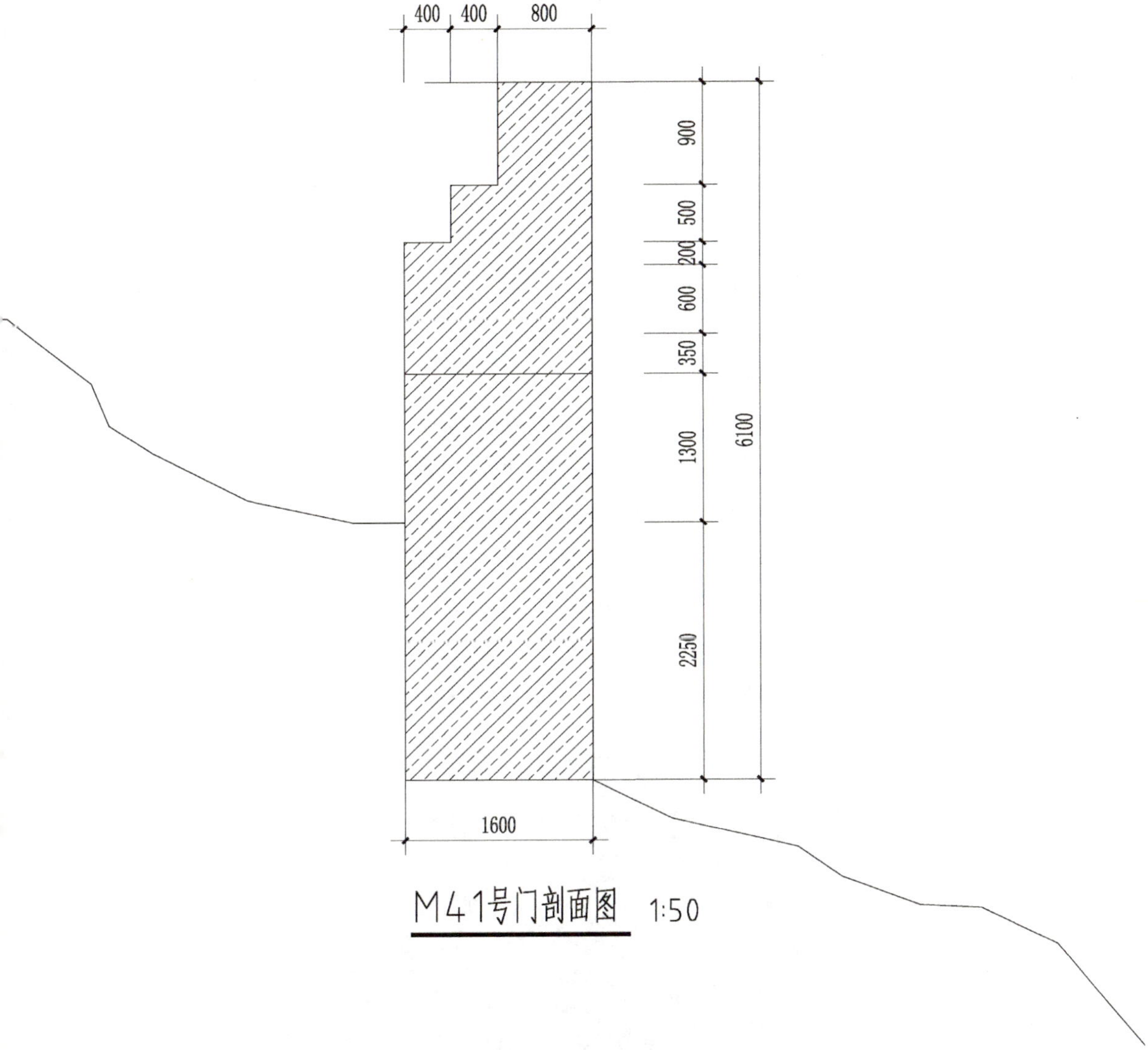

M41号门剖面图 1:50

一崖壁底部，门道外为一小平地，面积约121.2平方米，小平地往西下数级台阶连接M26号门可出中营外城进入西营北部严防区，进入M42号门道下三级石质台阶为“厅堂”，面积为257平方米；“厅堂”北侧为“无名炮匠墓”，“厅堂”东侧为天然钟乳石形成影壁，影壁上有五孔，南北两孔分别可进入玛瑙山中营腹地地下通道（天然溶洞），经地下通道与中营外城南部崖壁处的M43号门道相连接。当中营外城防守人员和西营北部严防区防守人员退守时，即进入M42号门道经地下通道出M43号门经子营再入M44号门进入南营腹部地下通道，再经45号门道出玛瑙山营盘进入官田古寨退守。

从现场残存建筑构件进行分析，初步判断M42号门利用天然崖壁上的洞穴作为门洞，对洞穴高度和宽度进行精加工，再在洞穴南北两侧选用青石经精加工干摆砌筑形成门墙，以门墙上天然岩石为门楣，门墙两侧下端设置门框孔，门墙石设置凹槽，将框枋置于门墙凹槽内，框枋下端并插入门框孔内固定。同时，南北两门框枋上下分别设上槛和下槛形成门框，门框中部再分别设置两块框枋，将门框分隔为三个门洞形成三个门道。门道大小分别为中门稍大为双开式门道，是进入地下通道的主门道，平时关

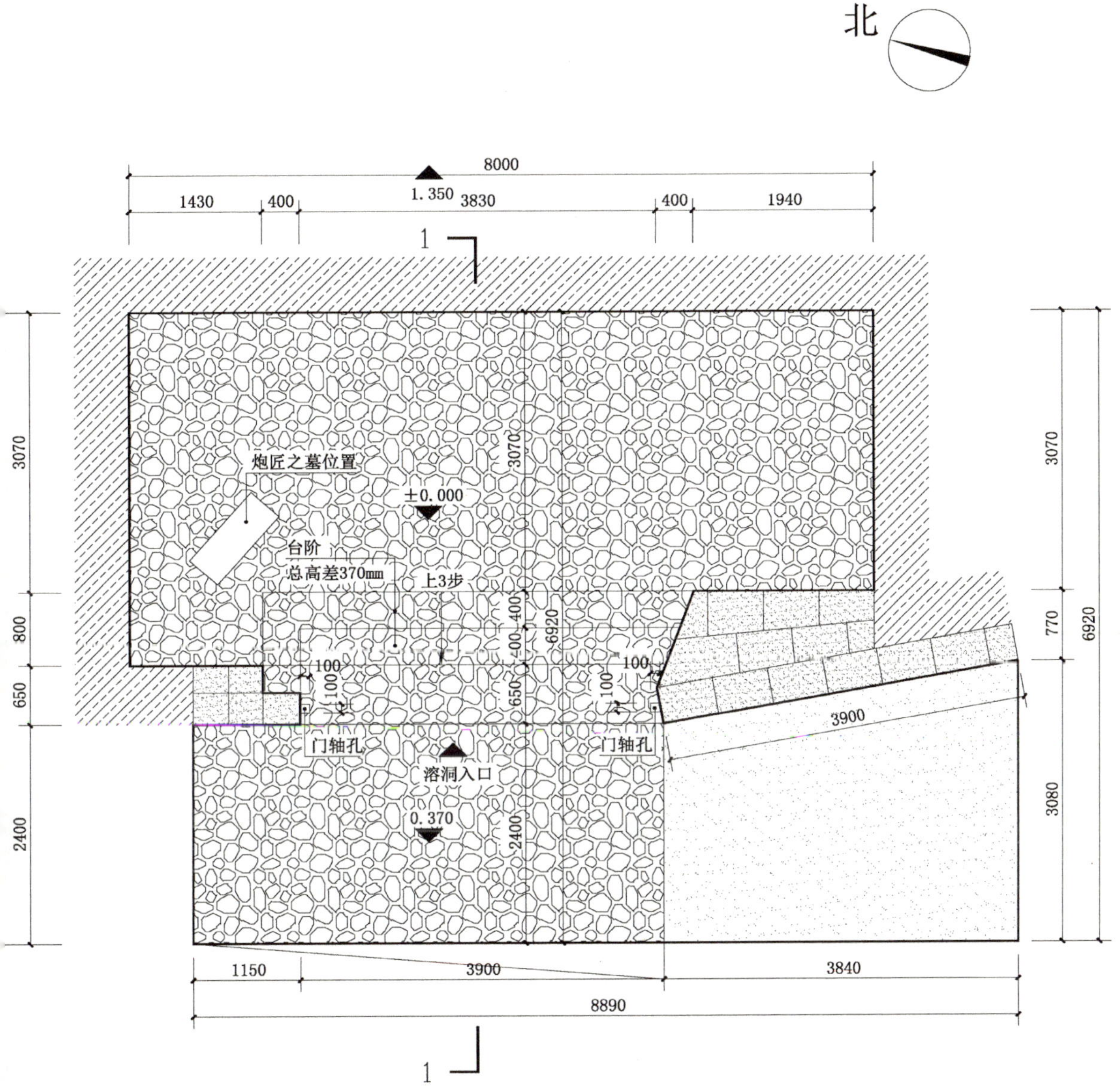
北
8000
1430
400
1.350
3830
400
1940
1
3070
800
650
2400
炮匠之墓位置
±0.000
台阶
总高差370mm
上3步
100
门轴孔
溶洞入口
0.370
3900
1150
3840
8890
770
6920
3080

M42平面图 1:50

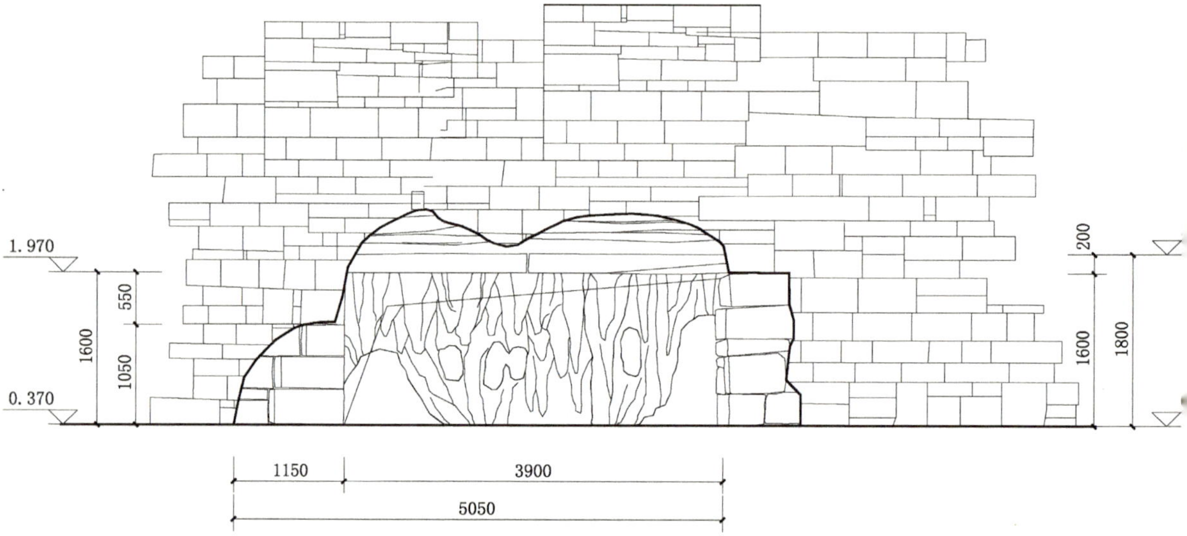

M42西立面图 1:50

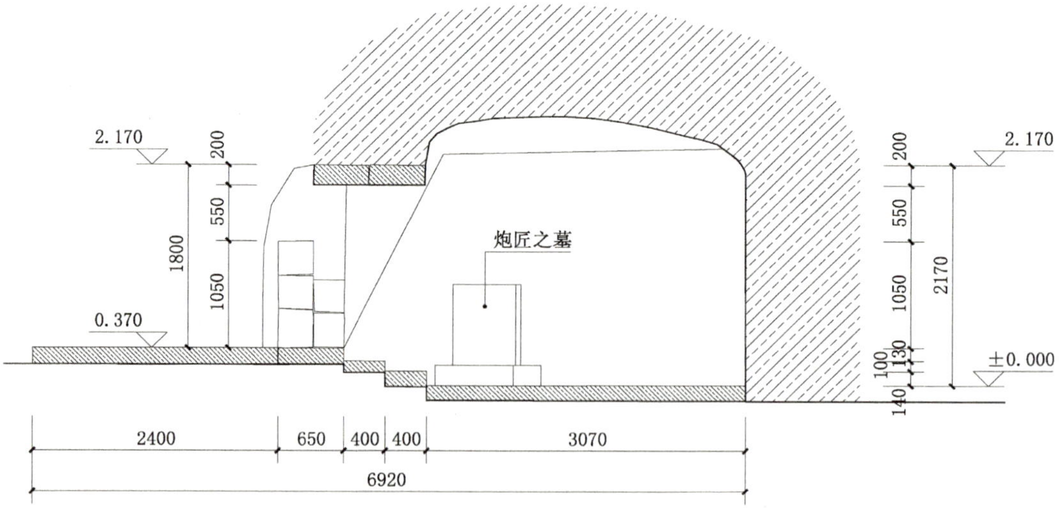

M42号门1-1剖面图 1:50

闭，战时开启；南北两侧门稍小为单开式门道，是闲时进入地下通道的主要出入口，三门洞均以板门闭合。M42号门的建筑形式为地道式—槛框式复合门道。

M42号门建筑体量较大，是玛瑙山营盘中最大的一道门，以天然崖壁为门洞，结构坚实牢固；且门道选址较为隐蔽，建筑设计呈“地道式”，与M26号和M44号门以及地下通道配合使用，具有较强的军事防御能力。

M42号门道保存状况一般，破坏程度低于Ⅱ级，整体保存了门道原有位置、形制和格局。门框不存、板门不存，北侧门墙残存门墙石三块，残高1050mm，南侧门墙石现存门墙石五块，未有损毁；门墙凹槽30%酥碱风化；门道宽3830mm、净高1970mm；门墙残厚650mm，M42号门损毁的主要原因：一是人为因素，如咸同起义造成门墙损毁、板门不存和门框不存及玛瑙山旅游开发将“厅堂”和门道外平地硬化为水泥鹅卵石地面，无名炮匠墓冢墓沿石、碑座等以水泥敷面和水泥浆口等造成门道内外环境破坏；二是自然因素，如长期的风雨浸蚀造成门墙石酥碱和天然门洞岩体开裂等。

2.43　M43号门

M43号门位于玛瑙山营盘遗址中营南侧外城石墙外侧下端一崖壁上，坐北向南，座向194°，海拔高度850米，位于北纬28° 7′ 7″，东经107° 45′ 56″。

M43号门位于玛瑙山营盘遗址中营南侧外城石墙外侧下端一崖壁上底部，进入门道下7级石质台阶为玛瑙山营盘中营腹部地下通道（天然溶洞），经地下通道往西与中营外城西部的M42号门相连接；门道外为玛瑙山营盘子营。当中营外城防守人员和西营北部严防区防守人员退守时，通过中营西侧外城M42号门道进入地下通道，经M43号门进入子营，再入M44号门进入南营腹部地下通道，出M45号门道至玛瑙山营盘进入官田古寨退守。

从现场残存建筑构件进行分析，初步判断M43号门利用天然崖壁上的洞穴作为门洞，对洞穴高度和宽度进行精加工，东侧以精加工的天然基岩为门墙石，西侧选用青石经精加工成条石后干摆砌筑形成门墙，以门墙上天然岩石为门楣，门墙两侧下端设置门臼，门楣石上两侧再设置门轴孔，直接在门墙上设置门碰线，以板门闭合。同时，南北两门墙上设置上下两道门栓孔，以木枋栓锁。M43 号门设置与其他门道有不同之处，一般门道门的开启方式为向内推开，而 M43 门开启方式为向外拉开，其主要功能是当中营人员退守进入 M42 号门经地下通道出 M43 号门后，立即封锁 M43 号门，即使敌人攻克 M42 号门进入地下通道也难也出 M43 号门，增加了防守的人员退守时间。M43 号门主要由子营军事管理中心人员进行管理，其建筑形式为地道式—槛框式外开型门道。

M43 号门建筑体量一般，以天然崖壁洞穴为门洞，门洞上部为中营外城石墙、东侧紧临东营与中营石质隔墙一角落处。门道选址较为隐蔽，结构坚实牢固，建筑形式呈“地道式”，与 M42 号和子营以及玛瑙山南营盘腹地以下通道配合使用，具有较强的军事防御能力。

M43 号门道保存状况一般，破坏程度低于Ⅲ级，大体保存了门道原有位置、形制和格局。板门不存，门楣石不存门洞门楣石及上部基岩垮塌，门栓枋不存；西侧门墙残存门墙石 7 块，残

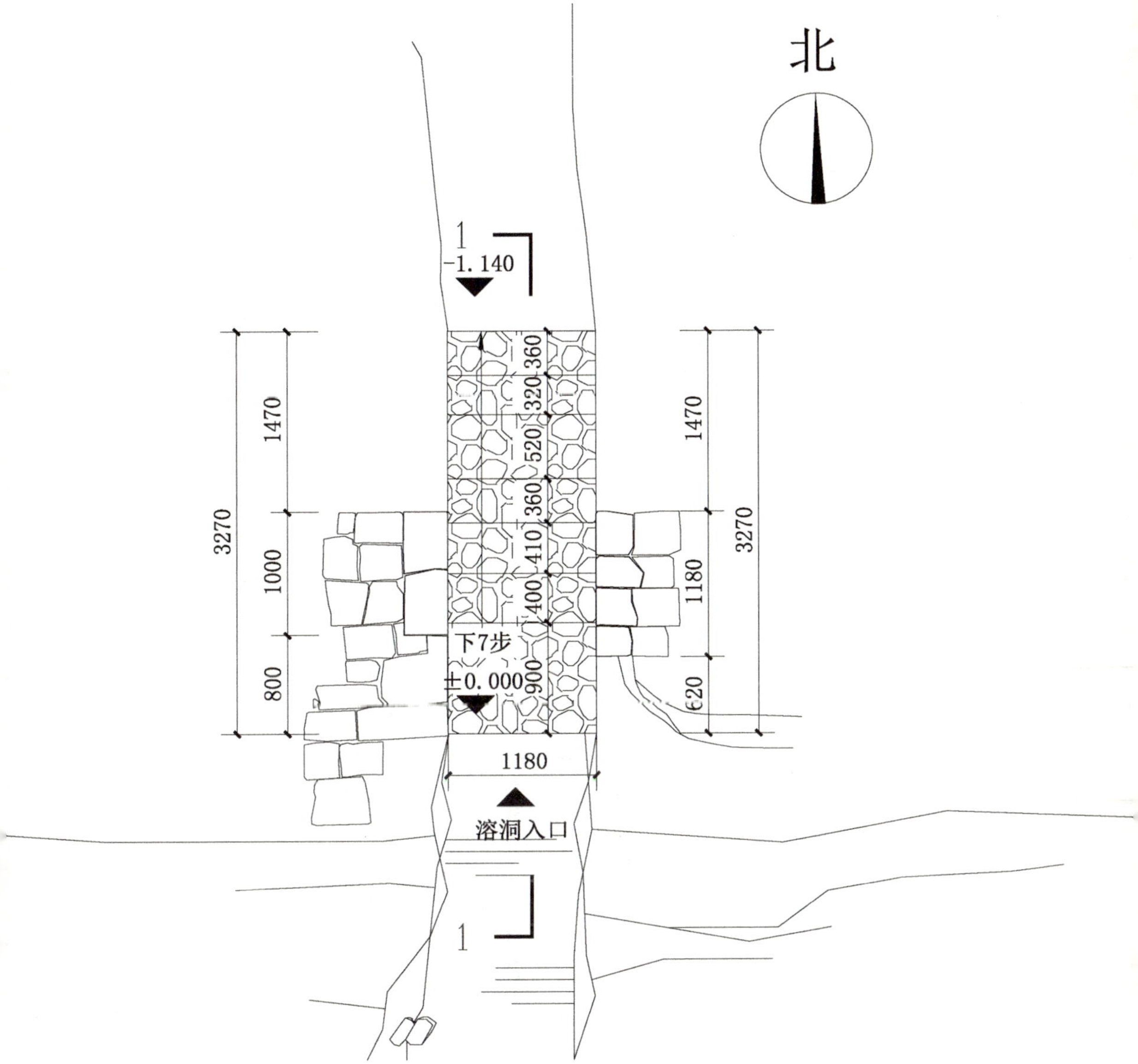
北
1
-1.140
1470
3270
1000
800
360
320
520
360
410
400
900
下7步
±0.000
1470
3270
1180
620
1180
溶洞入口
1

M43平面图 1:50

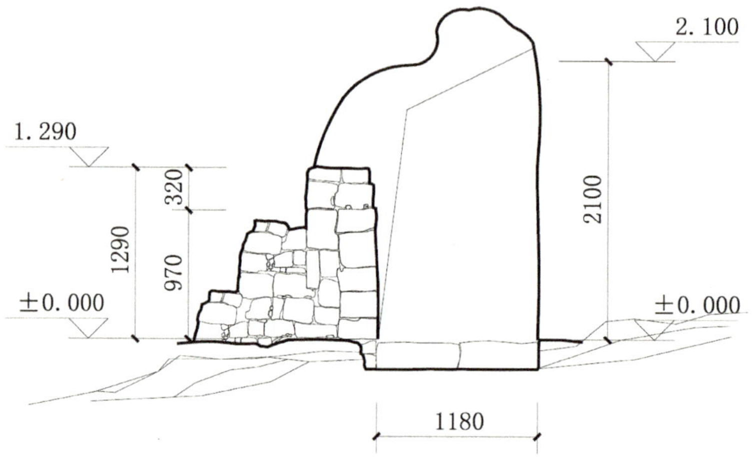

M43南立面图 1:50

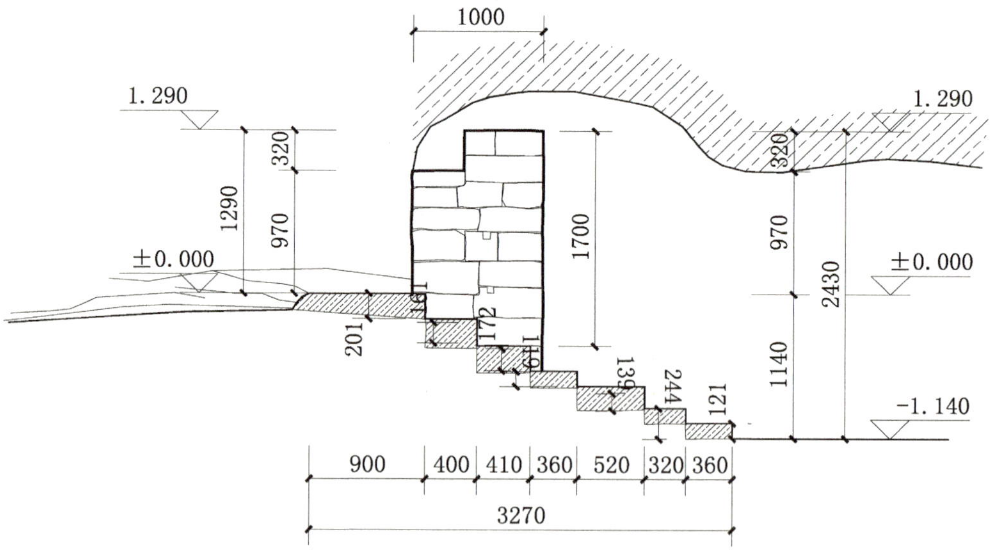

M43号门1-1剖面图

高 1290mm，东侧天然基岩门墙石保存较为完整，墙体稍有酥碱；东西两侧门墙石门栓孔各两个保存完好，门道宽 1180mm、净高 2100mm；东侧门墙残厚 1180mm，西侧门墙残厚 1000mm；门道 7 级台阶人为改造为鹅卵石地面，残宽从外至内分别为 900mm、400mm、410mm、360mm、520mm、320mm、360mm，残高分别为 201mm、161mm、172mm、119mm、139mm、244mm、121mm。

M43 号门损毁的主要原因：一是人为因素，即咸同起义造成门墙损毁、板门不存、玛瑙山旅游开发将门道台阶硬化为水泥鹅卵石地面，安置铁门直接在文物本体上打孔对文物本体造成一定的破坏；二是自然因素，如长期的风雨浸蚀造成门墙石酥碱及植物根系和山体自然流水造成天然门洞上部岩体垮塌等。

2.44　M44 号门

M44 号门位于玛瑙山营盘遗址南侧 PL1 号炮楼南侧、南营北侧一崖壁处，坐北朝南，座向 176°，海拔高度 827 米，位于北纬 28° 7′ 5″，东经 107° 46′ 0″。

M44 号门位于玛瑙山营盘遗址南侧 PL1 号炮楼南侧、南营北侧一崖壁处底部天然洞穴内约 6000mm 的拐角处，门道下 2 级石质台阶即为玛瑙山营盘南营腹部地下通道（天然溶洞），经地下通道往东与南营东部的 M45 号门道相连接；门道外 6000mm 通道出洞穴入口，入口外接玛瑙山营盘南营北部的 PL1 号炮楼。当中营、子营、西营等防守人员退守时，即通过 PL1 号炮楼下方 M40 号门过 PL1 号炮楼出 M39 号门道即进入 M44 号门入南营腹部地下通道（南营防守人员直接进入 M44 号门），出 M45 号门道至玛瑙山营盘进入官田古寨退守；同时也作为玛瑙山官田古寨人员进入子营军事管理中心的主要出入口。

从现场残存建筑构件进行分析研究，初步判断 M44 号门利用天然崖壁上的洞穴作为门洞，对洞穴高度和宽度进行适当粗加工，东侧以青石粗加工成条石后干摆砌筑形成门墙，东侧以天然基岩为门墙石，以门墙上天然岩石顶部为门楣，门墙两侧下端设置门臼，门洞中设置木门框，以板门闭合。其建筑形式为地道式—

槛框式门道。

M44号门建筑体量较小，以天然洞穴门洞设置门道，位置位于洞穴内6000mm处，门道上部洞穴岩石顶。门道选址较为隐蔽，结构坚实牢固，建筑形式呈“地道式”，与M42号和子营以及玛瑙山南营盘腹地以下通道配合使用，一方面作退守时的主要门道，另一方面当玛瑙山被围困时，作为进入中营腹部取水的主要门道，具有较强的军事防御能力和军事管理功能。

M44号门道保存状况差，破坏程度低于V级，仅保存了门道原有位置，形制和格局文物信息量较少，可见西侧门墙加工痕迹。板门不存、门框不存、东侧门墙石不存；门臼未见，门道破坏严重，人为修建踏步填埋门道通道；门道顶部岩体有垮塌痕迹。现存门道残宽1700mm、残高2800mm，门道内侧地下通道宽1800mm、门道外侧通道宽2320mm。

M44号门损毁的主要原因：一是人为因素，即咸同起义造成门墙损毁、板门不存、玛瑙山旅游开发将门道通道硬化为水泥鹅卵石地面对通道造成一定的破坏及直接在文物本体上打孔安置铁门对文物本体造成一定的破坏；二是自然因素，如长期的风雨浸蚀造成门洞顶部岩石坍塌等。

M44平面图 1:50

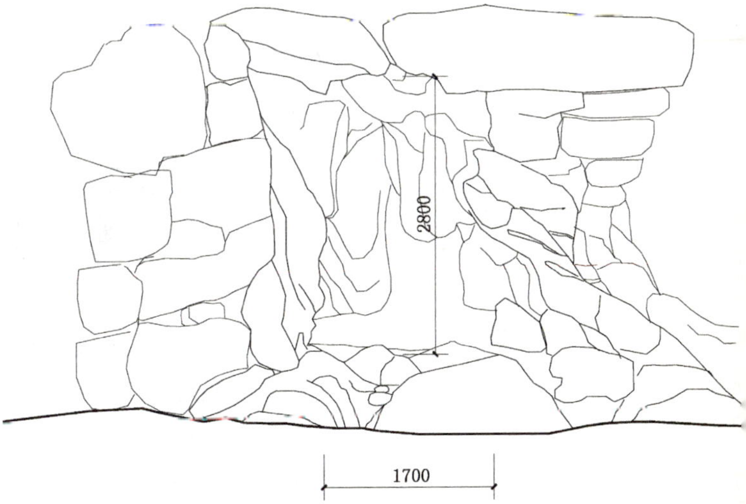

M44西立面图 1:50

2.45 M45 号门

M45 号门位于玛瑙山营盘遗址东部 M14 号门南部一崖壁处，坐北向南，座向 178°，海拔高度 850 米，位于北纬 28° 7′ 2″，东经 107° 45′ 60″。

M45 号门位于玛瑙山营盘遗址东部 M14 号门南部一崖壁处，门道下 11 级石质台阶即为玛瑙山营盘南营、东营和东南外城军事防御区腹部地下通道（天然溶洞），经地下通道往西与南营北部的 M44 号门道相连接，门道外为林下小道通往东部的玛瑙山官古寨。当中营、子营、西营等防守人员退守时，即通过 PL1 号炮楼下方 M40 号门过 PL1 号炮楼出 M39 号门道进入 M44 号入南营和东营腹部地下通道（南营防守人员直接经 M44 号门道进入南营和东营腹地），出 M45 号门道至玛瑙山营盘进入官田古寨退守；同时也是玛瑙山官田古寨人员进入子营军事管理中心的主要出入口。

从现场残存建筑构件进行分析研究，初步判断 M44 号门利用天然崖壁上的洞穴作为门洞，对洞穴高度和宽度进行适当粗加工，南北两侧以天然基岩为门墙石，门墙石上以天然岩石顶部为门楣，门墙两侧下端设置门臼，门洞中设置木门框，以板门闭合。M45 号门道与玛瑙山营盘其他门道有独特之处，一般门道与平面呈 90 度角直立，而 M45 号门根据崖壁自然条件进行设置，呈 40 度底向倾斜，具有较强的隐蔽性，其建筑形式为地道式、倾斜

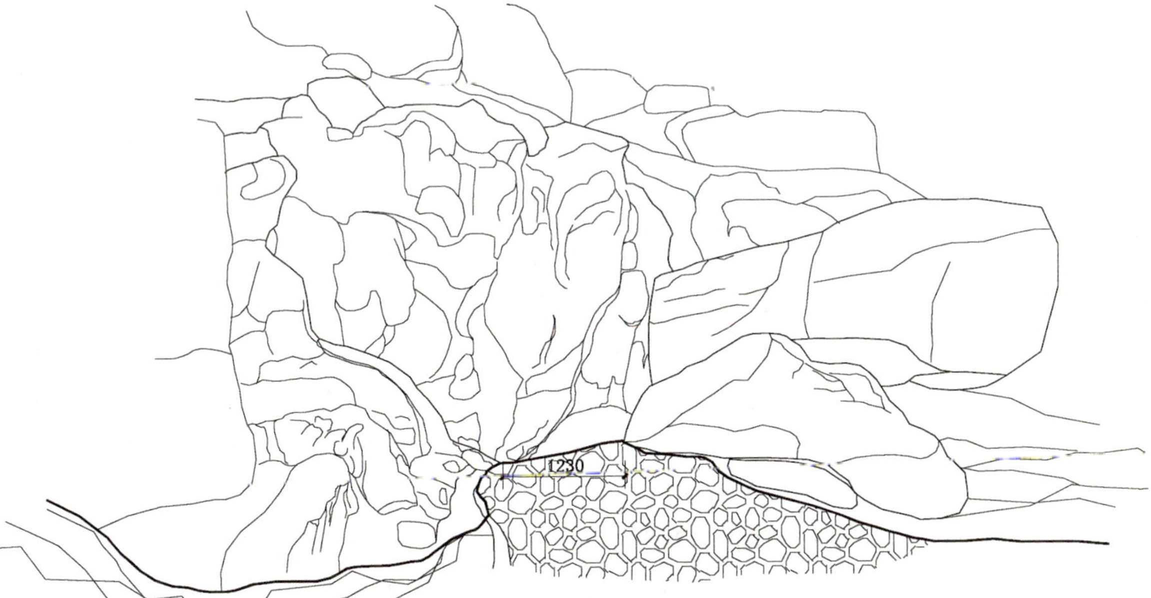

M45北立面图 1:50

型“槛框式”门道。

M45 号门建筑体量较小，以天然洞穴门洞设置门道，设置位置位于森林密布的崖壁处，门道上部洞穴岩石顶。门道选址较为隐蔽，结构坚实牢固，建筑形式呈“地道式”，与 M44 号和玛瑙山南营盘、东营盘腹地以下通道以及官田古寨等配合使用，具有较强的军事防御能力和军事管理功能。

M45 号门道保存状况差，破坏程度低于 V 级，仅保存了门道原有位置，形制和格局文物信息量较少，可见南北两侧门墙加工痕迹。板门不存、门框不存，门臼未见，门道破坏严重，人为修建踏步填埋门道通道。现存门道残宽 1230mm、残高 1800mm，门道内侧地下通道宽 1400mm、门道外侧通道宽 820mm。

M45 号门损毁的主要原因：一是人为因素，即咸同起义造成板门不存、玛瑙山旅游开发对门道通道硬化为水泥鹅卵石地面，对通道造成一定的破坏及直接在文物本体上打孔安置铁门对文物本体造成一定的破坏；二是自然因素，如长期的风雨浸蚀造成门洞顶部岩石部分坍塌等。

2.46　M46 号门

M46 号门位于玛瑙山营盘遗址子营南部严防区西北角城墙上，坐东向西，座向 272°，海拔高度 850 米，位于北纬 28° 7′ 6″，东经 107° 45′ 55″。

M46 号门南北两侧以子营南部军事严防区的城墙为门道门墙，处于凤冈至务川德江县的古驿道上，门道下 5 级石质台阶即为玛瑙山营盘西营南部军事严防区，门道内为子营南部严防区，与子营南部严防区东侧城墙上的 M47 号门、东营西侧城墙上的 M48 号门道呈东西向轴线排列。其主要功能一是非战争时期，M46 号门道、M67 号门道和 M48 号门道同时打开，供商贾人员通行；二是战争时期西营南部严防区失守时关闭 M46 号门和西营南部严防区西侧 M8 号门、南侧 M9 号门形成瓮城，集子营南部严防区和 PL1 号炮楼对其实施军事打击；三是战争时期西营和子营南部严防区失守时同时打开 M46 号门和 M47 号门，防御人员进入南营北部退守区后入 M44 号门进入南营腹部地下溶洞进行退守防御；五是作为东营、南营和子营与西营的通道之一。

从现场残存建筑构件进行分析研究，初步判断 M46 号门是就地开采青石经粗加工干摆砌筑的单通道、纵砌联“拱券式”双开式门道。门道顶部设置门楣，门墙两侧下端设置门臼，门洞中设置木门框，以板门闭合。

M46 号门建筑体量较大，处于交通重要位置之上，建筑结构坚实牢固，与 M47 号门道和 M48 号门道、M44 号门道等配合使用，具有较强的军事防御能力和军事管理功能。

M46 号门道保存状况差，破坏程度低于Ⅳ级，保存了门道原有位置、形制和格局，门楣石不存、板门不存、门框不存、门臼未见，门道破坏严重，人为修建踏步填埋门道通道。现存门道残宽 2218mm、门墙厚 1350mm、北侧门墙残高 1250mm、南侧门墙残高 750mm。

M46 号门残存的主要原因：一是人为因素，即咸同起义造成门道破坏、玛瑙山旅游开发对门道通道造成一定程度的破坏及农耕生产造成门墙破坏；二是自然因素：如长期的风雨浸蚀造成门墙石风化及排水不畅造成城墙歪闪使门石位移等。

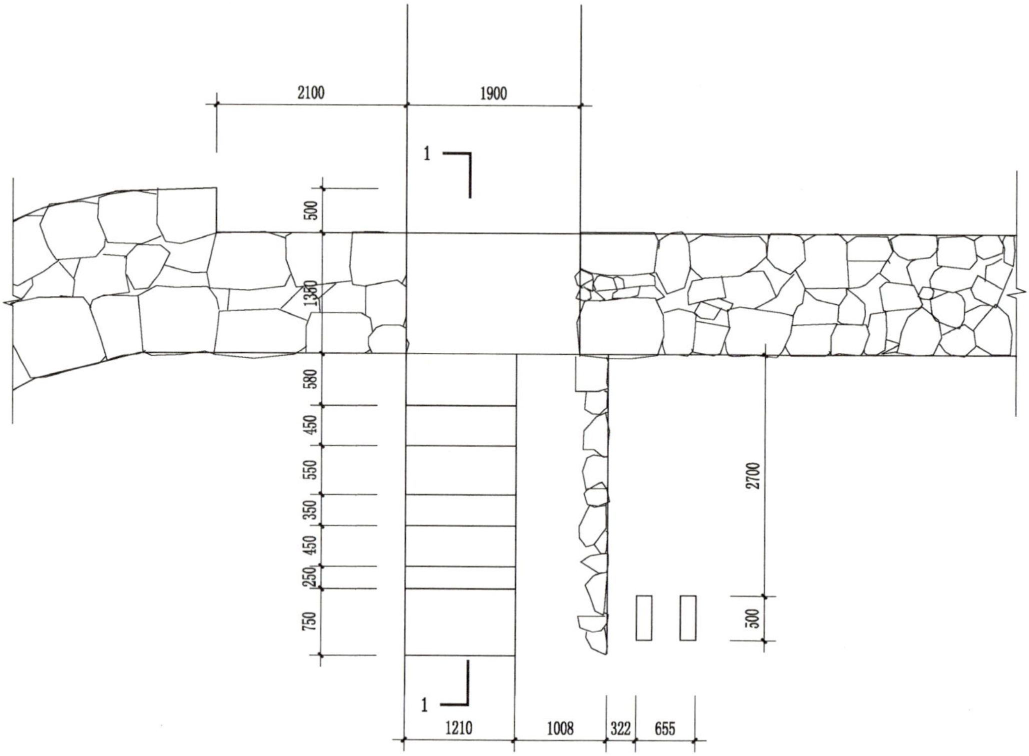

M46号门－平面图 1:50

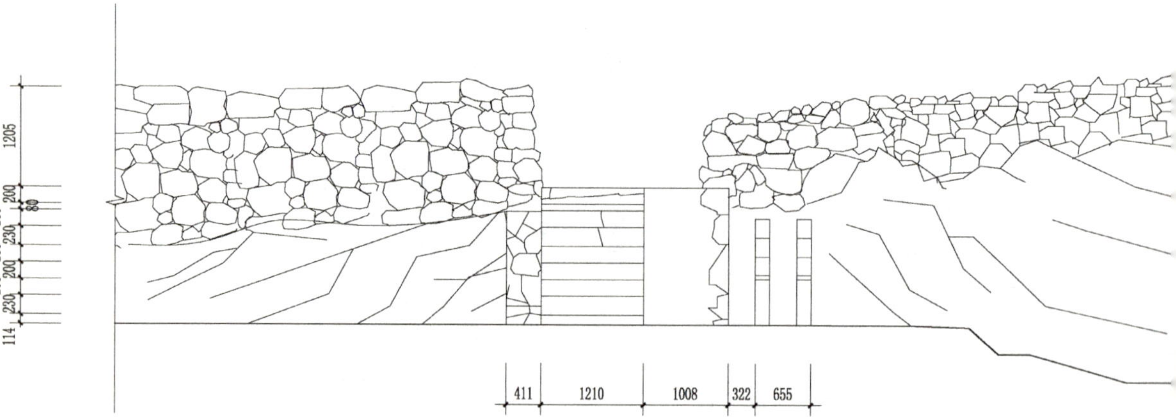

M46号门－立面图 1:50

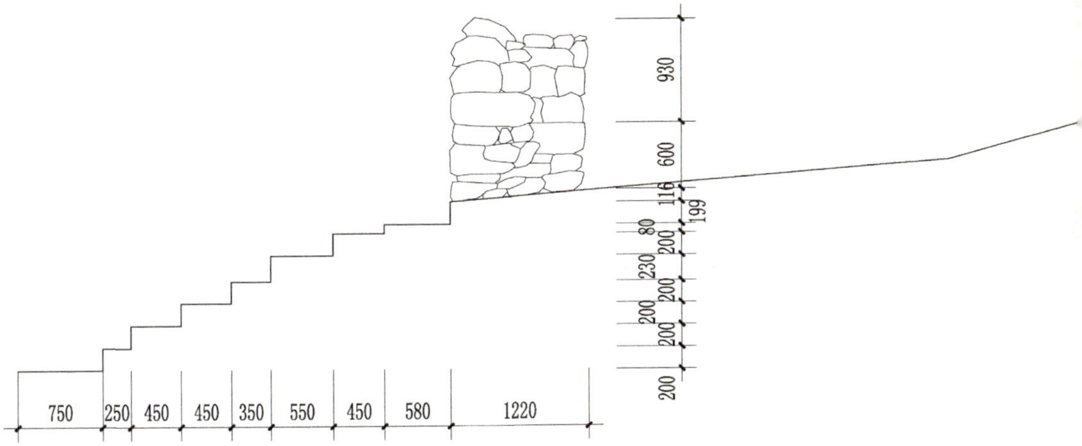

M46号门－剖面图 1:50

2.47　M47 号门

M47 号门位于玛瑙山营盘遗址南营北部军事退守区西侧城墙上，坐东向西，座向 287°，海拔高度 850 米，位于北纬 28° 7′ 6″，东经 107° 45′ 55″。

M47 号门南北两侧以南营北部退守区的西城墙为门道门墙，处于凤冈至务川德江县的古驿道上，出门道为玛瑙山营盘子营南部军事严防区，门道内为南营北部军事退守区，与子营南部严防区东侧城墙上的 M46 号门、东营西侧城墙上的 M48 号门道呈东西向轴线排列。其主要功能一是非战争时期，将 M46 号门道、M47 号门道和 M48 号门道同时打开，供商贾人员通行；二是战争时期子营南部严防区失守时关闭 M46 号和 M47 号门形成瓮城，集南营南部严防区和 PL1 号炮楼对其实施军事打击；三是战争时期西营和子营南部严防区失守时同时打开 M47 号门和 M46 号门道，防御人员进入 M47 号门道后入 M44 号门，再进入南营腹部地下溶洞进行退守防御；四是作为东营、南营和子营与西营的通道之一。

从现场残存建筑构件进行分析研究，初步判断 M47 号门是就地开采青石经粗加工干摆砌筑的单通道、纵砌联“拱券式”双开式门道。门道顶部设置门楣，门墙两侧下端设置门臼，门洞中设置木门框，以板门闭合，与 M46 号门道建筑形式、建筑结构和建

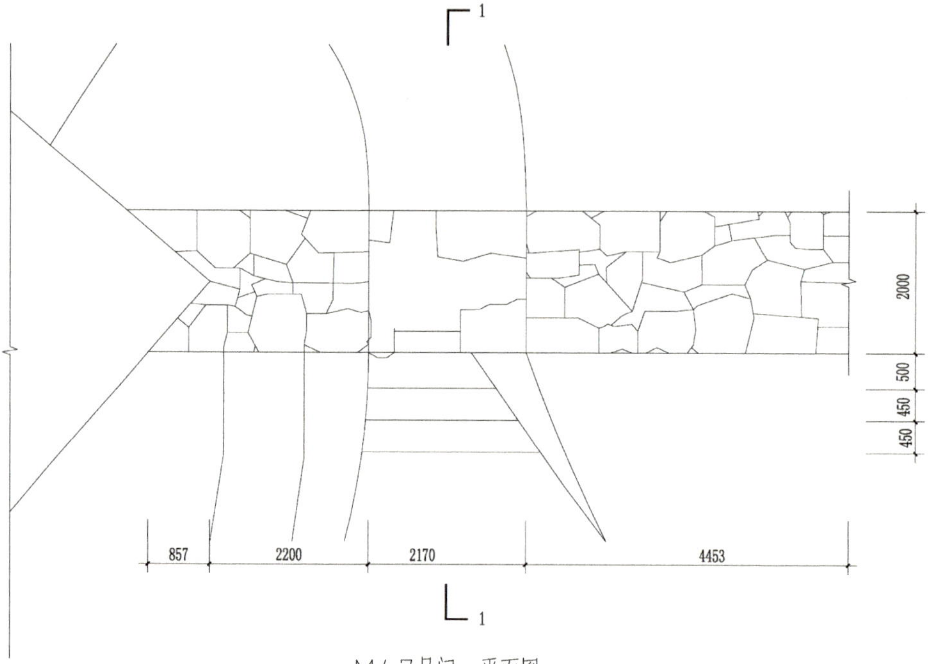

M47号门-平面图 1:50

M47号门-立面图 1:50

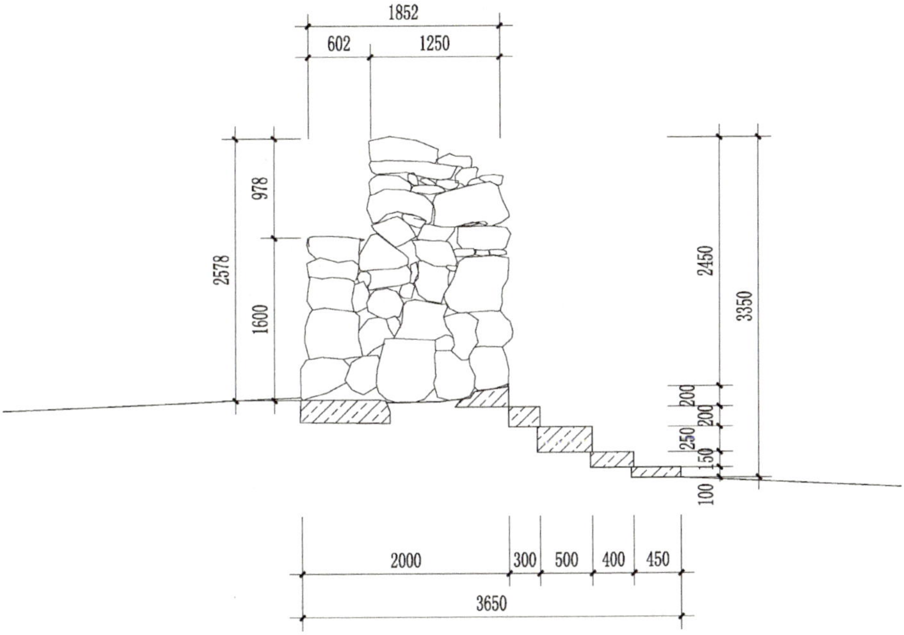

M47号门-1-1剖面图 1:50

筑艺术相同。

M47号门建筑体量较大，与M46号门和M48号门道一样同处于交通重要位置之上，建筑结构坚实牢固，与M46号门道和M48号门道、M44号门道等配合使用，具有较强的军事防御能力和军事管理功能。

M47号门道保存状况差，破坏程度低于Ⅳ级，保存了门道原有位置、形制和格局，门楣石不存、板门不存、门框不存、门臼未见，门道破坏严重，人为修建踏步填埋门道通道。现存门道残宽2170mm、门墙厚1852mm、北侧门墙残高1923mm、南侧门墙残高2390mm。M47号门损毁主要原因与M46号门道相同。

2.48　M48号门

M48号门位于玛瑙山营盘遗址南营北部军事退守区东侧城墙上，坐西向东，座向82°，海拔高度850米，位于北纬28° 7′ 6″，东经107° 45′ 56″。

M48号门南北两侧以南营北部退守区的东城墙为门道门墙，与M46号门道、M47号门道处于凤冈至务川德江县的古驿道上，出门道为玛瑙山东营盘，门道内为南营北部军事退守区，与子营南部严防区东侧城墙上的M46号门、东营西侧城墙上的M48号门道呈东西向轴线排列。其主要功能一是非战争时期，将M46号门道、M47号门道和M48号门道同时打开，供商贾人员通行；二是战争时期东营失守时关闭M48号和东营其他门道形成瓮城，集中营南外城“一”字形排列射击孔、南营炮座和PL1号炮楼对其实施军事打击；三是战争时期东营失守时同时打开M48号门道，防御人员进入M48号门道后入M44号门，再进入南营腹部地下溶洞进行退守防御；四是作为东营、南营和子营与西营的通道之一。

从现场残存建筑构件进行分析研究，初步判断M48号门是就地开采青石经粗加工干摆砌筑的单通道、纵砌联“拱券式”双开式门道。门道顶部设置门楣，门墙两侧下端设置门臼，门洞中设置木门框，以板门闭合，与M46号门道和M47号门道建筑形式、

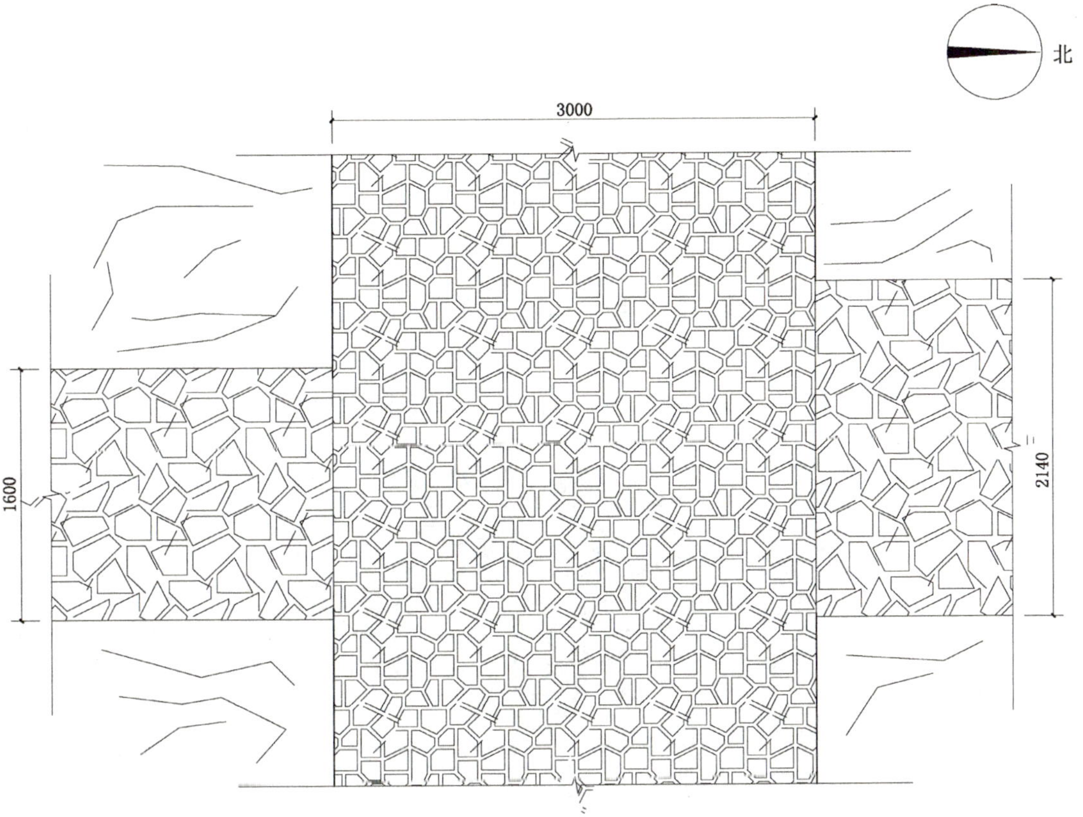

M48号门平面图 1:25

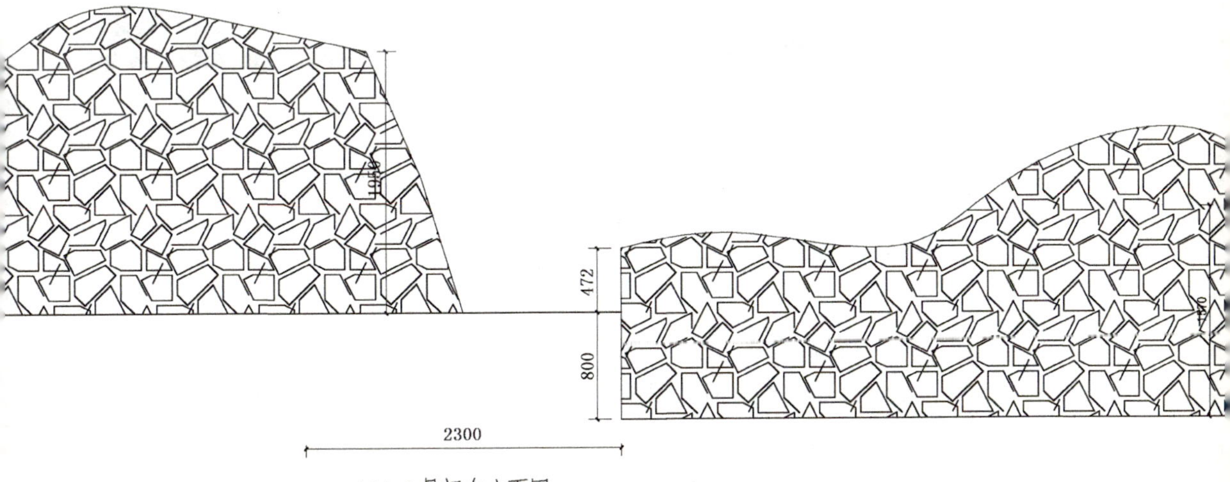

M48号门东立面图 1:25

建筑结构和建筑艺术相同。

M48 号门建筑体量较大，与 M46 号门和 M47 号门一样同处于交通重要位置之上，建筑结构坚实牢固，与 M44 号门道等配合使用，具有较强的军事防御能力和军事管理功能。M48 号门道保存状况差，破坏程度低于Ⅳ级，保存了门道原有位置、形制和格局，门楣石不存、板门不存、门框不存、门臼未见，门道破坏严重，人为修建踏步填埋门道通道。现存门道残宽 2300mm、北侧门墙残厚 2140mm、南侧门墙残厚 1600mm，北侧门墙残高 1950mm、南侧门墙残高 1570mm。M47 号门损毁主要原因与M46 号门道相同。

第三节　射击孔

射击孔的主要功能是军事防御，是冷兵器时代战争主要防御设施。玛瑙山射击孔现残存 52 个，主要分布在中营、子营、东营、南营、西营、北营、丁家营、方家营、杨家营的城墙上和炮楼上。玛瑙山营盘射击孔建筑形式多样，功能齐备，防御能力极强。平面上呈“内八字”形，增加了射击孔、枪械和防御人员的隐蔽性，立面呈“口”字形和“日”字形，依军事防御区域的需要设置单人射击孔和双人射击孔（观察手和狙击手），布局上以射击孔互为掎角的射线范围进行设置或以“一字”形排列集中火力点进行设置，与城墙、门道、炮楼等配合使用，具有非常强劲的军事防御能力，形成了贵州山地军事防御体系的典型代表。

3.1　SK1 号射击孔

SK1 号射击孔位于玛瑙山营盘遗址东营盘东侧呈西北向东南走向的“台阶”型城墙中部，西北侧紧邻 M2 号门道，沿城墙东南方向 22 米处为 M1 号门道，西侧（内侧）为玛瑙山营盘东营内城，东侧（外侧）为玛瑙山营盘东外城军事防御区。坐西南朝东北，座向 27°，海拔高度 850 米，位于北纬 28° 7′ 9″，东经 107° 45′ 58″。

SK1 号射击孔自西向东方向呈“八”字形平面布局，设置于 h 形城墙扶墙上部；城墙外侧残高 3680mm、内侧残高 3380mm，座墙残厚 1790mm、扶墙残厚 1240mm，射击孔残长与城墙厚同；射击孔外侧下皮距地表平面 2630mm、外侧下皮与 M2 号门道置顶石上皮基本平行，外侧上皮距墙顶 570 mm，内侧下皮距地表平面 2310mm，内侧上皮距墙顶 660mm，“h”形城墙采用北侧和西侧一带开采的不规则青石经精加工后干摆砌筑而成，射击孔设置在城墙扶墙上部，其砌筑工艺为对城墙座墙、门道和射击孔砌筑完成后，在射击孔上槛石上再砌筑石墙。SK1 号射击孔内侧立面呈“口”字形形状，为单孔式射击孔，射击孔内侧上皮和下皮宽 730mm 等同、孔高 600mm，外侧上皮与下皮宽 400mm 等同，孔高 230mm，射击孔外侧与内侧下皮位于同一水平线上。SK1 号射击孔为单孔式、漏斗形射击孔。SK1 号射击孔底部以规整青石平铺干摆在扶墙断面上作为下槛石，内侧南北两侧各采用两层经精加工后规整青石干摆在下槛石上形成框枋石，框枋石上再干摆一块经精加工的规整天然青石石材形成上槛，上槛石厚 300mm、长 1150mm，上槛石上再砌筑石墙。

SK1号设置在玛瑙山东营盘东部呈西北向东南走向的“台阶”型城墙中部M2号门道西北角上部，射击孔沿城墙向西北方向25米为东营盘与丁家营盘隔墙，这段残存城墙上未发现射击孔，从现状分析，该段城墙至少还有一个以上的射击孔设置；SK1号射击孔城墙向东南向经2700mm过M2号门道继续向东南方向近60米范围内的城墙上也未发现残存射击孔，从其分析，该段城墙在M2号门与M1号门道之间的城墙上应当还设置有一个射击孔，在M1号门道与M13号门道之间至少还应当设置有两个射击孔，这些射击孔在战争中或生产生活中遭到损毁。

SK1号射击孔残存在M2号门道的西北侧城墙扶墙上部，紧贴M2号门道，其主要军事防御功能是对M2号门道外侧区域进出人员进行军事防御，同时到已损毁的位于该射击孔城墙两侧的射击孔排列在“一”字形城墙上，几个射击孔配合使用，形成东营“一”字形集中火力点，对玛瑙山营盘东营外侧进行集中防御，成为东营盘东侧东外城军事防御体系，具有较强的军事防御功能。

SK1号射击孔保存状况差，残损等级为Ⅲ级，城墙、座墙、过墙、扶墙、框枋石、上槛石、下槛石和额枋石等都基本保持原来的建筑布局和形制，下槛石、南北两侧框枋石位移，部分石材风化，上槛城墙残存一层，西北侧城墙缺失。

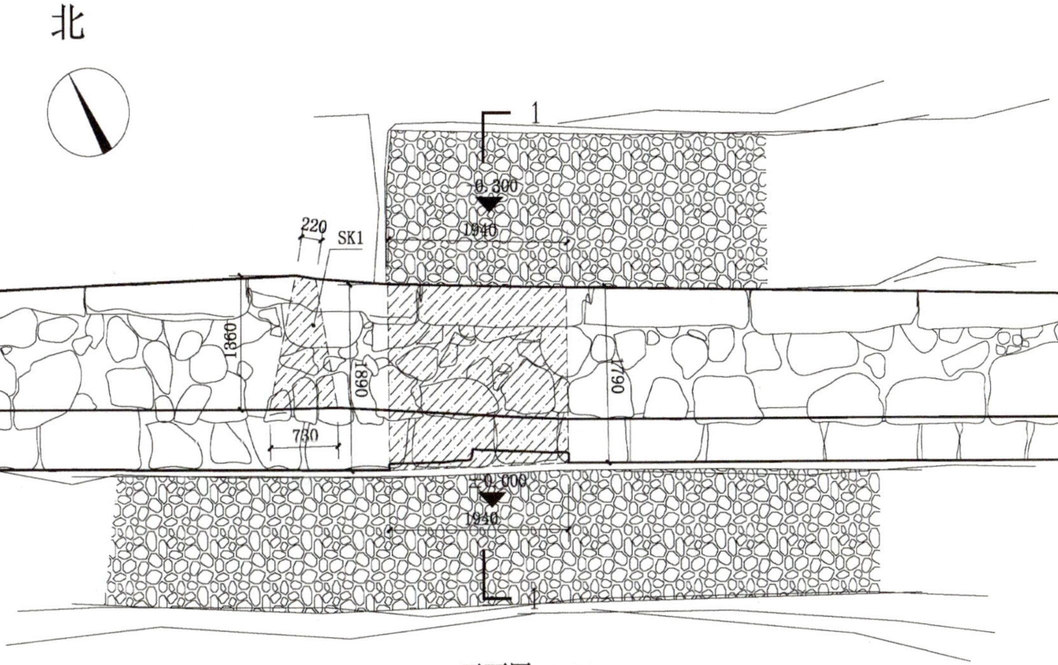

SK1平面图 1:50

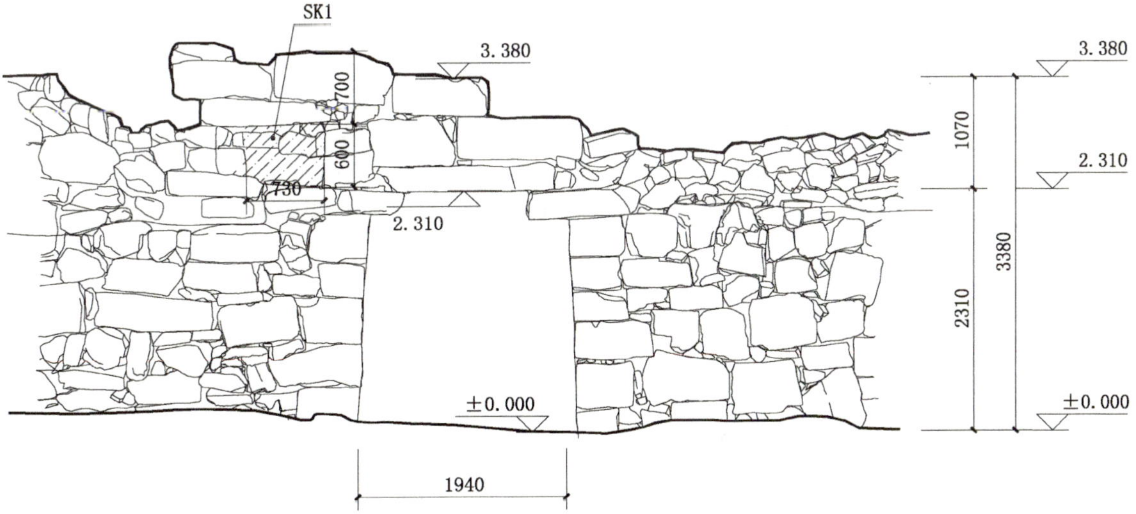

SK1南立面图 1:50

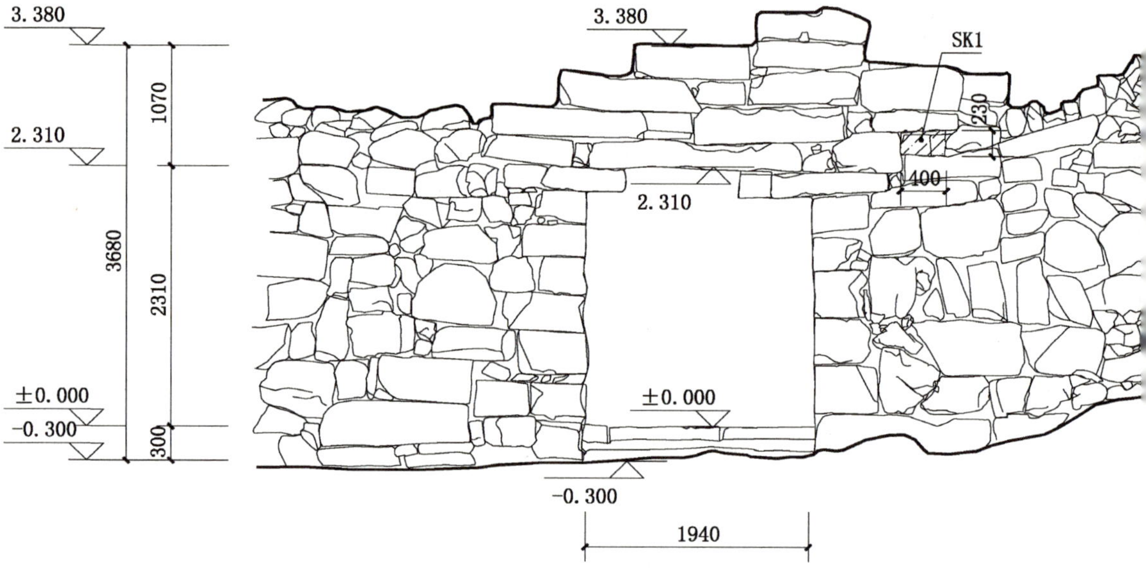

SK1北立面图 1:50

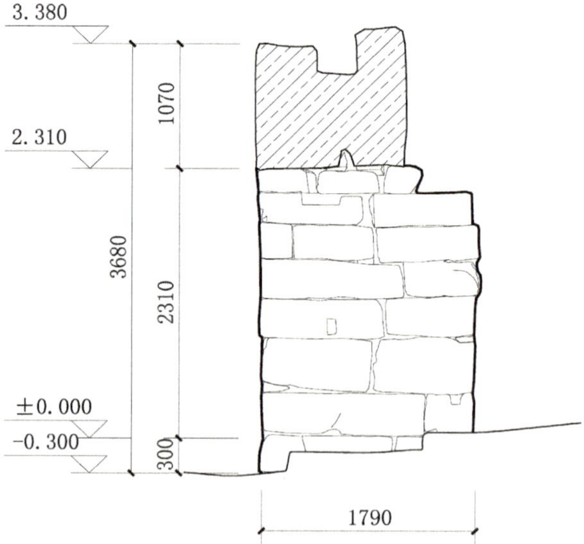

SK1 1-1剖面图 1:50

SK1 号射击孔损毁的主要原因：一是自然因素，即长期风雨浸蚀造成石质构件风化和位移松动、城墙基础下沉造成墙体一定歪闪；二是人为破坏因素，如管理不善造成部分城墙内侧排水不畅、农耕生产造成石构件缺失及咸同起义造成本体破坏等。

3.2 SK2 号射击孔

SK2 号射击孔位于玛瑙山营盘遗址东部丁家营盘东侧“凹”形 PL2 号炮楼城墙北侧拐角处上部，城墙向北延伸 15 米为 M3 号门道，南侧 5 米处为M34 号门道，门道外为P1 号炮座。南侧（内侧）为 PL2 号炮楼藏兵区域，西侧为丁家营盘，东侧城墙为玛瑙山营盘东外城军事防御区。坐南朝北，座向 11°，海拔高度 860 米，位于北纬 28° 7′ 11″，东经 107° 45′ 57″。

SK2 号射击孔自南向北方向呈“八”字形平面布局，设置于 h 形城墙扶墙上部；城墙外侧残高 3865mm、内侧残高 2050mm，座墙残厚 1570mm、扶墙残厚 840mm，射击孔残长与城墙厚相同；射击孔外侧下皮距地表平面 2640mm，外侧上皮距墙顶 925 mm，内侧下皮距地表平面 946mm，内侧上皮距墙顶 720mm，h 形城墙采用北侧一带开采的不规则青石经精加工后干摆砌筑而成，射击孔设置在城墙扶墙上部，其砌筑工艺为对 PL2 号楼砌筑完成后砌筑射击孔，再在射击孔上槛石上砌筑石墙。SK2 号射击孔内侧立面呈“口”字形形状，为单孔式射击孔，射击孔内侧上皮和下皮宽 500mm 等同、孔高 500mm，外侧上皮与下皮宽 300mm 等同，孔高 300mm，射击孔外侧与内侧下皮位于同一水平线上。SK2 号射击孔为单孔式、漏斗形射击孔。SK2 号射击孔底部以规整青石平铺干摆在扶墙断面上作为下槛石，内侧南北两侧各采用两层经精加工后规整青石干摆在下槛石上形成框枋石，框枋石上再干摆一块经精加工的规整天然青石石材形成上槛，上槛石厚300mm、长1150mm，上槛石上再砌筑石墙。

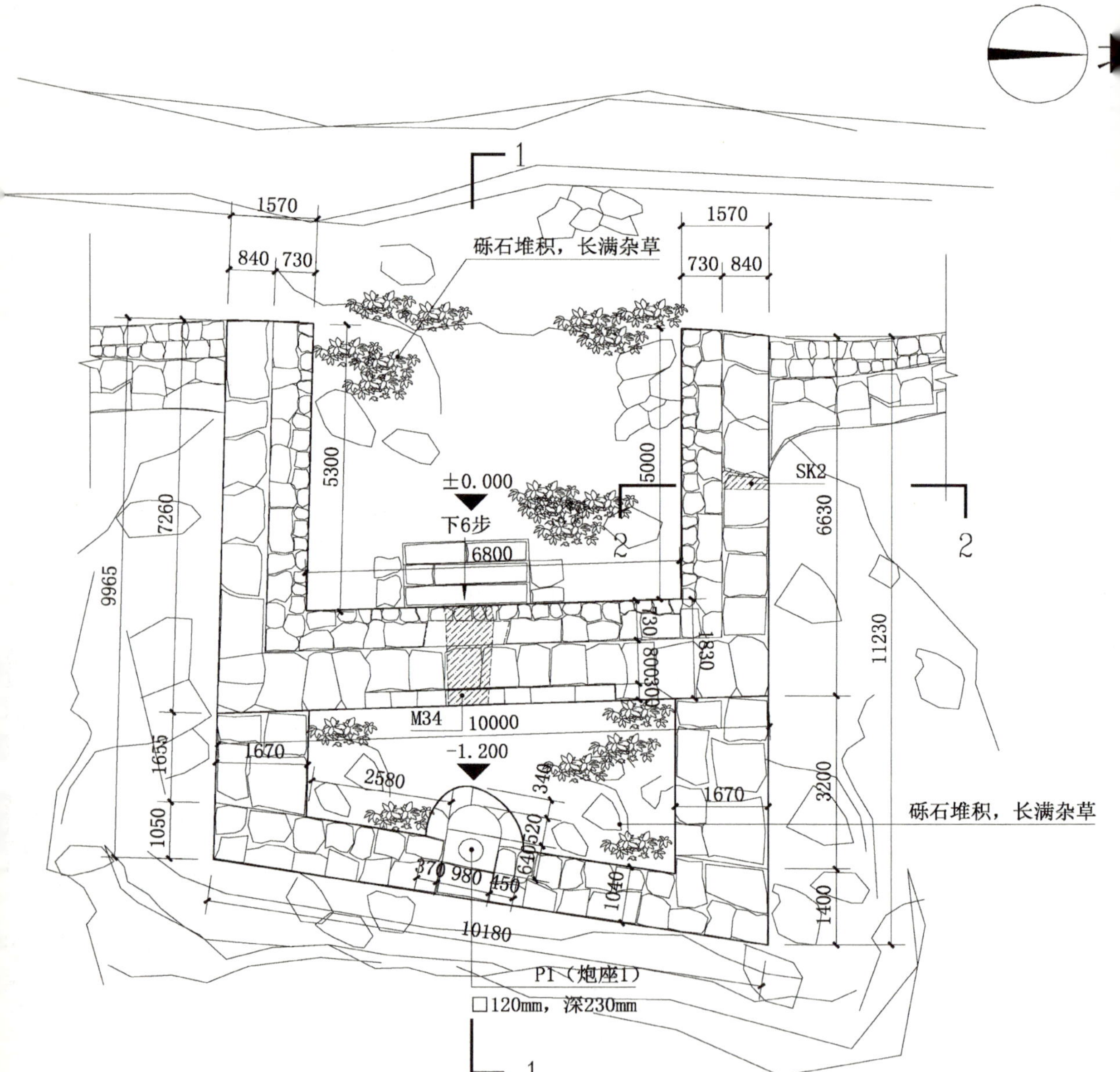
1
1570
1570
840
730
730
840
砾石堆积，长满杂草
5300
5000
±0.000
下6步
6800
SK2
2
2
7260
9965
6630
11230
730
800300
1830
M34
10000
-1.200
1670
1655
2580
340
1670
砾石堆积，长满杂草
3200
1050
520
640
370
980
450
1040
1400
10180
P1（炮座1）
□120mm，深230mm
1

SK2平面图 1:100

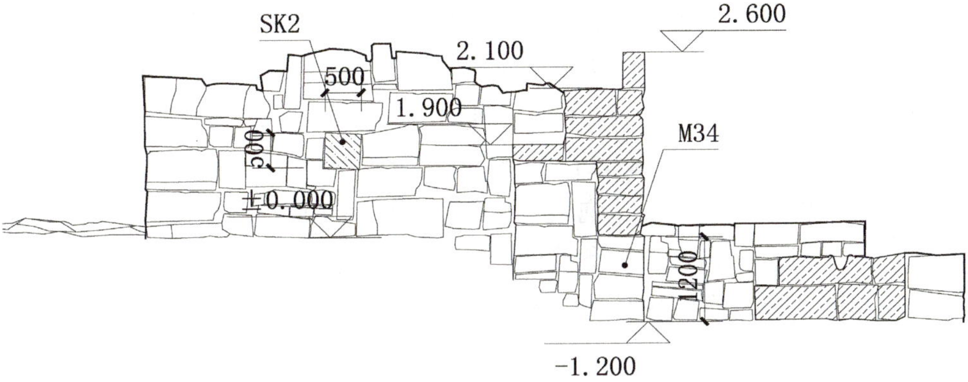

SK2 1-1剖面图 1:100

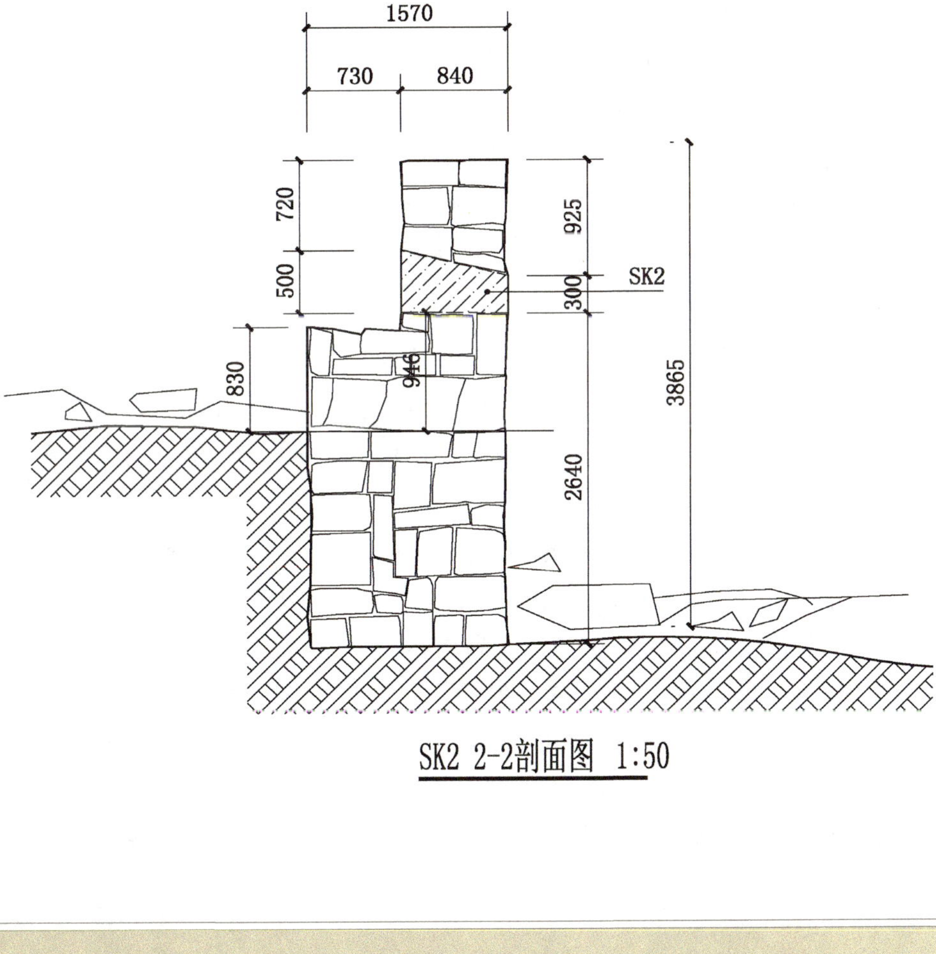

SK2 2-2剖面图 1:50

SK2 号射击孔设置在玛瑙山营盘东部丁家营盘东侧 PL2 号“凹”形炮楼城墙北侧拐角处上部，M2 号门道西北角上部，与东侧外城P1 号炮台、南侧PL2 号炮楼、南侧SK1 号射击孔配合使用，形成东外城军事防御区在西侧的集中火力点。SK1 号射击孔设置较为隐蔽，位于 PL2 号炮楼的拐角处，从东外城进入的敌人基本看不见这一射击孔，当敌人到达城墙下，该射击孔短距离打击时具有较大的军事防御能力。SK2 号射击孔主要射击区域为 M3 号门东部和南部区域，主要防御东外城区域敌人对 M3 号门道攻击后进入丁家营盘。

SK2 号射击孔保存状况差，残损等级为Ⅲ级，城墙、座墙、过墙、扶墙、框枋石、上槛石、下槛石和额枋石等都基本保持原有的建筑布局和形制，下槛石、南北两侧框枋石位移，部分石材风化，上槛城墙残存一层，西北侧城墙缺失。

SK2 号射击孔损毁的主要原因：一是自然因素，即长期风雨浸蚀造成石质构件风化和位移松动、城墙基础下沉造成墙体一定程度的歪闪；二是人为破坏因素，如管理不善造成部分城墙内侧排水不畅、农耕生产造成石构件缺失及咸同起义造成本体破坏。

3.3　SK3 号射击孔

SK3 号射击孔位于玛瑙山营盘遗址安家营盘与丁家营盘之间东西走向城墙中部拐弯处的上部，东侧与 SK4 射击孔相邻。坐西北向东南，座向 140°，海拔高度 860 米，位于北纬 28° 7′ 12″，东经 107° 45′ 52″。

SK3 号射击孔至西北向东南方向呈“八”字形平面布局，内侧槛墙残宽 500mm、射击孔残长 700mm，内侧立面呈倒梯形，下宽 600mm、上宽 650mm、高 700mm，外侧立面呈长方形，高 300mm、宽 200mm。SK3 号射击孔建筑形式为在城墙上部 2800mm 处砌筑槛墙，槛墙上部的城墙上采用就地开采的不规则青石进行干摆砌筑而成，槛墙高 600mm。SK3 号射击孔底部为干摆槛墙，断面为平面，内侧东西两侧各以三块不规则青石干摆形成框枋石，上部为一天然条石置于框枋石上部形成上槛石，上槛石长1119mm、厚200mm、宽由两块石材平行铺设；外侧底部与内侧底部同，东西两侧为各以一块非规整青石干摆于城墙上形成框枋石，框枋石上再置上槛石。

SK3号射击孔设置在方家营盘内侧、丁家营盘外侧，与SK4号射击孔配合使用，其射击范围为丁家营盘所有范围。主要为防御功能：一是当丁家营盘失守时，敌人进入丁家营盘后，与西侧的中营、南侧的东营盘配合打击进入丁家营盘的敌人；二是在防守时将敌人引入丁家营盘，关闭M34号门和M3号门形成瓮城，以对敌人实施有效打击，其军事设置具有较强的防御能力。

SK3号射击孔保存状况一般，残损等级为Ⅰ级，城墙、槛墙、框枋石、上槛石等保存较好，基本保持原有的形制。上槛石上部城墙不存，部分石材风化。

SK3号射击孔损毁的主要原因：一是自然因素，即长期的风雨浸蚀造成石构件风化；二是人为破坏因素，如咸同起义造成城墙建筑损毁及农耕生产造成城墙石不存等。

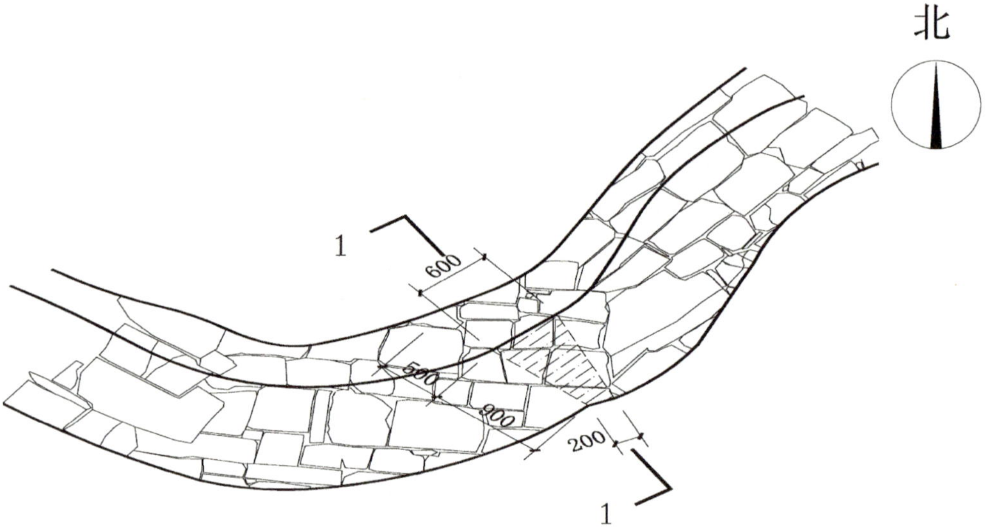

SK3平面图　1∶50

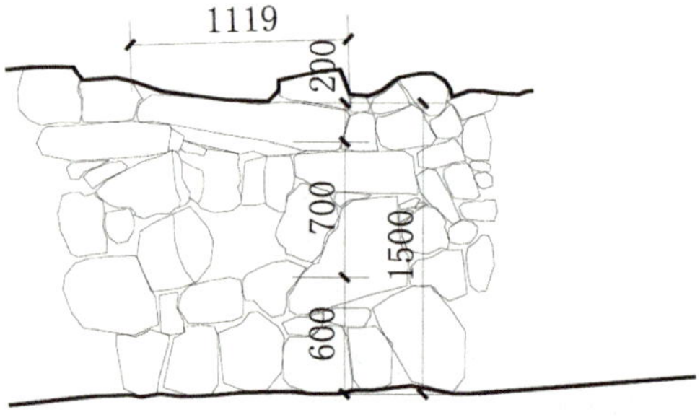

SK3北立面图　1∶50

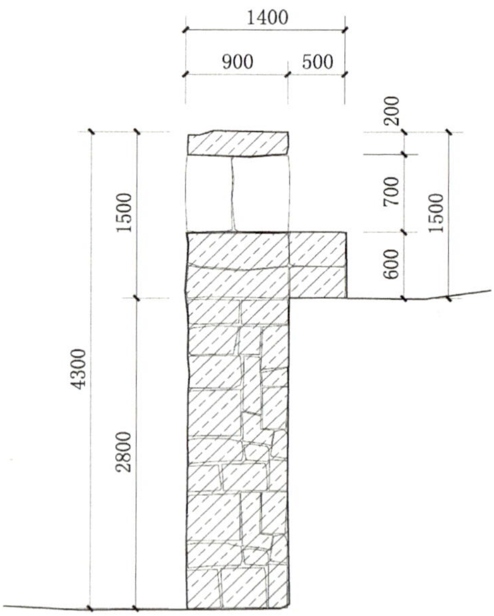

1-1剖面图　1∶50

3.4　SK4 号射击孔

SK4 号射击孔位于玛瑙山营盘遗址安家营盘与丁家营盘之间东西走向城墙东侧上部，西侧距 SK3 号射击孔 7 米，东侧距安家营盘和丁家营盘东侧石墙 2 米。坐西向东，座向 99°，海拔高度 860 米，位于北纬 28° 7′ 12″，东经 107° 45′ 52″。

SK4 号射击孔至西向东方向呈“双层八字”形平面布局，内侧 h 形城墙座墙残厚 400mm、扶墙残厚 800mm，射击孔设置在 h 形城墙的扶墙上部，采用就地开采的不规则青石进行干摆砌筑而成。SK4 号射击孔立面呈“日”字形，分上下两个射击孔，与一般的射击孔有较大区别，SK4 号射击孔为双孔式射击孔。射击孔内侧上皮和下皮宽 700mm 等同，下孔高 567mm、中槛厚 127mm、上孔高 306mm；外侧立面与内侧同，上皮、中槛和下皮宽 300mm 等同。SK4 号射击孔底部为干摆城墙座墙平面，内侧北侧各以四块不规则青石干摆形成框枋石、南侧以三块不规则青石夹碎石干摆形成框枋石，中槛置一天然石块将射击孔分为上下两个孔，其孔径大小不等，上部为一块天然条石干摆于框枋石上部形成上槛石，上槛石厚 282mm；射击孔上部城墙残存石材一块，厚 207mm。宽度由两块石材平行铺设与扶墙厚度相同，外侧建筑形式与内侧相同。SK4 号射击孔为漏斗形分离式射击孔。

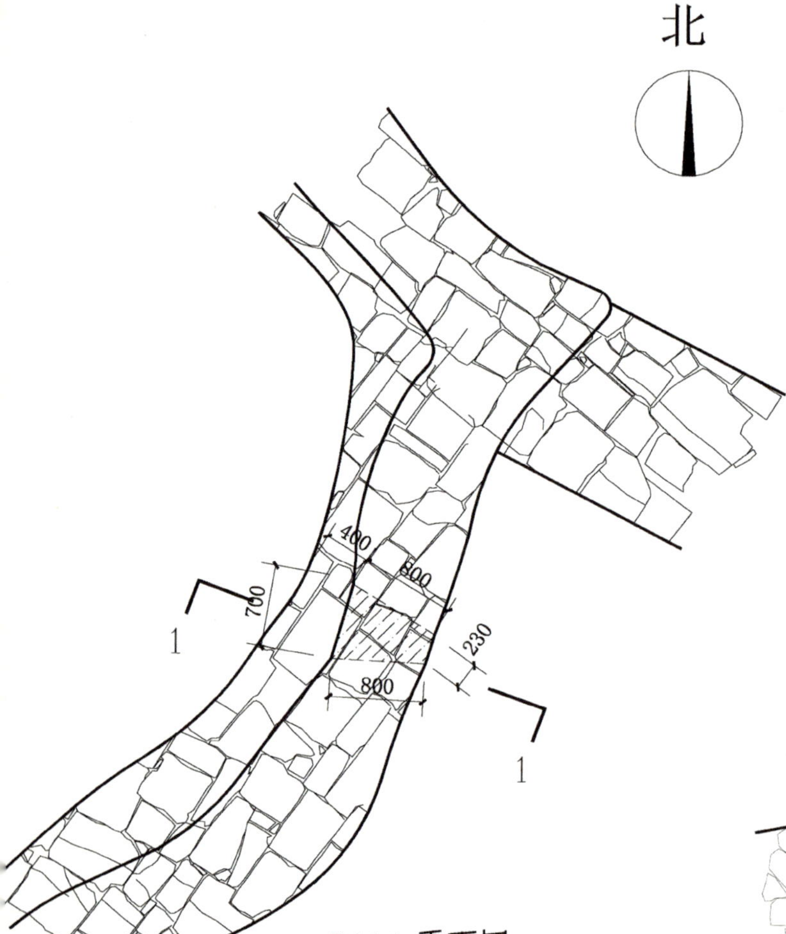

SK4平面图 1:50

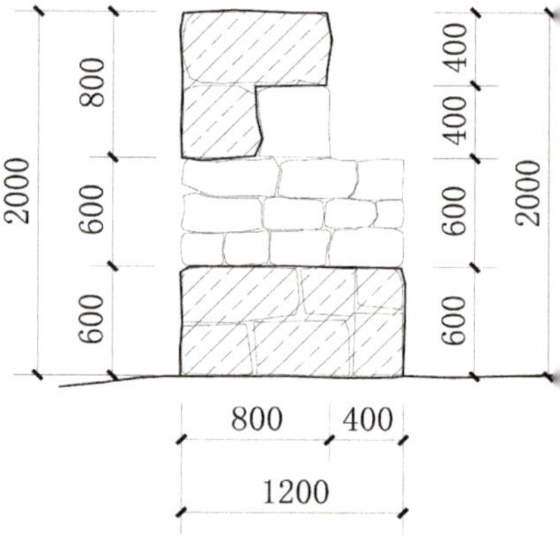

1-1剖面图 1:50

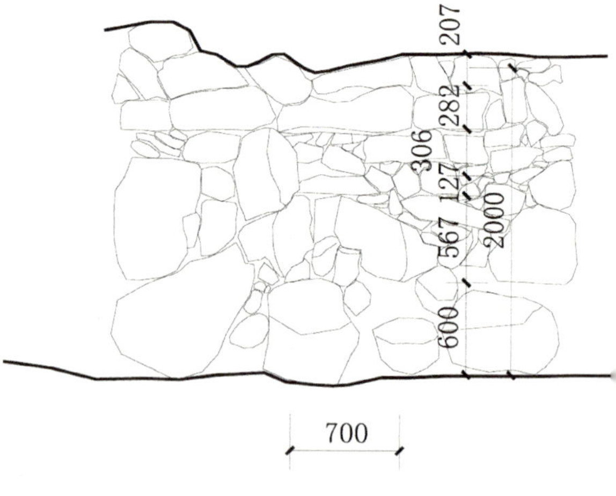

SK4西立面图 1:50

SK4号射击孔设置在方家营盘内侧、丁家营盘外侧，与SK3号射击孔配合使用，其射击范围为丁家营盘东北侧和直接防御M3号门。主要防御功能一是SK4号射击孔设置为双孔式射击孔，由两人匍匐同时进行防御，集观察、防御、射击于一体，具有较强的防御功能，二是当M3号门道失守时对其进行打击，三是当M3号门道和M34号门道（P1炮台）失守造成丁家营盘失守时，敌人进入丁家营盘后，与西侧的中营、南侧的东营盘配合打击进入丁家营盘的敌人；四是在防守时将敌人引入丁家营盘，关闭M34号门和M3号门形成瓮城，以对敌人实施有效打击，其军事功能设置具有较强的防御能力。

SK4号射击孔保存状况一般，残损等级为Ⅰ级，城墙（座墙、扶墙）、槛墙、框枋石、中槛石、上槛石等保持较好，基本保持原有的形制。上槛石上部城墙部分不存，部分石材风化，上射击孔人为堵塞。

SK4号射击孔损毁的主要原因：一是自然因素，即长期的风雨浸蚀造成石构件风化；二是人为破坏因素，如咸同起义造成城墙建筑的损毁、农耕生产造成城墙石不存及人为对射击孔进行堵塞等。

3.5　SK5号射击孔

SK5号射击孔位于玛瑙山营盘遗址在安家营盘东南角东侧城墙上，南侧与安家营盘南城墙SK4射击孔相邻、北侧与安家营盘东城墙SK6号射击孔相距29米。坐西向东，座向62°，海拔高度860米，位于北纬28° 7′ 12″，东经107° 45′ 56″。

SK5号射击孔自西向东方向呈“八”字形平面布局，内侧h形城墙座墙残厚1100mm、扶墙残厚800mm，射击孔设置在h形城墙的扶墙上部，下距座墙上皮500mm，采用就地开采的不规则青石进行干摆砌筑而成。SK5号射击孔立面呈“口”字形形状，为单孔式射击孔。射击孔内侧上皮和下皮宽500mm等同，孔高300mm；外侧上皮与下皮宽200mm等同，高与内侧同。SK5号射击孔为漏斗形射击孔。SK5号射击孔底部为干摆城墙，扶墙断面为平面，内侧北侧各以三块不规则青石干摆形成框枋石、南侧以一块不规则青石干摆形成框枋石，上槛置一天然石材干摆于石框上形成上皮，上槛石上再干摆砌筑石墙无存。上槛石残厚 150mm、长 1000mm；射击孔上部城墙残存石材一块，厚 207mm。宽度由两块石材平行铺设与扶墙厚度相同，外侧建筑形式与内侧相同。

SK5 号射击孔设置在方家营盘内侧东城墙上、与安家营盘与丁家营盘隔墙 2 米处，与 SK6 号射击孔和丁家营盘东北外侧至西向东走向城墙上的 SK27 号、SK26 号射击孔配合使用，其射击范围为安家营盘和丁家营盘东北外侧。其主要防御功能一是对玛瑙山东北外城军事防御区敌人进行有效打击和防御，以防守东北外侧外城军事防御区敌人攻入 M4 号门进入安家营盘；二是牵制玛瑙山东北外城军事防御敌人向 M3 号门进攻。

SK5 号射击孔保存状况差，残损等级为Ⅲ级，城墙（座墙、扶墙）、槛墙、南框枋石、上槛石等保存一般，基本保持原有的形制。北框枋石变形、上槛石上部城墙不存，部分石材风化。

SK5 号射击孔损毁的主要原因：一是自然因素，即长期的风雨浸蚀造成石构件风化和南框枋石变形位移；二是人为破坏因素，如咸同起义造成城墙建筑的损毁及农耕生产造成城墙石不存等。

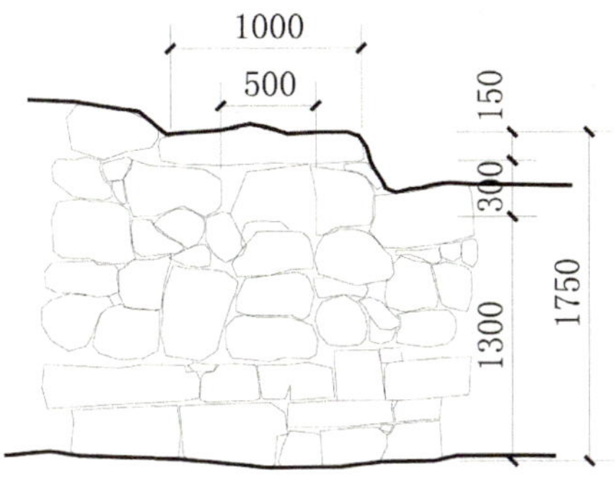

SK5西立面图 1:50

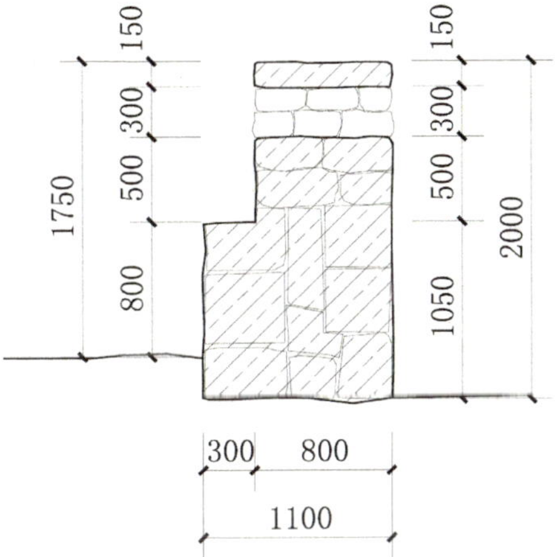

1-1剖面图 1:50

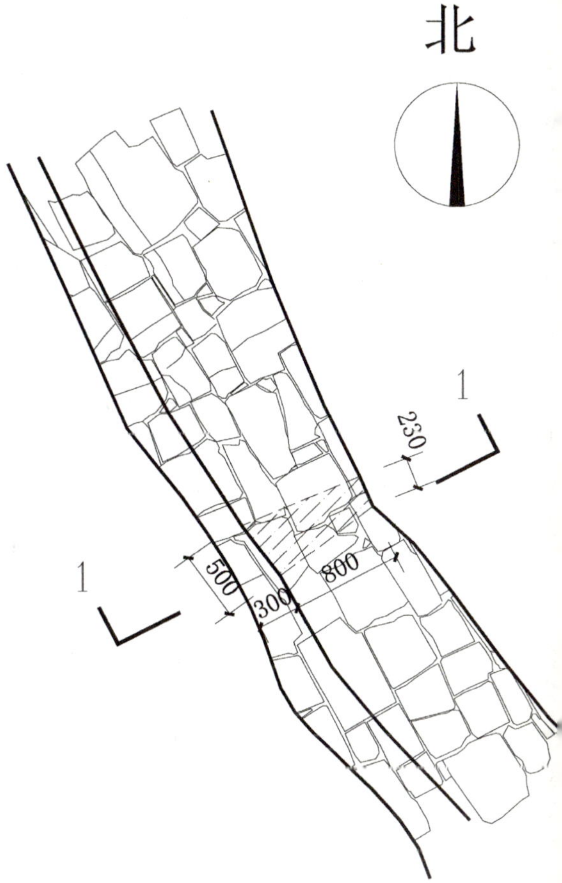

SK5平面图 1:50

3.6　SK6 号射击孔

SK6 号射击孔位于玛瑙山营盘遗址安家营盘东侧城墙中部，南侧与安家营东墙 SK5 射击孔相距 29 米、北侧与安家营盘东城墙上的 M4 号门道相距 28 米（直线距离）。坐西南向东北，座向 35°，海拔高度 860 米，位于北纬 28° 7′ 12″，东经 107° 45′ 55″。

SK6 号射击孔自西南向东北方向呈“八”字形平面布局，内侧 h 形城墙座墙残厚 1370mm、残高 1680mm，扶墙残厚 800mm，射击孔设置在 h 形城墙的扶墙底部，与座墙上皮平行，采用就地开采的不规则青石进行干摆砌筑而成。SK6 号射击孔立面呈“口”字形，为单孔式射击孔。射击孔内侧上皮和下皮宽 500mm 等同，孔高 300mm，外侧上皮与下皮宽 230mm 等同，孔高 300mm。SK6 号射击孔为漏斗形射击孔。SK6 号射击孔底部为干摆城墙，座墙断面为平面，内侧西侧各以一块不规则青石干摆形成框枋石、南侧以两块不规则青石干摆形成框枋石，上槛置一天然石材干摆于石框上形成上皮，上槛石厚 420mm, 宽 800mm，上槛石上再干摆砌筑石墙无存。外侧建筑形式与内侧同。

SK6 号射击孔设置在方家营盘内侧东城墙上，与南侧 29 米 SK5 号射击孔和丁家营盘东北外侧自西向东走向城墙上的 SK27 号、SK26 号射击孔以及 M4 号门道配合使用，其射击范围为安家营盘东外侧区域和丁家营盘东北外侧部分区域。其主要防御功能一是对玛瑙山东北外城军事防御区敌人进行有效打击和防御，以防守东北外侧外城军事防御区敌人攻入 M4 号门进入安家营盘；二是牵制玛瑙山东北外城军事防御敌人向 M3 号门进攻。

SK6 号射击孔保存状况差，残损等级为Ⅳ级，城墙（座墙、扶墙）、槛墙、南框枋石、上槛石等保存较差，原有的形制基本保持。扶墙石松动或部分位移、南北框枋石变形位移、上槛石位移，上槛石上部城墙不存，部分石材风化。

SK6 号射击孔损毁的主要原因：一是自然因素，即长期的风雨浸蚀造成石构件风化及自然损毁造成框枋石、上槛石等变形位移；二是人为破坏因素，如咸同起义造成城墙建筑损毁及农耕生产造成石构件不存等。

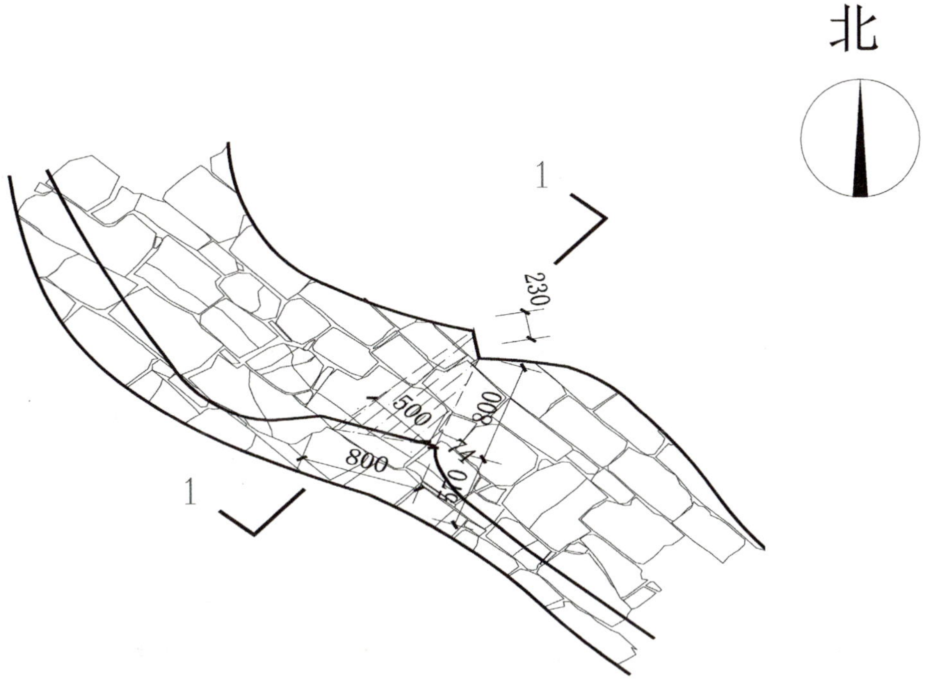

SK6平面图 1:50

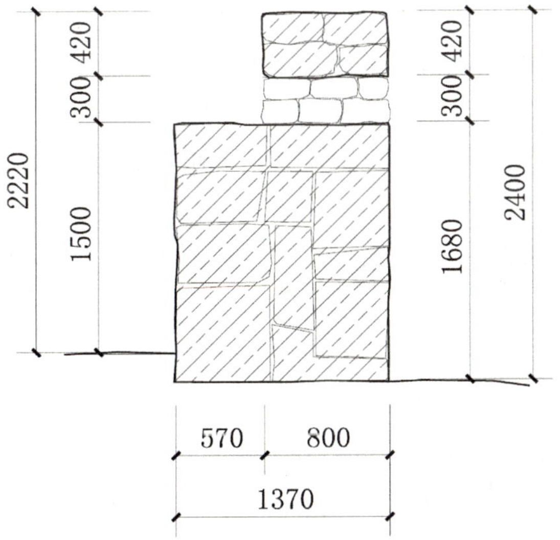

1-1剖面图 1:50

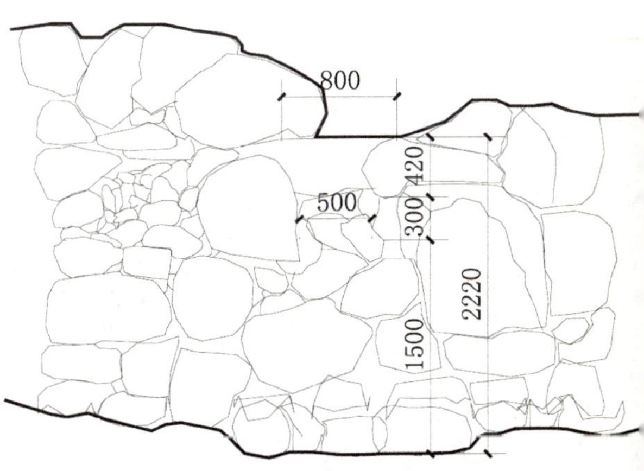

SK6南立面图 1:50

3.7 SK7 号射击孔

SK7 号射击孔位于玛瑙山营盘遗址北营盘西侧城墙中部拐弯处，南侧与北营石自北向南 10 米处 SK8 号、SK9 号、SK10 号射击孔相邻、北侧城墙上自南向北走向后再向东拐与 M6 号门道相距。坐东向西，座向 273°，海拔高度 850 米，位于北纬 28° 7′ 12″，东经 107° 45′ 52″。

SK7 号射击孔自东向西方向呈“八”字形平面布局，设置于槛墙上部，内侧下距槛墙地面 1400mm、外侧下距槛墙地面 3300mm，槛墙残厚 980mm、残高 3770mm。射击孔采用就地开采的不规则青石未经加工直接在砌筑石墙时进行干摆砌筑而成。SK7 号射击孔立面呈“口”字形，为单孔式射击孔。射击孔长 980mm，内侧上皮和下皮宽 570mm 等同，孔高 300mm，外侧上皮与下皮宽 150mm 等同，高与内侧同。SK7 号射击孔为漏斗形射击孔。SK7 号射击孔底部为干摆城墙，断面为平面，内侧南北两侧各以一块相对规则青石干摆形成框枋石，框枋石上干摆一天然石材形成上槛石，上槛石厚 170mm, 宽 700mm。上槛石上再干摆砌筑石墙，无存。外侧建筑形式与内侧同。

SK7 号射击孔设置在北营盘西侧城墙中部拐弯处，城墙外下临丈余高陡坡地带，城墙前方为西侧进入玛瑙山的主要通道，SK7 号与南侧 10 米处的 SK8 号、SK9、SK10 号射击孔配合使用，其射击和防御范围主要为北营盘西侧的西北防御区域。其主要防御功能一是对玛瑙山西北外城军事防御区敌人进行有效打击和防御，二是牵制西外城军事防御区敌人对西营的进攻；三是对西营北部严防区 M7 号门进行远程防御，防御敌人对其进行进攻。

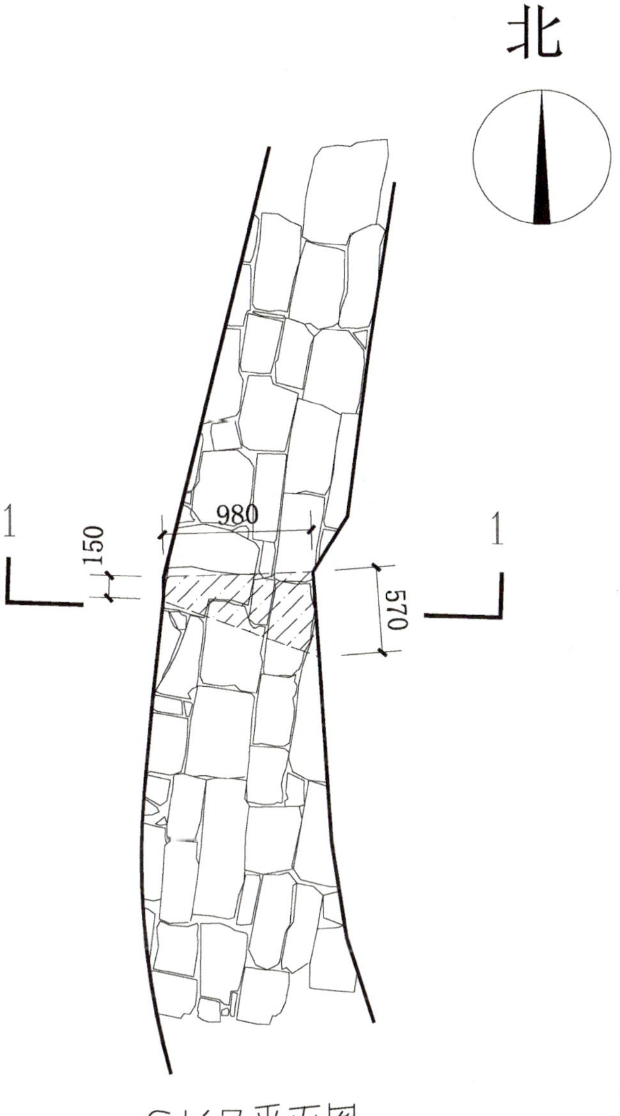

SK7平面图 1:50

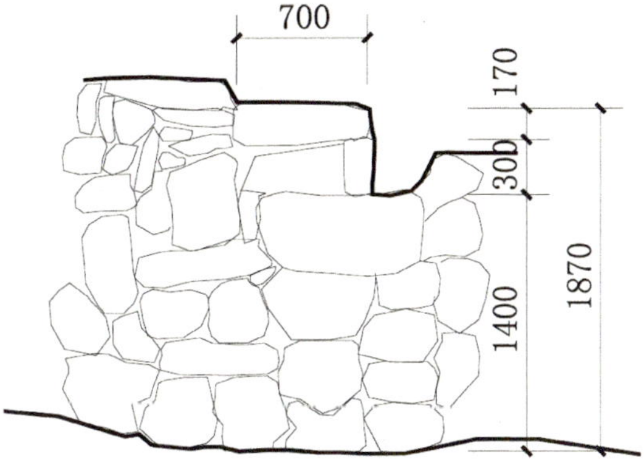

SK7东立面图 1:50

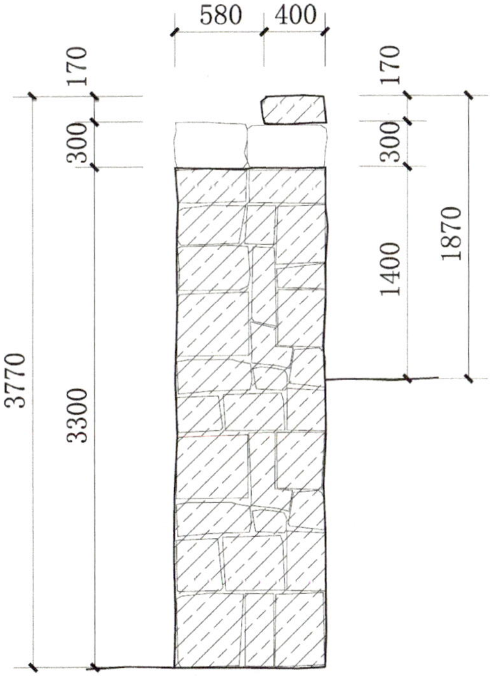

1-1剖面图 1:50

SK7 号射击孔保存状况差，残损等级为Ⅲ级，城墙、框枋石、上槛石等保存一般，保持了原有的形制和格局。上槛石松动、位移，南北框枋石变形位移和风化，上槛石上部城墙不存，部分石材风化。

SK7 号射击孔损毁的主要原因：一是自然因素，即长期的风雨浸蚀造成石构件风化及自然损毁造成框枋石、上槛石等变形位移；二是人为破坏因素，如咸同起义造成城墙建筑的损毁及农耕生产造成石构件不存等。

3.8　SK8 号射击孔

SK8 号射击孔位于玛瑙山营盘遗址北营盘南侧城墙上，北侧与北营城墙自南向北 10 米处SK7 号射击孔相邻，南距 2 米与SK9 号、SK10 号射击孔相邻，与 SK9 号射击孔和 SK10 号射击孔形成一组防御体系。坐东北向西南，座向 222°，海拔高度 865 米，位于北纬 28° 7′ 12″，东经 107° 45′ 52″。

SK8 号射击孔自东北向西南方向呈“八”字形平面布局，设置于槛墙上部，内侧下距槛墙地面 1200mm、外侧下距槛墙地面 3220mm，槛墙残厚 1350mm、残高 3800mm。射击孔采用就地开采的不规则青石未经加工直接在砌筑石墙时进行干摆砌筑而成。SK8 号射击孔立面呈“口”字形，为单孔式射击孔。射击孔长 1350mm，内侧上皮和下皮宽 570mm 等同，孔高 600mm，外侧上皮与下皮宽 300mm 等同，高与内侧同。SK8 号射击孔为漏斗形射击孔。SK8 号射击孔底部为干摆城墙，断面为平面，内侧南侧以两层块状青石干摆形成框枋石、北侧以三层块状青石干摆形成框枋石，框枋石上干摆一天然条石形成上槛石，上槛石厚 280mm，宽 1000mm。上槛石上干摆砌筑石墙残存一块。外侧建筑形式与内侧同。

SK8 号射击孔设置在北营盘西侧城墙南部，城墙外下临丈余高陡坡地带，城墙内为缓坡地带，不利于隐蔽；根据地理环境和防御需要，在SK8、SK9、SK10号射击孔城墙内侧向下设置一隐蔽坑。隐蔽坑长4000mm、宽2300mm、深2030mm，可容纳十余人休息或隐蔽，增强了其军事防御能力。射击孔前方为西侧进入玛瑙山的主要通道，SK8号射击孔与北侧10米处的SK7号和南侧2米处的SK9号、SK10号射击孔以及城墙内侧隐蔽坑配合使用，火力集中、居高临下、隐蔽性强，形成较强的军事防御体系。其射击和防御范围主要为北营盘西侧的西北防御区域。其主要防御功能一是对玛瑙山西北外城军事防御区敌人进行有效打击和防御，二是牵制西外城军事防御区敌人对西营的进攻；三是对西营北部严防区M7号门进行远程防御，防御敌人对其进行进攻。

SK8号射击孔保存状况一般，残损等级为Ⅱ级，城墙、框枋石、上槛石等保存好，保持了原有的形制和格局。上槛石松动、位移，南北框枋石变形位移和部分风化，上槛石上部部分城墙不存，部分石材风化。

SK8号射击孔损毁的主要原因：一是自然因素，即长期的风雨浸蚀造成石构件风化及自然损毁造成框枋石、上槛石等变形位移；二是人为破坏因素，如咸同起义造成城墙建筑的损毁及农耕生产造成石构件不存等。

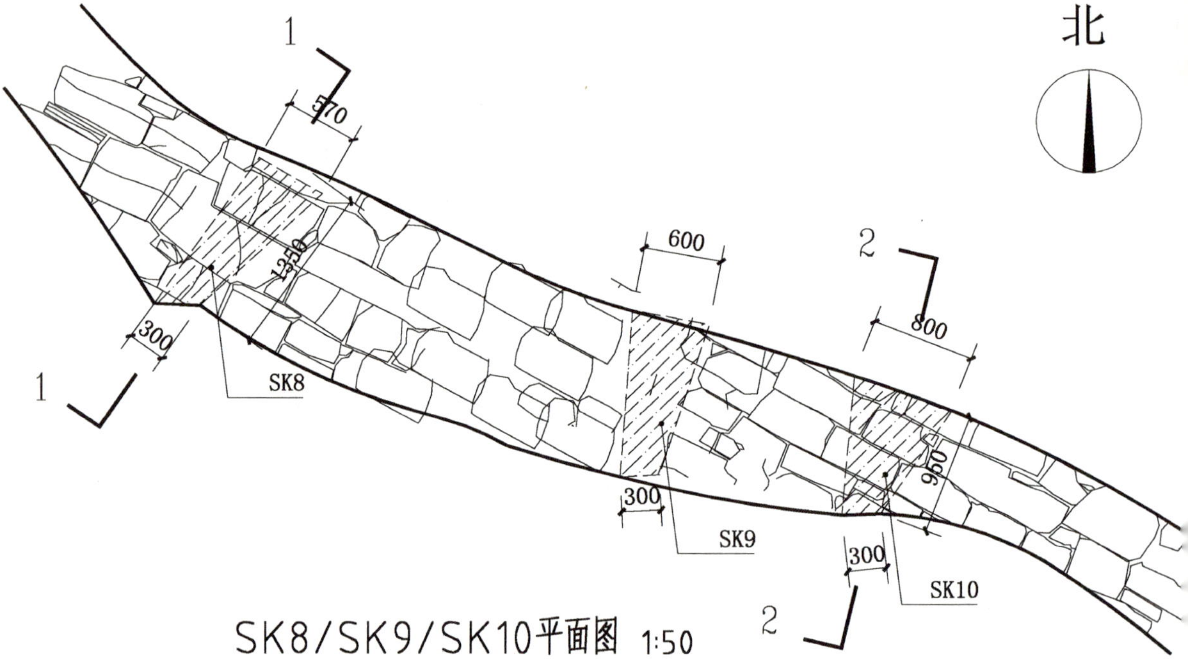

SK8/SK9/SK10平面图 1:50

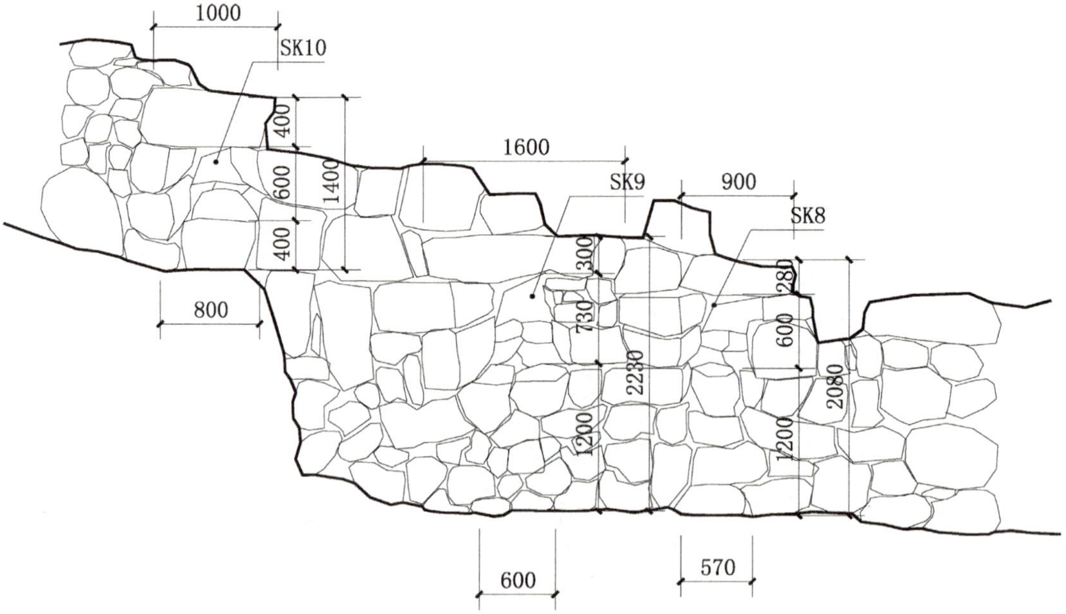

SK8/SK9/SK10北立面图 1:50

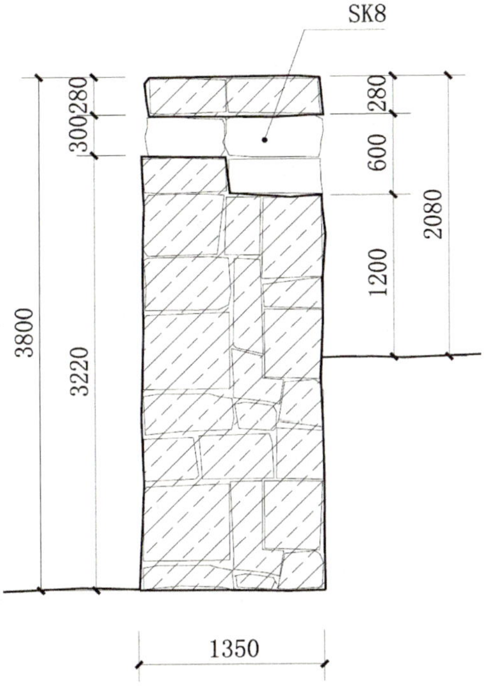

1-1剖面图 1:50

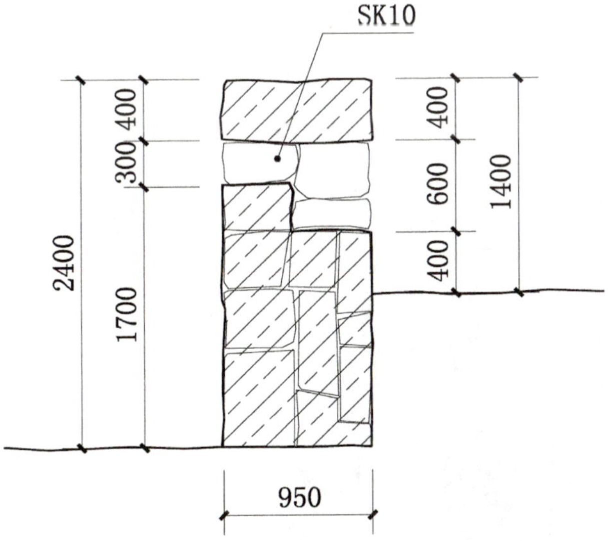

2-2剖面图 1:50

3.9 SK9 号射击孔

SK9 号射击孔位于玛瑙山营盘遗址北营盘南侧城墙上，北侧距 SK8 号射击孔 2 米，南侧距 SK10 号射击孔 0.5 米。SK9 号射击孔与 SK8 号、SK10 号射击孔形成一组较为集中的军事防御体系。坐北向南，座向 198°，海拔高度 865 米，位于北纬 28° 7′ 12″，东经 107° 45′ 52″。

SK9 号射击孔坐北向南，呈“八”字形平面布局，设置于槛墙上部，内侧下距槛墙地面 400mm、外侧下距槛墙地面 1700mm，槛墙残厚 950mm、外墙残高 2400mm、内墙残高 1400mm。射击孔采用就地开采的不规则青石未经加工直接在砌筑石墙时进行干摆砌筑而成。SK9 号射击孔立面呈“口”字形，与 SK10 号射击孔形成双拼形单孔式射击孔。射击孔长 950mm，内侧上皮和下皮宽 600mm 等同，孔高 730mm，外侧上皮与下皮宽 300mm 等同，高与内侧同。SK9 号射击孔为漏斗形射击孔。SK9 号射击孔底部为干摆城墙，断面为平面，内侧南侧两侧各以两层块状青石干摆形成框枋石，框枋石上干摆一天然条石形成上槛石，上槛石厚 400mm, 宽 1600mm。上槛石南侧上部干摆砌筑石墙残存一块。外侧建筑形式与内侧同。

SK9 号射击孔设置环境和军事防御功能与 SK8 号射击孔同。

SK9 号射击孔保存状况好，残损等级为 I 级，城墙、框枋石、上槛石等保存好，保持了原有的形制和格局。下槛石松动、位移，南北框枋石变形位移和部分风化，上槛石上部部分城墙不存，部分石材风化。

SK9 号射击孔残损主要原因与 SK8 号射击孔同。

3.10　SK10 号射击孔

SK10 号射击孔位于玛瑙山营盘遗址北营盘南侧城墙上，北侧距 SK9 号射击孔 0.5 米。SK10 号射击孔与 SK8 号、SK9 号射击孔形成一组较为集中的军事防御体系。坐北向南，座向 194°，海拔高度 865 米，位于北纬 28° 7′ 12″，东经 107° 45′ 52″。

SK10 号射击孔坐北向南，呈“八”字形平面布局，设置于槛墙上部，内侧下距槛墙地面 400mm、外侧下距槛墙地面 1700mm，槛墙残厚 950mm、外墙残高 2400mm、内墙残高 1400mm。射击孔采用就地开采的不规则青石未经加工直接在砌筑石墙时进行干摆砌筑而成。SK10 号射击孔立面呈“口”字形，与 SK9 号射击孔形成双拼形单孔式射击孔。射击孔长 950mm，内侧上皮和下皮宽 800mm 等同，孔高 600mm，外侧上皮与下皮宽 300mm 等同，高与内侧同。SK10 号射击孔为漏斗形射击孔。SK10 号射击孔底部为干摆城墙，断面为平面，内侧南侧两侧各以两层块状青石干摆形成框枋石，框枋石上干摆一天然条石形成上槛石，上槛石厚 280mm，宽 900mm。上槛石上部干摆砌筑石块墙残存两块。外侧建筑形式与内侧同。

SK10 号射击孔设置环境和军事防御功能与 SK9、SK8 号射击孔同。

SK10 号射击孔保存状况较好，残损等级为 I 级，城墙、框枋石、上槛石等保存好，完整保持了原有的形制和格局。上槛石上部部分城墙不存，部分石材风化。

SK10 号射击孔残损主要原因与 SK9、SK8 号射击孔同。

3.11 SK11 号射击孔

SK11 号射击孔位于玛瑙山营盘遗址西营盘中部严防区西部城墙上，南侧西营中部严防区西部城墙自北向南 12.0 米再向东拐 2 米处的 SK12 号射击孔形成一组火力较为集中的军事防御体系。坐西南向东北，座向 208°，海拔高度 830 米，位于北纬 28° 7′ 8″，东经 107° 45′ 53″。

SK11 号射击孔自西向南东北方向呈“八”字形平面布局，内侧 h 形城墙座墙残厚 1450mm、残高 2530mm，扶墙残厚 700mm，射击孔设置在 h 形城墙的扶墙底部，与座墙上皮平行，采用就地开采的不规则青石进行干摆砌筑而成。SK11 号射击孔立面呈“口”字形形状，为单孔式射击孔。射击孔内侧上皮和下皮宽 530mm 等同，孔高 530mm，外侧上皮与下皮宽 180mm 等同，孔高 300mm。SK11 号射击孔为漏斗形射击孔。SK11 号射击孔底部为干摆城墙座墙，断面为平面，内侧北侧以一块大型规整青石干摆于座墙上形成框枋石、南侧以多层青石块石干摆形成框枋石，南北框枋石上干摆一块规整天然青石形成上槛，上槛石厚 220mm, 宽 780mm，上槛石上再干摆砌筑石墙，残存石材一块，厚 350mm、长 580mm。其他城墙石无存。外侧建筑形式与内侧同。

SK11 号射击孔设置在西营盘中部严防区西部城墙中部，与 SK12 号射击孔和严防区内 P2 炮座配合使用，形成集近距离防御和

中远程防御为一体、强劲火力与一般火力为互补的军事防御体系，具有较强的军事防御能力。其射击和防御范围主要为西营盘中部西侧的西外城防御区域。其主要防御功能一是对玛瑙山西侧外城军事防御区敌人进行有效打击和防御，二是防御西外城军事防御区敌人经过古驿道向 M8 号门进攻；三是作为中营西部前沿唯一屏障，强化防御以确保中营安全。

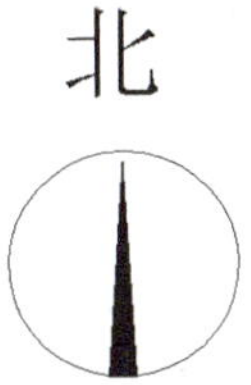

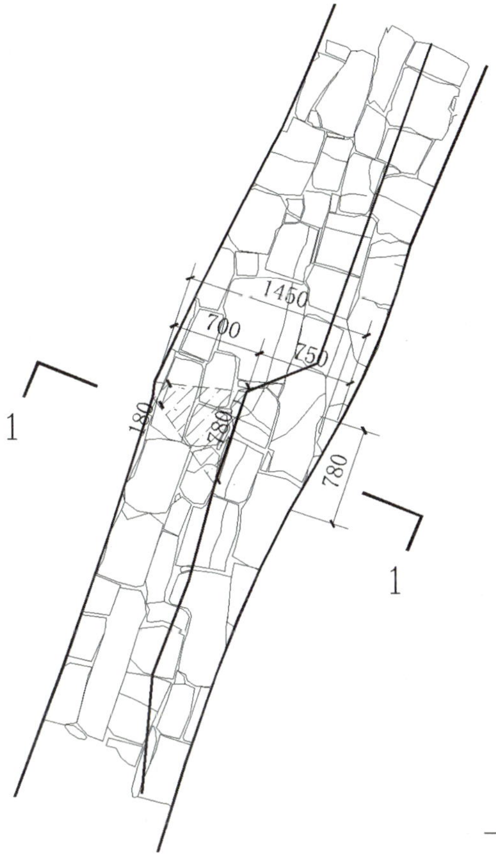

SK11平面图　1:50

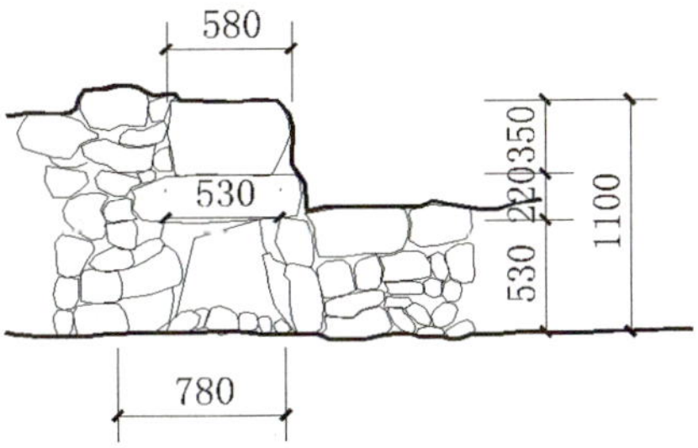

SK11东立面图　1:50

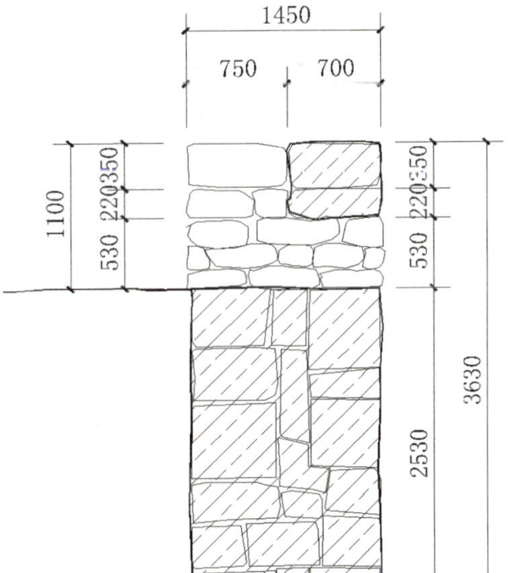

1-1剖面图　1:50

SK11 号射击孔保存状况较好，残损等级为Ⅰ级，城墙、座墙、扶墙、框枋石、上槛石等保存好，完整保持了原有的形制和格局。上槛石北侧上部部分城墙不存，部分石材风化。

SK11 号射击孔残损的主要原因：一是自然因素，即长期的风雨浸蚀造成石构件风化；二是人为破坏因素，如咸同起义造成城墙建筑的损毁及农耕生产造成石构件不存等。

3.12 SK12 号射击孔

SK12 号射击孔位于玛瑙山营盘遗址西营盘中部严防区西部城墙南侧拐角 2 米处城墙上，北侧与西营盘中部严防区西部石墙中部的 SK11 号射击孔和严防区内 P2 号炮座形成一组火力较为集中的军事防御体系。坐东向西，座向 290°，海拔高度 830 米，位于北纬 28° 7′ 9″，东经 107° 45′ 52″。

SK12 号射击孔自东向西方向呈“八”字形平面布局，设置于 h 形城墙扶墙上，内侧距地表 1260mm,h 形城墙座墙残厚 1980mm、内侧残高 2250mm、外侧残高 3270mm，扶墙残厚 1180mm，射击孔设置在 h 形城墙的扶墙中部，距座墙上皮 500mm，采用就地开采的不规则青石进行干摆砌筑而成。SK12 号射击孔立面呈“口”字形，为单孔式射击孔。射击孔内侧上皮和下皮宽 550mm 等同，孔高 280mm，外侧上皮与下皮宽 200mm 等同，孔高 280mm。SK12 号射击孔为漏斗形射击孔。SK12 号射击孔底部为干摆扶墙，断面为平面，内侧南北两侧均以一块大型规整青石干摆于扶墙上形成框枋石，南北框枋石上干摆一块规整天然青石石材形成上槛，上槛石厚 280mm, 宽 1100mm，上槛石上再干摆砌筑石墙，残存石材一层，厚 430mm、长分别为 500mm 和 400mm。其他城墙石无存。外侧建筑形式与内侧同。

SK12 号射击孔设置在西营盘中部严防区西部西南角，与 SK11 号射击孔和严防区内 P2 炮座配合使用，形成集近距离防御和中远程防御为一体、强劲火力与一般火力为互补的军事防御体系，具有较强的军事防御能力。其射击和防御范围主要为西营盘中部西

侧的西外城防御区域。其主要防御功能一是对玛瑙山西侧外城军事防御区敌人进行有效打击和防御，二是防御西外城军事防御区敌人经过古驿道向M8号门进攻；三是SK12号射击孔直接以25米近距离射程对M8号门道进行有效防御；四是作为中营西部前沿唯一屏障，强化防御以确保中营安全。

SK12号射击孔保存状况较好，残损等级为Ⅰ级，城墙、座墙、框枋石、上槛石等保存好，完整保持了原有的形制和格局。扶墙石部分位移或松动，上槛石北侧上部部分城墙不存，部分石材风化。

SK12号射击孔残损的主要原因：一是自然因素，即长期的风雨浸蚀造成石构件风化、长期风雨浸蚀造成扶墙石位移或松动；二是人为破坏因素，如咸同起义造成城墙建筑的损毁及农耕生产造成石构件不存等。

3.13　SK13号射击孔

SK13号射击孔位于玛瑙山营盘遗址西营盘南部严防区南部至西向东向上延伸的城墙中部，东侧紧临SK14号射击孔，两射击孔正射击方向平面呈直角布局，形成较为集中军事防御火力点。坐北向南，座向153°，海拔高度810米，位于北纬28°7′6″，东经107°45′54″。

SK13号射击孔自北向南方向呈“八”字形平面布局，设置于“台阶”形城墙扶墙上，内侧距地表2250mm，“台阶”形城墙座墙残厚2250mm、内侧残高900mm，“台阶”形城墙过墙残厚1400mm、残高700mm，扶墙残厚900mm、残高1330mm，城墙外侧残高3060mm、内侧残高2930mm。射击孔设置在“台阶”形城墙的扶墙中上部，距过墙上皮650mm，采用就地开采的不规则青

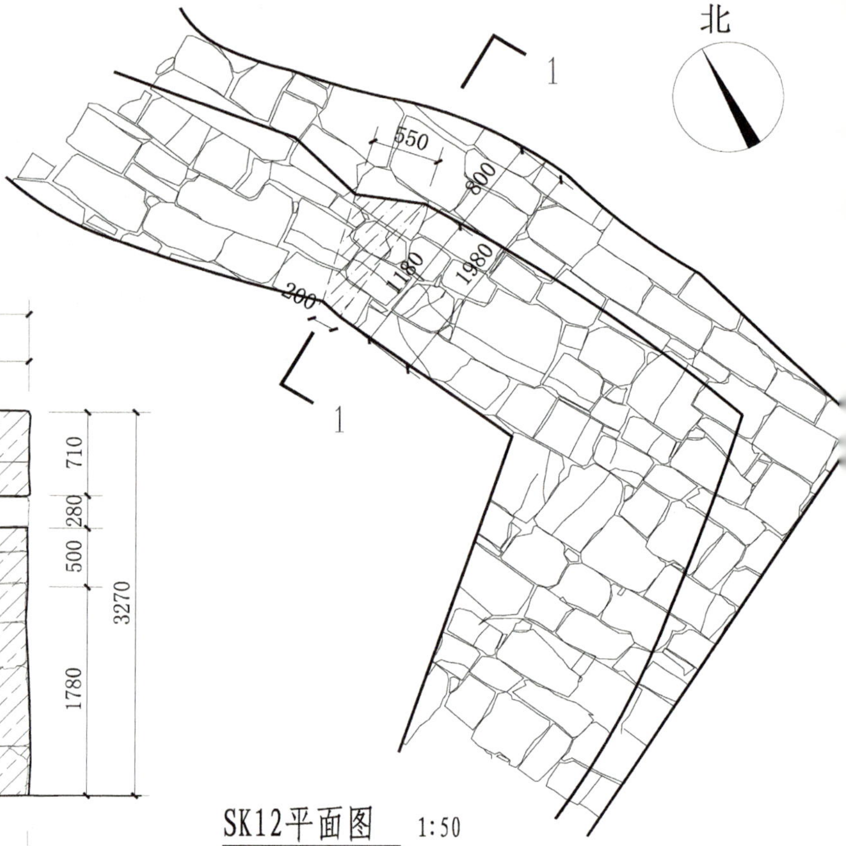

SK12平面图 1:50

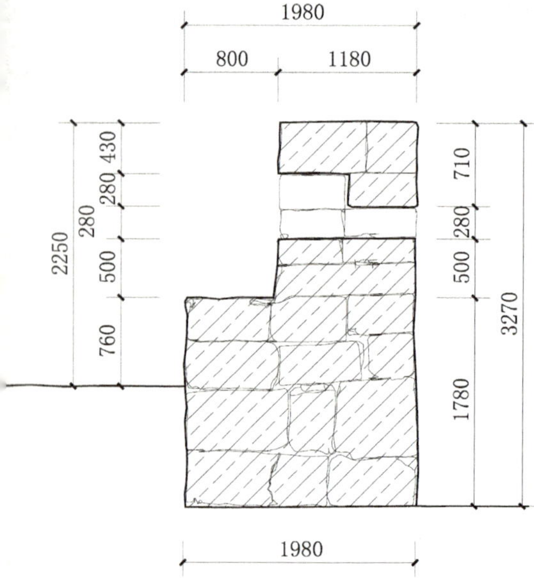

1-1剖面图 1:50

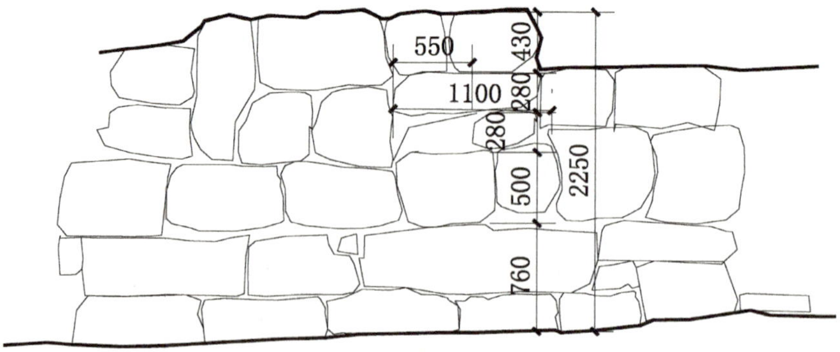

SK12东立面图 1:50

石进行干摆砌筑而成。SK13 号射击孔立面呈“口”字形，为单孔式射击孔，与 SK14 号射击孔相距 1860mm, 两射击孔射击方向平面呈直角分布，互为犄角。射击孔内侧上皮和下皮宽 460mm 等同，孔高 300mm，孔长 900mm，外侧上皮与下皮宽 200mm 等同，孔高 300mm。SK13 号射击孔为漏斗形射击孔。SK13 号射击孔底部为干摆过墙，断面为平面，内侧东西两侧均以两块规整青石干摆于扶墙上形成框枋石，东西框枋石上干摆一块规整天然青石石材形成上槛，上槛石厚 150mm, 宽 1100mm，长分别为 630mm。上槛石上再干摆砌筑石墙，残存石材一层，厚 190mm。外侧建筑形式与内侧同。

SK13 号射击孔设置在西营盘南部严防区西部西南侧半山腰城墙中部，与 SK14 号射击孔、M9 号门、子营 SK15 号射击孔、南营 SK17 号、SK18 号、SK19 号射击孔、南部外城防御区 SK22 号、SK23 号和 SK24 号射击孔，以及西营西侧山顶的 S1 号哨所和南侧 S2 号哨所、西营炮座、南营炮座等火力配合使用，形成集北部军事火力点、东部军事火力点、西北部军事火力点等集中对玛瑙山营盘西南外侧区域进行大弧形军事打击和军事防御，同时在军械上将枪和炮分别设置与使用，形成了集近距离防御和中远程防御于一体、强劲火力与一般火力为互补的军事防御体系，具有较强的军事防御能力。SK13 号射击孔与 SK14 号射击孔射击和防御范围主要为西营盘南部严防区南侧西外城防御区域。其主要防御功能一是对玛瑙山西南外城军事防御区敌人进行有效打击和防御，二是防御西外城军事防御区敌人经过古驿道向 M9 号门和 M10 号门进攻；三是 SK13 号射击孔与 SK14 号射击孔互为犄角形成有效防御和精准射击；四是作为中营西部前沿唯一屏障，强化防御以确保中营安全。

SK13 号射击孔保存状况较好，残损等级为Ⅰ级，城墙、座墙、过墙、扶墙、框

枋石、上槛石等保存好，完整保持了原有的形制和格局。扶墙石、过墙石和座墙石部分位移或松动，部分石材风化。

SK13 号射击孔残损的主要原因：一是自然因素，即长期的风雨浸蚀造成石构件风化、长期风雨浸蚀造成扶墙石位移或松动；二是人为破坏因素，如咸同起义造成城墙建筑的损毁等。

3.14 SK14 号射击孔

SK14 号射击孔位于玛瑙山营盘遗址西营盘南部严防区南部自西向东向上延伸的城墙中部拐弯处，南侧紧临 SK14 号射击孔，两射击孔正射击方向平面呈直角布局，形成较为集中的军事防御火力点。坐西向东，座向 106°，海拔高度 810 米，位于北纬 28° 7′ 6″，东经 107° 45′ 54″。

SK14 号射击孔自西向东方向呈“八”字形平面布局，设置于“凸”字形城墙帽墙上；城墙外侧残高 4700mm、内侧残高 2330mm，射击孔内侧下皮距地表 1350mm、外侧下皮距地表 4200mm,“凸”字形城墙残厚 1850mm，内侧座墙残高 800mm、残厚 800mm，外侧座墙残高 4200mm、残厚 400mm，“凸”字形城墙帽墙残厚 650mm、外侧残高 500mm、内侧残高 1530mm。射击孔设置在帽墙城墙中部，采用就地开采的不规则青石进行干摆砌筑而成。SK14 号射击孔立面呈“口”字形形状，为单孔式射击孔，与 SK13 号射击孔相距 1860mm，两射击孔射击方向平面呈直角分布，互为掎角。射击孔内侧上皮和下皮宽 630mm 等同，孔高 420mm，外侧上皮与下皮宽 400mm 等同，孔高 300mm。SK14 号射击孔为漏斗形射击孔。SK14 号射击孔底部为干摆帽墙，断面为平面，内侧南侧均以一块规整青石干摆于帽墙上形成框枋石、北侧以两层非规青石干摆于帽墙上形成框枋石，南

北两侧框枋石上干摆一块规整天然青石石材形成上槛，上槛石厚260mm，长950mm，宽650mm。上槛石干摆砌筑石墙无存。外侧建筑形式与内侧同。

SK14号射击孔设置在西营盘南部严防区西部西南侧半山腰城墙中部，与SK13号射击孔、M9号门、子营SK15号射击孔、南营SK17号、SK18号、SK19号射击孔、南部外城防御区SK22号、SK23号和SK24号射击孔，以及西营西侧山顶的S1号哨所和南侧S2号哨所、西营炮座、南营炮座等火力配合使用，形成集北部军事火力点、东部军事火力点、西北部军事火力点集中对玛瑙山营盘西南外侧区域进行大弧形军事打击和军事防御，同时在军械上将枪和炮的分别设置与使用，形成了集近距离防御和中远程防御于一体、强劲火力与一般火力为互补的军事防御体系，具有较强的军事防御能力。SK14号射击孔与SK13号射击孔射击和防御范围主要为西营盘南部严防区南侧西外城防御区域，其中SK14号射击孔还可对M9号实行近距离定点防御。其主要防御功能一是对玛瑙山西南外城军事防御区敌人进行有效打击和防御，二是防御西外城军事防御区敌人经过古驿道向M9号门和M10门进攻；三是SK14号射击孔与SK13号射击孔互为掎角形成有效防御和精准射击；四是作为中营西部前沿唯一屏障，强化防御以确保中营安全。

SK14号射击孔保存状况较好，残损等级为Ⅳ级，城墙、座墙、“凸”字墙、框枋石、上槛石基本保持原有的建筑布局和形制。座墙、“凸”字墙、框枋石、上槛石部分位移或松动，上槛石上部城墙不存，部分石材风化。

SK14号射击孔残损的主要原因：一是自然因素，即长期的风雨浸蚀造成石构件风化及长期风雨浸蚀造成座墙、“凸”字墙、框枋石、上槛石部分位移或松动；二是人为破坏因素，如咸同起义造成“凸”字墙上部城墙不存及农耕生产造成石构件部分不存等。

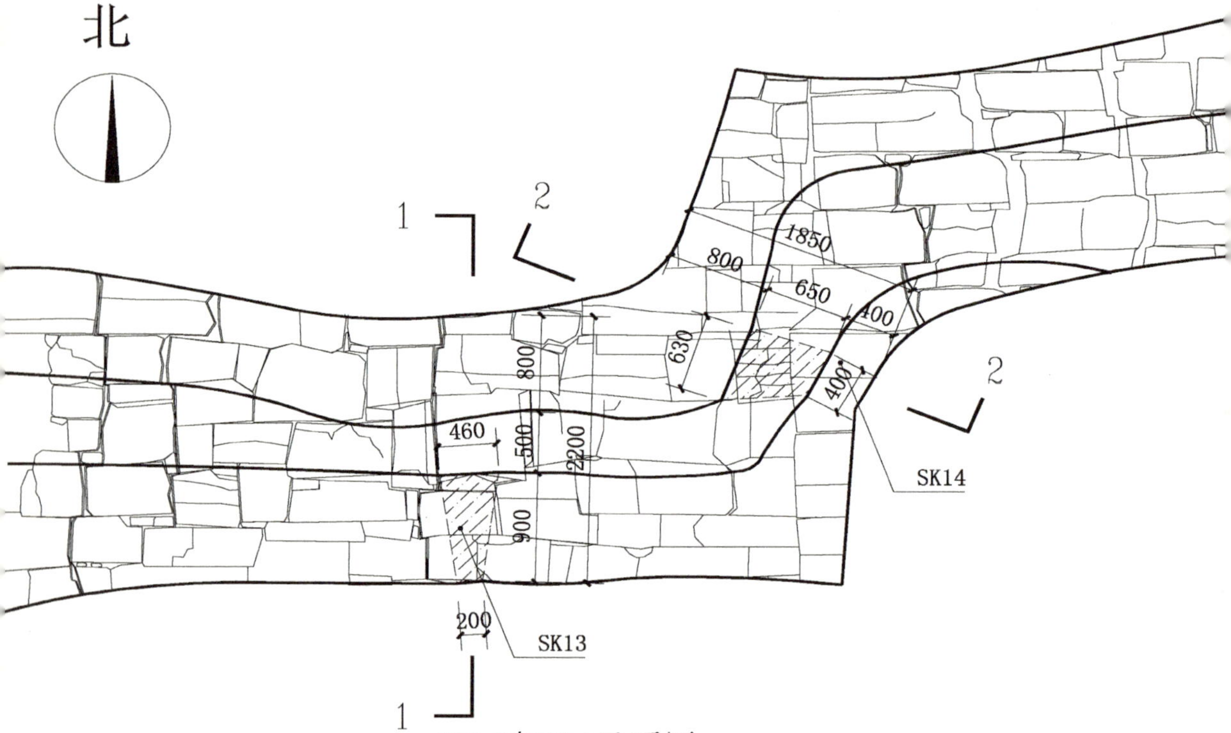

SK13/SK14平面图 1:50

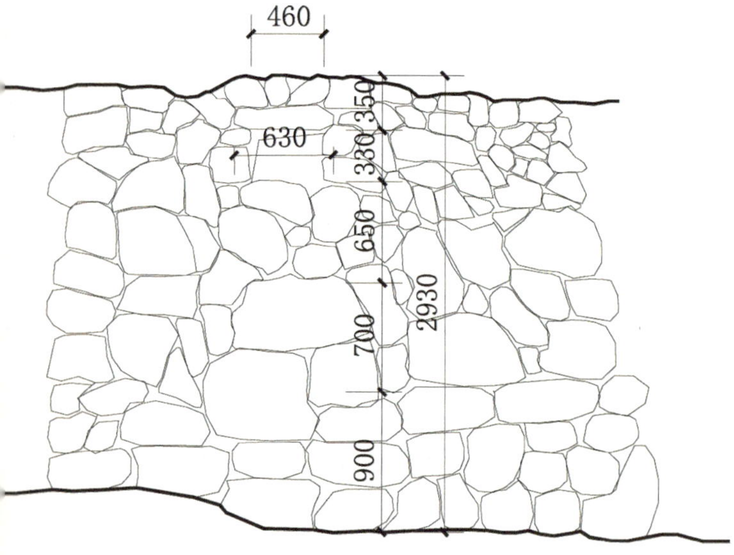

SK13北立面图 1:50

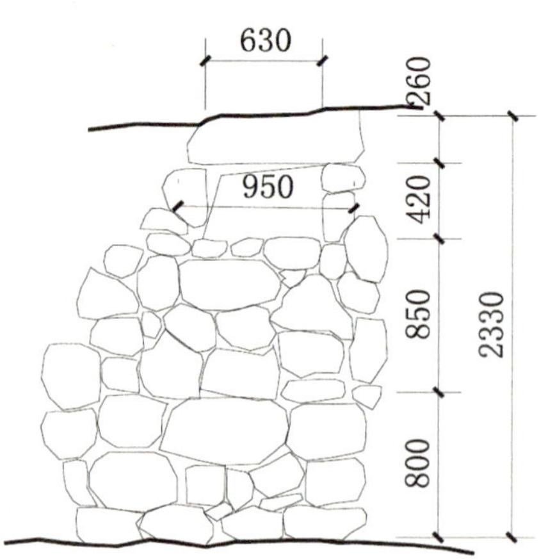

SK14北立面图 1:50

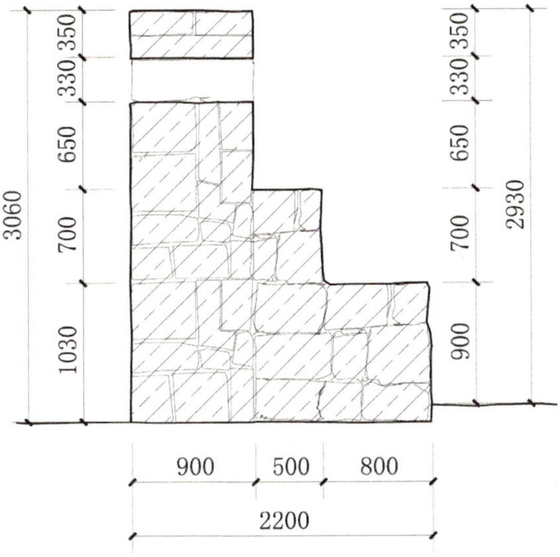

1-1剖面图 1:50

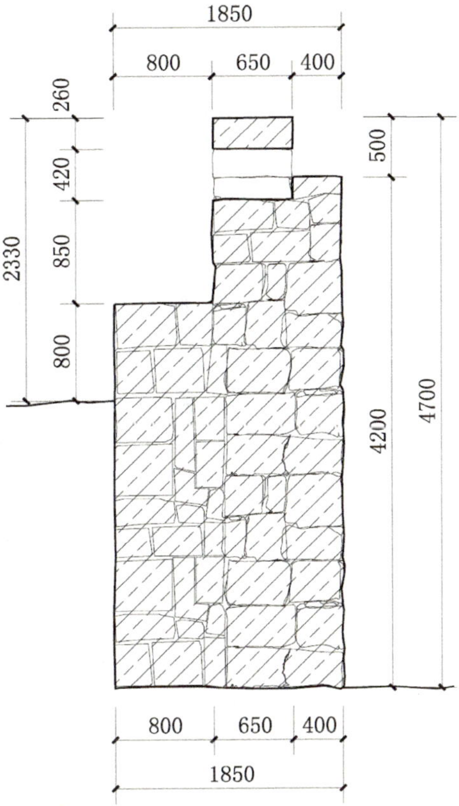

2-2剖面图 1:50

3.15　SK15 号射击孔

SK15 号射击孔位于玛瑙山营盘遗址子营盘城墙南部拐弯处，南侧 30 米处为 M9 号门道，东侧 11 米处和 15 米处分别为南营盘西侧城墙上的 SK17 号射击孔和 SK18 号射击孔。坐东北向西南，座向 224°，海拔高度 835 米，位于北纬 28° 7′ 5″，东经 107° 45′ 55″。

SK15 号射击孔自东北向西南方向呈“八”字形平面布局，设置于“I”字形城墙中部；城墙外侧残高 2800mm、内侧残高 1800mm，残厚 960mm；射击孔内侧下皮距地表 400mm、上皮距墙顶 900mm，射击孔外侧下皮距地表 1400mm、上皮距墙顶 900mm，“I”字形城墙采用就地开采的不规则青石进行干摆砌筑而成。SK15 号射击孔立面呈“日”字形，为单孔式射击孔，内侧上皮、中槛和下皮宽630mm等同，孔高420mm，外侧上皮与下皮宽600mm等同，孔高250mm。SK15号射击孔为“日”字形、单孔式、漏斗形射击孔。SK15号射击孔底部为干摆槛墙断面为平面，内侧东西两侧均以三层规整青石干摆于城墙上形成框枋石，东西两侧框枋石中部干摆一整石形成额石、额石上再干摆一块规整天然青石形成上槛，额石长920mm、厚200mm、宽470mm，上槛石厚250mm, 长920mm、宽960mm。上槛石干摆砌筑石墙残高650mm。外侧建筑形式与内侧同。

SK15号射击孔设置在子营盘南部城墙中部，与西营SK13号射击孔、SK14号射击孔、M9号门、南营SK17号、SK18号、SK19号射击孔、南部外城防御区SK22号、SK23号和SK24号射击孔，以及西营西侧山顶的S1号哨所和南侧S2号哨所、西营炮座、南营炮座等火力配合使用，形成集北部军事火力点、东部军事火力点、西北部军事火力点集中对玛瑙山营盘西南外侧区域进行大弧形军事打击和军事防御，在这一区域的弧形防御体系中，SK15号射击孔位于弧线中部，是这一弧形军事防御体系的主要射击点，与南营SK17号、SK18号射击点互为掎角，是玛瑙山营盘西南外城军事防御区军事防御体系中近距离防御和中远程防御重要组成部分之一。SK15号射击孔射击和防御范围主要是西外城防御区域，其主要防御功能一是对玛瑙山西南外城军事防御区敌人进行有效打击和防御，二是防御西外城军事防御区敌人经过古驿道向M9号门和M10号门进攻；三是SK15号射击孔与SK17号、SK18号射击孔互为掎角形成有效防御和精准射击；四是作为中营西部前沿唯一屏障，强化防御以确保中营安全。

SK15号射击孔保存状况较好，残损等级为Ⅱ级，城墙、框枋石、中槛石和上槛石基本保持原有的建筑布局和形制。座墙、框枋石、中槛石和上槛石部分位移或

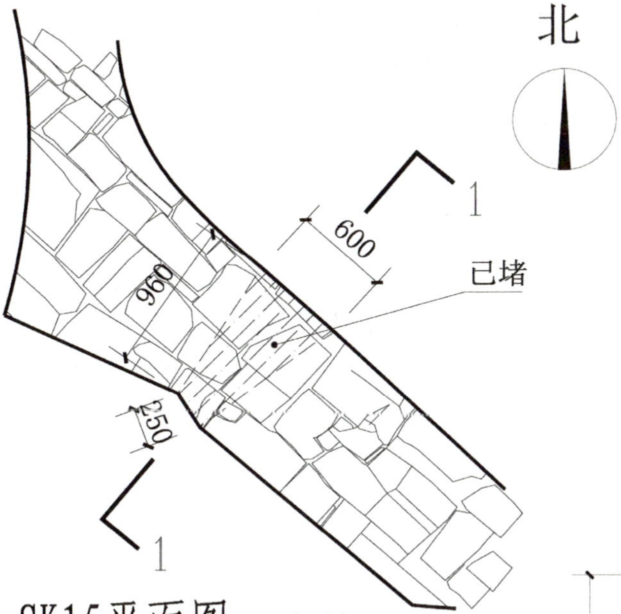

SK15平面图　1:50

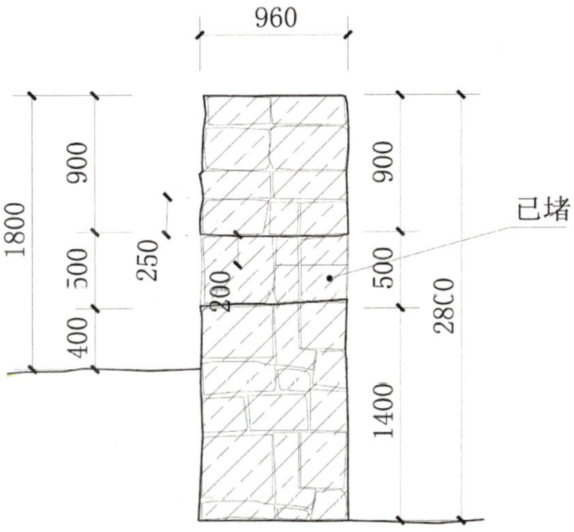

1-1剖面图　1:50

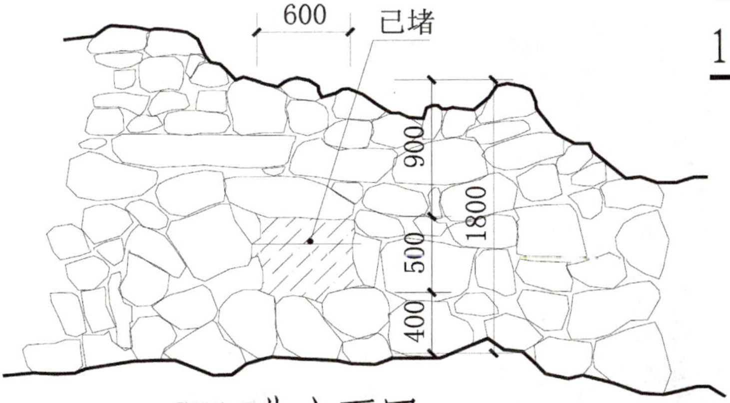

SK15北立面图　1:50

松动，射击孔人为堵塞，部分石材风化。

SK15 号射击孔残损的主要原因：一是自然因素，即长期的风雨浸蚀造成石构件风化及长期风雨浸蚀造成座墙、框枋石、中槛石和上槛石部分位移或松动；二是人为破坏因素，如咸同起义造成城墙上部部分石构件损毁及农耕生产造成石构件部分不存等。

3.16 SK16 号射击孔

SK16 号射击孔位于玛瑙山营盘遗址南营盘城墙中北部自东向西走向城墙西侧，紧临西侧 4 米处 M24 号门道，射击孔北侧城墙下方为进入玛瑙山南营盘腹地的地下通道 M44 号门道入口，与北侧 PL1 号炮楼互为掎角。坐南向北，座向 29°，海拔高度 850 米，位于北纬 28° 7′ 6″，东经 107° 45′ 55″。

SK15 号射击孔自南向北方向呈“八”字形平面布局，设置于 h 形城墙上部；城墙外侧残高 2100mm、残厚 1200mm，座墙残高 1200 mm、扶墙残高不存；SK15 号射击孔底部为干摆座墙，断面为平面，内侧东西两侧均以一块规整青石干摆于城墙上形成框枋石，南北两侧框枋石中部干摆一整石形成额石、额石上再干摆一块规整天然青石石材形成上槛，上槛石不存。

SK16 号射击孔设置在南营盘中北部城墙上，与子营 PL1 号炮楼南墙上的 SK33 号、SK34 号、SK35 号、SK36 号射击孔等火力配合使用，其主要防御功能是对 PL1 号炮楼与南营盘中北部城墙之间一个瓮城进行军事防御。其防御功能一是对玛瑙山东部外城失守时，敌人经 M45 号门进入玛瑙山南营腹地地下通道出 M44 号门道的敌人进行有效打击和防御，二是中营和子营等人员退守进入 M44 号门进行防御，确保退守人员安全。

SK15 号射击孔保存状况很差，残损等级为 V 级，城墙、框枋石基本保持

原有的建筑布局和形制。座墙、框枋石、扶墙位移严重，上槛石不存，部分石材风化。

SK15 号射击孔损毁主要原因：一是自然因素，即长期的风雨浸蚀造成石构件风化及长期风雨浸蚀造成座墙、框枋石和上槛石位移或松动；二是人为破坏因素，如咸同起义造成上槛石构件的损毁及农耕生产造成石构件部分不存等。

3.17　SK17 号射击孔

SK17 号射击孔位于玛瑙山营盘遗址南营盘西侧城墙中部拐弯处，西侧 11 米处为 SK15 号射击孔，东南侧 4 米处为 SK18 号射击孔。坐东朝西，座向 250°，海拔高度 827.8 米，位于北纬 28° 7′ 5″，东经 107° 45′ 54″。

SK17 号射击孔自东向西方向呈“八”字形平面布局，设置于 h 形城墙扶墙上部；城墙外侧残高 3000mm、内侧残高 2030mm，残厚 1730mm，其中座墙厚 730mm、扶墙厚 1000mm；射击孔内侧下皮距地表 1350mm、下皮距座墙上皮 650mm，射击孔上皮距墙顶 260mm，射击孔外侧下皮距地表 2320mm、上皮距墙顶 260mm,h 形城墙采用就地开采的不规则青石进行干摆砌筑而成。SK17 号射击孔立面呈“口”字形，为单孔式射击孔，内侧上皮和下皮宽 680mm 等同，孔高 420mm，外侧上皮与下皮宽 300mm 等同，孔高 420mm。SK17 号射击孔为“单孔式、漏斗形”射击孔。SK17 号射击孔底部以干摆扶墙断面为平面，内侧南北两侧均以两块规整青石平行干摆于城墙上形成框枋石，框枋石上干摆一块规整天然青石形成上槛，上槛石厚 260mm, 长 1500mm、宽 600mm+400mm。上槛石干摆砌筑石墙无存。外侧建筑形式与内侧同。

SK17 号射击孔设置在南营盘西侧城墙中部拐弯处，与 SK18 号射击孔形成犄角之势，西营 SK13 号射击孔、SK14 号射击孔、M9 号门、子营 SK15 号、南营 SK18 号、SK19 号射击孔、南部外城防御区 SK22 号、SK23 号和 SK24 号射击孔，以及西营西侧山顶的 S1 号哨所和南侧 S2 号哨所、西营炮座、南营炮座等火力配合

使用，集北部军事火力点、东部军事火力点、西北部军事火力点对玛瑙山营盘西南外侧区域进行大弧形军事打击和军事防御，在这一区域的弧形防御体系中，SK17号射击孔位于弧线中南部，是这一弧形军事防御体系的主要射击点，与SK18号射击点互为犄角，是玛瑙山营盘西南外城军事防御区军事防御体系中近距离防御和中远程防御重要组成部分之一。SK17号射击孔射击和防御范围主要是西外城防御区域，其主要防御功能一是对玛瑙山西南外城军事防御区敌人进行有效打击和防御，二是防御西外城军事防御区敌人经过古驿道向M9号门和M10号门进攻；三是SK17号射击孔与SK18和SK15号射击孔互为犄角形成有效防御和精准射击；四是作为中营西部前沿唯一屏障，强化防御以确保中营安全。

SK17号射击孔保存状况较好，残损等级为Ⅱ级，城墙、座墙、扶墙、框枋石和上槛石基本保持原有的建筑布局和形制。座墙石、框枋石、扶墙石和上槛石部分位移或松动，上槛石上部城墙不存，部分石材风化。

SK17号射击孔残损的主要原因：一是自然因素，即长期的风雨浸蚀造成石构件风化及长期风雨浸蚀造成座墙石、框枋石、扶墙石和上槛石部分位移或松动；二是人为破坏因素，如咸同起义造成城墙上部部分石构件的损毁及农耕生产造成石构件部分不存等。

3.18 SK18号射击孔

SK18号射击孔位于玛瑙山营盘遗址南营盘西侧城墙中部拐弯处，东侧4米处为SK17号射击孔，南侧10米处为M10号门道。坐东朝西，座向206°，海拔高度830.3米，位于北纬28° 7′ 4″，东经107° 45′ 55″。

SK18号射击孔自东向西方向呈“八”字形平面布局，设置于h形城墙扶墙上部；城墙外侧残高2980mm、内侧残高2980mm，残厚 1800mm，其中座墙厚 700mm、扶墙厚 1100mm；射击孔内侧下皮距地表 2180mm、下皮距座墙上皮 1280mm，射击孔上皮距墙顶 380mm，射击孔外侧下皮距地表 2980mm、上皮距墙顶 800mm,“h”型城墙采用就地开采的不规则青石进行干摆砌筑而成。SK18 号射击孔立面呈“口”字形，为单孔式射击孔，内侧上皮和下皮宽 800mm 等同，孔高 380mm，外侧上皮与下皮宽 300mm 等同，孔高 300mm。SK18 号射击孔为“单孔式、漏斗形”射击孔。SK18 号射击孔底部以干摆扶墙断面为平面，内侧南侧以一块规整青石平行干摆于扶墙上形成框枋石、北侧以三层青石干摆于扶墙上形成框枋石，框枋石上干摆一块规整天然青石石材形成上槛，上槛石厚 390mm, 长 1500mm、宽 600mm+500mm。上槛石干摆砌筑石墙残高 410mm。外侧建筑形式与内侧同。

SK18 号射击孔设置在南营盘西侧城墙中部拐弯处，与 SK18 号射击孔形成犄角之势，西营 SK13 号射击孔、SK14 号射击孔、M9 号门、子营 SK15 号、南营 SK17 号、SK19 号射击孔、南部外城防御区 SK22 号、SK23 号和 SK24 号射击孔，以及西营西侧山顶的 S1 号哨所和南侧 S2 号哨所、西营炮座、南营炮座等火力配合使用，在这一区域形成的大弧形防御体系与 SK17 号射击孔同。SK17 号射击孔射击和防御范围主要是西外城防御区域和防守 M10 号门道，主要防御功能与 SK17 号同。

SK18 号射击孔保存状况较好，残损等级为Ⅱ级，城墙、座墙、扶墙、框枋石和上槛石基本保持原有的建筑布局和形制。座墙石、框枋石、扶墙石和上槛石部分位移，射击孔下皮断面座墙石、框枋石风化严重。

SK18 号射击孔残损主要原因：一是自然因素，即长期的风雨浸蚀和植被造成石构件风化及长期风雨浸蚀造成座墙石、框枋石、扶墙石和上槛石部分位移；二是人为破坏因素，如农耕生产造成石构件部分不存等。

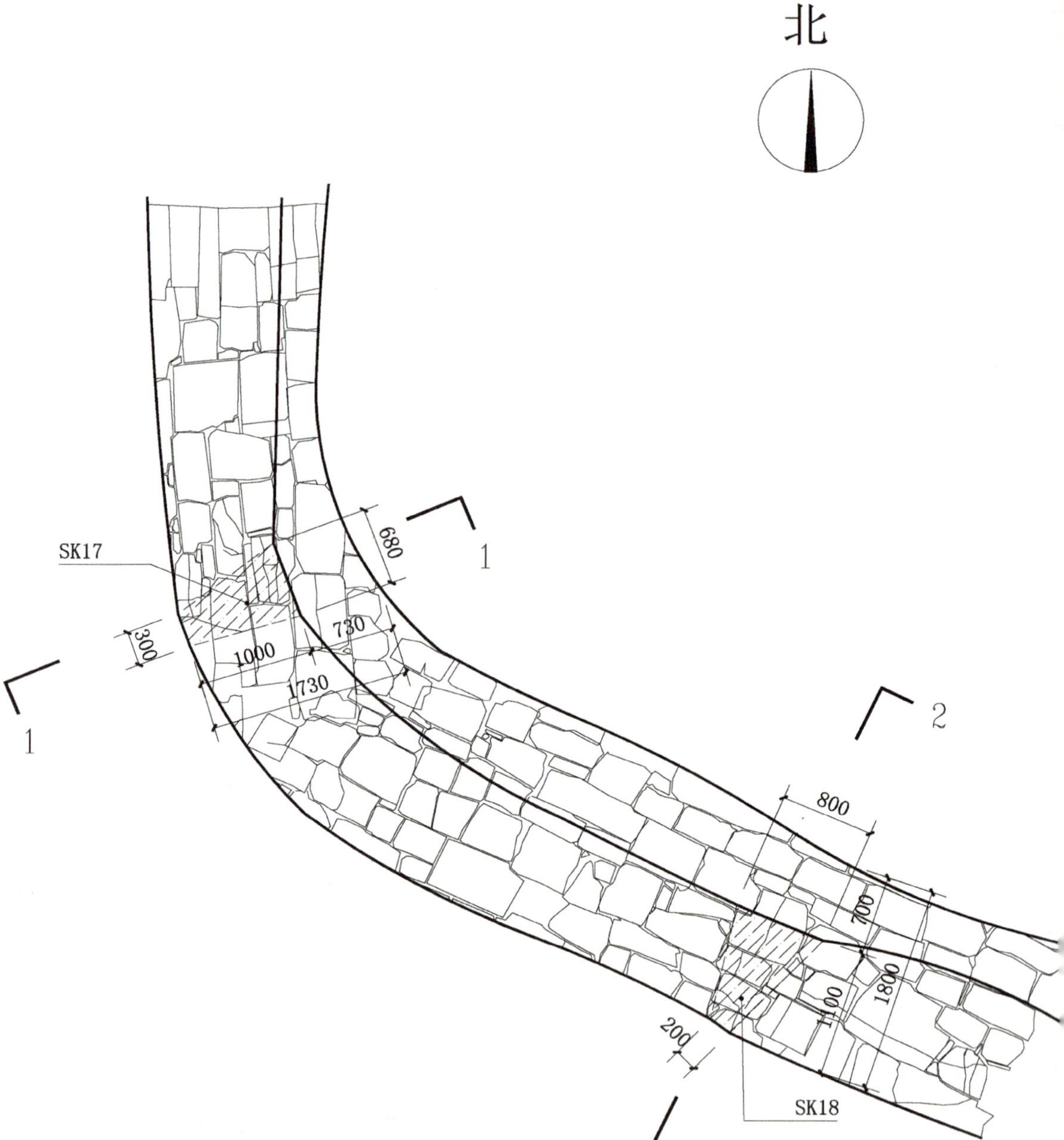

SK17/SK18平面图 1:50

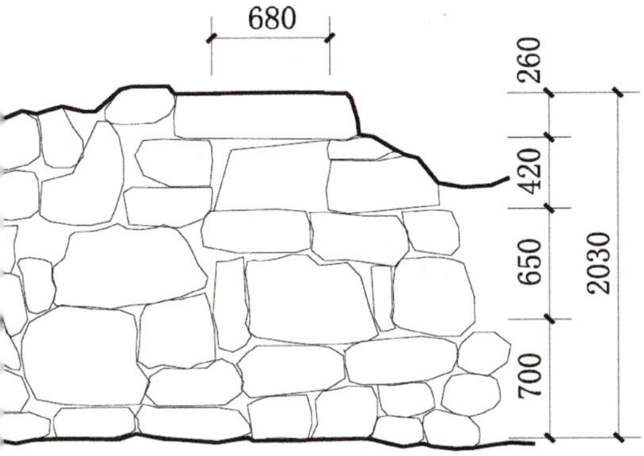

SK17东立面图　1:50

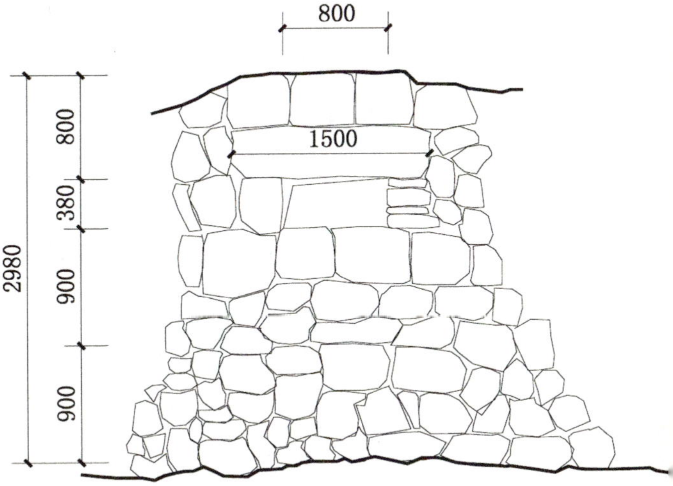

SK18北立面图　1:50

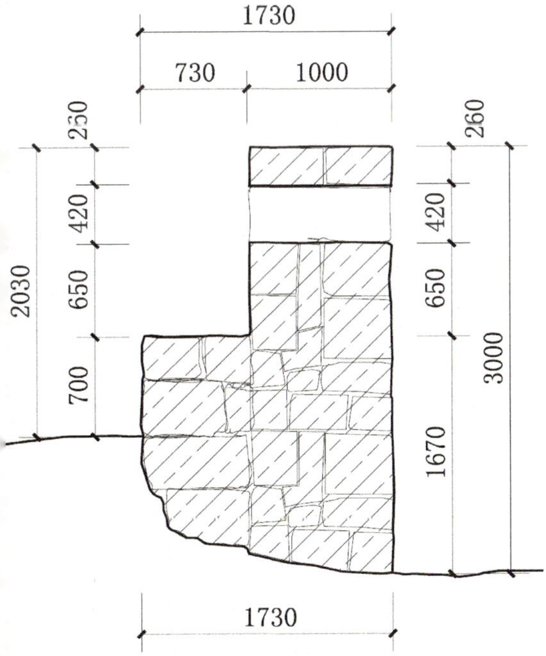

1-1剖面图　1:50

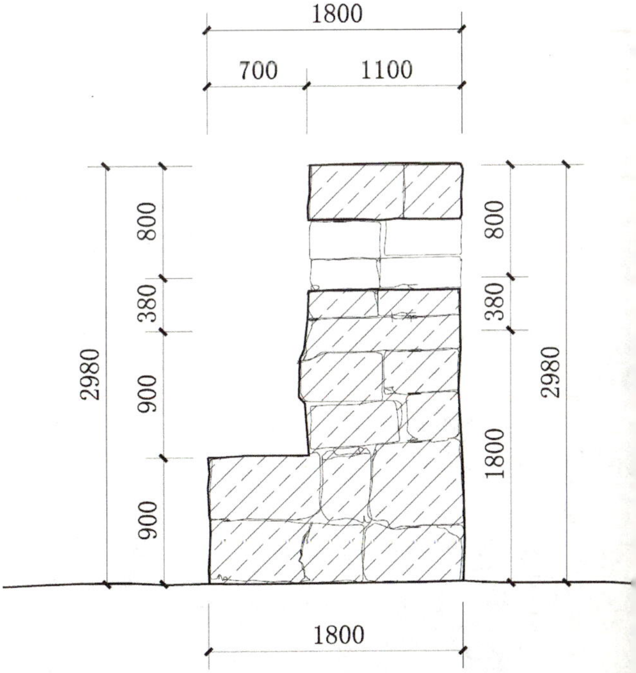

2-2剖面图　1:50

3.19 SK19 号射击孔

SK19 号射击孔位于玛瑙山营盘遗址南营盘南侧城墙拐角处，东北侧 28 米处为 SK20 号射击孔，南侧 18 米“一字”城墙为 6 米等距设置的 SK22 号、SK23 号、SK24 号射击孔，西北侧 31 米为 M10 号门道。坐东北向西南，座向 219°，海拔高度 836.5 米，位于北纬 28° 7′ 3″，东经 107° 45′ 56″。

SK19 号射击孔自东北朝西南方向呈“八”字形平面布局，设置于 h 形城墙扶墙底部；城墙外侧残高 2900mm、内侧残高 2230mm，残厚 1550mm，其中座墙厚 500mm、扶墙厚 1050mm；射击孔内侧下皮距地表 600mm、下皮与座墙水平，射击孔上皮距墙顶 1130mm；射击孔外侧下皮距地表 1330mm、上皮距墙顶 1130mm,h 形城墙采用就地开采的相对规整的青石进行干摆砌筑而成。SK19 号射击孔立面呈“口”字形，为单孔式射击孔，内侧上皮和下皮宽 350mm 等同，孔高 500mm，外侧上皮与下皮宽 300mm 等同，孔高 300mm。SK19 号射击孔为“单孔式、漏斗形”射击孔。SK19 号射击孔底部以干摆座墙断面为平面，内侧东侧以一块规整青石平行干摆于扶墙上形成框枋石、西侧以两层青石干摆于扶墙上形成框枋石，框枋石上干摆一块规整天然青石形成上槛，上槛石厚 150mm, 长 920mm、宽与射击孔长等同，内部构造不详。上槛石干摆砌筑石墙残高 1130—1180mm。外侧建筑形式与内侧同。

SK19 号射击孔设置在南营盘南侧城墙拐角处，与南侧 18 米处

“一”字城墙为 6 米等距设置的 SK22 号、SK23 号、SK24 号射击孔形成“丁”字形布局，互为犄角，是西营 SK13 号射击孔、SK14 号射击孔、M9 号门、子营 SK15 号、南营 SK17 号、SK18 号射击孔防御区南端火力点，其形成的防御功能与上述射击孔同。与南部外城防御区 SK22 号、SK23 号和 SK24 号射击孔，以及西营西侧山顶的 S1 号哨所和南侧 S2 号哨所、西营炮座、

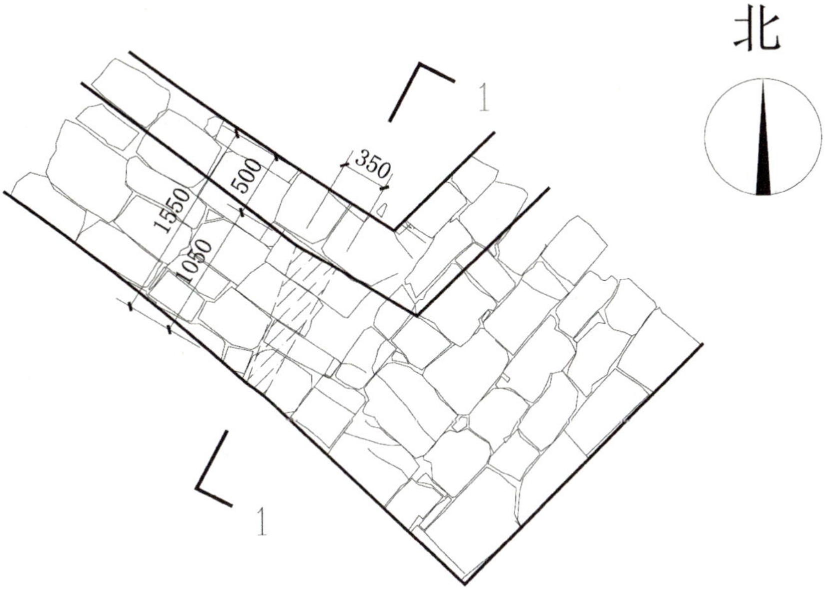

SK19平面图 1:50

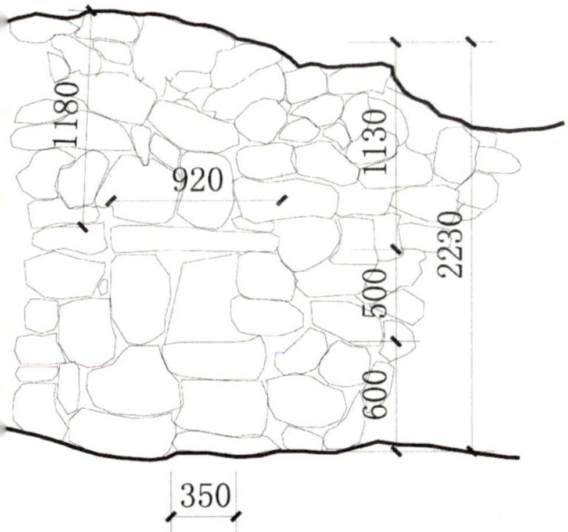

SK19北立面图 1:50

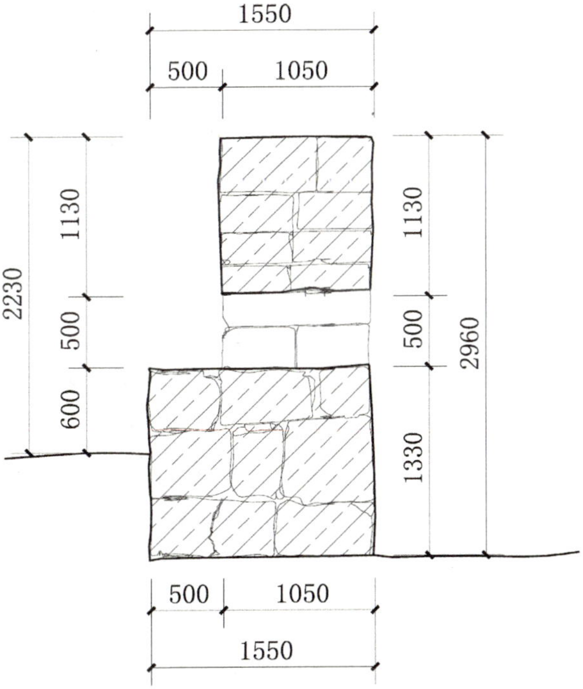

1-1剖面图 1:50

南营炮座等火力配合使用，在这一区域形成的大弧形防御体系中是南部的集中防御体系。

SK19 号射击孔保存状况较好，残损等级为Ⅱ级，城墙、座墙、扶墙、框枋石和上槛石基本保持原有的建筑布局和形制。座墙石、框枋石、扶墙石和上槛石部分位移，射击孔下皮断面座墙石风化严重。

SK19 号射击孔残损的主要原因：一是自然因素，即长期的风雨浸蚀和植被造成石构件风化及长期风雨浸蚀造成座墙石、框枋石、扶墙石和上槛石部分位移；二是人为破坏因素，如农耕生产造成石构件部分不存等。

3.20　SK20 号射击孔

SK20 号射击孔位于玛瑙山营盘遗址南营盘东南城墙东侧，西南侧 28 米处为 SK19 号射击孔，北侧 12 米为 SK21 号射击孔，东北侧 35 米为从南部外城军事防御区进入东营盘的主要门道 M12 号。坐西北朝东南，座向 139°，海拔高度 836.6 米，位于北纬 28° 7′ 4″，东经 107° 45′ 57″

SK20 号射击孔至西北朝东南方向呈“八”字形平面布局，设置于“h”型城墙扶墙上部；城墙外侧残高 3100mm、内侧残高 2750mm，残厚 1880mm，其中座墙厚 650mm、扶墙厚 1230mm；射击孔内侧下皮距地表 2050mm、下皮距座墙上皮 850mm，射击孔上皮距墙顶 200mm；射击孔外侧下皮距地表 2400mm、上皮距墙顶 200mm,h 形城墙采用就地开采的相对规整青石进行干摆砌筑而成。SK20 号射击孔立面呈“口”字形，为单孔式射击孔，内侧上皮和下皮宽 800mm 等同，孔高 500mm，外侧上皮与下皮宽 300mm 等同，孔高 300mm。SK20 号射击孔为“单孔式、漏斗形”射击孔。SK20 号射击孔底部以干摆“h”形城墙扶墙断面为平面，内侧北侧以四层相对规整青石干摆于扶墙上形成框枋石、南侧以三层相对规整青石干摆于扶墙上形成框枋石，框枋石上干摆一块规整天然青石形成上槛，上槛石厚 200mm, 长 1600mm、宽由两块石材平铺

干砌于框枋石上与射击孔长 1230mm 等同。上槛石干摆砌筑石墙残无存。外侧建筑形式与内侧同。

SK20 号射击孔设置在南营盘南部城墙自西向东走向的东端，与南营盘东部城墙拐角相邻。南营盘南部城墙全段 32 米仅遗存 SK20 号射击孔，从 SK20 号射击孔分布城墙残损状况分析，该段城墙至少还有两个射击孔。SK20 号射击孔主要防御范围是南部外城军事防御区域，其防御功能是与该段城墙西段射击孔（无存）和南营盘东部南侧的 SK21 号射击孔配合使用，形成南营盘南部和东南部的火力集中点，对南部外城军事防御区进行有效防御和打击。

SK20 号射击孔保存状况一般，残损等级为Ⅱ级，城墙、座墙、扶墙、框枋石和上槛石基本保持原有的建筑布局和形制。座墙石、框枋石和上槛石部分位移，南侧扶墙石位移严重，射击孔下皮断面座墙石风化严重。

SK20 号射击孔残损的主要原因：一是自然因素，即长期的风雨浸蚀和植被造成石构件风化及长期风雨浸蚀造成座墙石、框枋石和上槛石部分位移；二是人为破坏因素，如农耕生产造成石构件部分不存及咸同起义战争对本体造成一定的破坏等。

3.21　SK21 号射击孔

SK21 号射击孔位于玛瑙山营盘遗址南营盘东部城墙东南角，东侧紧贴东营盘南石墙，距东营盘南城墙 M12 号门道 27 米，南侧 12 米为 SK21 号射击孔。坐西朝东，座向 78°，海拔高度 835.0 米，位于北纬 28° 7′ 4″，东经 107° 45′ 56″。

SK21 号射击孔至西朝东方向呈“八”字形平面布局，设置于 h 形城墙扶墙上部；城墙外侧残高 2550mm、内侧残高 2400mm，残厚 2000mm，其中座墙厚 750mm、扶墙厚 1250mm；射击孔内

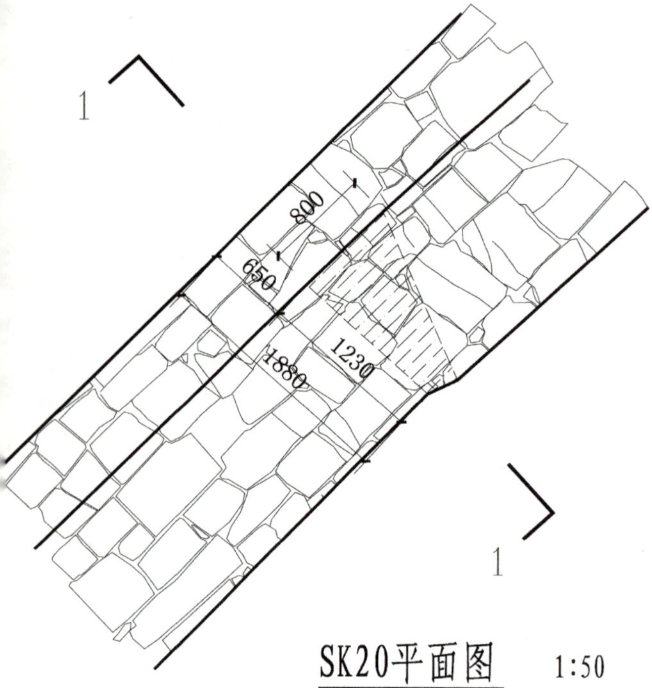

SK20平面图　1:50

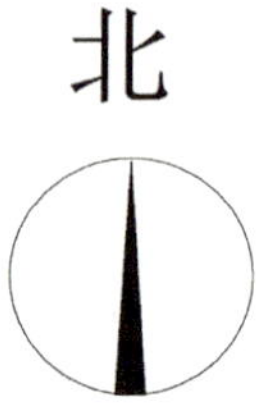

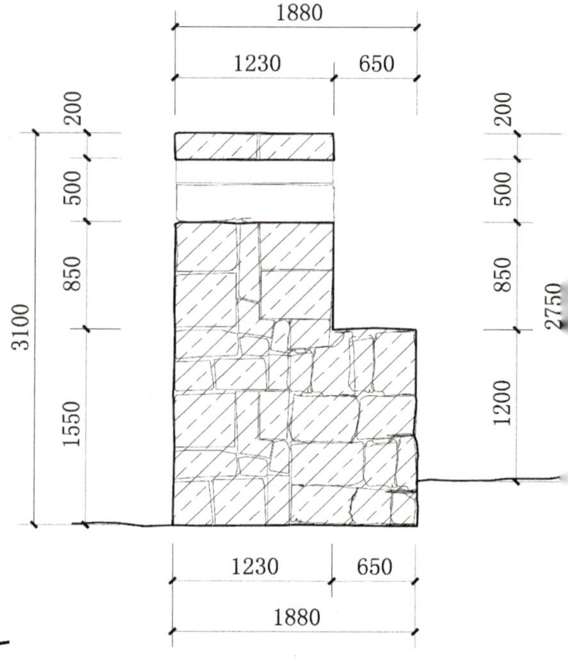

1-1剖面图　1:50

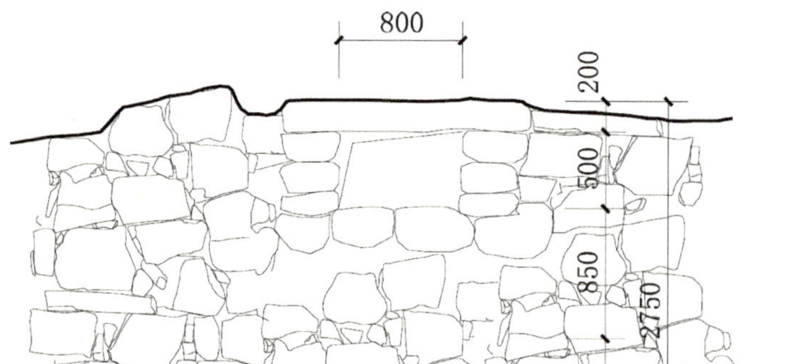

SK20北立面图　1:50

侧下皮距地表 1800mm、下皮距座墙上皮 600mm，射击孔上皮距墙顶 200mm；射击孔外侧下皮距地表 1950mm、上皮距墙顶 200mm，“h”形城墙采用就地开采的相对规整青石进行干摆砌筑而成。SK21 号射击孔立面呈“口”字形形状，为单孔式射击孔，内侧上皮和下皮宽 700mm 等同，孔高 400mm，外侧上皮与下皮宽 300mm 等同，孔高 300mm。SK21 号射击孔为“单孔式、漏斗形”射击孔。SK21 号射击孔底部以干摆 h 形城墙扶墙断面为平面，内侧北侧以两层相对规整青石干摆于扶墙上形成框枋石、南侧以三层非规整青石干摆于扶墙上形成框枋石，框枋石上干摆一块规整天然青石形成上槛，上槛石厚 200mm，长 1420mm、宽由两块石材平铺干砌于框枋石上与射击孔长 1250mm 等同。上槛石干摆砌筑石墙残存 460mm。外侧建筑形式与内侧同。

SK21 号射击孔设置在南营盘东部城墙东南角，与东营盘南城墙和西城墙相交处的西南角相邻。SK21 号射击孔主要防御范围是对 M12 号门道实行中近程射击防御，同进配合 SK20 号射击孔对南部外城军事防御区域进行防御。其防御功能是与南营盘南部石东侧的 SK20 号形成犄角之势，形成南营盘南部和东南部的火力集中点，对南部外城军事防御区进行有效防御和打击。

SK21 号射击孔保存状况好，残损等级为 I 级，城墙、座墙、扶墙、框枋石和上槛石基本保持原有的建筑布局和形制。扶墙石和框枋石部分位移，射击孔下皮断面座墙石风化严重，上槛石上部石部分不存。

SK21 号射击孔残损的主要原因：一是自然因素，即长期的风雨浸蚀和植被造成石构件风化及长期风雨浸蚀造成扶墙石和框枋石部分位移；二是人为破坏因素，如农耕生产造成石构件部分不存及咸同起义战争对本体造成一定的破坏等。

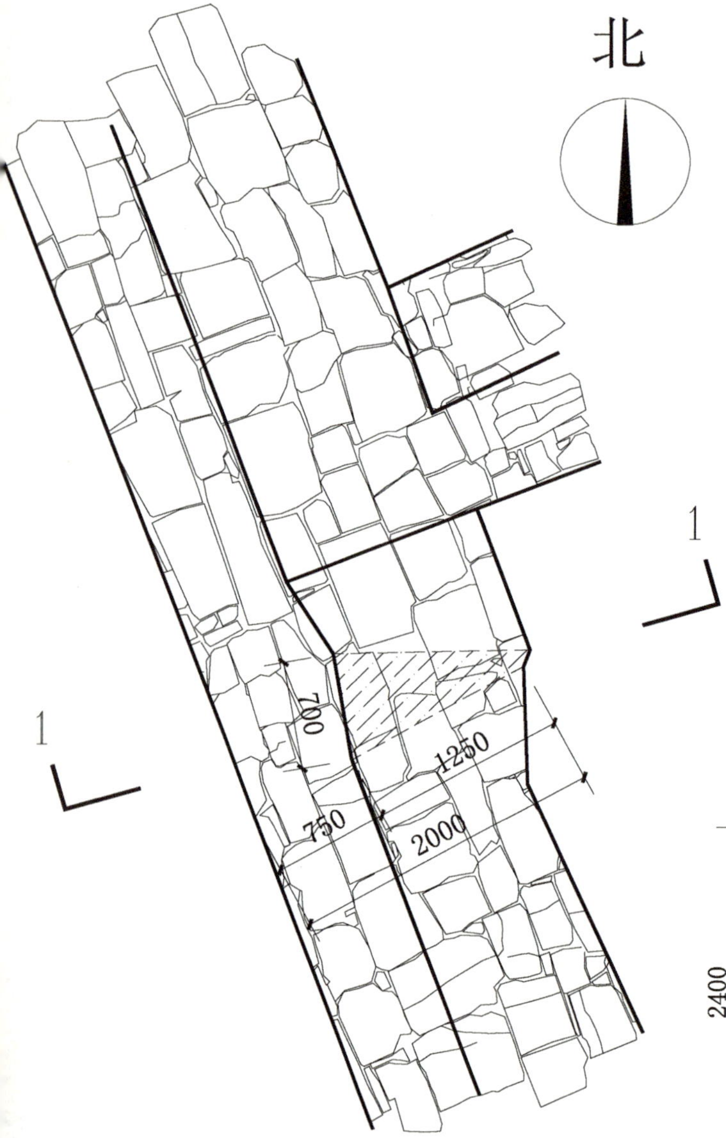

SK21平面图 1:50

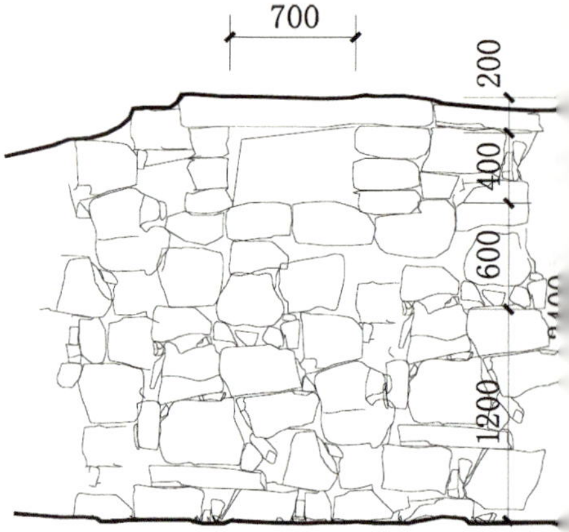

SK21西立面图 1:50

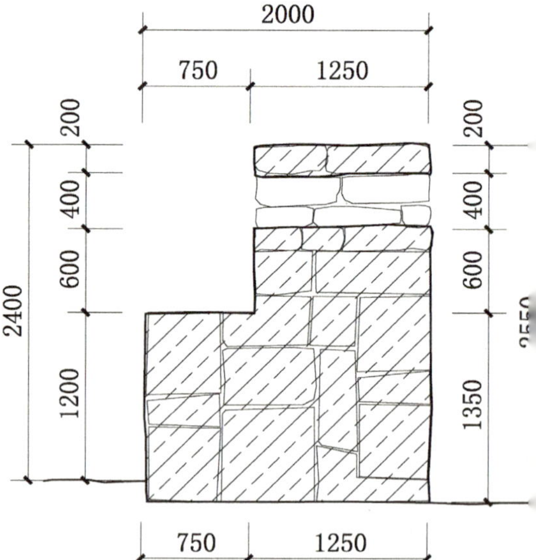

1-1剖面图 1:50

3.22　SK22 号射击孔

SK22 号射击孔位于玛瑙山营盘遗址南营盘南外侧、南部外城军事防御区西侧的“一”字形城墙北端，南与城墙上的 SK23 号射击孔和 SK24 号射击孔相邻 6 米等距，北距 18 米与南营盘南部城墙的SK19 号射击孔并列。坐东向西，座向 248°，海拔高度 810 米，位于北纬 28° 7′ 5″，东经 107° 45′ 56″。

SK22 号射击孔自东向西方向呈“八”字形平面布局，设置于“Ⅰ”字形城墙上部；城墙外侧残高 2550mm、内侧残高 1250mm，残厚 1240mm；射击孔内侧下皮距地表 300mm、上皮距墙顶 450mm，射击孔外侧下皮距地表 1600mm、上皮距墙顶 450mm，“Ⅰ”字形城墙采用就地开采的不规则青石进行干摆砌筑而成。SK22 号射击孔立面呈“口”字形形状，为单孔式射击孔，内侧上皮和下皮宽 460mm 等同，孔高 500mm，外侧上皮与下皮宽 300mm 等同，孔高 250mm。SK22 号射击孔为单孔式、漏斗形射击孔。SK22 号射击孔底部以干摆槛墙断面为平面，内侧南北侧均以一块规整青石干摆于城墙上形成框枋石，南北两侧框枋石上再干摆一块规整天然青石形成上槛。上槛石厚 240mm、长 520mm、残宽 680mm。上槛石干摆砌筑石墙残存高 210mm。外侧建筑形式与内侧同。

SK22 号射击孔设置在南营盘南外侧、南部外城军事防御区西侧的“一”字形城墙北端，与西营 SK23 号射击孔、SK24 号射击孔形成南部外城西部火力集中点，与南营 SK17 号、SK18 号、SK19 号射击孔、M10 号门、西营 M10 号门、SK13 号射击孔、SK14 号射击孔和子营 SK15 号射击孔、西侧山顶的 S1 号哨所和南侧 S2 号哨所、西营炮座、南营炮座等火力配合使用，形成集北部军事火力点、东部军事火力点、西北部军事火力点对玛瑙山营盘西南外侧区域进行大弧形军事打击和军事防御。在这一军事防御区域的

弧形防御体系中，SK22 号射击孔与 SK23 号射击孔和 SK24 号射击孔位于弧线南端，是这一弧形军事防御体系的主要射击点之一，同时与南营 SK19 号射击孔形成“一”字城军事防御体系，成为玛瑙山营盘西南外城军事防御区军事防御体系中近距离防御和中远程防御重要组成部分。SK22 号射击孔射击和防御范围主要是西外城防御区域，其主要防御功能一是对玛瑙山西南外城军事防御区敌人进行有效打击和防御，二是防御西外城军事防御区敌人经过古驿道向 M9 号门和 M10 门进攻；三是 SK22 号射击孔与 SK23 号、SK24 号射击孔呈“一”字形形成有效防御和精准射击；四是作为中营西部前沿唯一屏障，强化防御以确保中营安全。

SK22 号射击孔保存状况差，残损等级为Ⅱ级，城墙、框枋石、上槛石基本保持原有的建筑布局和形制。城墙、框枋石、上槛石和上槛石上部城墙部分位移或松动，上槛石残损 50%，射击孔下槛风化严重。

SK22 号射击孔残损的主要原因：一是自然因素，即长期的风雨浸蚀造成石构件风化及长期风雨浸蚀和杂树杂草生长造成座墙、框枋石、中槛石和上槛石部分位移或松动；二是人为破坏因素，如咸同起义造成城墙上部部分石构件的损毁及农耕生产造成石构件部分不存等。

3.23 SK23 号射击孔

SK23 号射击孔位于玛瑙山营盘遗址南营盘南外侧、南部外城军事防御区西侧的“一”字形城墙中部，北侧 6 米处为 SK22 号射击孔、南侧 6 米处为 SK24 号射击孔。坐东向西，座向 240°，海拔高度 810 米，于北纬 28° 7′ 5″，东经 107° 45′ 56″。

SK23 号射击孔自东向西方向呈“八”字形平面布局，设置于“Ⅰ”字形城墙上部；城墙外侧残高 1600mm、内侧残高 1600mm，残厚 1000mm；射击孔内侧与外侧下皮距地表 1000mm、上皮距墙顶 300mm，“Ⅰ”字形城墙采用就地开采的不规则青石进行干摆砌筑而成。SK23 号射击孔立面呈“口”字形形状，为单孔式射击孔，内侧上皮和下皮宽 500mm 等同，孔高 300mm，外

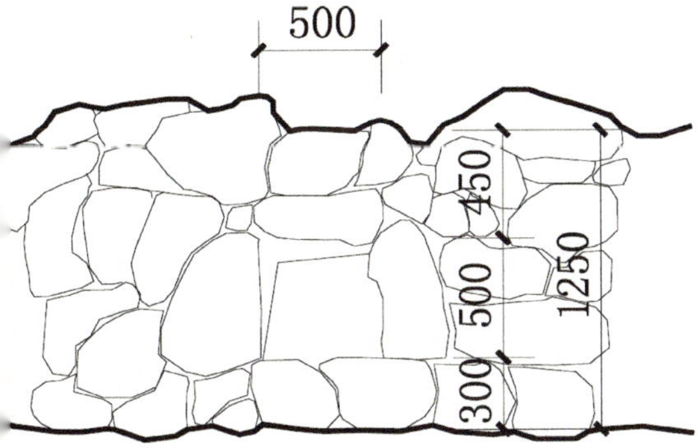

SK22东立面图　1:50

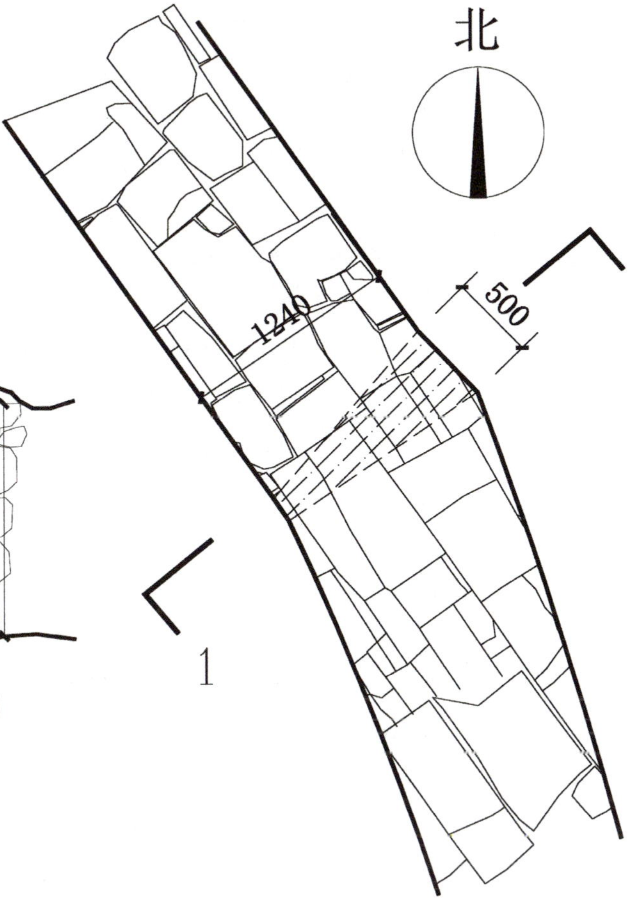

SK22平面图　1:50

1-1剖面图　1:50

侧上皮与下皮宽200mm等同，孔高200mm。SK23号射击孔为单孔式、漏斗形射击孔。SK23号射击孔底部以干摆槛墙，断面为平面，内侧南侧均以一块规整青石干摆于城墙上形成框枋石，内侧北侧均以两层相对规整青石干摆于城墙上形成框枋石，南北两侧框枋石上再干摆一块规整天然青石形成上槛。上槛石厚300mm、长900mm、残宽700mm。上槛石干摆砌筑石墙残存无。外侧建筑形式与内侧同。

SK23号射击孔设置在南营盘南外侧、南部外城军事防御区西侧的“一”字形城墙中端，与西营SK22号射击孔、SK24号射击孔形成南部外城西部火力集中点，与南营SK17号、SK18号、SK19号射击孔、M10号门、西营M10号门、SK13号射击孔、SK14号射击孔和子营SK15号射击孔、西侧山顶的S1号哨所和南侧S2号哨所、西营炮座、南营炮座等火力配合使用，形成集北部军事火力点、东部军事火力点、西北部军事火力点对玛瑙山营盘西南外侧区域进行大弧形军事打击和军事防御。在这一军事防御区域的弧形防御体系中，SK23号射击孔位于SK22号和SK24号射击孔中间，在防御过程中是这一集中火力点的指挥中心点，三个射击孔形成的集中火力点位于弧线南端，成为西南外城这一弧形军事防御体系的主要射击点之一，同时还与南营SK19号射击孔形成“一”字形军事防御体系，成为玛瑙山营盘西南外城军事防御区军事防御体系中近距离防御和中远程防御重要组成部分之一。SK23号射击孔射击和防御范围主要是与SK22号射击孔同，其主要防御功能与SK22号射击孔同。

SK23号射击孔保存状况较差，残损等级为Ⅲ级，城墙、框枋石、上槛石基本保持原有的建筑布局和形制。城墙、框枋石、上槛石上部城墙位移或松动，上槛石上部城墙无存，上槛石残损40%，射击孔下槛风化严重。

SK23号射击孔残损主要原因与SK22号射击孔同。

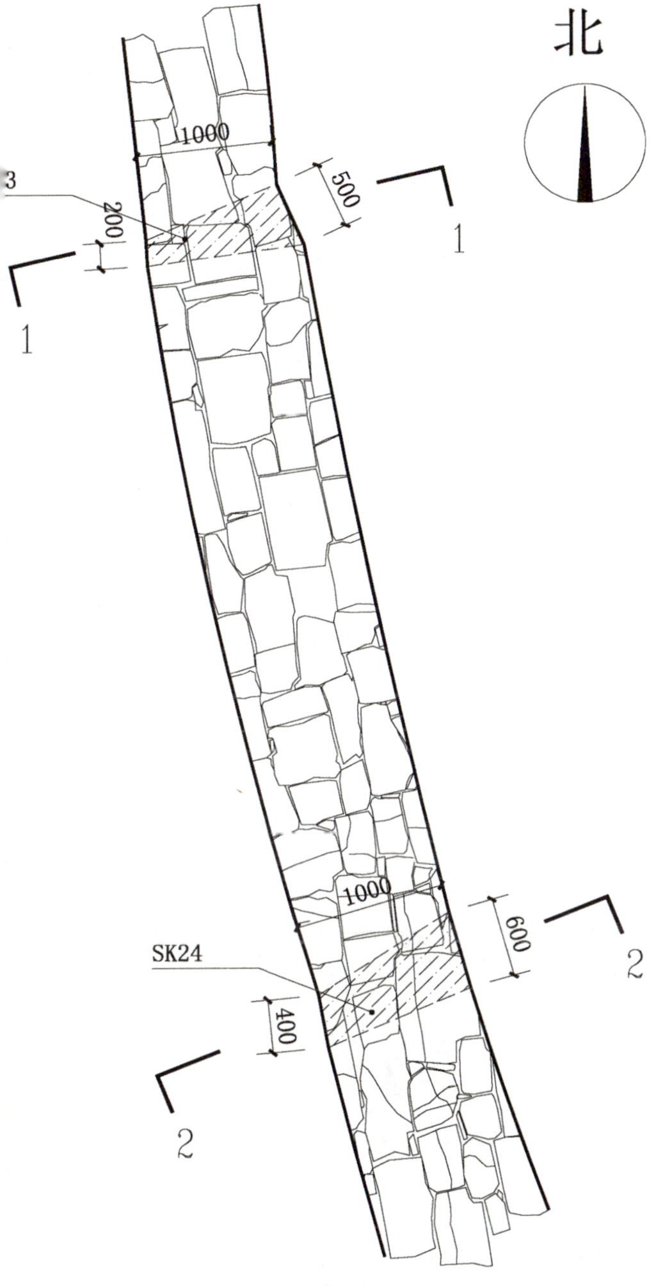

SK23/SK24平面图 1:50

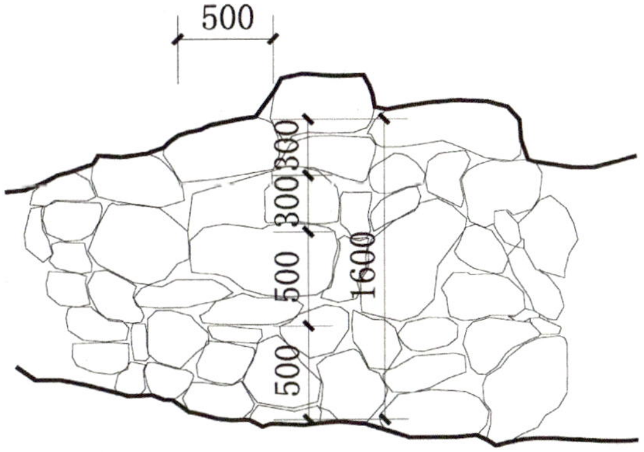

SK23东立面图 1:50

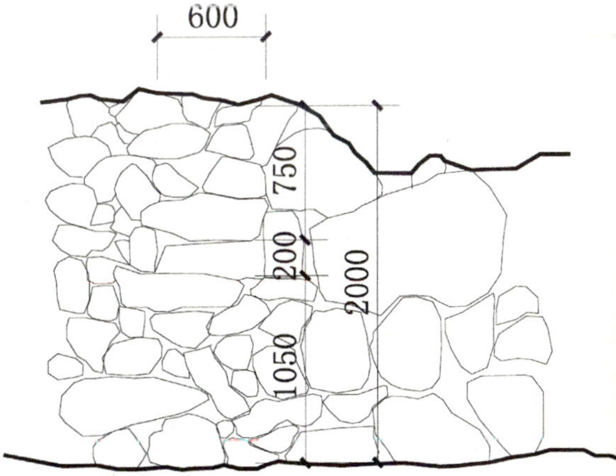

SK24东立面图 1:50

3.24 SK24号射击孔

SK24号射击孔位于玛瑙山营盘遗址南营盘南外侧、南部外城军事防御区西侧的“一字”型城墙南端，北侧6米处为与SK23号射击孔、12米处为SK22号射击孔。坐东向西，座向225°，海拔高度810米，位于北纬28° 7′ 6″，东经107° 45′ 56″。

SK24号射击孔自东向西方向呈“八”字形平面布局，设置于“Ⅰ”字形城墙中上部；城墙外侧残高2000mm、内侧残高2000mm，残厚1000mm；射击孔内侧与外侧下皮距地表1050mm、上皮距墙顶750mm，“Ⅰ”字形城墙采用就地开采的不规则青石进行干摆砌筑而成。SK24号射击孔立面呈“口”字形，为单孔式射击孔，内侧上皮和下皮宽600mm等同，孔高200mm，外侧上皮与下皮宽400mm等同，孔高200mm。SK24号射击孔为单孔式、漏斗形射击孔。SK24号射击孔底部以干摆槛墙断面上再干摆一块相对规整的青石形成下槛石，内侧南侧以一块规整青石干摆于下槛石上形成框枋石，内侧北侧以一块相对规整青石干摆于城墙断面上形成框枋石，南北两侧框枋石上再干摆一块规整天然青石形成上槛。上槛石厚330mm、长720mm、残宽1000mm。上槛石上干摆砌筑石墙残存420mm。外侧建筑形式与内侧同。

SK24号射击孔设置在南营盘南外侧、南部外城军事防御区

西侧的“一”字形城墙南端，与西营SK22号射击孔、SK23号射击孔形成南部外城西部火力集中点，与南营SK17号、SK18号、SK19号射击孔、M10号门、西营M10号门、SK13号射击孔、SK14号射击孔和子营SK15号射击孔、西侧山顶的S1号哨所和南侧S2号哨所、西营炮座、南营炮座等火力配合使用，形成集北部军事火力点、东部军事火力点、西北部军事火力点对玛瑙山营盘西南外侧区域进行大弧形军事打击和军事防御。在这一军事防御区域的弧形防御体系中，SK24号射击孔位于SK22号和SK23号射击孔最南侧，在防御过程中是这一集中火力点的南部主要射击点，三个射击孔形成的集中火力点位于弧线南端，成为西南外城这一弧形军事防御体系的主要射击点之一，同时还与南营SK19号射击孔形成“一”字形军事防御体系，成为玛瑙山营盘西南外城军事防御区军事防御体系中近距离防御和中远程防御重要组成部分之一。SK24号射击孔射击和防御范围主要是在与SK22号射击孔相同的基础上，还负责南侧防御区域的防御，其主要防御功能与SK22号、SK23号射击孔同。

SK24号射击孔保存状况较好，残损等级为Ⅰ级，城墙、框枋石、上槛石、上槛石上部城墙基本保持原有的建筑布局和形制。城墙部分结构松动或位移。

SK24号射击孔残损主要是自然因素，杂树根系对城墙造成一定破坏。

3.25　SK25号射击孔

SK25号射击孔位于玛瑙山营盘遗址东营盘东部城墙东南角，南紧贴M13号门道，外侧为玛瑙山东部外城军事防御区。坐西向东，座向116°，海拔高度830米，位于北纬28° 7′ 8″，东经105° 45′ 59″。

SK25号射击孔自西向东方向呈“八”字形平面布局，设置于“台阶”形城墙扶墙顶部；城墙外侧残高3500mm、内侧残高3420mm，残厚2100mm，其中座墙650mm、过墙350mm、扶墙 1100mm，射击孔残厚 800mm；射击孔内侧与外侧下皮距地表 2980mm、上皮距墙顶 120mm，“台阶”形城墙座墙和过墙采用就地开采的青石经过粗加工干摆砌筑，扶墙采用就地开采的不规则青石直接干摆砌筑于过墙上部。SK25 号射击孔立面呈“口”字形，为单孔式射击孔，内侧上皮和下皮宽 450mm 等同，孔高 400mm，外侧上皮与下皮宽 300mm 等同，孔高 300mm。SK25 号射击孔为单孔式、漏斗形射击孔。SK25 号射击孔底部以青石干摆扶墙断面为平面，内侧南侧以一块规整青石干摆于下槛石上形成框枋石，内侧北侧以一块相对规整青石干摆于城墙断面上形成框枋石，框枋石上再干摆一块相对规整天然青石石材形成上槛。上槛石厚 120mm、长 840mm、残宽 800mm。上槛石上干摆砌筑石墙残存一块石材。外侧建筑形式与内侧同。

SK25 号射击孔设置在东营盘东部城墙东南角拐角处，南侧紧贴 M13 号门道，出 M13 号门道经外侧玛瑙山东部外城军事防御区向东 100 余米为东南部外城“一”字城墙，再出“一”字城墙上的 M14 号门道出营进入东部外城官田古寨。SK25 号射击孔与 PL3 号炮楼呈南北对峙布局，互为犄角，形成对东部外城军事防御区域进行有效防御。其主要防御功能一是对经 M14 号门进入东南外城军事防御的内部人员进行核查防御，二是对进入东部外城军事防御区“叛变”人员进行射击，三是满足岗哨防御配置需要。

SK25 号射击孔保存状况一般，残损等级为 I 级，城墙、框枋石、上槛石基本保持原有的建筑布局和形制，上槛石上部城墙残存一块，南北两侧框枋石位移松动、城墙部分结构松动或位移。

SK25 号射击孔残损的主要原因：一是自然因素，即长期风雨浸蚀造成石质构件风化及长期风雨浸蚀造成座墙石、框枋石和上槛石部分位移；二是人为破坏因素，如农耕生产造成石构件部分不存及咸同起义战争对本体进行一定的破坏等。

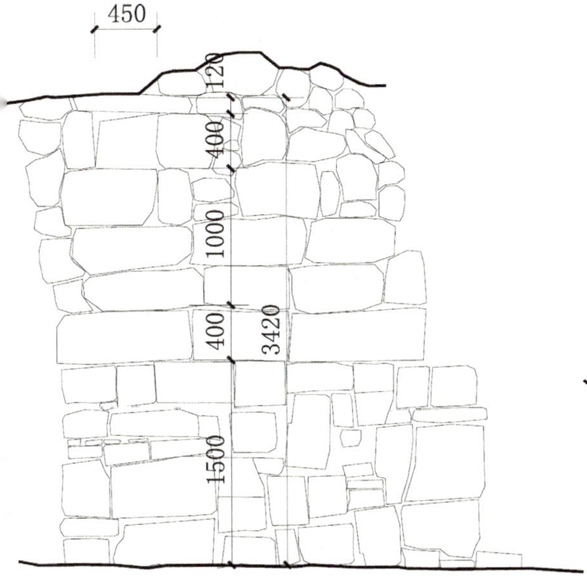

SK25西立面图　1:50

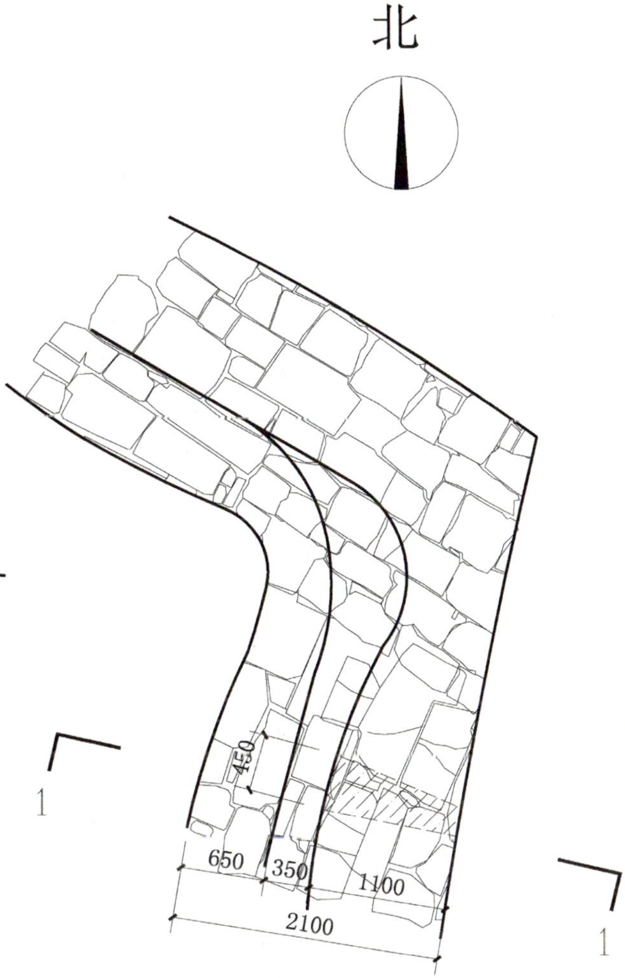

SK25平面图　1:50

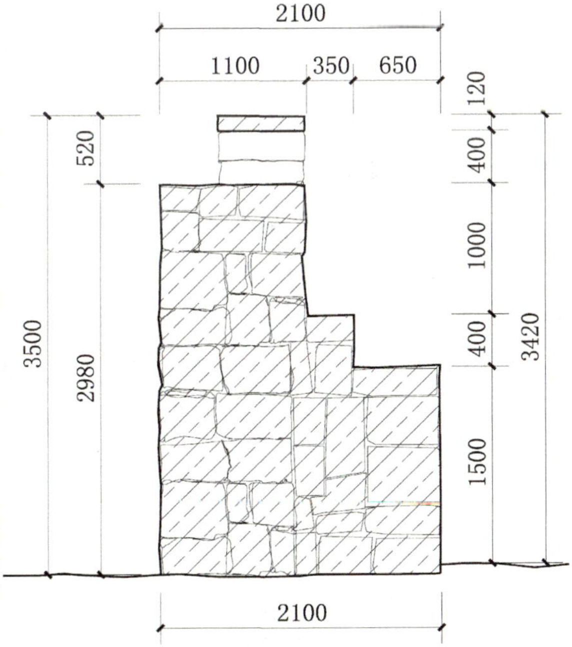

1-1剖面图　1:50

3.26 SK26 号射击孔

SK26 号射击孔位于玛瑙山营盘遗址丁家营盘东部东西走向的“一”字形城墙东段，西侧距 SK27 号射击孔 28 米，南侧（内侧）距 PL2 号炮楼 47 米、距 M3 号门 45 米，外侧为玛瑙山东北外城军事防御区，内侧为东部军事防御区。坐南朝北，座向 2°，海拔高度 815 米，位于北纬 28° 7′ 10″，东经 107° 45′ 59″。

SK26 号射击孔自南向北方向呈“八”字形平面布局，设置于“Ⅰ”字形城墙顶部；城墙外侧残高 1700mm、内侧残高 1400mm，残厚 900mm，射击孔残长与城墙厚同；射击孔内侧距地表平面 800mm，外侧下皮距地表平面 1100mm、上皮距墙顶 200mm，“Ⅰ”字形城墙采用就地开采的不规则青石干摆砌筑而成，射击孔在砌筑石墙时一次砌筑于城墙上部，射击孔上槛石上再砌筑石墙。SK26 号射击孔立面呈“口”字形，为单孔式射击孔，内侧上皮和下皮宽 480mm 等同，孔高 400mm，外侧上皮与下皮宽 300mm 等同，孔高 200mm。SK26 号射击孔为单孔式、漏斗形射击孔。SK26 号射击孔底部以青石干摆墙断面为平面，内侧西侧以一块规整青石干摆于下槛石上形成框枋石，内侧东侧以两层相对非规整青石干摆于城墙断面上形成框枋石，框枋石上再干摆一块相对规整天然青石石材形成上槛。上槛石厚 200mm、长 1100mm、残宽 750mm。上槛石上干摆砌筑石墙残存两层，厚 200mm。外侧建筑形式与内侧同。

SK26 号射击设置在玛瑙山营盘东北部丁家营盘东部外侧呈东西走向的“一”字形城墙东段，与西侧 SK27 号分布在“一”字形石东西两端呈“凵”形平面布局，两者互为掎角之势；同时在设置时将 SK26 号和 SK27 号射击孔与丁家营盘东城墙上设置的 SK6 号和 SK5 号射击孔形成两组又形成互为掎角之势，两组射击点分别于东北外城区域的西部和南部集中火力向这一区域射击，组成了具有较强防御能力的东北外城军事防御体系。SK26 号射击孔的主

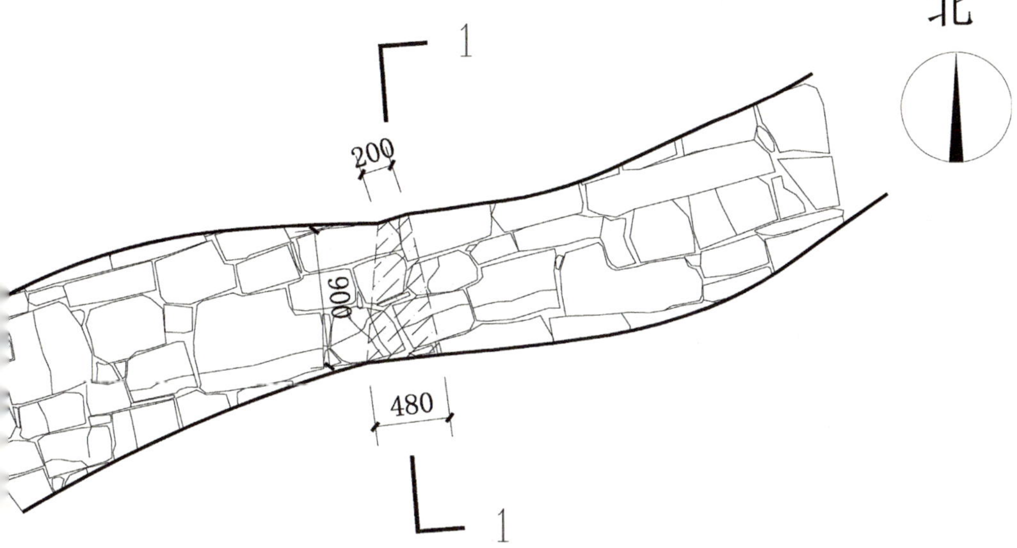

SK26平面图　1:50

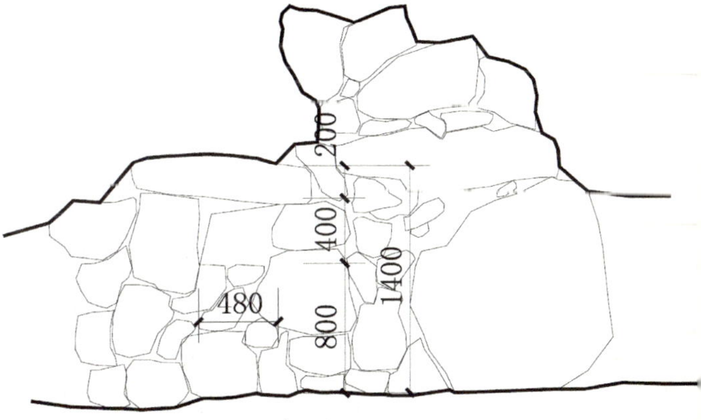

SK26南立面图　1:50

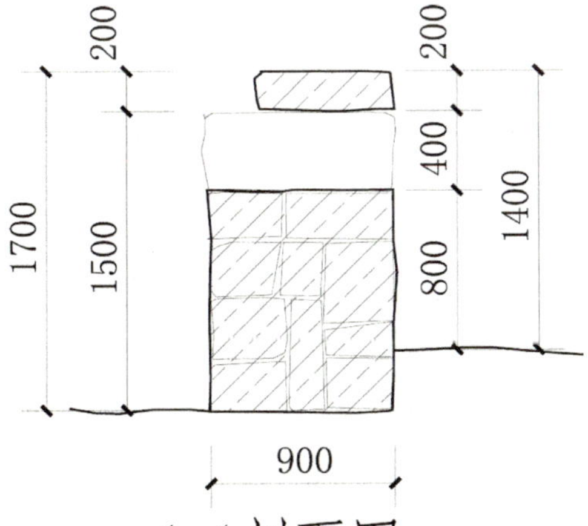

1-1剖面图　1:50

要防御功能是对东北外城敌人进行有效防御。

SK26 号射击孔保存状况较差，残损等级为Ⅳ级，城墙、框枋石、上槛石基本保持原有的建筑布局和形制，城墙风化严重、东侧框枋石风化，东西两侧框枋石、上槛石位移松动，上槛石上部西侧石缺失、东侧残存城墙位移松动。

SK26 号射击孔残损的主要原因：一是自然因素，即长期风雨浸蚀造成石质构件风化、位移松动及杂树根系对城墙造成一定的破坏；二是人为破坏因素，如农耕生产造成石构件部分不存、咸同起义战争对本体造成一定破坏及管理不善造成城墙自然坍塌等。

3.27 SK27 号射击孔

SK27 号射击孔位于玛瑙山营盘遗址丁家营盘东部东西走向的“一”字形城墙西段，东侧距 SK27 号射击孔 28 米，南侧（内侧）距 PL2 号炮楼 26 米、距 M3 号门 18 米，外侧为玛瑙山东北外城军事防御区，内侧为东部军事防御区。坐西朝东，座向 88°，海拔高度 814.5 米，位于北纬 28° 7′ 11″，东经 107° 45′ 57″。

SK27 号射击孔自西向东方向呈“八”字形平面布局，与 SK26 号射击同样设置于“Ⅰ”字形城墙顶部；城墙外侧残高 1700mm、内侧残高 1700mm，残厚 1200mm，射击孔残长与城墙厚同；射击孔内外两侧下皮距地表平面 920mm、上皮距墙顶 330mm，“Ⅰ”字形城墙采用就地开采的不规则青石经精加工后干摆砌筑而成，射击孔在砌筑石墙时一次砌筑于城墙上部，射击孔上槛石上再砌筑石墙。SK27 号射击孔立面呈“口”字形形状，为单孔式射击孔，内侧上皮和下皮宽 600mm 等同，孔高 450mm，外侧上皮与下皮宽 300mm 等同，孔高 300mm。SK27 号射击孔为单孔式、漏斗形射击孔。SK27 号射击孔底部以一块规整青石干摆在城墙断面作为下槛石，内侧北侧干摆以一块相对规整的青石在下槛石表面形成东侧框枋石，内侧南侧以一块精加工后较为的规整的青石干摆于下槛石上形成西侧框枋石，框枋石上再干摆一块相对规整天然青石石材形成上槛。上槛石厚 330mm、长 1050mm、残宽 900mm。上槛石上干摆砌筑石墙无存。外侧建筑形式与内侧同。

SK27 号设置在玛瑙山营盘东北部丁家营盘东部外侧呈东西走向的“一”字形城墙西段，与东侧 SK27 号分布在“一”字形石东西两端呈“凵”形平面布局，两者互为犄角之势；同时在设置时将 SK26 号和 SK27 号射击孔与丁家营盘东城墙上设置的 SK6 号和 SK5 号射击孔形成两组又形成互为犄角之势，两组射击点分别位于东北外城区域的西部和南部集中火力向这一区域射击，组成了具有较强防御能力的东北外城军事防御体系。SK27 号射击孔的主要防御功能是东北外城敌人进行有效防御。

SK27 号射击孔保存状况较差，残损等级为Ⅲ级，城墙、框枋石、上槛石基本保持原有的建筑布局和形制，城墙、下槛石、南北两侧框枋石、上槛石位移严重，上槛石上部城墙缺失，部分城墙风化。

SK27 号射击孔残损的主要原因：一是自然因素，即长期风雨浸蚀造成石质构件风化、位移松动及杂树根系对城墙造成一定破坏，造成城墙、下槛石、南北两侧框枋石、上槛石位移严重；二是人为破坏因素，如农耕生产造成石构件部分不存、咸同起义战争对本体造成一定破坏及管理不善造成部分城墙自然坍塌等。

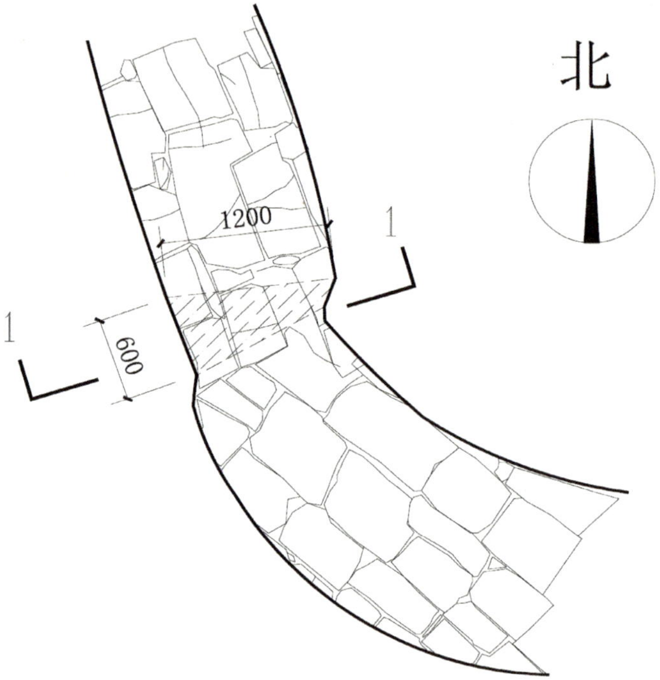

SK27平面图 1:50

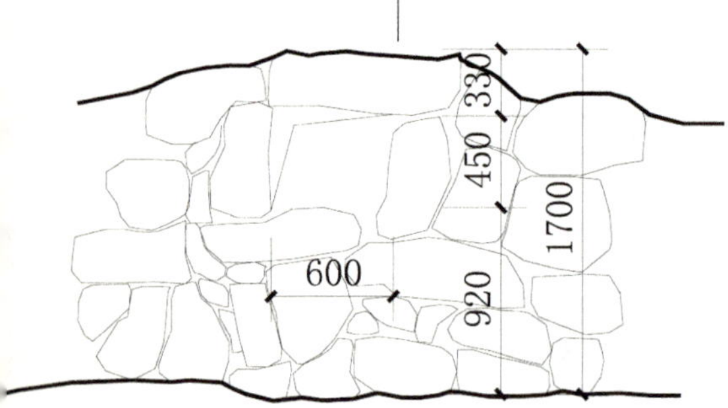

SK27西立面图 1:50

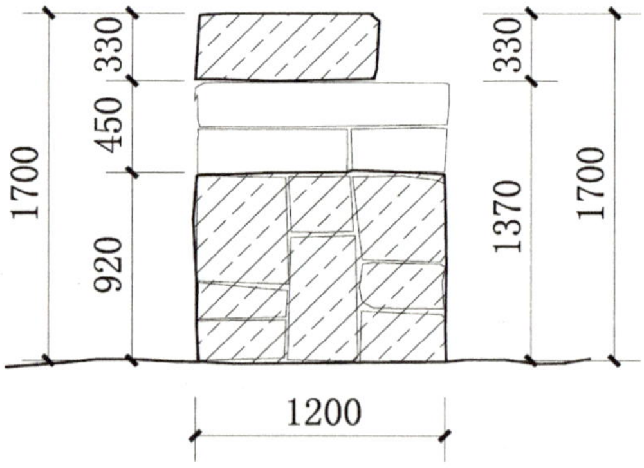

1-1剖面图 1:50

3.28 SK28号射击孔

SK28号射击孔位于玛瑙山营盘遗址中营盘东部外城呈南北走向的“台阶”形城墙南端，东北侧与SK29号射击孔、SK30号射击孔和SK31号射击孔呈16米等距排列，西距M23号门道16米、西北距中营内城M31号门道11米，西北侧（内侧）为玛瑙山营盘中营内城，东南侧（外侧）为玛瑙山营盘东营（集市）。坐西北朝东南，座向135°，海拔高度850米，位于北纬28°7′11″，东经107°45′55″。

SK28号射击孔自西北向东南方向呈“八”字形平面布局，设置于“台阶”形城墙下部；城墙外侧残高4450mm、内侧残高4100mm，座墙残厚2680mm、过墙残厚2090mm、扶墙残厚1220mm，射击孔残长与城墙厚同；射击孔外侧下皮距地表平面350mm、内侧与地表平面平行（土石堆积），外侧上皮距墙顶3860mm、内侧上皮距墙顶2700mm，“台阶”形城墙采用东北侧开采的不规则青石经精加工后干摆砌筑而成，射击孔设置在城墙底部，在砌筑石墙时一次规划砌筑而成，在砌筑完成射击孔后再在其上槛石上再砌筑石墙。SK28号射击孔内侧立面呈“口”字形形状，为单孔式射击孔，射击孔内侧上皮和下皮宽2300mm等同、孔高1160mm，外侧上皮与下皮宽300mm等同，孔高240mm，射击孔外侧与内侧下皮在同一水平线上。SK28号射击孔为单孔式、漏斗形射击孔。SK28号射击孔底部以多块规整青石平铺干摆在座墙断面上作为下槛石，内侧南北两侧采用经精加工后较为规整青石干摆在下槛石上形成框枋，框枋石入口部为四层石材（出口部5—6层不等），厚自下而上分别为360—640mm之间，框枋石上再干摆一块相对规整天然青石石材形成上槛，上槛石厚270mm、长1500mm、残宽三块平铺2260mm；外侧南北两侧分别以一块规整的青石干摆在下槛石上形成框枋石，框枋石两侧上部置一块青石为出口上槛石，上槛石厚250mm、长350mm、残宽800mm；外侧上槛石上干摆砌筑三层城墙形成额枋石，额枋石厚自下而上分别为420mm、340mm和400mm，额枋石上再砌筑石墙。

SK28 号射击孔在建筑艺术上与前述的射击有不同之处，一是射击孔设置在城墙底部，其设置原理是根据地形地势需要的射击范围需要进行设置；二是射击孔内侧口径比前述射击孔大数倍，其设置原理是该射击孔设置了狙击手或观察手的联合防御体系；三是射击孔出口部位设置了额枋石，其设置原理是增加该射击孔的隐蔽性和防御人员的安全性。

SK28 号射击孔设置在玛瑙山营盘中营盘东部外城呈南北东西走向的“台阶”形城墙南端，与东北侧 SK29 号射击孔、SK30 号射击孔和SK31 号射击孔分别以 16 米等距排列在“一”字形城墙上，四个射击孔配合使用，形成中营“郭城”东外城“一”字形集中火力点，对玛瑙山营盘东南侧的东营进行集中防御，SK28 号射击孔还兼备对子营东侧的防御功能。SK28 号射击孔的主要射击范围是玛瑙山营盘东营（集市）的西侧和子营东侧。

SK28 号射击孔保存状况较好，残损等级为 I 级，城墙、座墙、过墙、扶墙、框枋石、上槛石、下槛石和额枋石等都基本保持原有的建筑布局和形制，下槛石、南北两侧框枋石部分石材风化、上槛石断裂。

SK28 号射击孔残损的主要原因：一是自然因素，即长期风雨浸蚀造成石质构件风化、位移松动和上槛石断裂及杂树根系对城墙造成一定破坏；二是人为破坏因素，如管理不善造成部分城墙内侧排水不畅等。

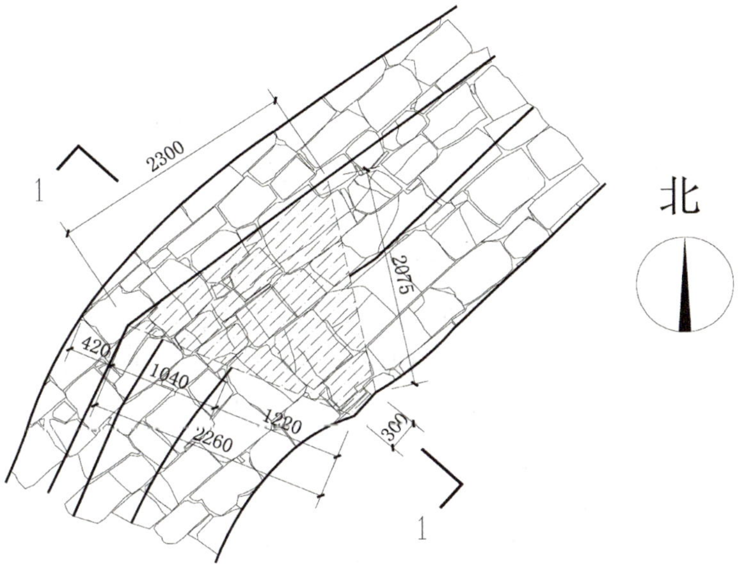

SK28平面图　1:50

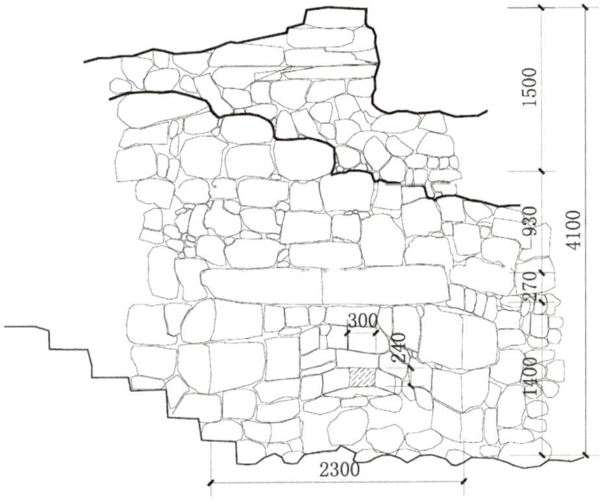

SK28西立面图　1:50

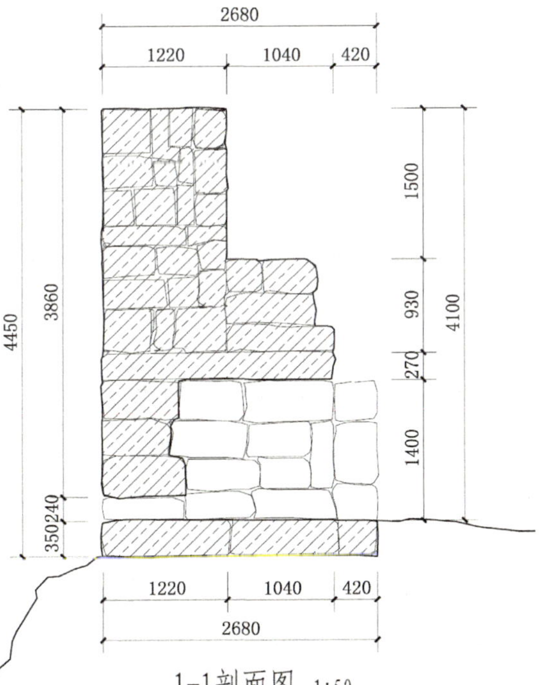

1-1剖面图　1:50

3.29 SK29 号射击孔

SK29 号射击孔位于玛瑙山营盘遗址中营盘东部外城呈南北走向的“台阶”形城墙中南部，东北侧与 SK30 号射击孔和 SK31 号射击孔呈 16 米等距排列，西南侧距 SK28 号射击孔西 16 米，西侧（内侧）为玛瑙山营盘中营内城，东侧（外侧）为玛瑙山营盘东营（集市）。坐西北朝东南，座向 147°，海拔高度 850 米，位于北纬 28° 7′ 8″，东经 107° 45′ 56″。

SK29 号射击孔自西北向东南方向呈“八字”形平面布局，设置于“台阶”形城墙扶墙上部；城墙外侧残高 5250mm、内侧残高与外侧等同 5250mm，座墙残厚 2200mm、过墙残厚 1700mm、扶墙残厚 1000mm，射击孔残长与城墙厚同；射击孔外侧下皮距地表平面 4030mm、外侧上皮距墙顶 800mm、内侧上皮距墙顶 800mm 与外侧同，外侧地表和内侧地表平面平行，外侧地表下为一缓坡地带。“台阶”形城墙采用北侧采石场开采的不规则青石经适当粗加工后干摆砌筑而成，射击孔设置在城墙扶墙中部，其建筑工艺是在砌筑石墙时一次规划砌筑而成，在砌筑完成射击孔后再在其上槛石上砌筑石墙。SK29 号射击孔内侧立面呈“八”字形，为单孔式射击孔。

射击孔内侧上皮和下皮宽 2100mm 等同、孔高 420mm，外侧上皮与下皮宽 400mm 等同，孔高 420mm，射击孔外侧与内侧下皮在同一水平线上。SK29 号射击孔为单孔式、漏斗形射击孔。SK29 号射击孔底部以多块非规整青石平铺干摆在扶墙断面上作为下槛石，内侧南北两侧采用两层经适当粗加工后非规整青石干摆在下槛石上形成框枋，框枋石入口部为两层石材，厚自下而上分别为 350—600mm 之间，框枋石上再干摆一块相对规整天然青石石材形成上槛，上槛石厚 500mm、长 1550mm、残宽 800mm；外侧南北两侧分别以一块规整青石干摆在下槛石上形成框枋石，框枋石两侧上部置一块青石为出口上槛石，上槛石厚 500mm、长 1200mm、残宽 800mm；上槛石上干摆砌筑石墙。

SK29 号射击孔在建筑艺术上与前述的射击有不同之处，一是射击孔设置在城墙顶部，其设置原理是根据地形地势需要的射击范围进行设置；二是射击孔内侧口径与 SK28 号射击孔相当，其设置原理是该射击孔设置了狙击手或观察手的联合防御体系；三是射击孔上部设置了不规则块石干摆，必要时可对城墙下的敌人以块石作为“擂石”对其进行军事打击。

SK29 号射击孔设置在玛瑙山营盘中营盘东部外城呈南北东西走向的“台阶”形城墙南端，与西南侧 SK28 号射击孔、东北侧的 SK30 号射击孔和 SK31 号射击孔分别以 16 米等距排列在“一”字形城墙上，四个射击孔配合使用，形成中营“郭城”东外城“一”字形集中火力点，对玛瑙山营盘东南侧的东营进行集中防御。SK29 号射击孔的主要射击范围是为玛瑙山营盘东营（集市）的中部。

SK29 号射击孔保存状况较好，残损等级为 I 级，城墙、座墙、过墙、扶墙、框枋石、上槛石、下槛石和额枋石等都基本保持原有的建筑布局和形制，下槛石、南北两侧框枋石部分石材风化、额墙石部分坍塌。

SK29 号射击孔残损的主要原因：一是自然因素，即长期风雨浸蚀造成石质构件风化、位移松动和上槛石断裂及杂树根系对城墙造成一定的破坏；二是人为破坏因素，如管理不善造成部分城墙内侧排水不畅等。

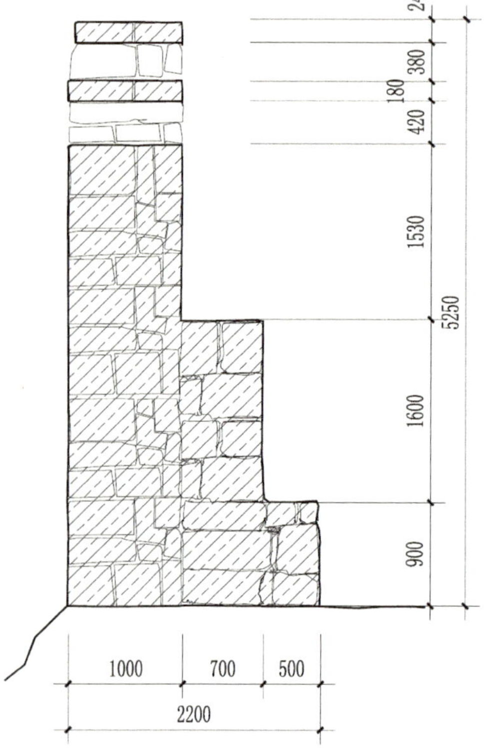

1-1剖面图 1:50

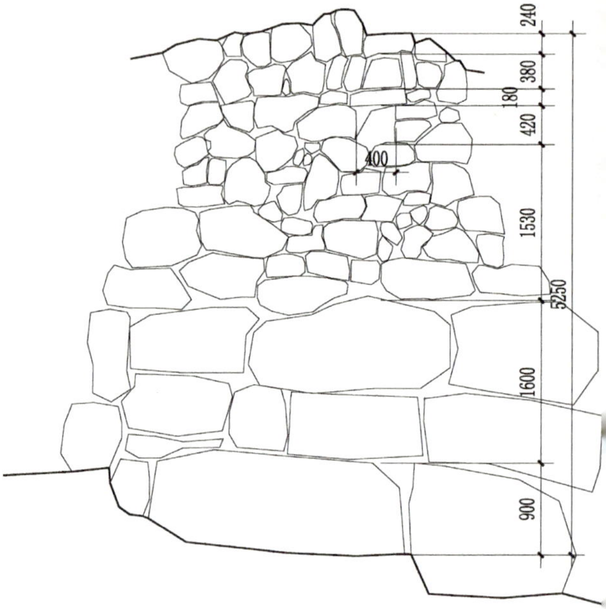

SK29北立面图 1:50

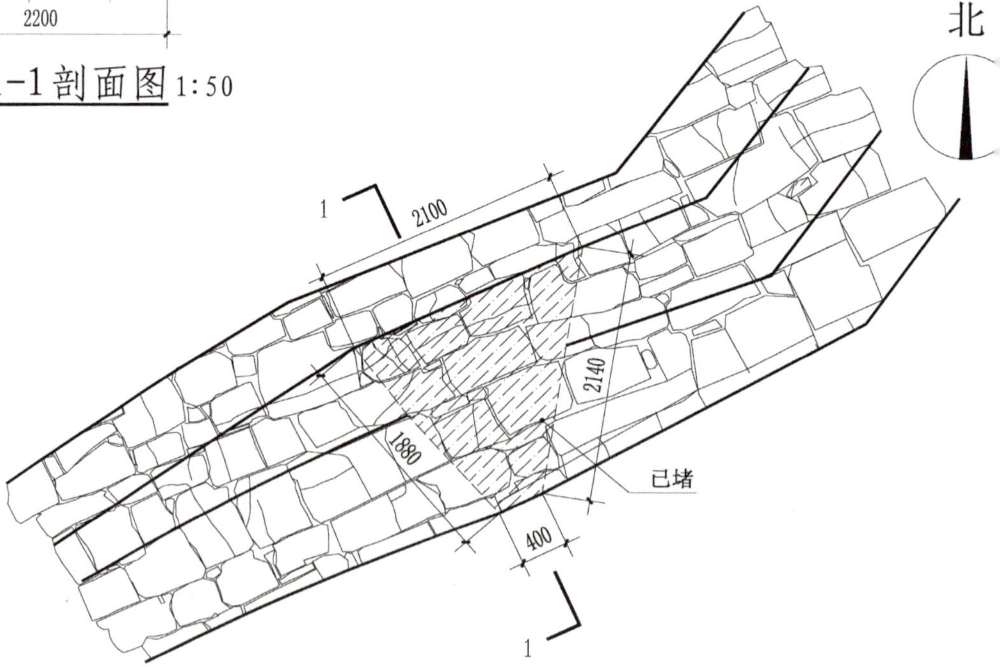

SK29平面图 1:50

3.30　SK30 号射击孔

SK30 号射击孔位于玛瑙山营盘遗址中营盘东部外城呈南北走向的“台阶”形城墙中北部，东北侧与 SK31 号射击孔 16 米，西南侧与 SK29 号射击孔和 SK28 号射击孔呈 16 米等距排列，西侧（内侧）为玛瑙山营盘中营内城，东侧（外侧）为玛瑙山营盘东营（集市）。坐西朝东，座向 119°，海拔高度 851 米，位于北纬 28° 7′ 8″，东经 107° 45′ 56″。

SK30 号射击孔自西向东方向呈“八”字形平面布局，设置于“台阶”形城墙扶墙上部；城墙外侧残高 5125mm、内侧残高与外侧残高同为 5125mm，座墙残厚 2100mm、无过墙、扶墙残厚 800mm，射击孔残长与城墙厚同；射击孔外侧下皮与内侧下皮距地表平面同为 3755mm、内侧与地表平面平行，外侧地表外为一缓坡地带。射击孔外侧与内侧下皮距座墙上皮 1280mm，外侧上皮与内侧上皮距墙顶 1100mm。“台阶”形城墙采用在射击孔北侧开采的不规则青石未经加工后干摆砌筑而成，射击孔设置在城墙扶墙上部，其建筑工艺是砌筑石墙时一次规划砌筑而成，在砌筑完成射击孔后再在其上槛石上砌筑石墙。SK30 号射击孔内侧立面呈“口”字形，为单孔式射击孔，射击孔内侧上皮和下皮宽 1160mm 等同、孔高 550mm，外侧上皮与下皮宽 800mm 等同，孔高 550mm，射击孔外侧与内侧下皮在同一水平线上。SK30 号射击孔为单孔式、漏斗形射击孔。SK30 号射击孔底部以多块规整青石平铺干摆在座墙断面上作为下槛石，内侧南北两侧采用未经加工后非规整青石干摆在下槛石上形成框枋，框枋石上再干摆三块非规整天然青石石材形成拱形上槛，拱形石上再干摆砌筑石墙形成隐蔽墙。

SK30 号射击孔在建筑艺术上与前述的射击孔有不同之处，一是射击孔建筑工艺非常粗糙，用材未经加工较为原始；二是射击孔采用石材对其上部进行简单的券拱，形成券拱式射击孔；三是射击孔上部选用不规则干摆砌筑，必要防御时可将这些小型石材作为“擂石”向敌人进行防御打击。

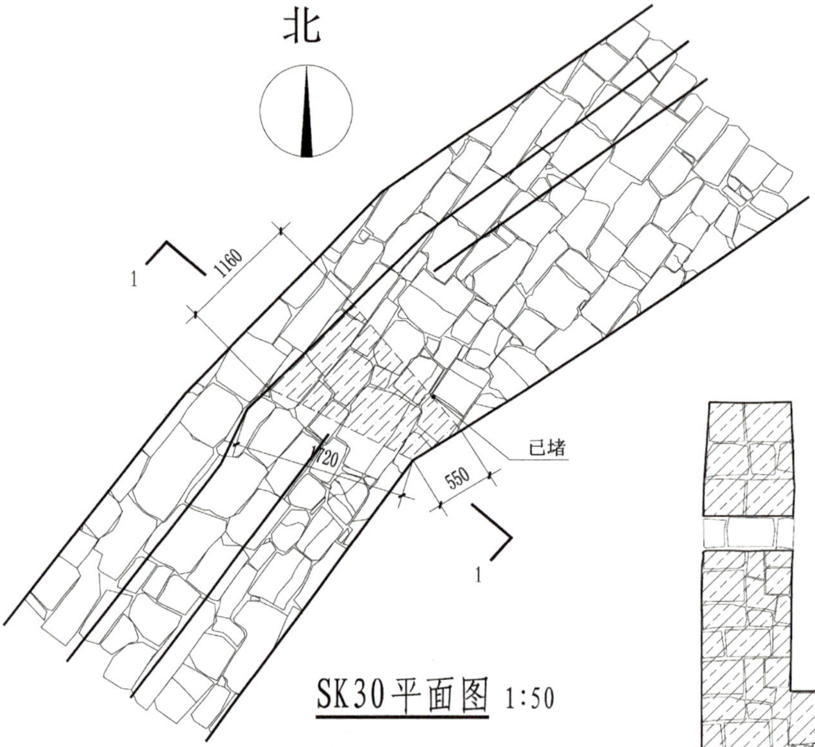

SK30平面图 1:50

SK30西立面图 1:50

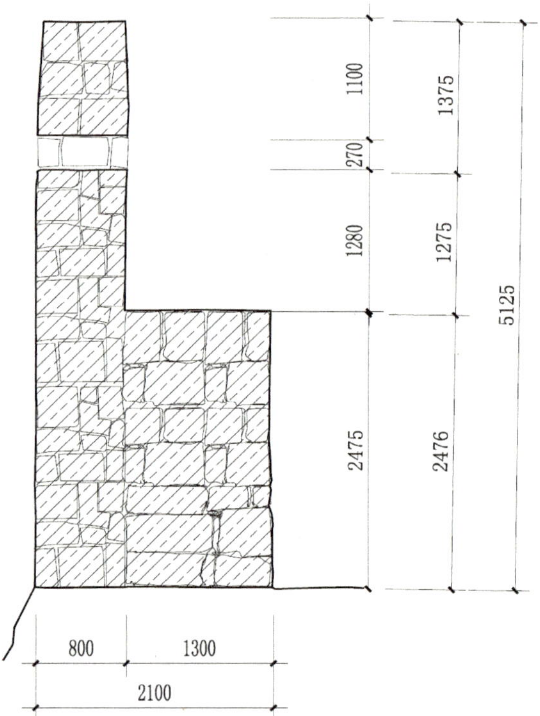

1-1 剖面图 1:50

SK30号射击孔设置在玛瑙山营盘中营盘东部外城呈南北走向的“台阶”形城墙中北部，与东北侧SK28号射击孔、SK29号射击孔和SK31号射击孔分别以16米等距排列在“一”字形城墙上，四个射击孔配合使用，形成中营“郭城”东外城“一”字形集中火力点，对玛瑙山营盘东南侧的东营进行集中防御，SK30号射击孔还具备将扶墙石以“擂石”方式作为军事防御工具对敌人进行短距离的防御打击功能。SK30号射击孔的主要射击范围为玛瑙山营盘东营（集市）的西侧中部区域。

SK30号射击孔保存状况一般，残损等级为Ⅱ级，城墙、座墙、扶墙、框枋石、上槛石（拱券石）和下槛石等都基本保持原有的建筑布局和形制，下槛石风化，拱券石和其上部石结构失稳。

SK30号射击孔残损的主要原因：一是自然因素，即长期风雨浸蚀造成石质构件风化、位移松动及杂树根系对城墙造成一定的破坏；二是人为破坏因素，如管理不善造成拱券石和其上部石结构失稳等。

3.31　SK31号射击孔

SK31号射击孔位于玛瑙山营盘遗址中营盘东部外城呈南北走向的“台阶”型城墙北端拐角处，城墙向西北方向拐角后28米为M41号门道，西南侧与SK30号射击孔、SK29号射击孔和SK28号射击孔呈16米等距排列，西侧（内侧）为玛瑙山营盘中营内城和中营北外城，东侧（外侧）为玛瑙山营盘东营（集市）。坐西朝东，座向123°，海拔高度865米，位于北纬28° 7′ 10″，东经107° 45′ 57″。

SK31号射击孔自西向东方向呈“八”字形平面布局，设置于“台阶”形城墙扶墙底部；城墙外侧残高4097mm、内侧残高与外侧残高同为4097mm，座墙残厚2850mm、过墙残厚1900mm、扶墙残厚835mm，射击孔残长同1900mm；射击孔外侧下皮与内侧下皮距地表平面同为1143mm、内侧与地表平面平行，外侧地表外为一缓坡地带。射击孔外侧与内侧上皮距墙顶2600mm。“台阶”形城墙座墙、过墙和射击孔材料采用在射击孔西侧开采的不规则青石经精加工后干摆砌筑而成，射击孔设置在城墙过墙底部，射击孔上部扶墙采用在射击孔西侧开采的不规则青石未经加工后干摆砌筑，其建筑工艺是砌筑石墙时一次规划砌筑而成，在砌筑完成射击孔后再在其上槛石上再砌筑石墙。SK31号射击孔内侧立面呈“口”字形，为单孔式射击孔，射击孔内侧上皮和下皮宽2400mm等同、孔高450mm，外侧上皮与下皮宽300mm等同，孔高450mm，射击孔外侧与内侧下皮在同一水平线上。SK31号射击孔为单孔式、漏斗形射击孔。SK31号射击孔底部以多块规整青石平铺干摆在座墙断面上作为下槛石，内侧南北两侧各采用一块经精加工后规整青石干摆在下槛石上形成框枋，框枋石上再干摆一块规整天然青石石材形成上槛，上槛石上再干摆砌筑一层规整青石为过墙，过墙上再干摆一块规整青石为扶墙石，扶墙石上部和左右两侧均采用非规整石块干摆砌筑形成隐蔽墙。

SK31号射击孔在建筑艺术上较为特殊，一是射击孔建筑工艺非常精细，用材经精加工为整石作为槛框石和上槛石；二是射击孔上部采用两层经精加工为规整石材砌筑形成过墙石和扶墙石；三是射击孔上部扶墙石顶部和两侧选用不规则干摆砌筑，必要时可将这些小型石材作为“擂石”向敌人进行防御打击；四是射击内侧口径较大，有利于多人共同防御；五是射击选址位于中营东外城和西外城拐角处，用材考究、建筑结构坚实，且内侧空间较大，有利于藏兵和作战布置；六是射击孔上部设置了观察口，观察呈倒三角形。

SK31号射击孔设置在玛瑙山营盘中营盘东部外城呈南北走向的“台阶”形城墙北端拐角处，与城墙向西北方向拐角处28米的M41号门道、西南侧SK30号射击孔、SK29号射击孔

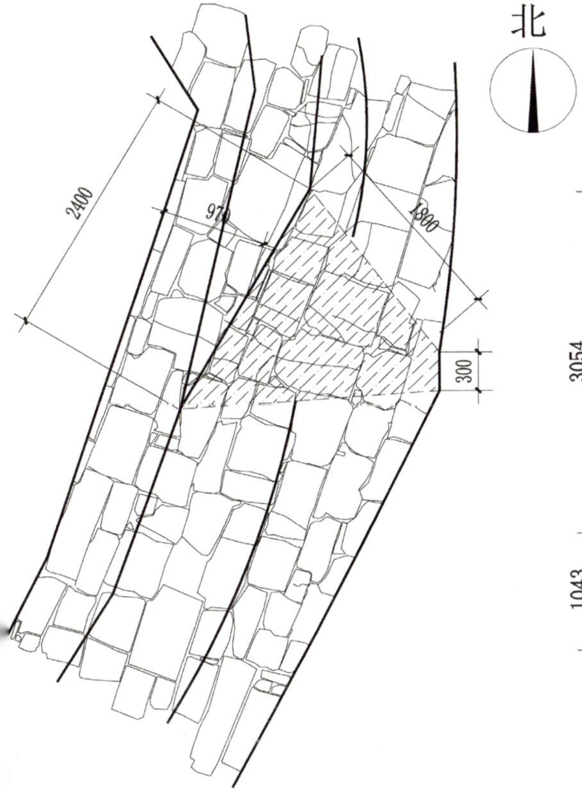

SK31平面图 1:50

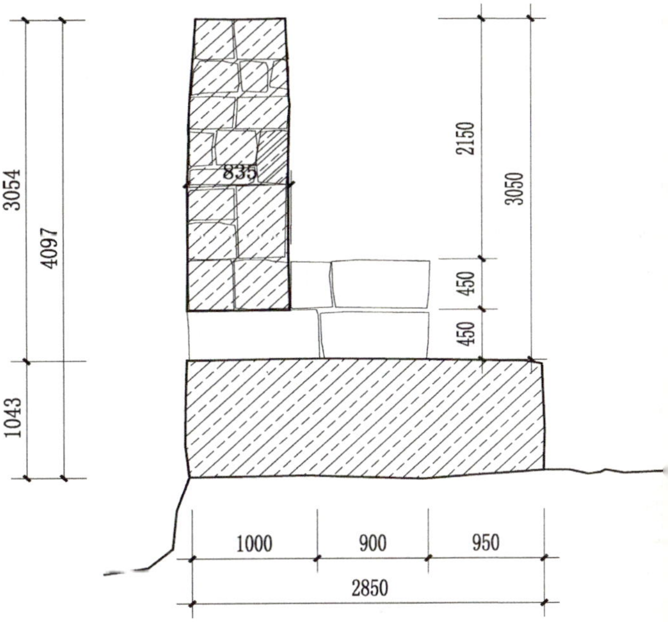

1-1剖面图 1:50

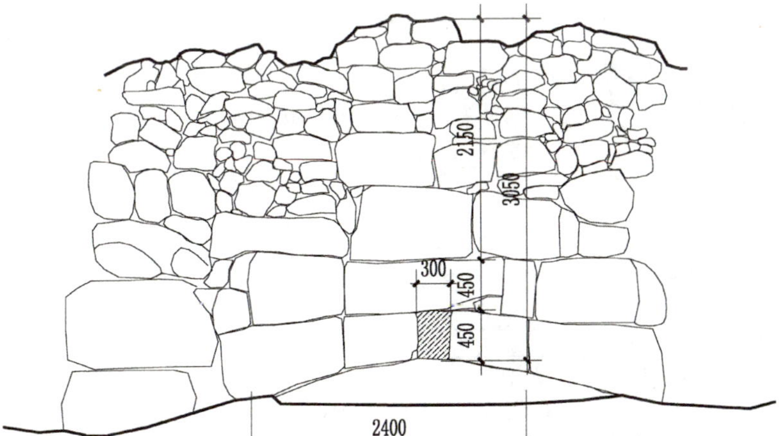

SK31西立面图 1:50

和 SK28 号射击孔分别以 16 米等距排列在“一”字形城墙上，四个射击孔配合使用，形成中营“郭城”东外城“一”字形集中火力点，对玛瑙山营盘东南侧的东营进行集中防御，SK31 号射击孔与 SK30 号射击孔一样还具备必要时以“擂石”作为军事防御工具对敌人进行短距离打击功能和狙击手和观察手共同防御功能。SK31 号射击孔的主要射击范围为玛瑙山营盘东营（集市）的东侧和集市街区。

SK31 号射击孔保存状况较好，残损等级为 I 级，城墙、座墙、过墙、扶墙、框枋石、上槛石和下槛石等都保持原有的建筑布局和形制，部分过墙石风化、位移松动，扶墙石上部石结构失稳。

SK31 号射击孔残损的主要原因：一是自然因素，即长期风雨浸蚀造成石质构件风化、位移松动及杂树根系对城墙造成一定的破坏；二是人为破坏因素，如管理不善造成扶墙石结构失稳及排水不畅造成墙基位移等。

3.32　SK32 号射击孔

SK32 号射击孔位于玛瑙山营盘遗址中营盘北部外城呈东西走向的“台阶”形城墙中部，西侧与南北走向城墙上的 M27 号门距 10 米互为犄角，西侧（内侧）10 米处为 P8 号炮座，东侧高大城墙向南拐 50 米后再向东拐 37 米与中营东外城城墙相连接。南侧（内侧）为玛瑙山营盘中营内城，东侧（外侧）为玛瑙山营盘杨家营盘，东侧为丁家营盘，西侧为北营盘。坐南朝北，座向 31°，海拔高度 870 米，位于北纬 28° 7′ 12″，东经 107° 45′ 55″。

SK32 号射击孔自南向北方向呈“八”字形平面布局，设置于“台阶”形城墙过墙底部；城墙外侧残高 2160mm、内侧残高与外侧残高同为 2160mm，座墙残厚 1660mm、过墙残厚 1500mm、扶墙残厚 1160mm，射

击孔扶台残长与扶墙厚同为1160mm、孔长410mm；射击孔外侧下皮与内侧下皮距地表平面同为800mm、内侧与地表平面平行，外侧地表外为一陡坡地带。射击孔外侧与内侧上皮距墙顶460mm。“台阶”形城墙座墙、过墙、扶墙、射击孔以及隐蔽墙建筑材料均采用在射击孔南侧（城墙内）开采的不规则青石经精加工后干摆砌筑而成，射击孔设置在城墙过墙中部，其建筑工艺是砌筑石墙时一次规划砌筑而成，在砌筑完成射击孔后再在其上槛石上砌筑隐蔽墙。SK32号射击孔内侧立面呈“日”字形形状，为双孔式射击孔，射击孔内侧上皮和下皮宽1200mm等同、双孔总高900mm，外侧上皮与下皮宽300mm等同，孔总高900mm，射击孔外侧与内侧下皮在同一水平线上。其中下孔孔高352mm、中槛石厚180mm、上孔孔高368mm，孔宽与述同，SK32号射击孔为双孔式、漏斗形射击孔。SK32号射击孔底部以多块规整青石平铺干摆在座墙断面上作为下槛石，内侧东西两侧各采用三层块经精加工后规整青石干摆在下槛石上形成框枋，第一层框枋石上再干摆一块规整天然青石石材形成中槛，第三层框枋石再摆一块规整天然青石石材形成上槛，上槛石上再干摆砌筑一层规整青石为隐蔽墙。

SK32号射击孔在建筑艺术上较为特殊，一是射击孔建筑工艺非常精细，座墙石、过墙石、扶墙石、框枋石、中槛石、上槛石和隐蔽石等均采用经精加工的整石干摆砌筑；二是射击孔设置为双孔射击孔；三是射击孔内侧设置的射击孔扶台，有助于观察和射击；四是射击孔内侧口径较大，有利于多人共同防御；五是射击孔选址位于中营北外城处，用材考究、建筑结构坚实，且内侧空间较大，有利于藏兵和作战布置。

SK32号射击孔设置在玛瑙山营盘中营盘北部外城呈东西走向的“台阶”形城墙中部，西侧（内侧）10米处为P8号炮座，炮座西侧还设置了D7号碓窝和D8号碓窝；射击孔内侧空间较大，东西侧有高大城墙，城墙位于陡坡地带，与P8号炮座、D7号碓窝和D8号碓窝配合使用，形成中营“郭城”北外城集短距离防御与中远程防御于一体的集中火力点，对玛瑙山营盘北侧的杨家营

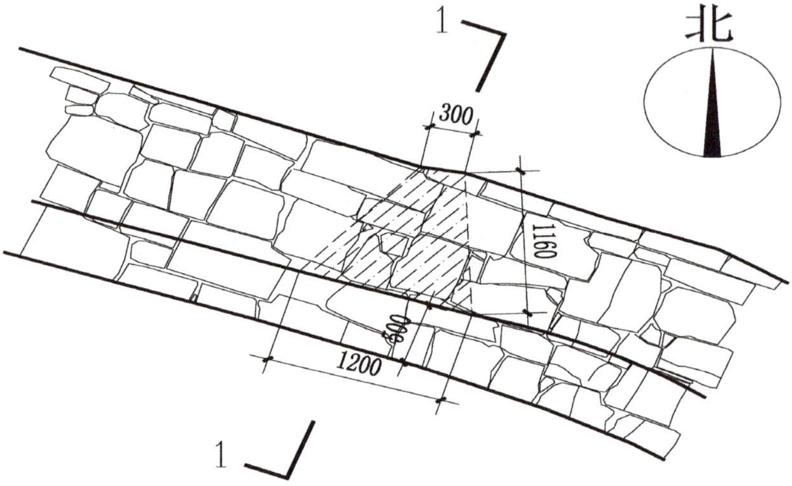

SK32平面图 1:50

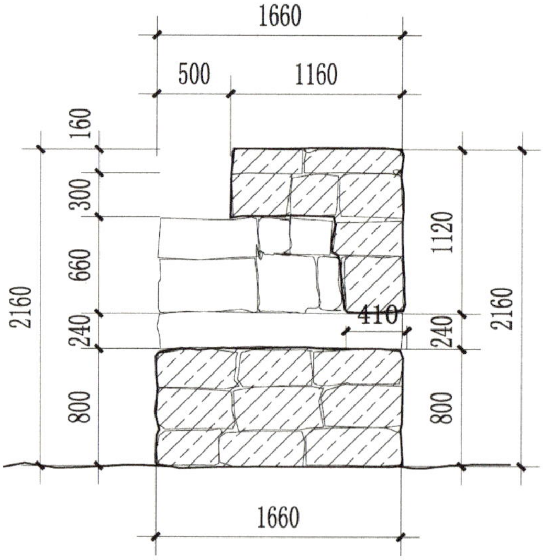

1-1剖面图 1:50

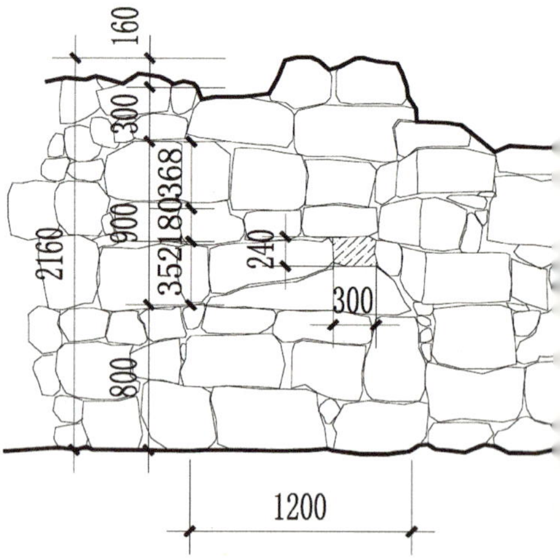

SK32 南立面图 1:50

盘、安家营盘和北营盘进行集中防御，构成杨家营盘、安家营盘和北营盘第二道防御屏障。SK32号射击孔设置为双孔式射击孔，在防御时采用双人狙击手狙击方式或一人为狙击手、另一人为观察手的防御方式，增加了这一区域的防御能力。

SK32号射击孔保存状况较好，残损等级为Ⅱ级，城墙、座墙、过墙、扶墙、框枋石、上槛石和下槛石等都保持原有的建筑布局和形制，部分过墙石风化、位移松动，下槛石风化严重，扶墙石上部石结构失稳，隐蔽墙缺失较大。

SK32号射击孔残损的主要原因：一是自然因素，即长期风雨浸蚀造成石质构件风化、位移松动及杂树根系对城墙造成一定破坏；二是人为破坏因素，如管理不善造成扶墙石结构失稳及排水不畅造成墙基位移等。

3.33　SK33号射击孔至SK53号射击孔

位于玛瑙山营盘遗址子营南侧的PL1号炮楼四周石墙上，分东石墙、南石墙、西石墙和北石墙四组射击孔，海拔高度850米，位于北纬28°7′6″，东经107°45′55″。

第一组：SK33号射击孔、SK34号射击孔、SK35号射击孔和SK36号射击孔设置在北侧石墙上，分上下两排设置各2个射击孔。

第二组：SK37号射击孔、SK38号射击孔、SK39号射击孔和SK40号射击孔设置在南侧石墙上分上下两排设置2个射击孔。

第三组：SK41号射击孔、SK46号射击孔、SK42号射击孔、SK43号射击孔和SK44号射击孔设置在东侧石墙上分上下两排共5个射击孔，其中，上排设置3个射击孔，下排设置2个射击孔。

第四组：SK45号射击孔、SK47号射击孔、SK48号射击孔、SK49号射击孔、SK50号射击孔、SK51号射击孔、SK52号射击孔和SK53号射击孔设置在东侧石墙上分：上下三排8个射击孔，其中上排设置了2个射击孔，编号分别为SK45号射击孔和SK47号射击孔；中排设置了3个射击孔，编号分别为SK48号射击孔、SK49号射击孔、SK50号射击孔；下排设置3个射击孔，编号分别为SK51号射击孔、SK52号射击孔和SK53号射击孔。PL1号炮楼设置的 21 个射击孔于 2017 年修缮，其中 SK52 号射击孔出口人为堵塞，其他保存较好。

四组射击孔建筑形式特殊，是玛瑙山军事防御设施射击孔设施类建筑艺术、建筑风格和建筑形式有较高水平的射击孔，根据现状调查研究，可分为单孔式“漏斗形”射击孔、单孔洞穴式“沙漏形”射击孔和单孔式“沙漏形”射击孔。

SK41 号射击孔、SK42 射击孔和SK43 号三个射击孔平面呈“八”字形，立面呈“口”字形，为单孔式“漏斗形”射击孔，与玛瑙山其他大多数射击孔形式相同；SK49 号射击孔、SK50 号射击孔、SK51 号射击孔、SK52 号四个射击孔平面呈“内外双八字形”，内立面呈“洞穴形”，为单孔洞穴式“沙漏形”射击孔；SK33 号射击孔、SK34 号射击孔、SK35 号射击孔、SK36 号射击孔、SK37 号射击孔、SK38 号射击孔、SK39 号射击孔、SK40 号射击孔、SK44 号射击孔、SK45 号射击孔、SK46 号射击孔、SK47 号射击孔、SK48 号射击孔、SK53 号射击孔 14 个射击孔平面“内外双八字形”，内立面呈“口”字形，为单孔式“沙漏形”射击孔。

四组射击孔主要防御功能是配合 PL1 号炮楼对子营、东营、南营和西营进行强大的军事防御，其军事防御体系及其功能在 PL1 号炮楼章节详细介绍。

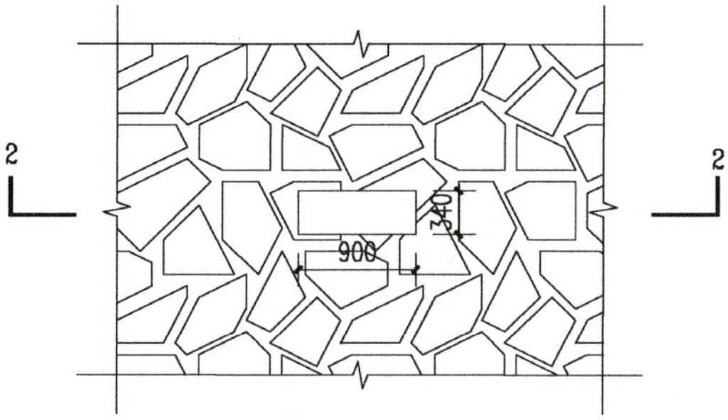

33# 射击孔外立面

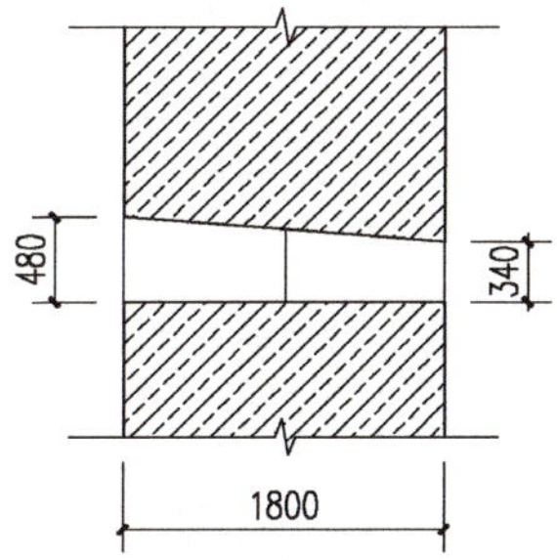

33# 射击孔 1-1 剖面

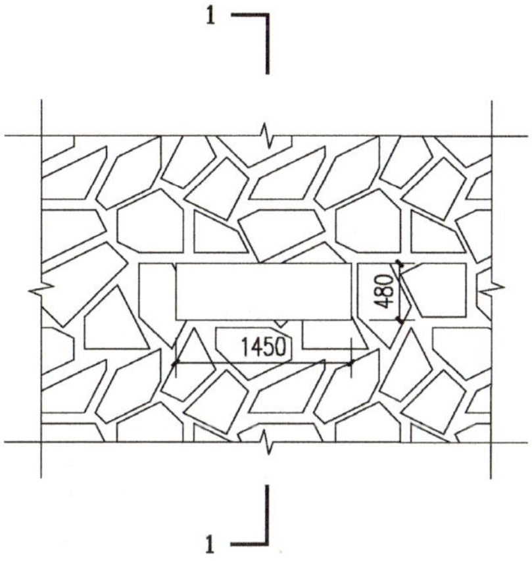

33# 射击孔内立面

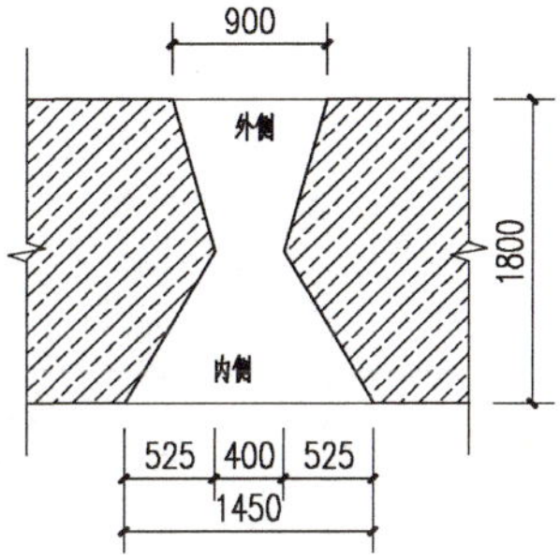

33# 射击孔 2-2 剖面

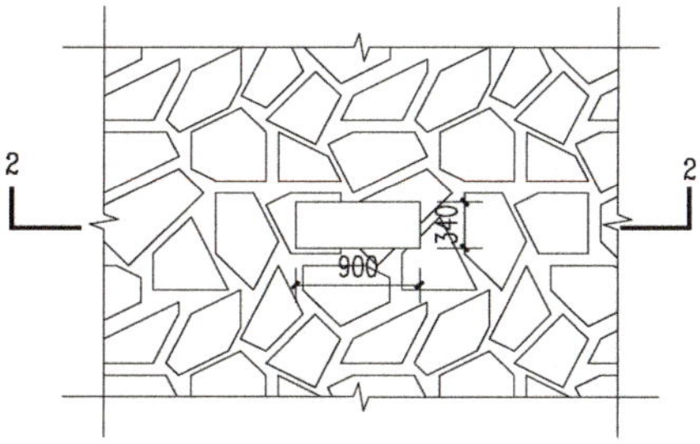

34# 射击孔外立面

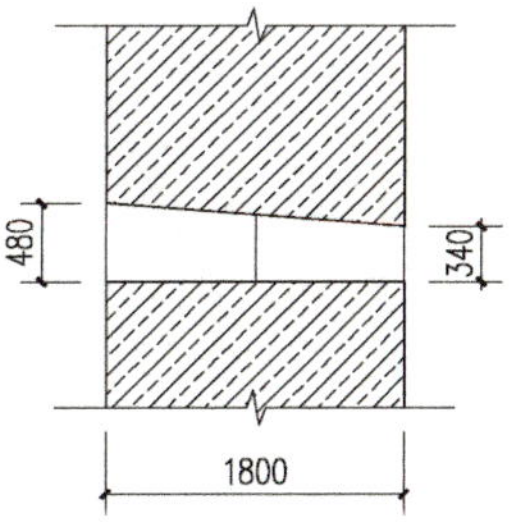

34# 射击孔 1-1 剖面

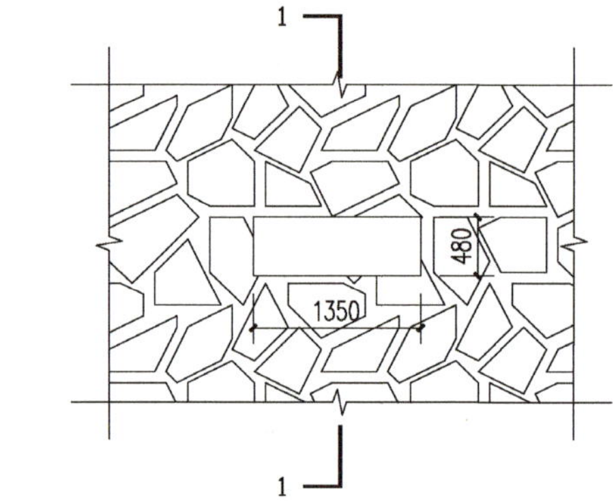

34# 射击孔内立面

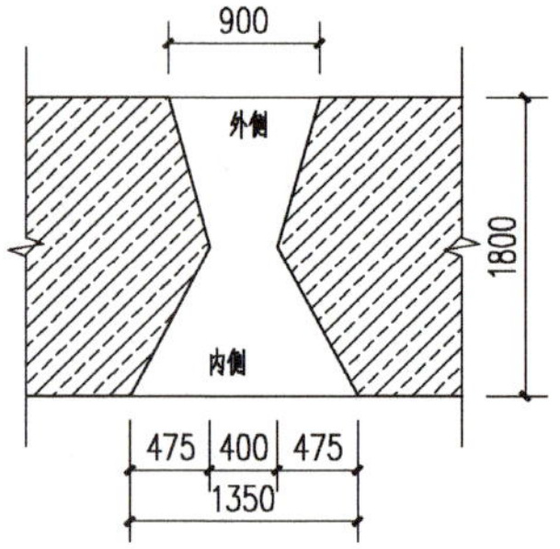

34# 射击孔 2-2 剖面

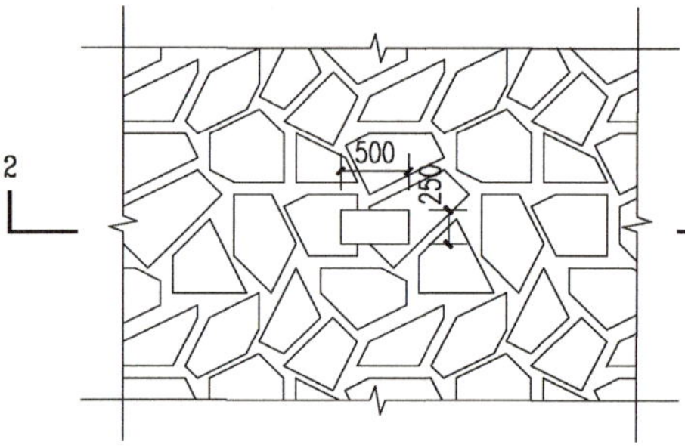

35# 射击孔外立面

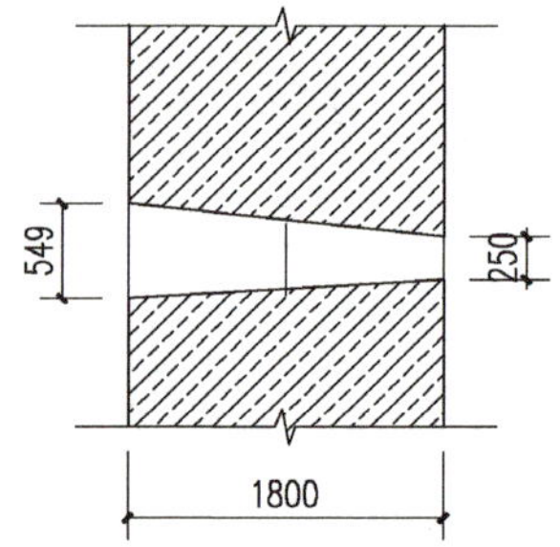

35# 射击孔 1-1 剖面

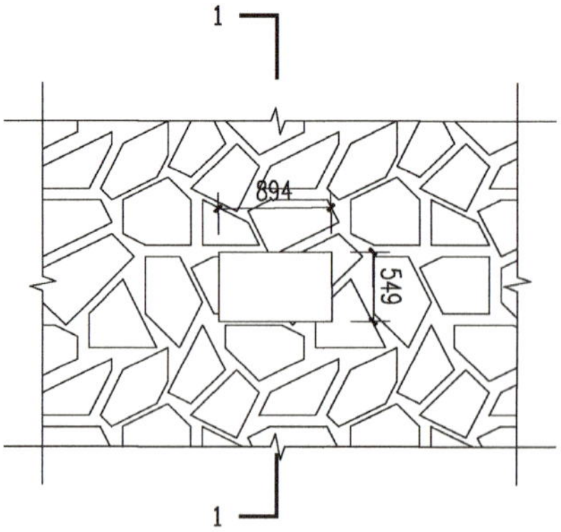

35# 射击孔内立面

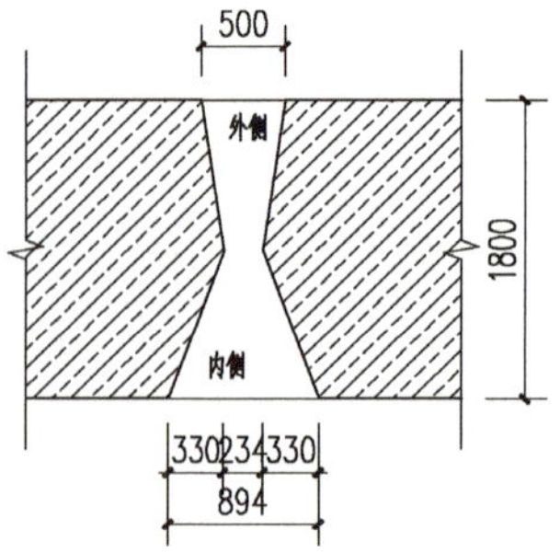

35# 射击孔 2-2 剖面

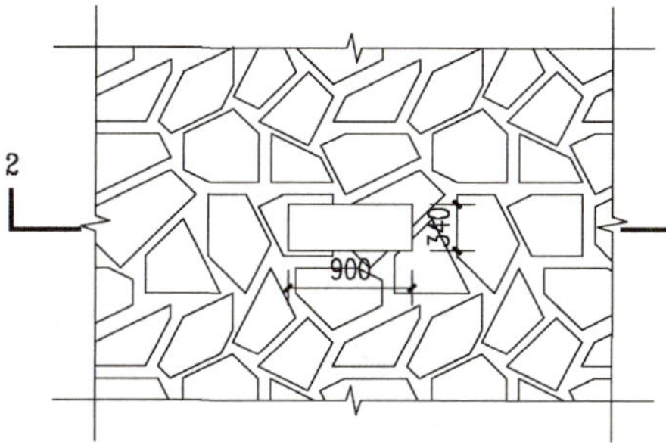

36# 射击孔外立面

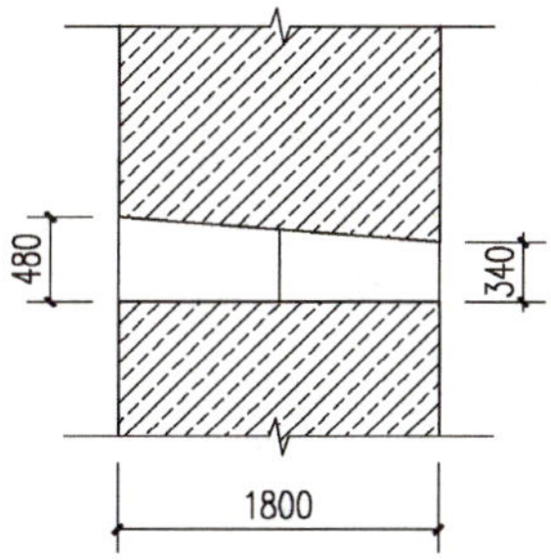

36# 射击孔 1-1 剖面

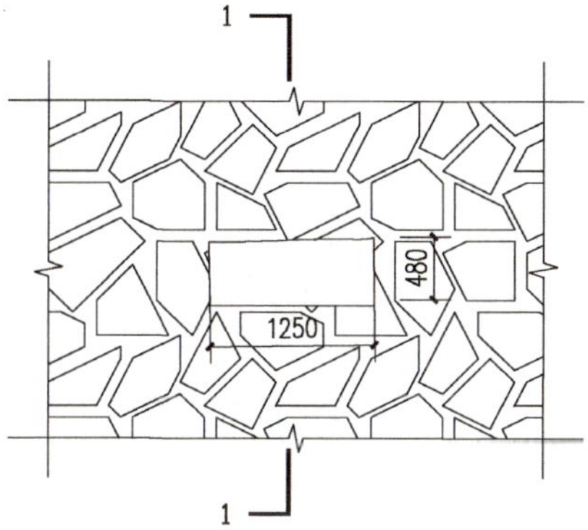

36# 射击孔内立面

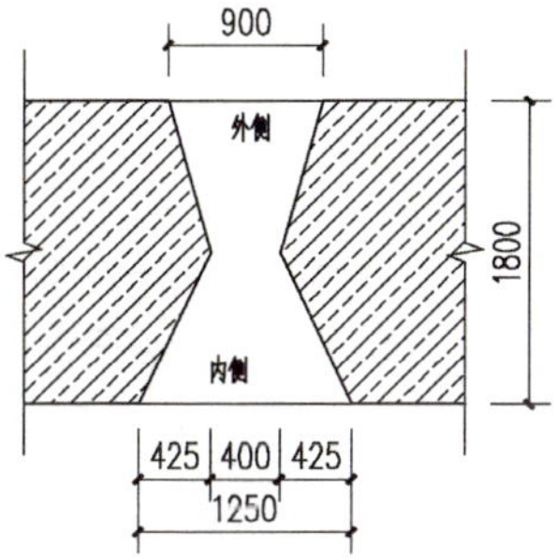

36# 射击孔 2-2 剖面

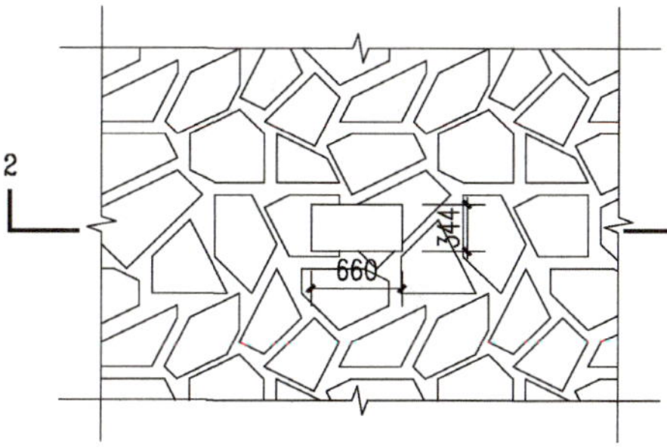

37# 射击孔外立面

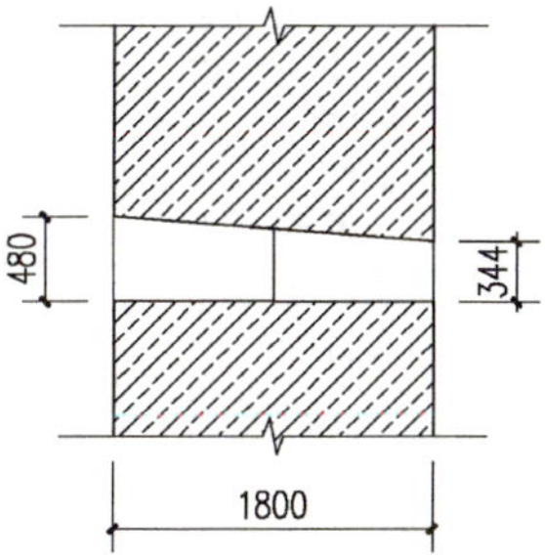

37# 射击孔 1-1 剖面

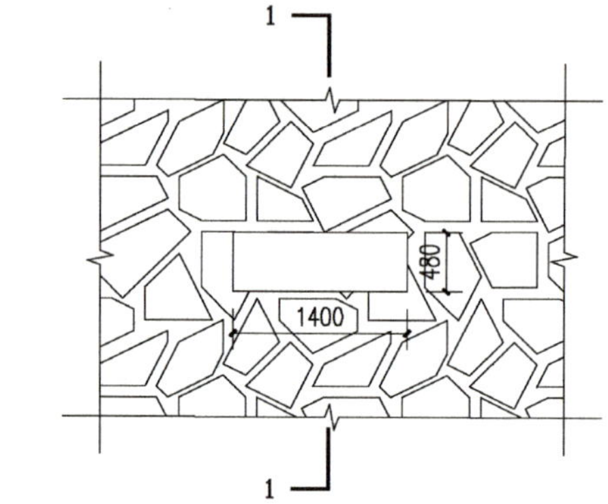

37# 射击孔内立面

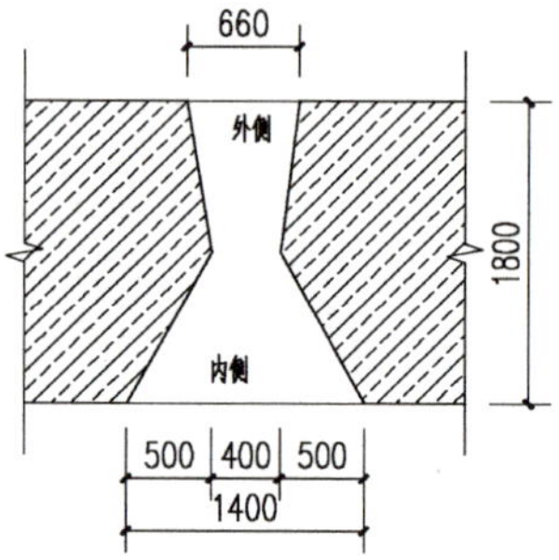

37# 射击孔 2-2 剖面

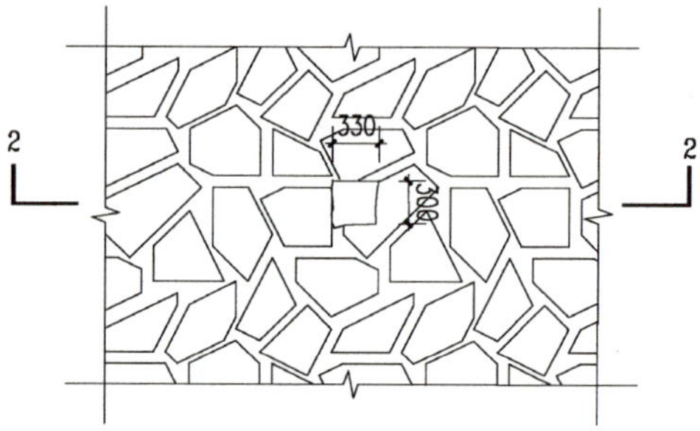

38# 射击孔外立面

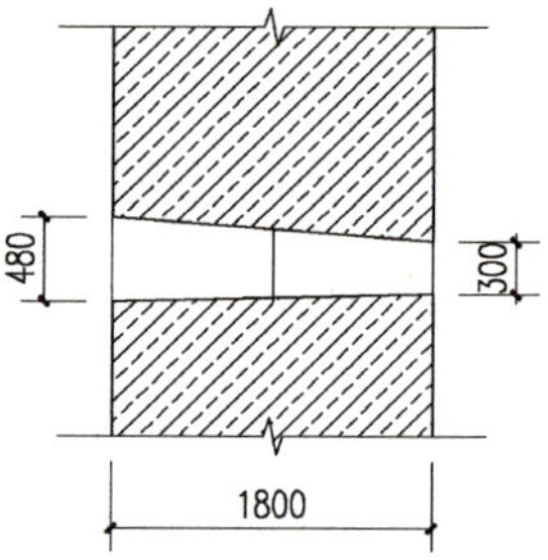

38# 射击孔 1-1 剖面

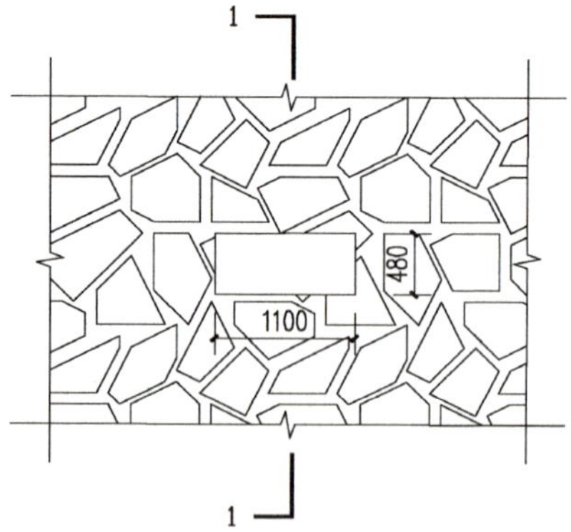

38# 射击孔内立面

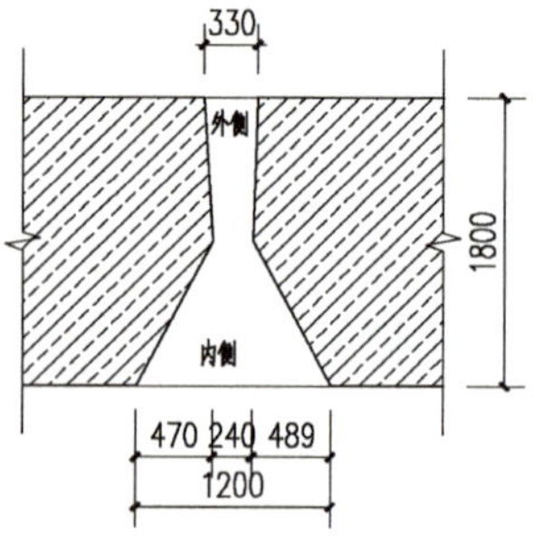

38# 射击孔 2-2 剖面

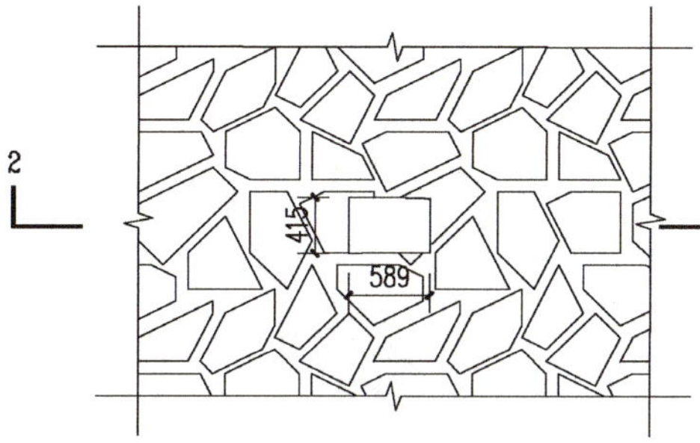

39# 射击孔外立面

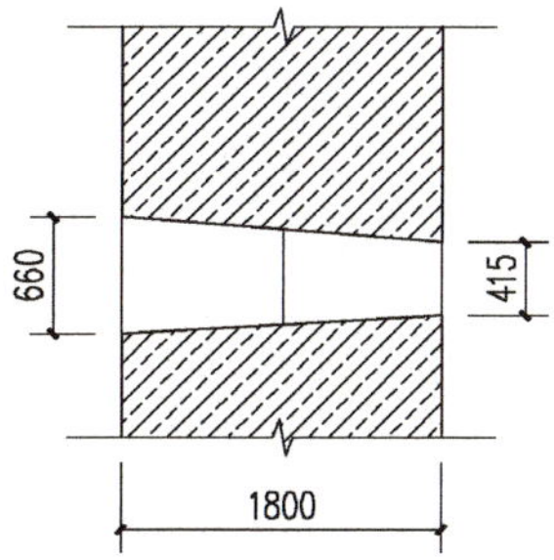

39# 射击孔 1-1 剖面

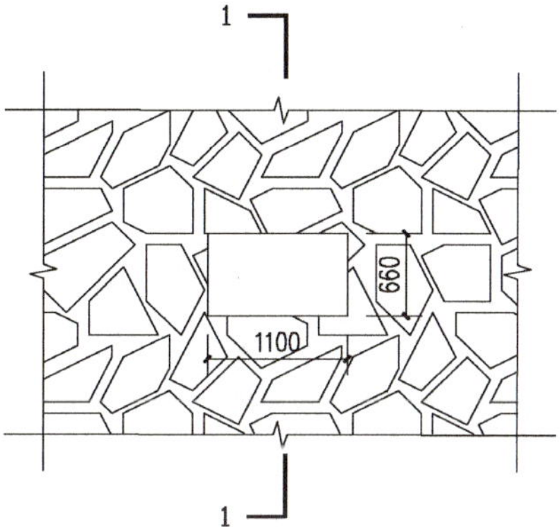

39# 射击孔内立面

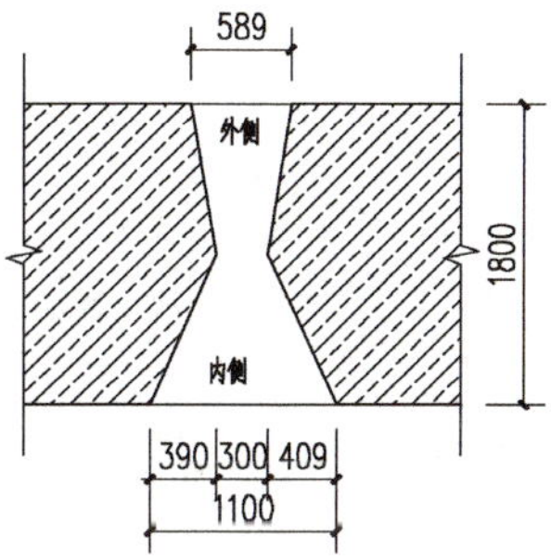

39# 射击孔 2-2 剖面

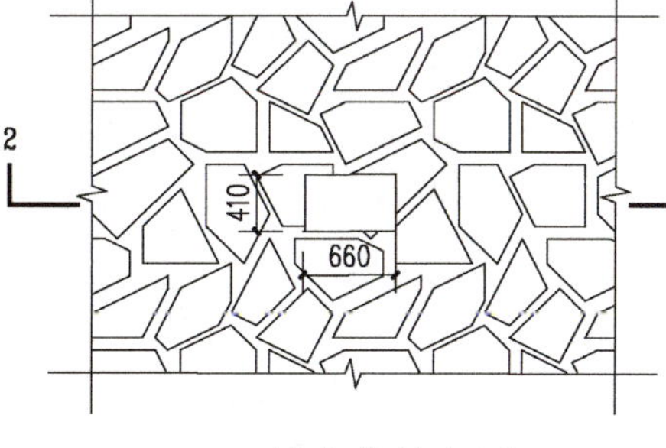

40# 射击孔外立面

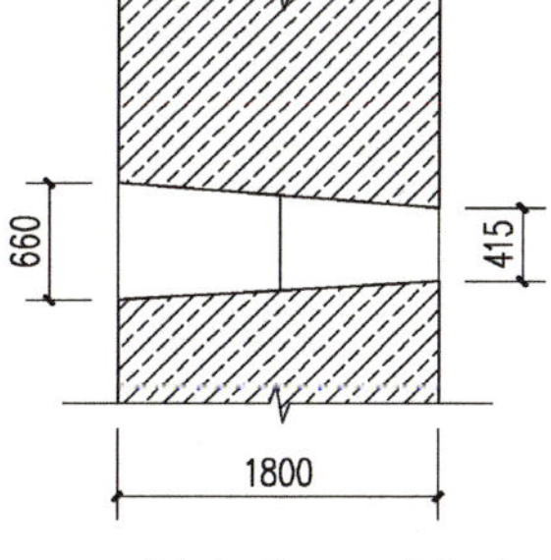

40# 射击孔 1-1 剖面

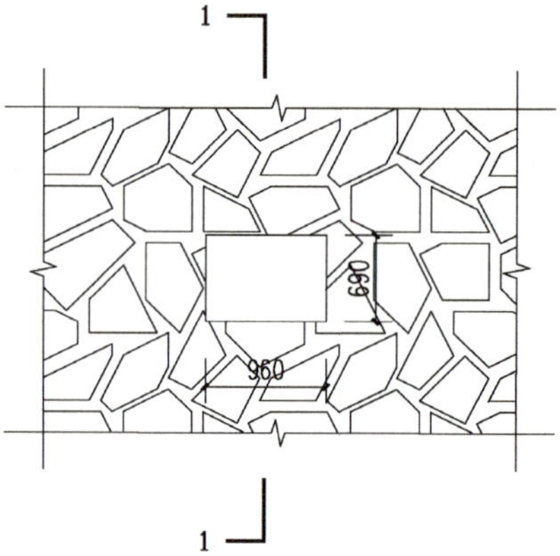

40# 射击孔内立面

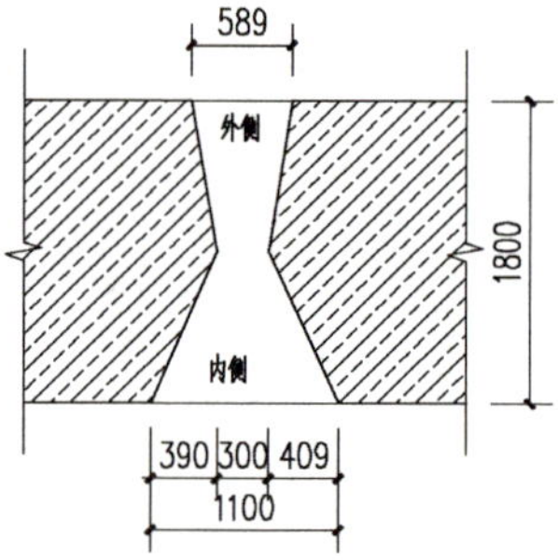

40# 射击孔 2-2 剖面

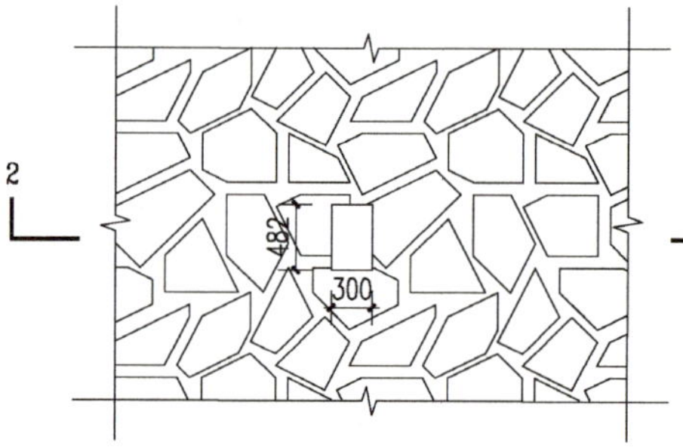

41# 射击孔外立面

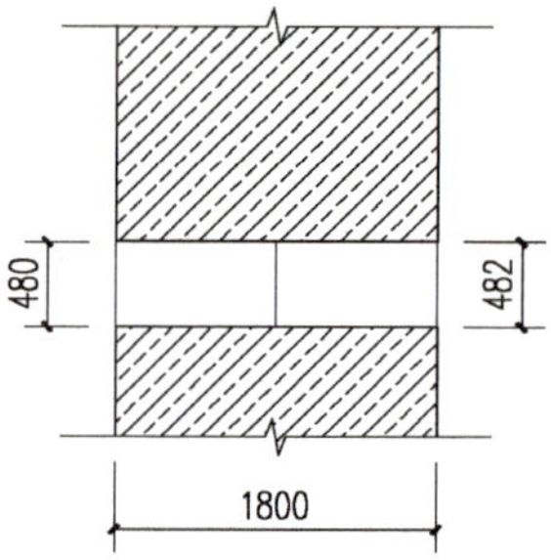

41# 射击孔 1-1 剖面

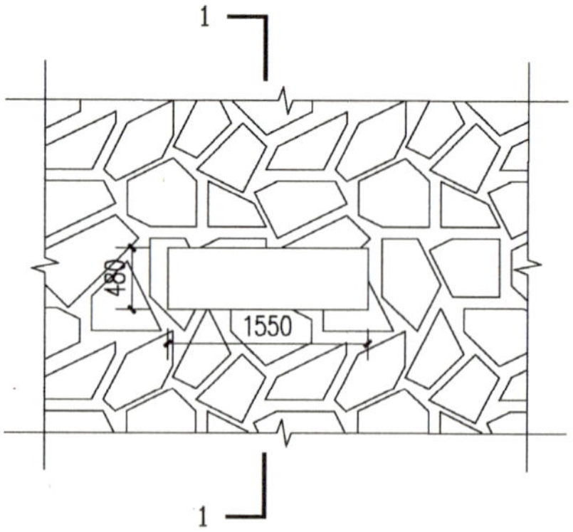

41# 射击孔内立面

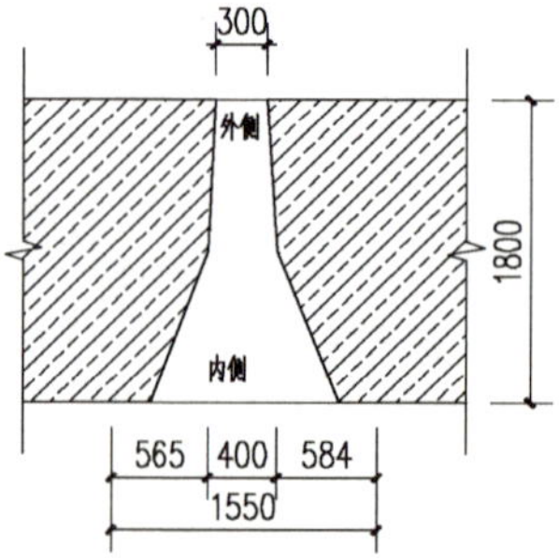

41# 射击孔 2-2 剖面

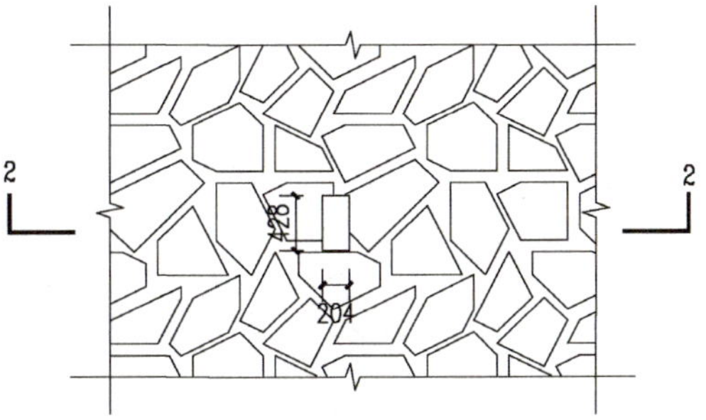

42# 射击孔外立面

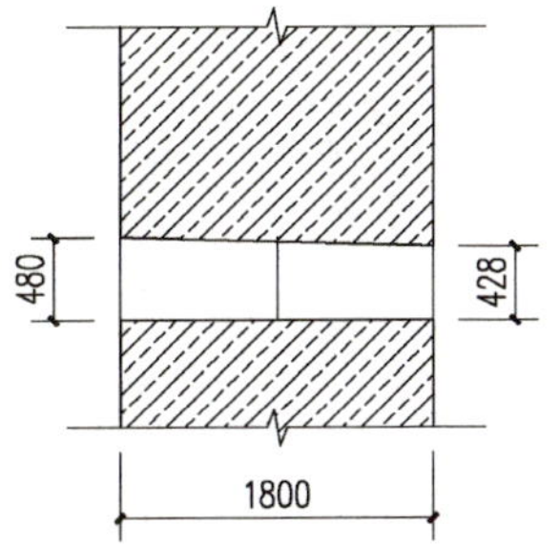

42# 射击孔 1-1 剖面

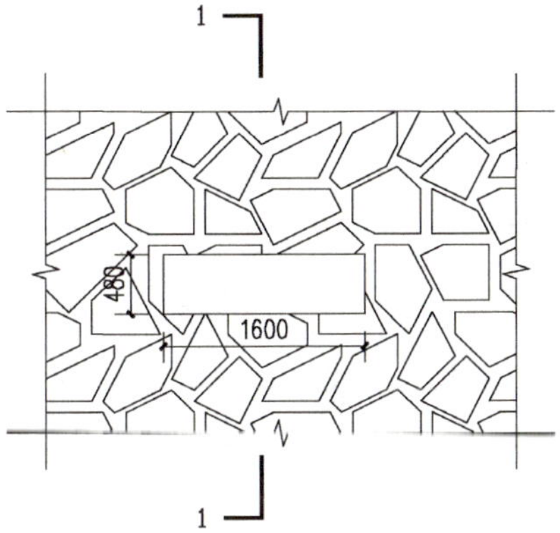

42# 射击孔内立面

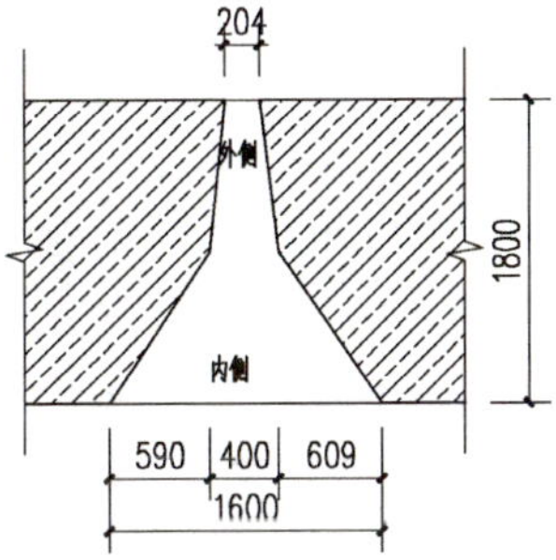

42# 射击孔 2-2 剖面

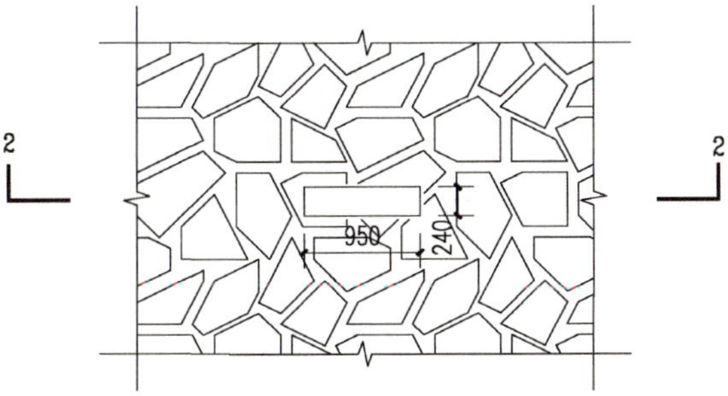

43# 射击孔外立面

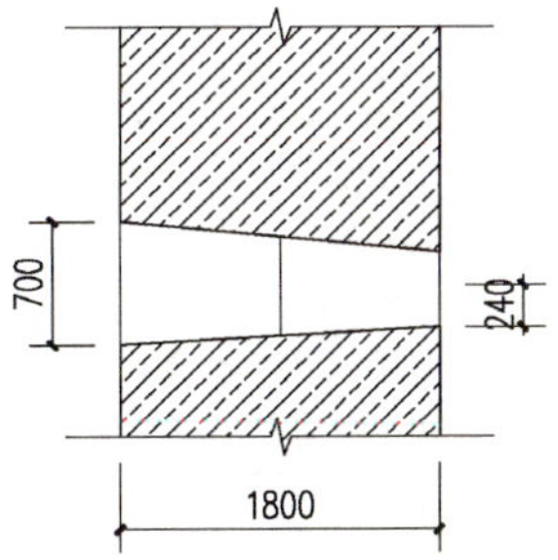

43# 射击孔 1-1 剖面

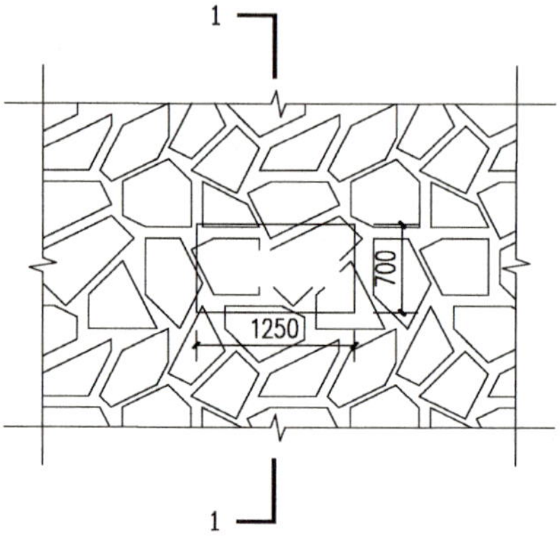

43# 射击孔内立面

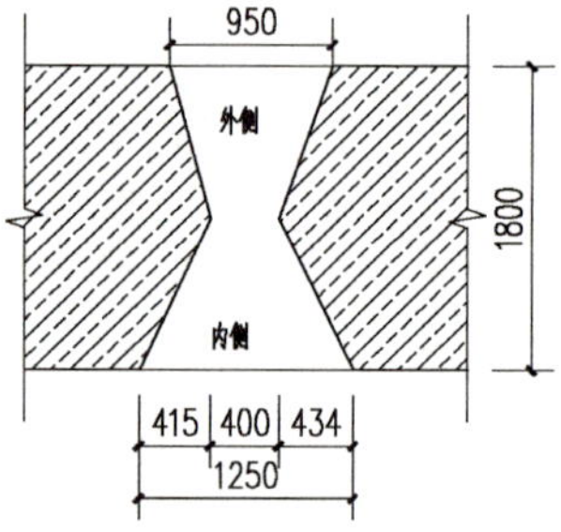

43# 射击孔 2-2 剖面

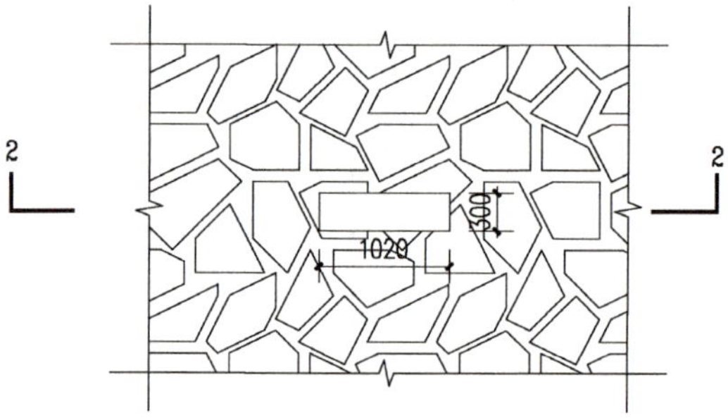

44# 射击孔外立面

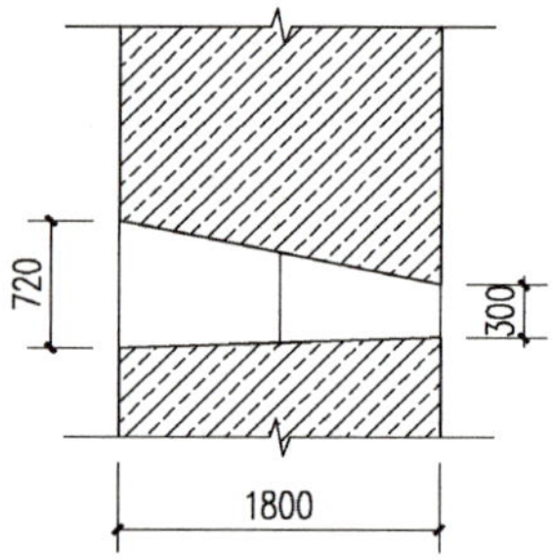

44# 射击孔 1-1 剖面

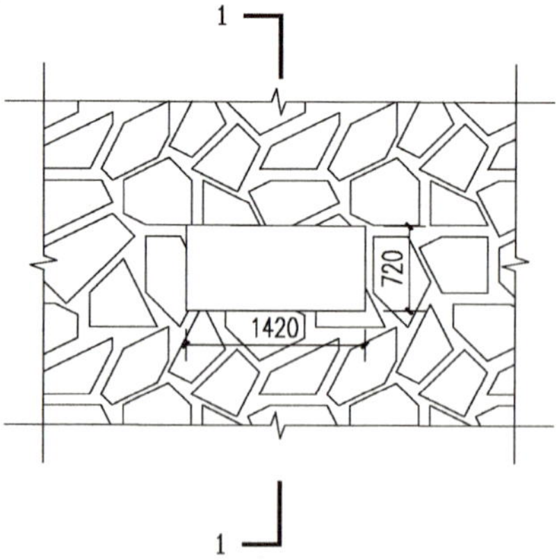

44# 射击孔内立面

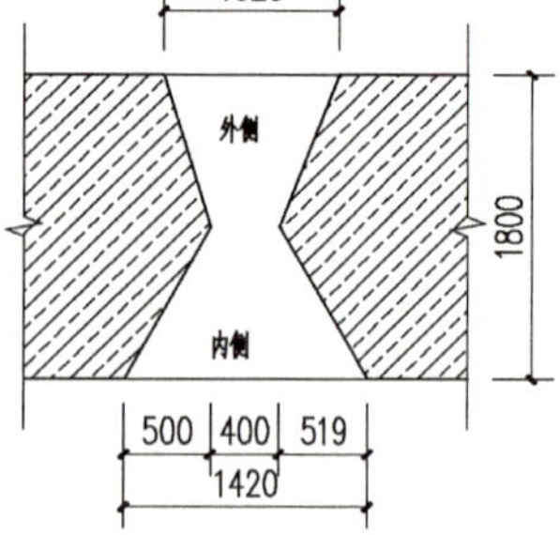

44# 射击孔 2-2 剖面

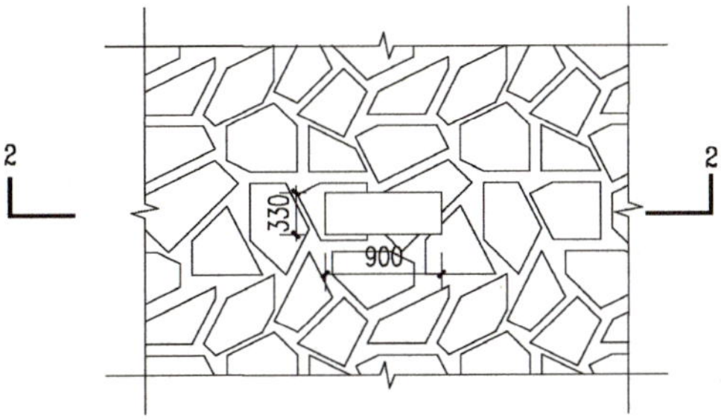

45# 射击孔外立面

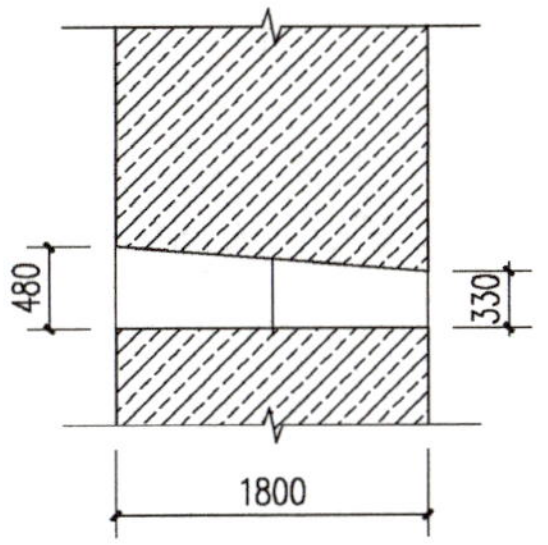

45# 射击孔 1-1 剖面

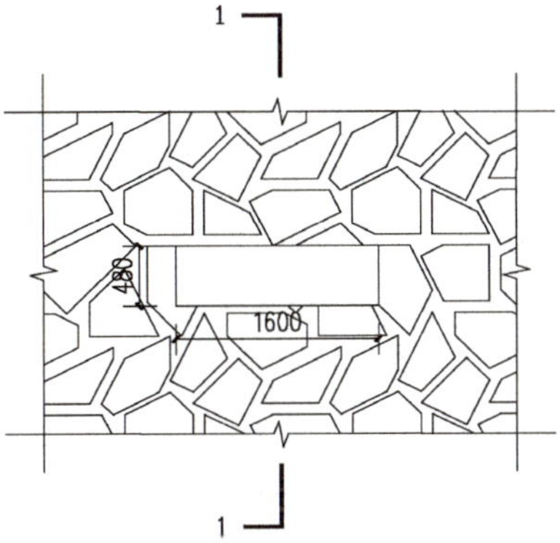

45# 射击孔内立面

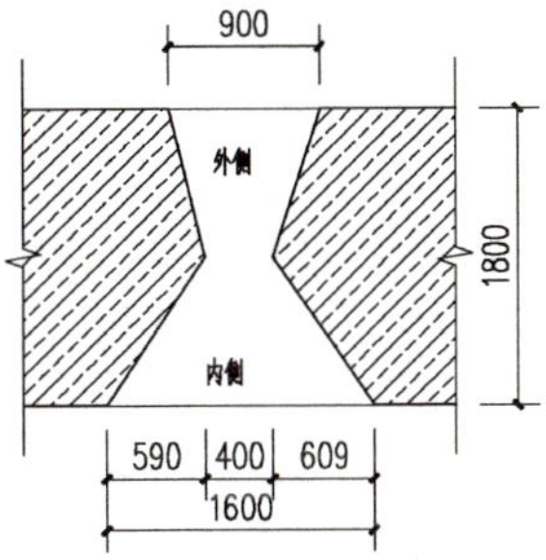

45# 射击孔 2-2 剖面

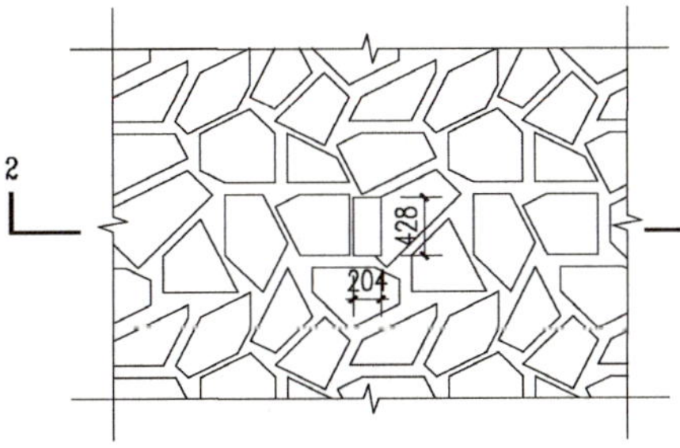

46# 射击孔外立面

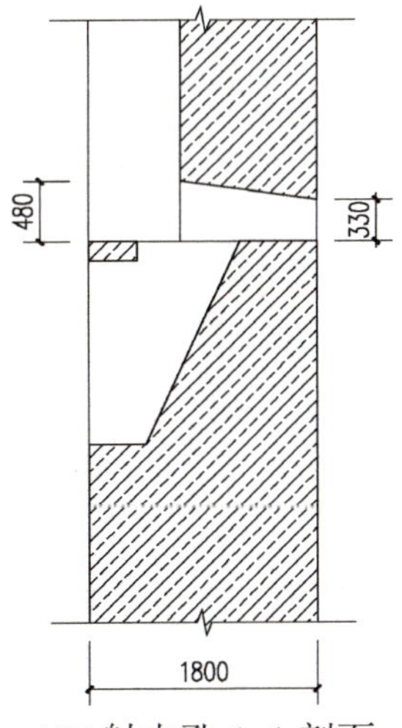

46# 射击孔 1-1 剖面

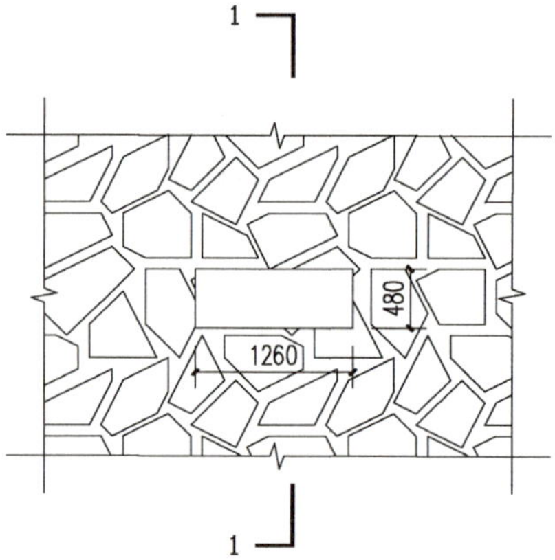

46# 射击孔内立面

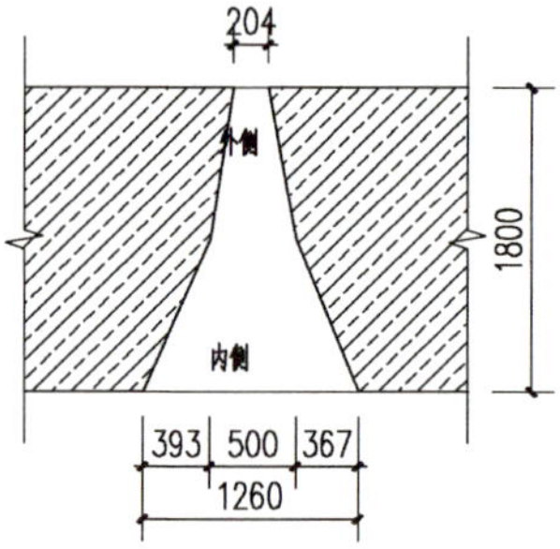

46# 射击孔 2-2 剖面

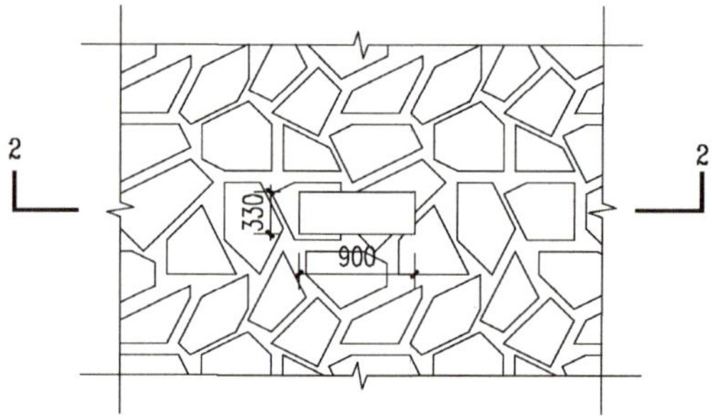

47# 射击孔外立面

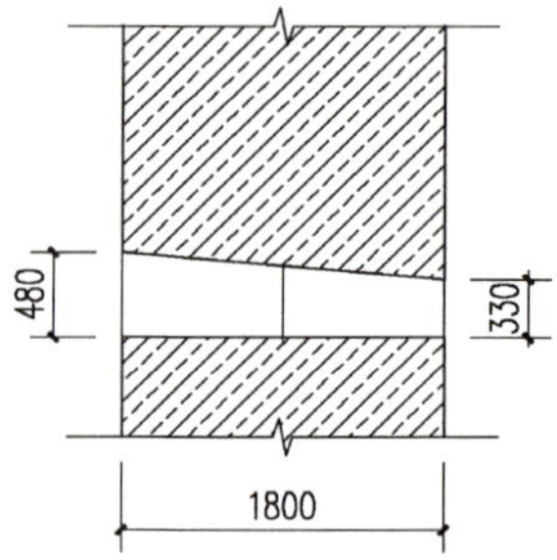

47# 射击孔 1-1 剖面

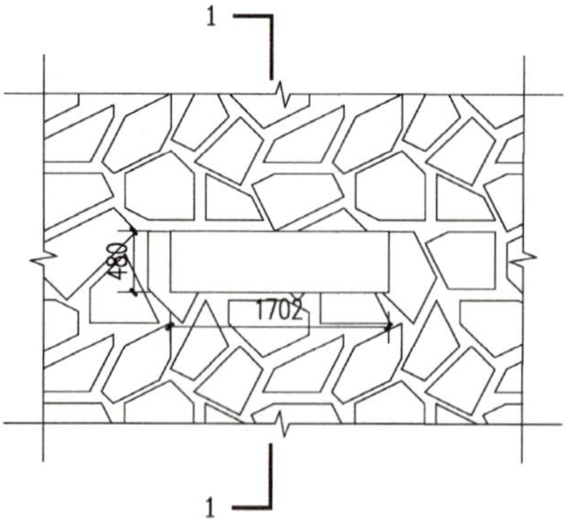

47# 射击孔内立面

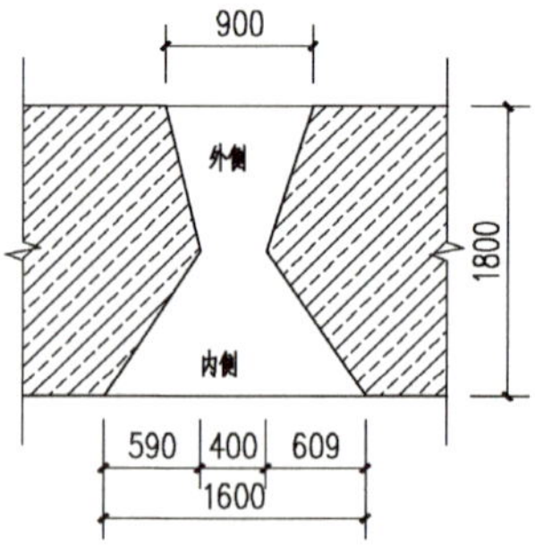

47# 射击孔 2-2 剖面

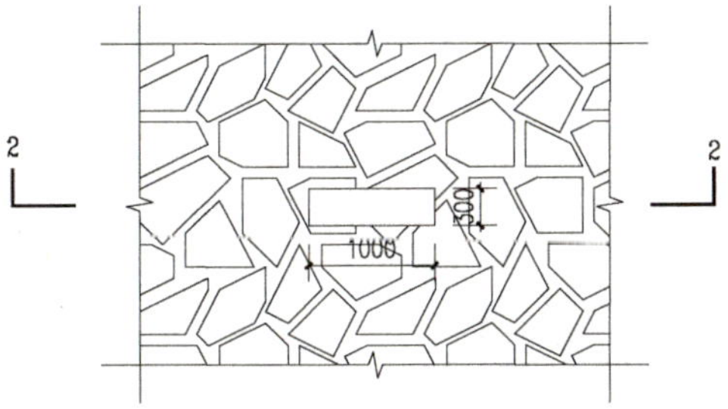

48# 射击孔外立面

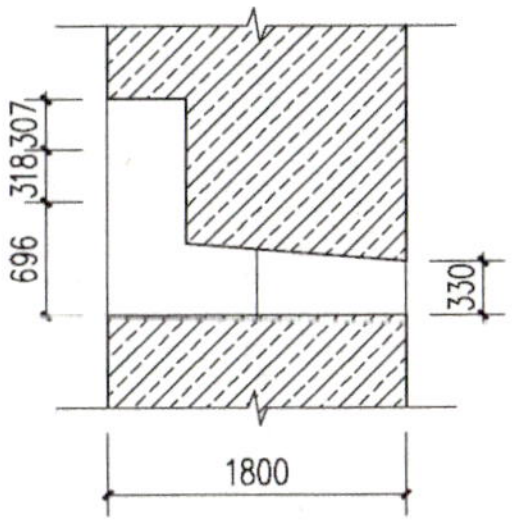

48# 射击孔 1-1 剖面

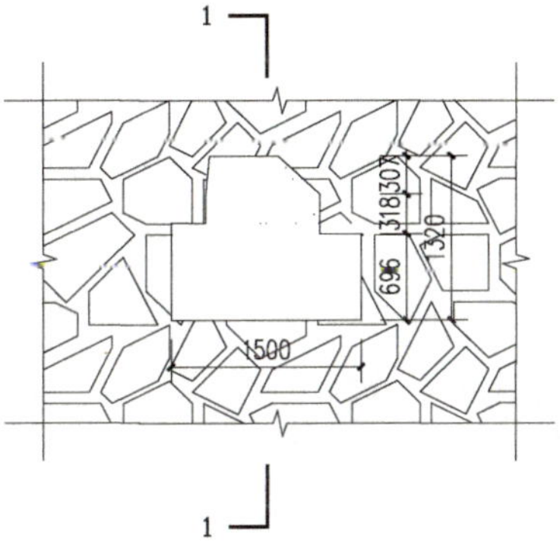

48# 射击孔内立面

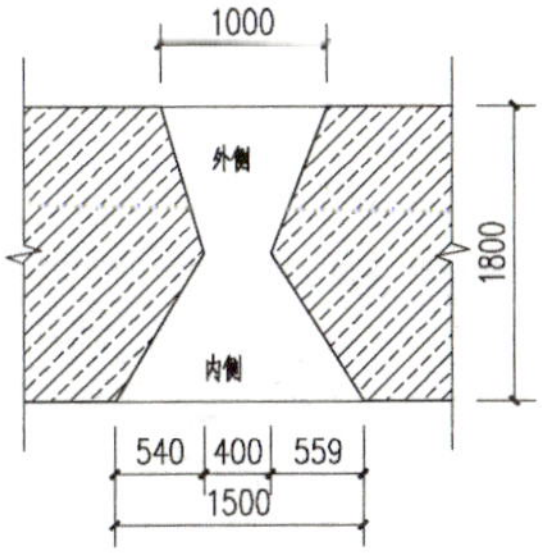

48# 射击孔 2-2 剖面

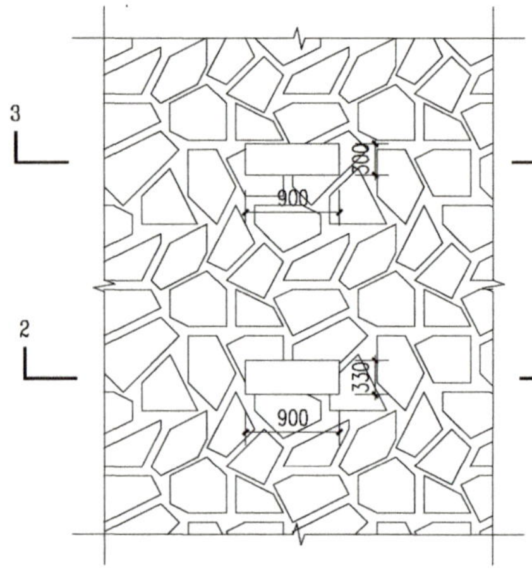

49＃52＃射击孔外立面

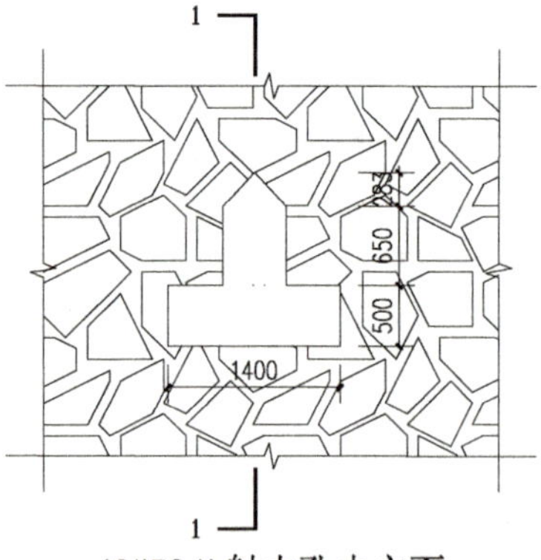

49#52＃射击孔内立面

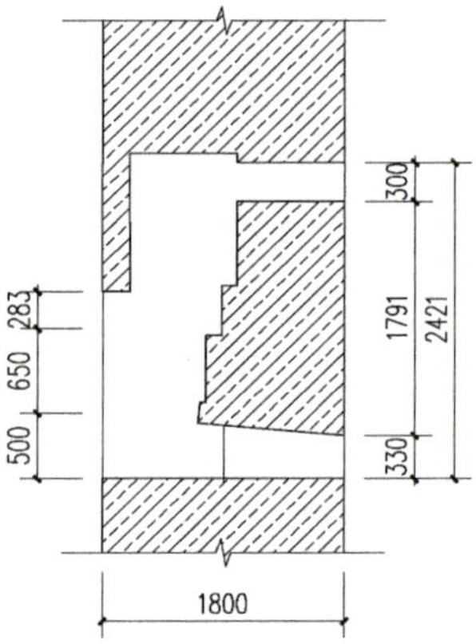

49#52＃射击孔1-1剖面

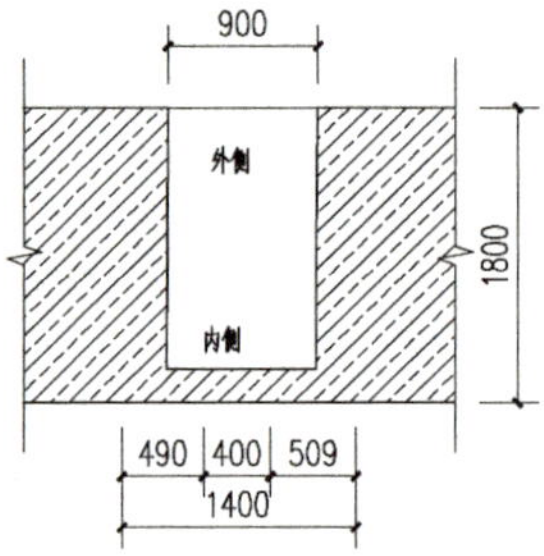

49＃射击孔3-3剖面图

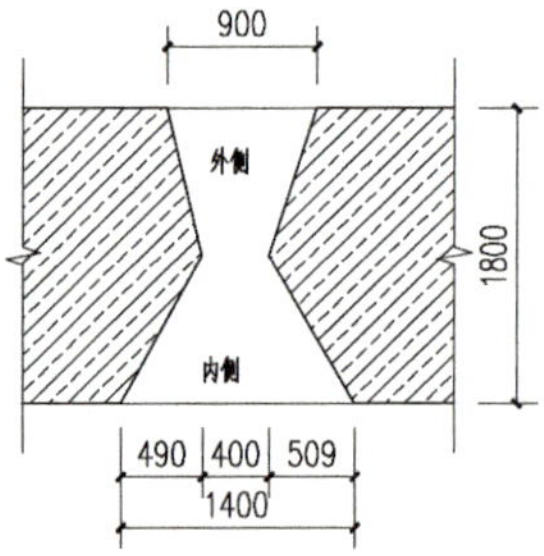

52＃射击孔2-2剖面图

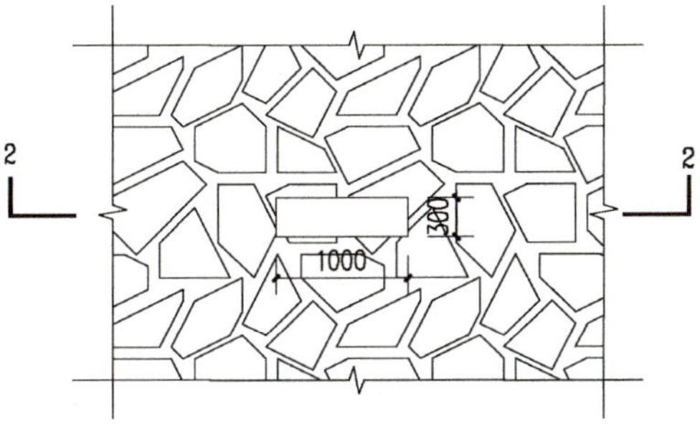

50# 射击孔外立面

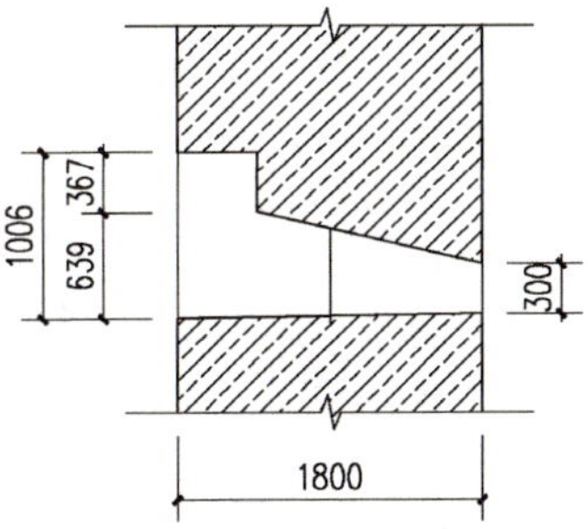

50# 射击孔 1-1 剖面

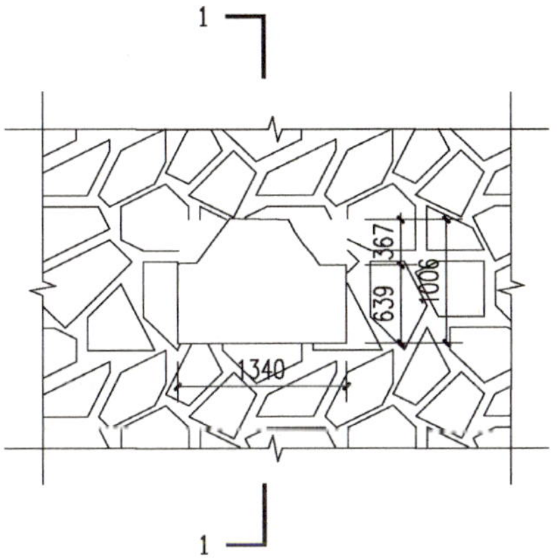

50# 射击孔内立面

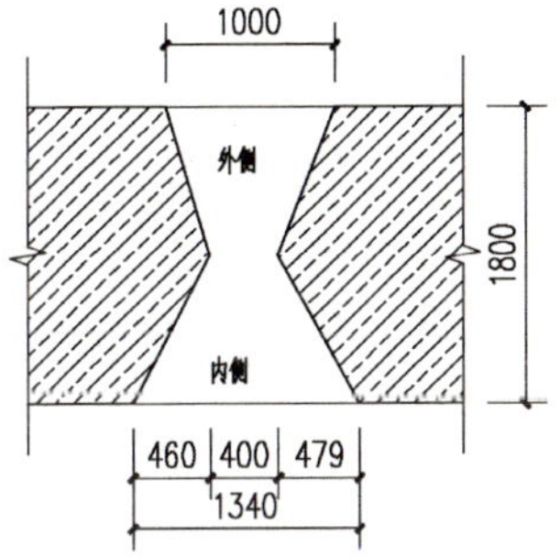

50# 射击孔 2-2 剖面

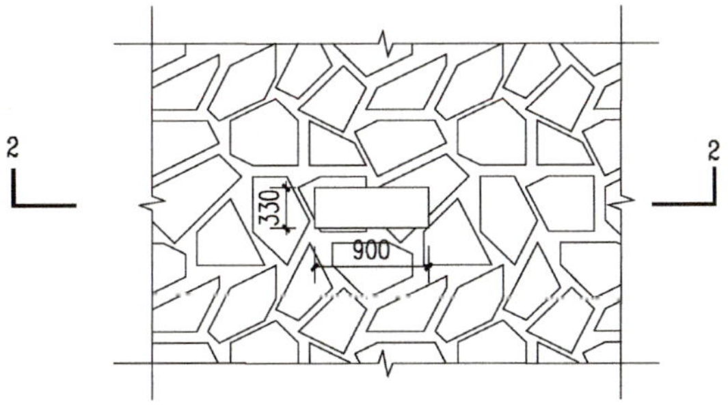

51# 射击孔外立面

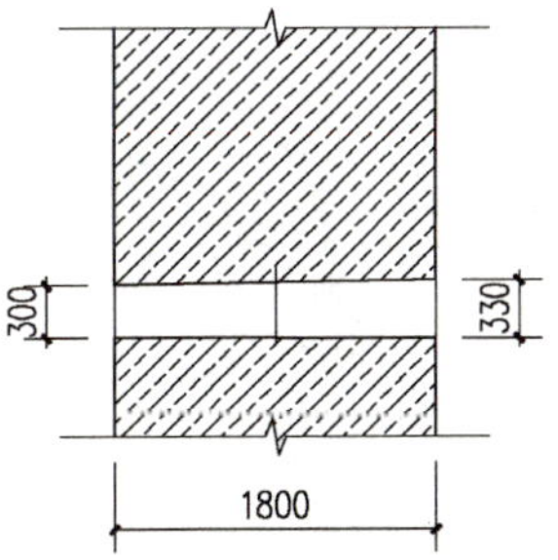

51# 射击孔 1-1 剖面

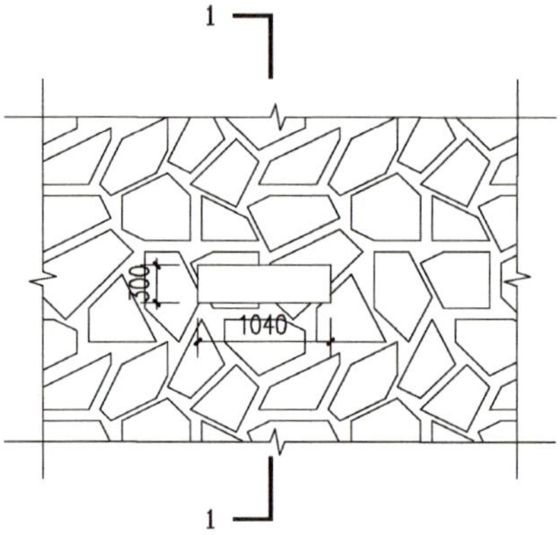

51# 射击孔内立面

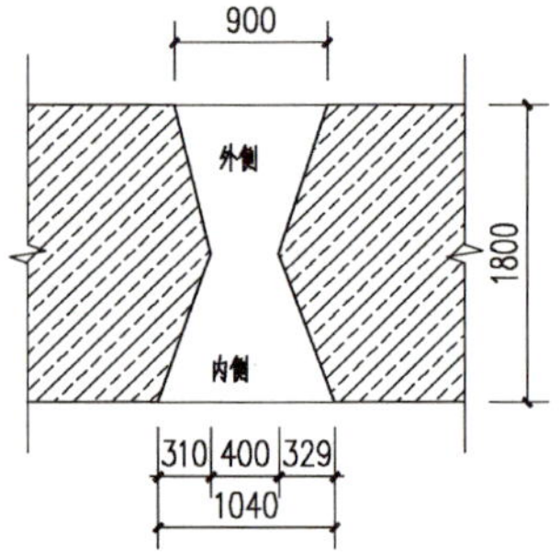

51# 射击孔 2-2 剖面

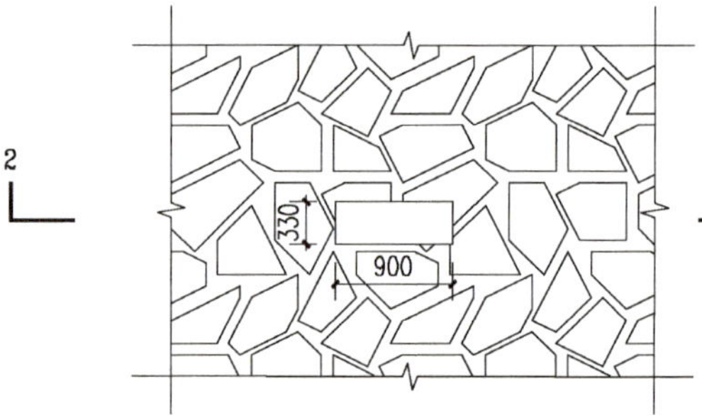

53# 射击孔外立面

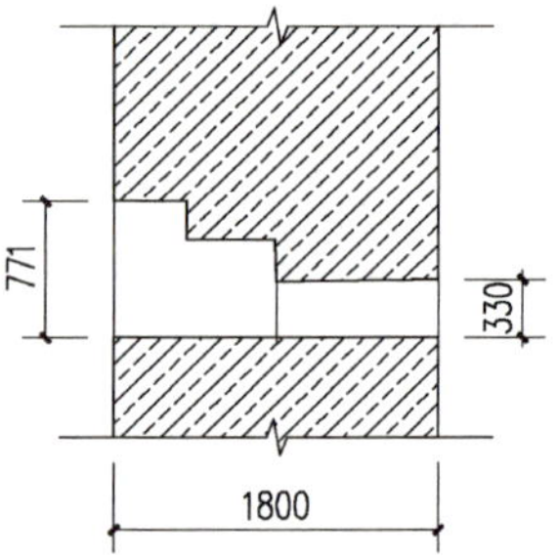

53# 射击孔 1-1 剖面

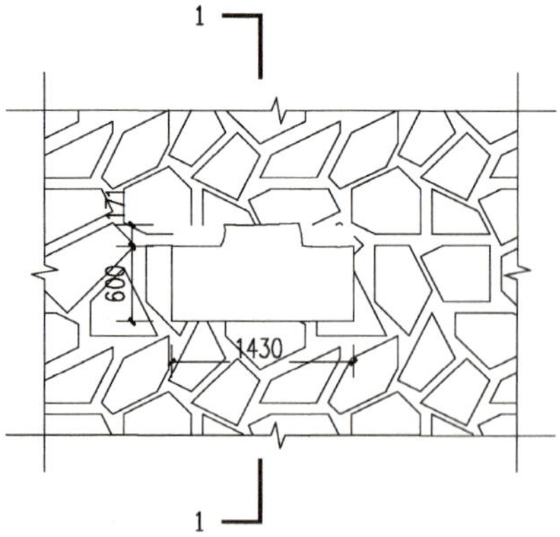

53# 射击孔内立面

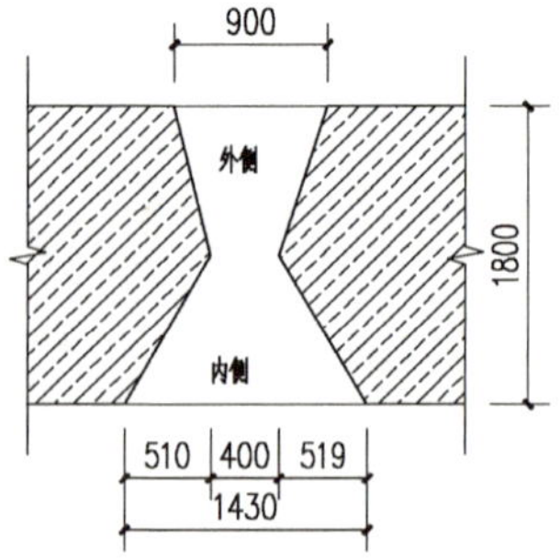

53# 射击孔 2-2 剖面

第四节　哨　所

哨所是边防哨兵执行观察、潜伏、警戒等日常勤务时的处所。冷兵器时代的哨所一般设在军事城堡或军事营盘等山地军事防御体系的前沿高地，这一区域是这一军事防御体系前沿或其他需要警戒的敏感区。哨所根据所处地段不同，少则2—3人，多则百余人，以发现情况、处置情况、上报情况为基本任务。玛瑙山营盘军事防御体系中根据地形地势设置了两个哨所，主要分布在玛瑙山西营盘西的小山上、南营南侧的小山上和东侧小山上，三角哨所分布于玛瑙山营盘的东、南、西侧，互为犄角，呈等腰三角形状分布，形成这三个区域的军事防御区。

4.1　S1号哨所

S1号哨所位于玛瑙山营盘西侧西营西南侧一小山上，西北侧为玛瑙山营建者钱清云家族墓园区，内侧为西营西部严防区，西南侧为田地丛林，西北侧为凤冈进入玛瑙山的主要古道。坐东向西，座向294°，海拔高度870米，位于北纬28° 7′ 5″，东经107° 45′ 51″。

S1号哨所平面呈长方形布局，设置于小山上的基岩之上，占地面积30.14平方米，其室内面积为14.40平方米；东侧石墙残高1460mm、残宽950mm、残长5800mm，西侧石墙残高1260mm、残宽910—1210mm、残长5800mm，北侧石墙残高1000—1100mm、残宽600mm、残长5300mm，南侧石墙残高1100mm、残宽650mm、残长5120mm。S1号哨所东南角设置门道一道，编号为M38号门道，门道残宽1100mm，残高与石墙同。S1号哨所采用就地开采的不规则青石经粗加工后干摆砌筑而成，东侧墙体下部利用基岩作为墙体。从残存现状分析，S1号哨所建筑形式为茅草屋面（或杉树皮屋面）、悬山顶的石砌结构简易房屋，面阔一间，通面阔 5800mm、通进深 5230mm；楼层两层，一层为休息室，二层设置瞭望口，主要用于哨兵军事观察，并以点灯为号，将所发现区域内的敌情向子营和中营这两个军事指挥中心和军事管理中心进行军事信息传递。

S1 号哨所警戒区域是西南外侧军事防御区和西外城军事防御区，同时对西北的古道进行高度警戒，这条古道是由凤冈进入玛瑙山的主要道路，也是经玛瑙山前往务川县和德江县的主要古道。S1 号哨所与东南角小山上的 S2 号哨所互为犄角，又是对南营和 S2 号哨所的一个补充。当 S1 号哨所发现敌情经西南外城军事防御向南部外城防御区行径时，即时将其信息同时向 S2 号哨所进行传递，S2 号哨所收到信息后即时向南部外城防御区进行传递，该区域收到信息后随时做好军事防御或军事打击。

S1 号哨所保存状况差，残损等级为Ⅳ级，四周墙体和门道基本保持原有的建筑布局和形制，石墙残损 60%、门道残损 50%，楼枕不存、屋面不存、观察口不存、板门不存。

S1 号哨所残损的主要原因：一是自然因素，即长期风雨浸蚀造成石质构件风化和位移后坍塌；二是人为破坏因素，如 1958 年大炼钢铁人为拆除楼枕和桁檩等木质建筑构件、管理不善造成部分石墙内侧排水不畅及咸同起义造成本体一定程度的破坏等。

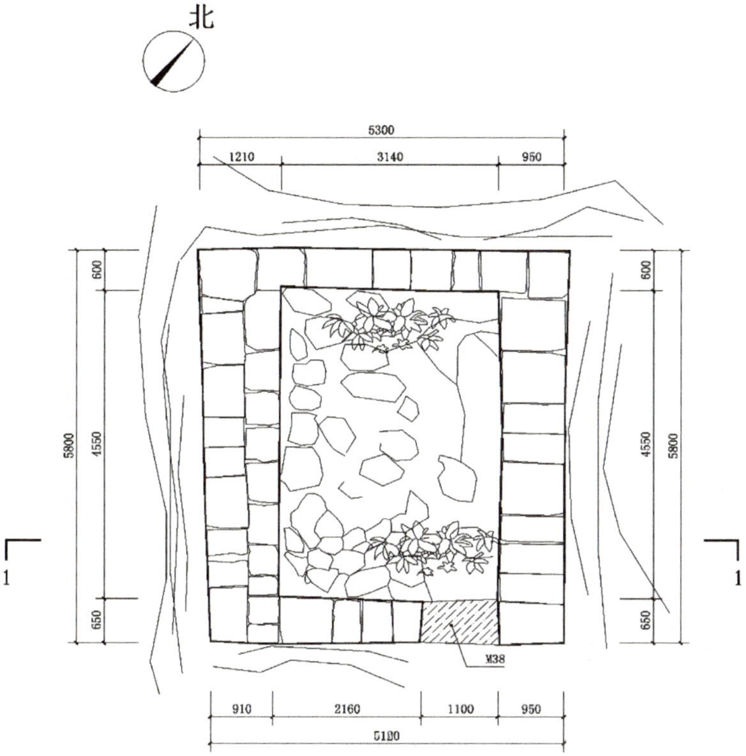

哨所1平面图 1:50

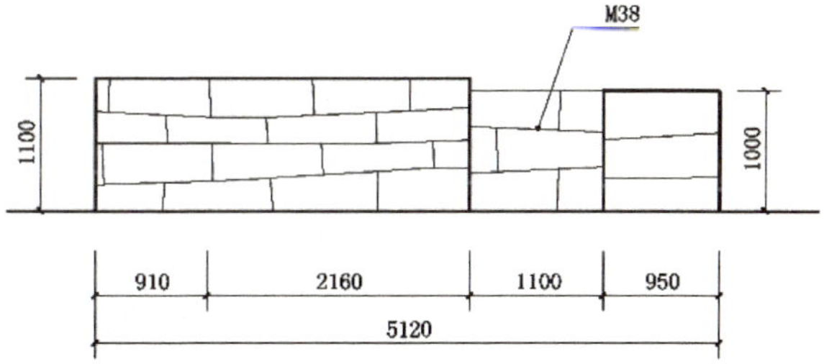

南立面图 1:50

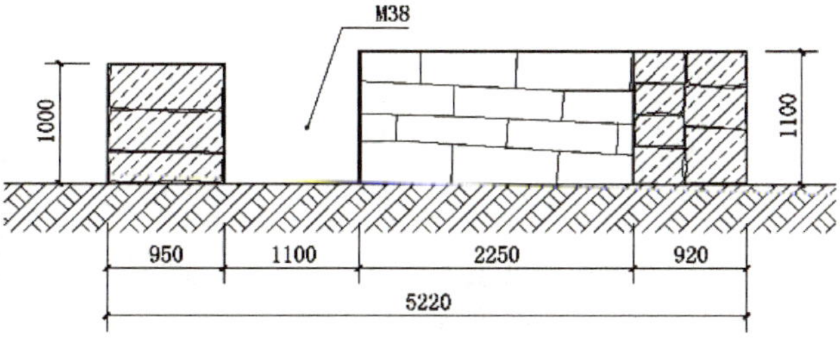

1-1剖面图 1:50

4.2 S2 号哨所：

S2 号哨所位于玛瑙山营盘南侧南部外城军事防御区南部一小山上，西北侧为 S1 号哨所，东北侧为 S3 号哨所和 P9 号炮座，内侧为南部外城军事防御区，南侧为田地沟壑，沟壑中一条古道是凤冈绕行玛瑙山南侧进入官田寨通往务川和德江等的古道之一。S2 号哨所坐西北向东南，座向 120°，海拔高度 880 米，位于北纬 28° 8′ 8″，东经 107° 46′ 0″。

S2 号哨所平面呈正方形布局，设置于小山上的基岩之上，占地面积 38.73 平方米，其室内面积 18.11 平方米；东侧石墙残高 1160mm、墙基残宽 1100mm、墙体残宽 300mm、残长 6820mm，西侧石墙残高 1100mm、残宽 790mm、残长 6750mm，北侧石墙残高 1050mm、墙基残宽 1270mm、墙体残宽 800mm、残长 5300mm，南侧石墙残高 1100mm、残宽 800mm、残长 5900mm。S2 号哨所西南角设置门道一条，编号为 M37 号门道，门道残宽 850mm，残高与石墙同。S2 号哨所采用就地开采的不规则青石未经加工后干摆砌筑而成，西侧利用天然下凹石槽设置门道，门道从墙体外进入墙内上台阶 5 步为哨所一层地表平面。从残存现状分析，S2 号哨所建筑形式与 S2 号哨所同为茅草屋面（或杉树皮屋面）、悬山顶的石砌结构简易房屋，面阔一间，通面阔 6750mm、通进深 5300mm；楼层两层，一层为休息室，二层设置瞭望口，主要用于哨兵军事观察，并以点灯为号，将所发现区域内的敌情向子营军事管理中心和中营军事指挥中心进行军事信息传递。

S2 号哨所警戒区域是西南外侧军事防御区、南部外城前沿军事防御区和东部外城前沿防御区的一部分，同时对南部外城沟壑间的古道进行高度警戒，这条古道是由凤冈绕行玛瑙山前往务川县和德江县的主要古道。S2 号哨所与西北角小山上的 S2 号哨所和东北侧的 S3 号哨所互为犄角，又是对南部外城军事防御区和 S3 号哨所以及 P9 号炮座的一个补充。当 S2 号

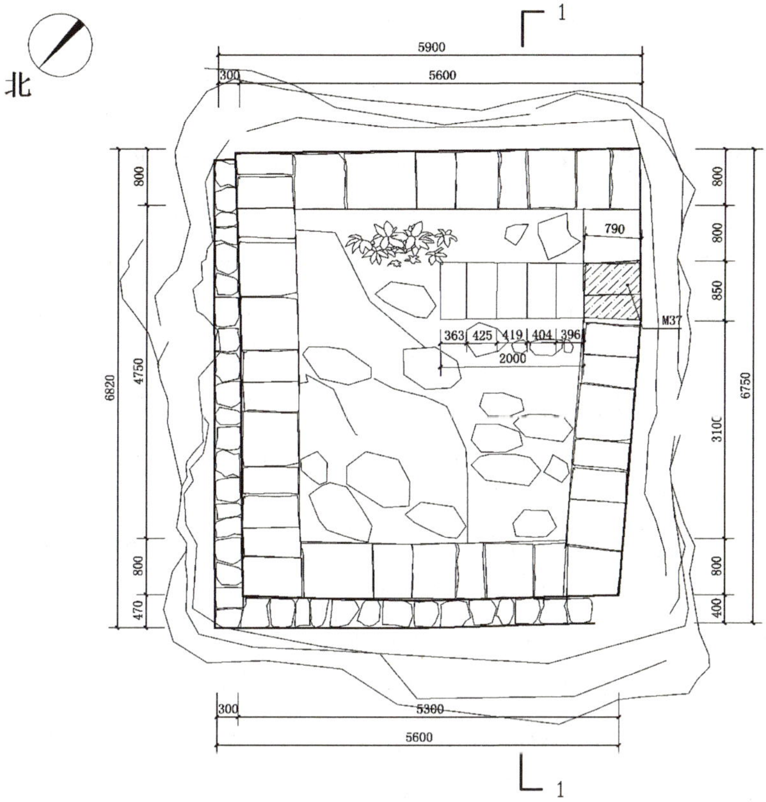

哨所2平面图 1:50

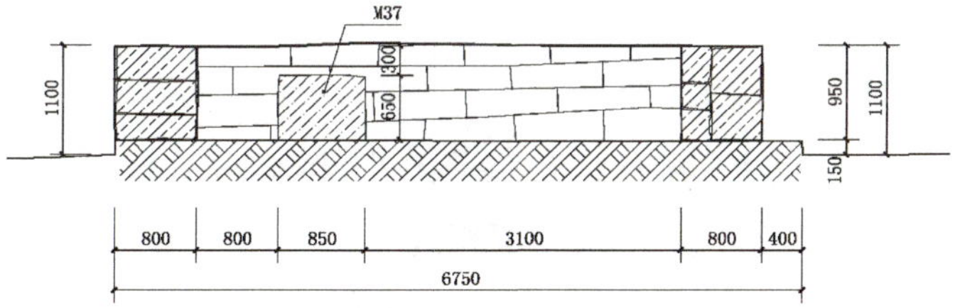

1-1剖面图 1:50

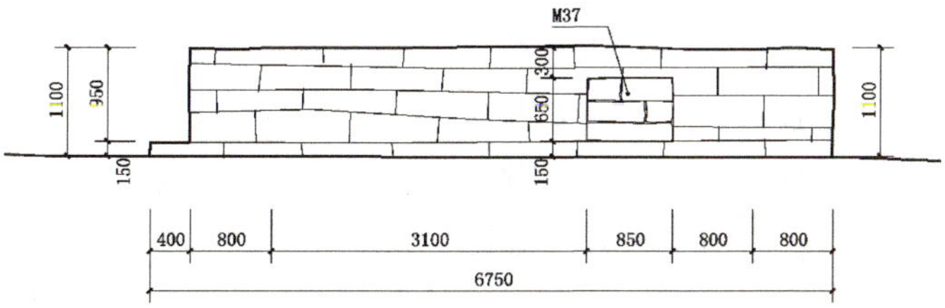

西立面图 1:50

哨所收到S1号哨所传递敌情经西南外城军事防御区向南部外城防御区行径信号时，即时将其信息向南部外城防御区、S3号哨所、中营军事指挥中心进行传递，中营指挥中心收到信息后将作为总体防御部署，P9号炮座和南部外城军事防御区收到信息后随时做好军事防御或军事打击。S2号哨所与S1号哨所、S3号哨所平面上呈三角形布局，S2号哨所距S3号哨所202米、距S1号哨所223米，S1号哨所与S3号哨所313米，基本上呈等腰三角形布置。S2号哨所与S1号哨所和S3号哨所互为犄角，共同将玛瑙山营盘东部外城区域、南部外城区域和西部外城区域进行无死角警戒，形成了一个利用地形地貌进行科学设置的军事防御体系，具有非常强大的军事防御功能。

S2号哨所保存状况差，残损等级为Ⅳ级，四周墙体和门道基本保持原有的建筑布局和形制，石墙残损70%、门道残损60%，楼枕不存、屋面不存、观察口不存、板门不存。

S2号哨所残损的主要原因：一是自然因素，即长期风雨浸蚀造成石质构件风化和位移后坍塌；二是人为破坏因素，如1958年大炼钢铁人为拆除楼枕和桁檩等木质建筑构件、管理不善造成部分石墙内侧排水不畅及咸同起义造成本体一定程度的破坏等。

4.3 S3号哨所

S3号哨所位于玛瑙山营盘遗址东营东南侧小山上，北侧顺山脊向北与东外城城墙相连接，西侧顺山脊向西与南部外城南城墙相连接，东南侧（外侧）设置P9号炮座，东石墙、北石墙和南石墙均设置射击孔（已毁），东石墙外侧设置P9号炮座，东石墙中段墙体下部设置M35号门道作为炮楼与炮座的出入口、西北石墙中段墙体下部设置M36号门道作为军事防御人员出入口。建筑形式平面呈“回”字形布局，北侧石墙和东侧石墙断面残存呈h形，南侧石墙和西侧面石墙断面残存呈“I”形，建筑结构形式为干摆砌筑。

S3 号哨所坐西向东，座向 116° 海拔高度 880 米，位于北纬 28° 7′ 5″，东经 107° 46′ 3″。占地面积 263.64 平方米，炮座院落 1.78 平方米，其中炮楼“回”字形院落 165.65 平方米。南侧石墙长 15100mm、残高 620—2900mm、座墙残厚 1800mm、扶墙坍塌残厚不详，北侧石墙长 14350mm、残高 2170—2760mm、座墙残厚 1800mm、扶墙残厚 1080mm，东侧石墙长 18570mm、残高 2700—2900mm、座墙残厚 1660mm、扶墙残厚 470mm，西石墙长 17350mm、残高 620—2700mm、座墙残厚 1670mm、扶墙坍塌厚度不详。

S3 号哨所采用就地开采的青石经粗精加工成相对规整的石质材料干摆砌筑而成，在玛瑙山营盘三个哨所中占地面积和建筑体量最大，可容纳数十人负责玛瑙山东部区域的军事观察和军事防御，在整个玛瑙山营盘中所处位置最高、结构又坚实、建筑体量最大，主要军事防御功能一是军事观察功能，同时还兼具军事防御功能；二是哨所东、南、北侧石墙扶墙上设置射击孔（射击孔已无存）作为短距离防御射击，三是东石墙外炮台设置可旋转 180° 的火炮作为中远程距离防御打击，四是西北侧东南外城军事防御区再设置碓窝（碓窝已不存）自制火药火作为炮弹药供给，五是

炮楼内侧东石墙下方设置非常隐蔽的门道出入炮座，六是西石墙下设置门道作为防御人员进出口较为方便和隐蔽。S3 号哨所根据地形地势和军事防御需要设置了集防御人员众多、射击孔密集防御与火炮防御于一体的强大的军事防御体系，对东南部外城前沿军事防御区具有集短距离防御打击和中远程防御打击于一体的强大的军事防御能力，主要防御东南部外城前沿军事防御区域的敌人攻入 M45 号门道进入玛瑙山地下通道以及防御敌人攻入 M14 号门道进入东南部外城军事防御区和攻入 M11 号门道进入南部外城军事防御区。S3 号哨所北距M41号门道58米、距M14号门道81米，西距 M11 号门道 120 米，与 M14 号门道和 M11 号门道平面上呈三角形布局，互为掎角，除了对东南部外城前沿军事防御区 M14 号门道、M45 号门道和 M11 号门道进行军事防御外，还具备了一是对东南外城前沿军事防御区、东南外城军事防御区、南部外城军事防御区、东部外城军事防御区进行军事防御观察功能；二是对官田寨发出信息和接收信息功能，对 S2 号哨所发出军事信息进行接收，三是对官田寨的信息和东南外城前沿军事防御、东南外城军事防御区、东外城军事防御区和南部外城军事防御区的军事信息及时向中营军事指挥中心进行传递，同时也将中营军事指挥中心命令进行接收和向其防御区域进行传递。

S3 号哨所保存状况较差，残损等级为Ⅳ级。石墙、门道、踏步和炮座基本保存原有形制，四周石墙上的射击孔损毁无存，门道板门损毁无存、火炮无存，东西两侧门道堵塞，扶墙坍塌损毁，部分石质构件风化、位移。

S3 号哨所残损的主要原因：一是自然因素，即长期的风雨浸蚀造成石质构件位移和风化酥碱及排水不畅造成部分墙体下沉；二是人为破坏因素，如杂树杂草使石砌体产生一定开裂鼓膨、咸同起义造成石墙垮塌及农耕生产造成部分石构件不存等。

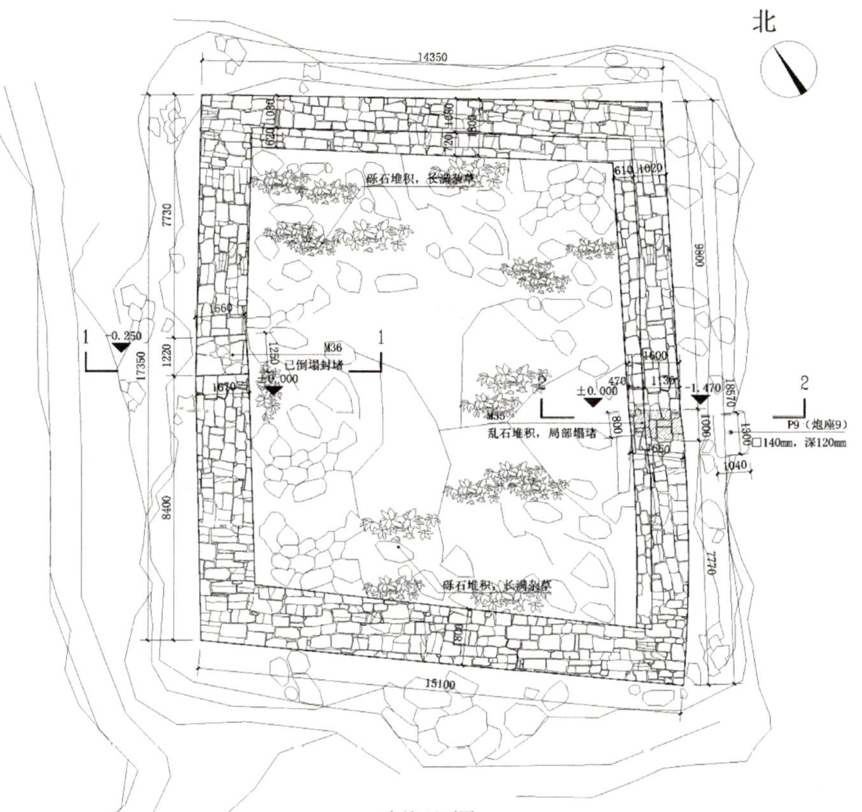

哨所3平面图 1:100

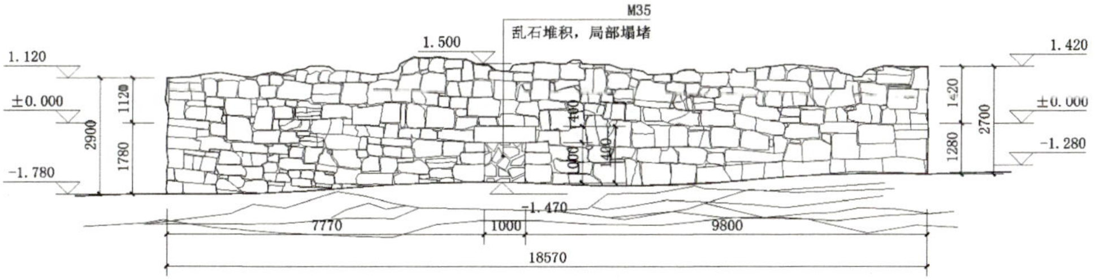

东立面图 1:100

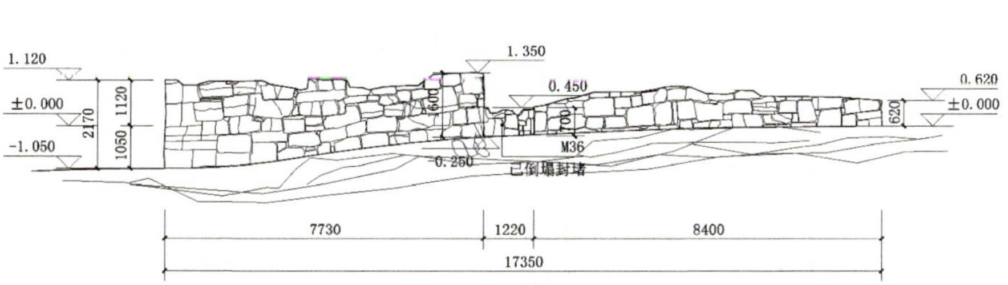

西立面图 1:100

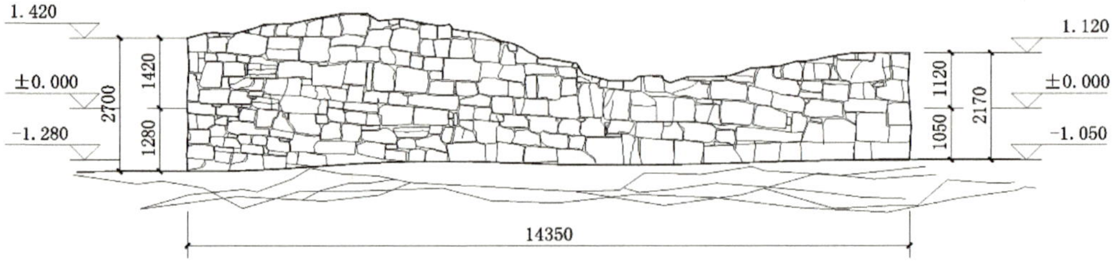

北立面图 1:100

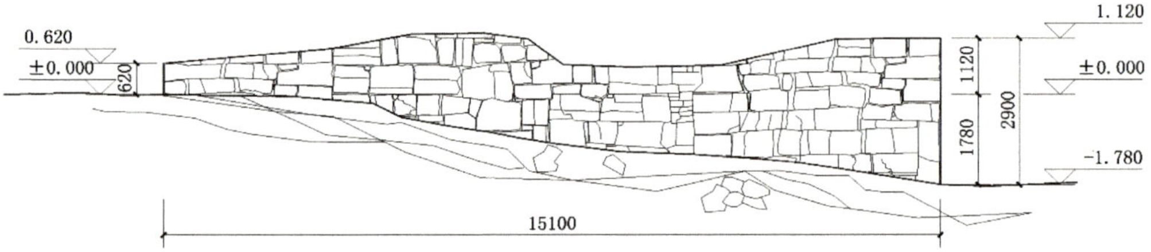

南立面图 1:100

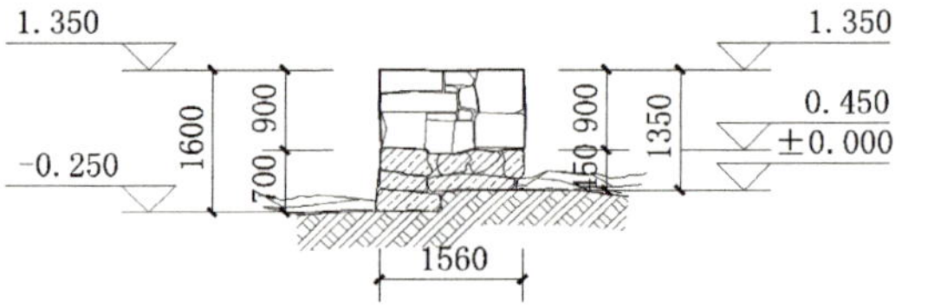

1-1剖面图 1:100

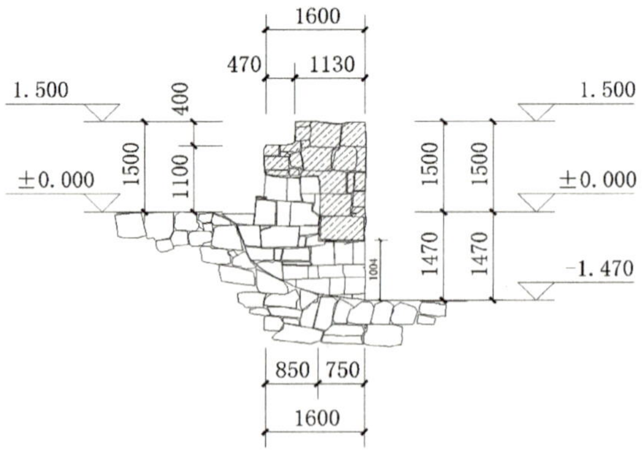

2-2剖面图 1:100

第五节　炮楼

炮楼是指一种四周有枪眼，可以瞭望并射击的高碉堡（也称“碉楼”）。其基本结构是大部分炮楼有两塔射击孔分设对角，重生和装备在一楼，二楼是地面出口，主控在二楼以上。而玛瑙山的炮楼较为特别，有定格意义上的炮楼的形制，功能上根据防御区域的不同设置枪眼和出口。玛瑙山现存有炮楼两座，分布在玛瑙山营盘遗址子营南部和丁家营盘东部。两座炮楼各承担了相应的、比较重要的军事防御区域，确保玛瑙山营盘的安全。

5.1　PL1 号炮楼：

PL1 号炮楼位于玛瑙山营盘遗址子营中部军事管理区南侧、南营北部军事退守区北侧，炮楼西侧为子营南部军事严防区、东侧为玛瑙山东营盘。北侧石墙上分上下两排设置 4 个射击孔，编号分别为 SK33 号射击孔、SK34 号射击孔、SK35 号射击孔和 SK36 号射击孔；南侧石墙上分上下两排，同样设置 4 个射击孔，编号分别为 SK37 号射击孔、SK38 号射击孔、SK39 号射击孔和 SK40 号射击孔；东侧石墙上同样分上下两排同样设置 5 个射击孔，其上一排 3 个射击孔，编号分别为 SK41 号射击孔、SK46 号射击孔、SK42 号射击孔，下一排设置 2 个射击孔，编号分别为 SK43 号射击孔和 SK44 号射击孔；西侧石墙上分上、下三排设置 8 个射击孔，其中上排设置两个射击孔，编号分别为 SK45 号射击孔和 SK47 号射击孔，中排设置 3 个射击孔，编号分别为 SK48 号射击孔、SK49 号射击孔、SK50 号射击孔，下排设置 3 个射击孔，编号分别为 SK51 号射击孔、SK52 号射击孔和 SK53 号射击孔；北侧石墙下部设置 M40 号门道、南侧石墙下部设置 M39 号门道。P1 号炮楼建筑形式平面呈“回”字形布局，石墙断面呈“I”形石墙，其建筑结构形式为干摆砌筑。

PL1 号炮楼坐东向西，座向 280°，海拔高度 850 米，位于北纬 28° 7′ 6″，东经 107° 45′ 55″。长 9640mm、宽 7850mm, 建筑面积 75.674 平方米，其中炮楼“回”字形院落长 6040mm、宽 5900mm，占地面积 35.636 平方米。北侧石墙长 7850mm、残高 5800mm、残厚 1800mm，南侧石墙长 7850mm、残高 4390mm、座墙残厚 1800mm，东侧石墙长 9640mm、残高 2840—5800mm、残厚 1800mm，西侧石墙长 9640mm、残高 5800mm、残厚 2100mm。

PL1 号炮楼采用就地开采的青石经精加工成规整的材料干摆砌筑而成高大石墙。炮楼建筑体量不大，但结构坚实牢固，主要军事防御功能一是南北两侧石墙设置的 M39 号门道和 M40 号门道同时关闭时形成 PL1 号炮楼独立空间，可以集中火力向东营、子营、南营和西营方向进行军事防御和军事打击，同时保证防御人员安全；二是南北两侧石墙设置的 M39 号门道和 M40 号门道同时开启时，PL1 号炮楼防御人员对东、南、西、北四个方向进行军事防御，确保东营、西营、南营、中营和子营防御人员通过 M39 号门道和 M40 号门道安全撤离退守进入 M44 号门道；三是东侧石墙设置的 SK41 号射击孔、SK42 号射击孔、SK43 号射击孔和 SK44 号射击孔与中营南部外城城墙上设置的 SK28 号射击孔、SK29 号射击孔、SK30 号射击孔和 SK31 号射击孔以及南营内城设置的 P6 号炮座、P7 号炮座配合使用，从东、南、北侧三方向集短距离射击和中远距离射击于一体火力对从东营 M1 号门和 M2 号门攻克进入东营的犯敌进行军事打击，确保中营、南营、西营和子营安全；四是西侧石墙设置的 SK45 号射击孔、SK46 号射击孔、SK47 号射击孔、SK48 号射击孔、SK49 号射击孔、SK50 号射击孔、SK51 号射击孔、SK52 号射击孔和 SK53 号射击孔与南营西侧城墙上设置的射击孔（已损毁）配合使用,“一”字形排列对从西营 M8 号门道、M9 号门道攻克进入西营和子营的犯敌进行集中打击，确保子营中部军事管理区、中营、东营和南营安全；五是南侧石墙设置的 SK37 号射击孔、SK38 号射击孔、SK39 号射击孔和 SK40 号射击孔与南营南城墙设置的SK16号射击孔（含已损毁的射击孔）配合使用，一方面确保东营、西营、子营、中营和南营防御人员安全从M44号门道撤离退守，另一方面对从南部M45门进入南营腹部地下溶洞的犯敌进行集中打击，确保犯敌无法进入玛瑙山营区。六是北侧石墙上设置的SK33号射击孔、SK34号射击孔、SK35号射击孔和SK36号射击孔防御区域主要是对玛瑙山北部区域失守时进入子营的犯敌进行军事打击，同时对中营、子营中部军事管理区防御人员退守时进行军事防御，确保防御人员安全撤离。

PL1号炮楼保存状况一般，残损等级为Ⅰ级。石墙、射击孔、门道、踏步基本保存原有形制，西侧石墙SK49号射击孔人为堵塞，M39号门道和M40号门道拱券石位移，部分门墙石风化；门栓、板门、门楣石不存。

PL1号炮楼残损的主要原因：一是自然因素，即长期的风雨浸蚀造成石质构件位移和风化酥碱及排水不畅造成部分墙体下沉致使门道拱券石位移；二是人为破坏因素，如杂树杂草对石砌体造成一定的损坏、咸同起义造成石墙垮塌、农耕生产造成石构件不存及人为堵塞M49号射击孔等。

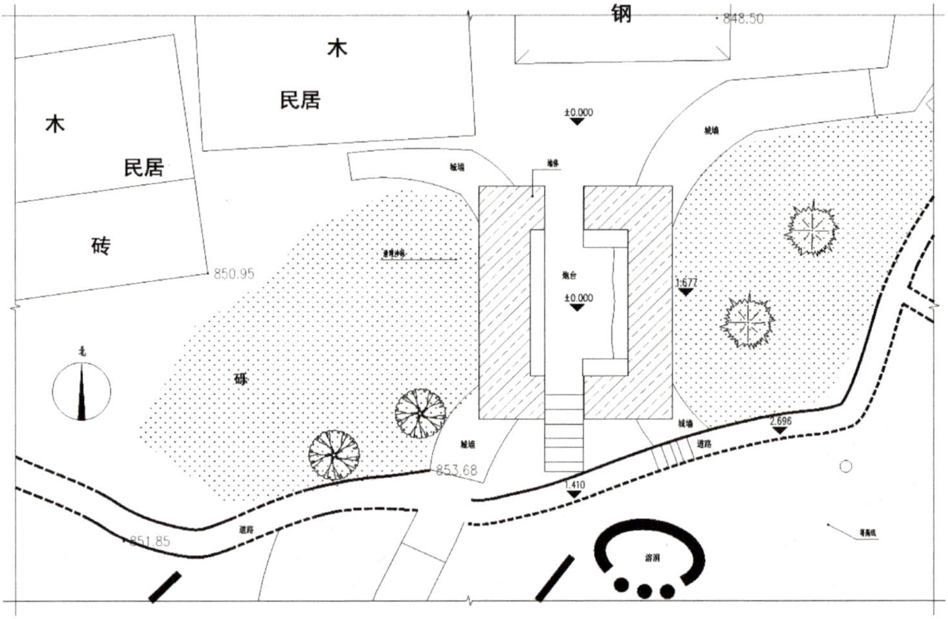

总平面图 1:100

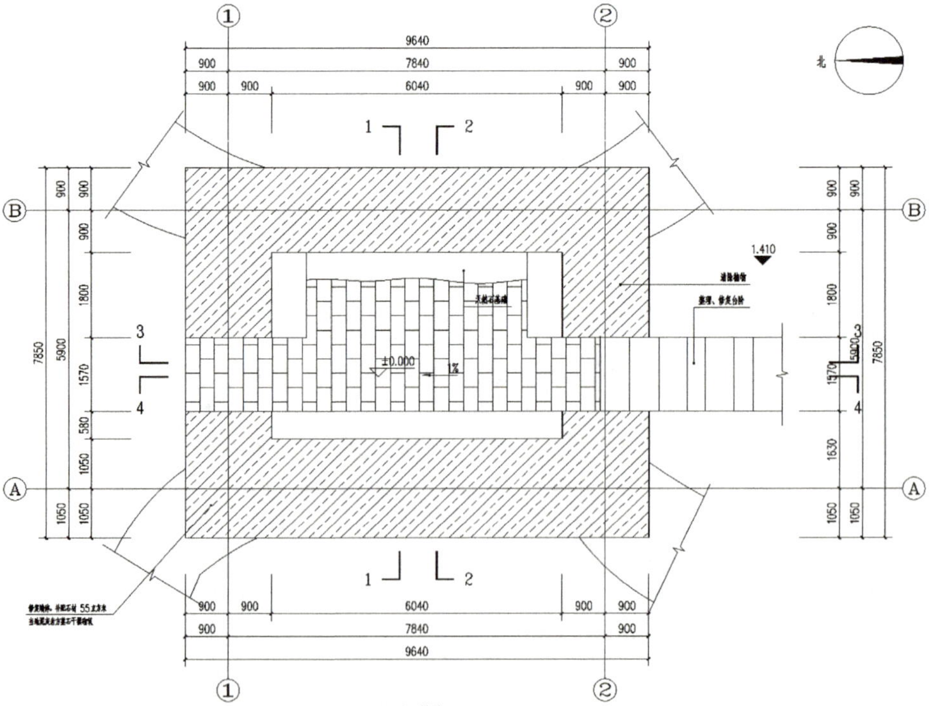

一层平面图 1:60

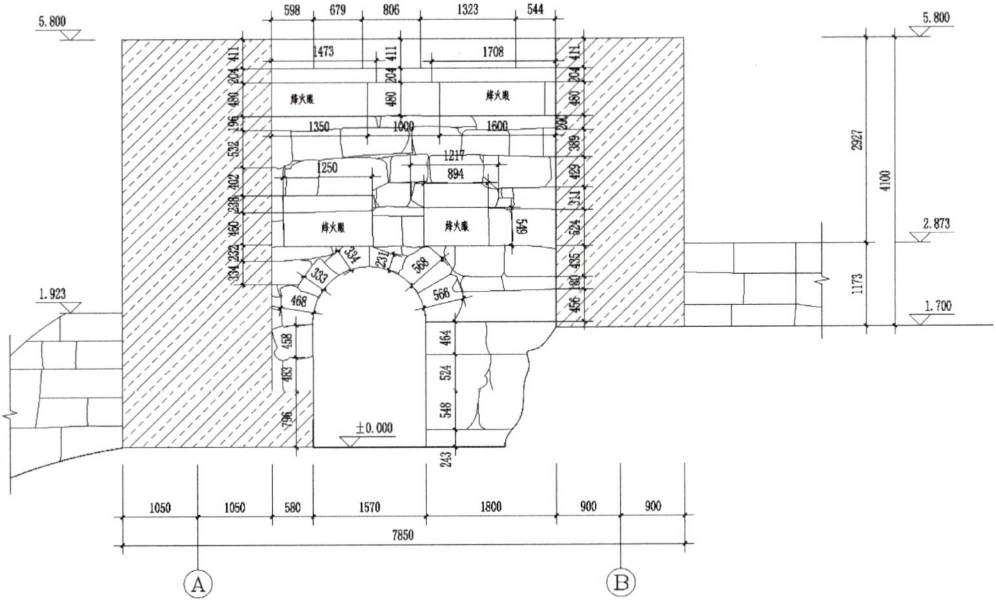

PL1号炮楼1-1剖面图 1:50

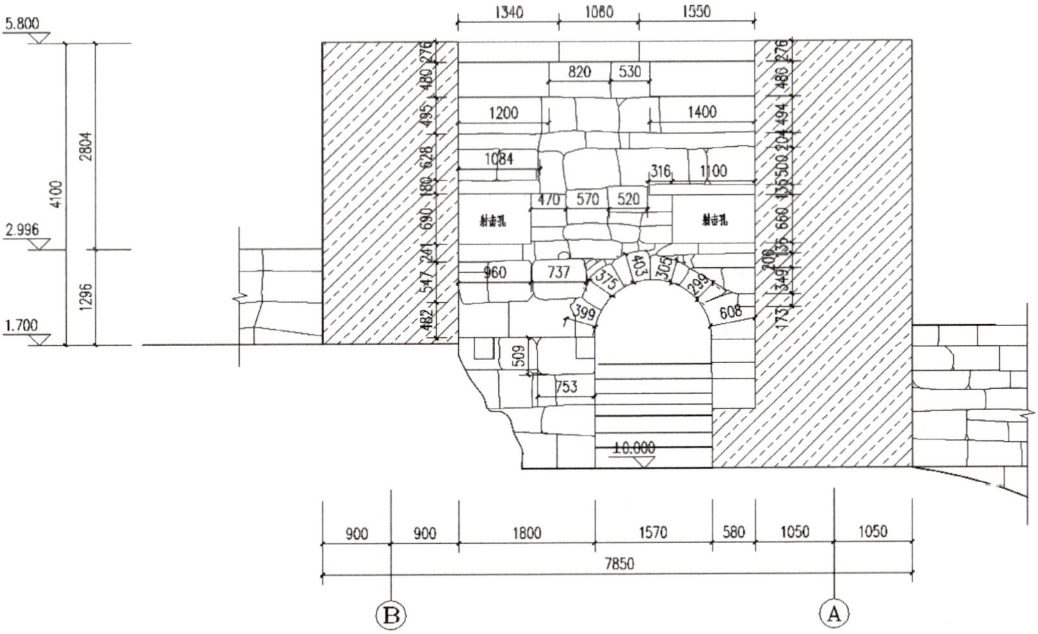

2-2剖面图 1:50

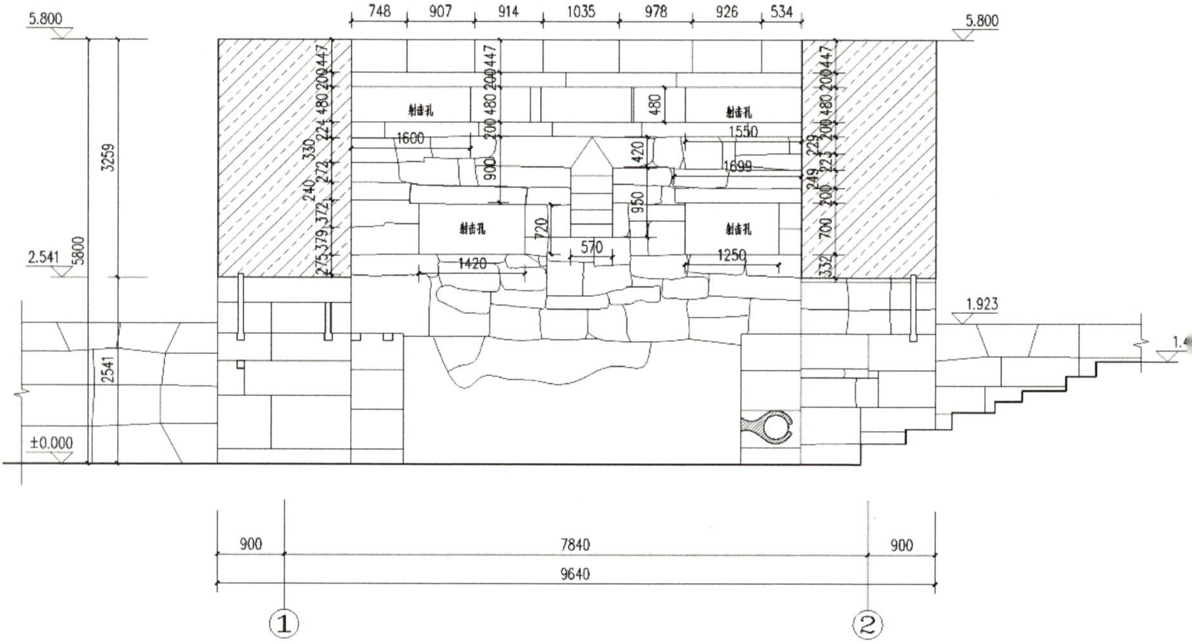

3-3剖面图 1:50

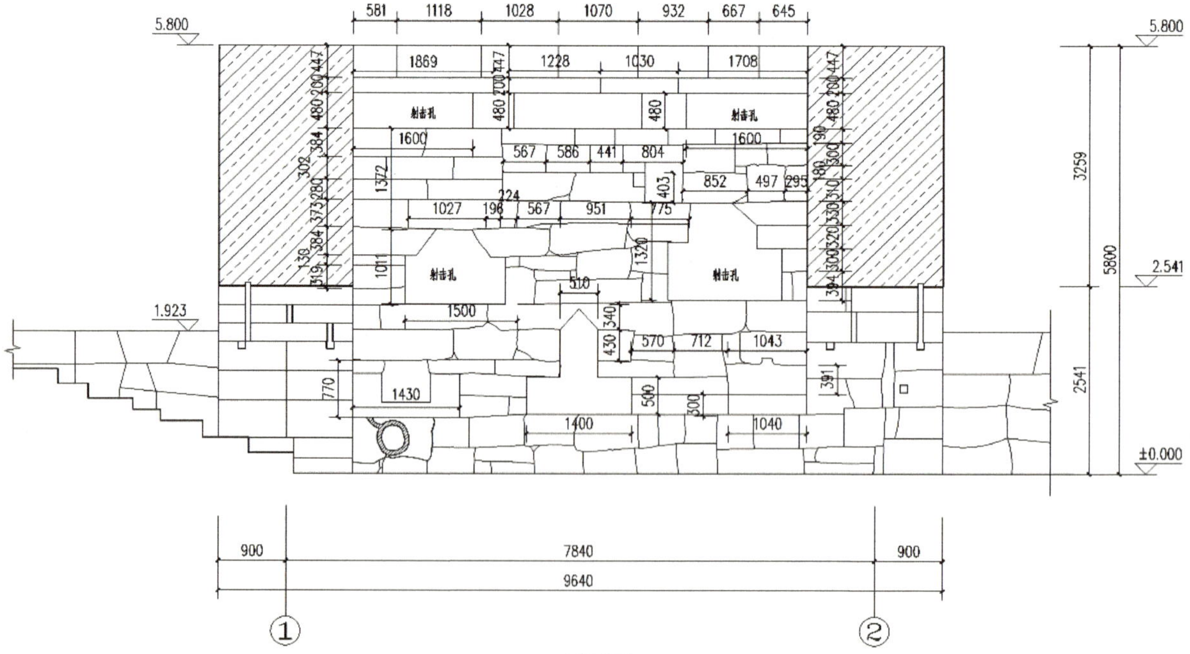

4-4剖面图 1:50

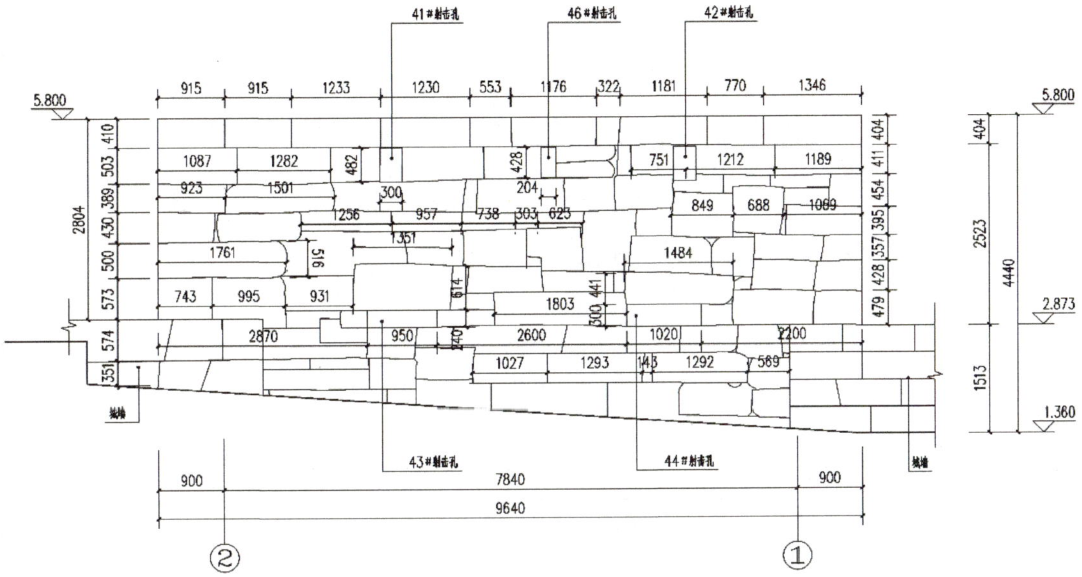

东立面图 1:50

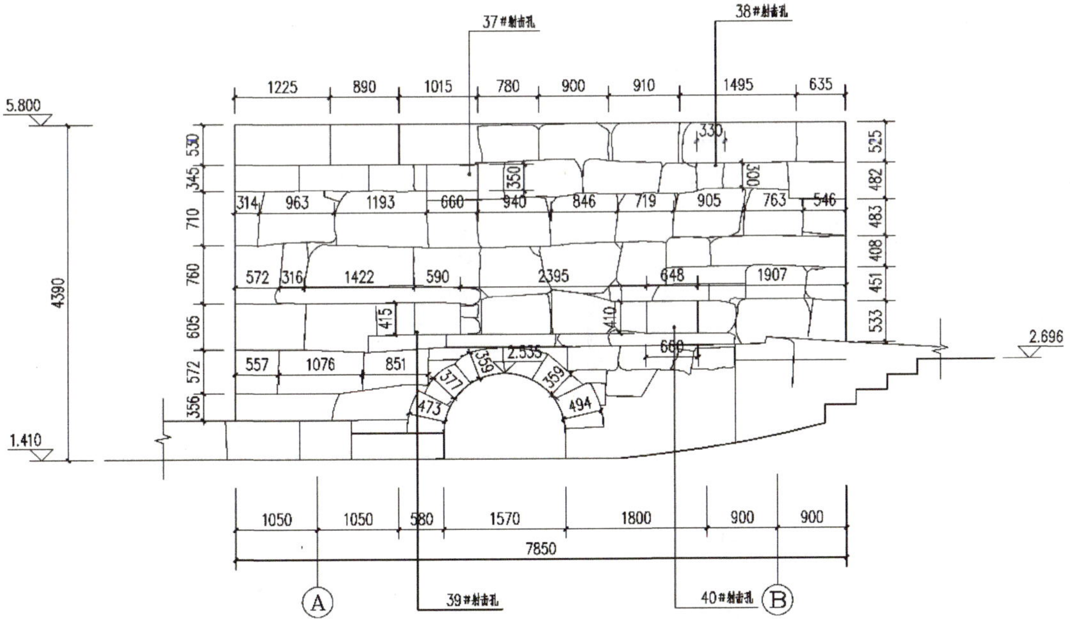

南立面图 1:50

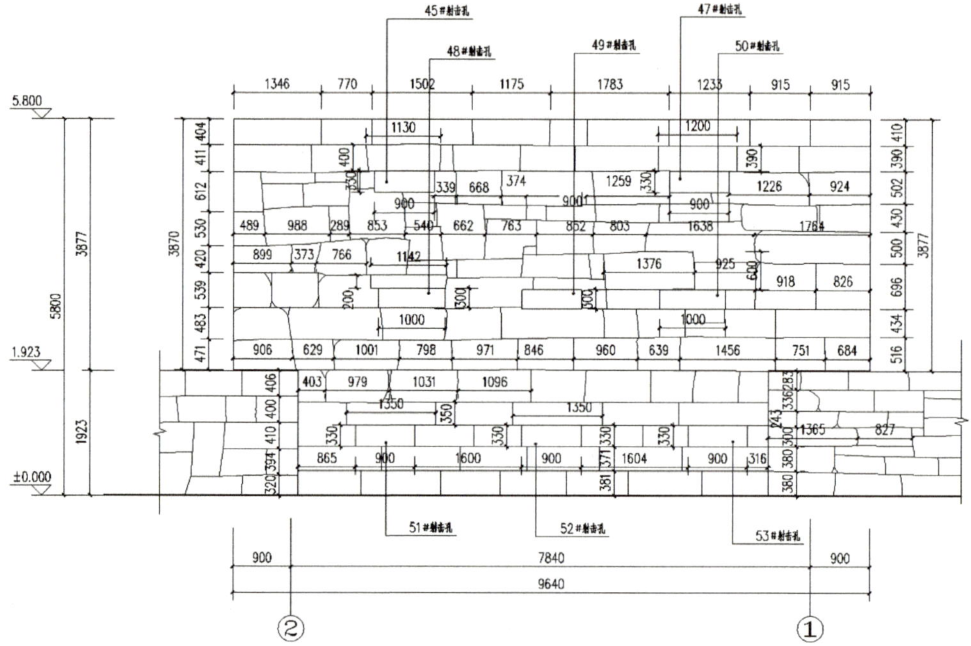

西立面图 1:50

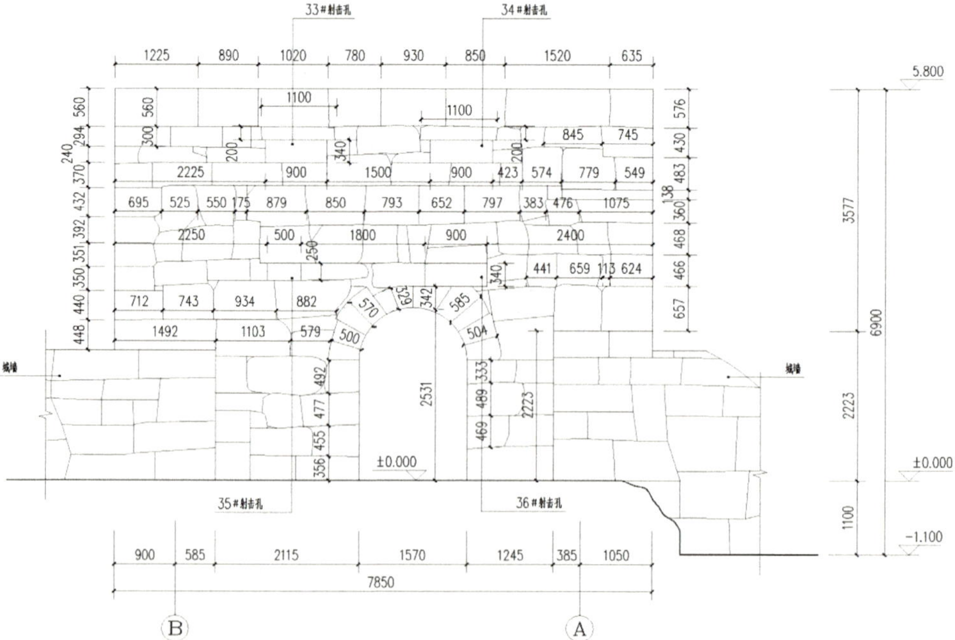

北立面图 1:50

5.2　PL2 号炮楼：

PL2 号炮楼位于玛瑙山营盘遗址丁家营东部城墙上，北墙与丁家营盘东北段城墙连接，南墙与丁家营盘东南段城墙连接，东侧（外侧）设置 P1 号炮座，炮座东、南、北两侧设置石墙，炮座东石墙上设置炮座，北墙设置 SK2 号射击孔，下设 M34 号门道作为炮楼与炮座的出入口。建筑形式平面呈“凹”字形布局，北石墙和南石墙断面呈 h 形石墙，东石墙呈“台阶式”石墙，其结构形式为干摆砌筑。

PL2 号炮楼坐西向东，座向 81°，海拔高度 860 米，位于北纬 28° 7′ 10″，东经 107° 45′ 57″。占地面积 54.38 平方米，其中炮楼“凹”字形院落 17.19 平方米、炮座院落 10.69 平方米。南侧石墙长 5300mm、残高 2000—2600mm、座墙残厚 1570mm、扶墙残厚 840mm，北侧石墙长 5000mm、残高 2100—2600mm、座墙残厚 1570mm、扶墙残厚 840mm，东侧石墙长 6800mm、残高 2100—2600mm、座墙残厚 1830mm、扶墙残厚 1100mm、隐蔽墙残厚 300mm。炮座南墙长 2075mm、残高 1200mm、残厚 1670mm，炮座北墙长 4600mm、残高 1200mm、残厚 1670mm，炮座东墙长 10180mm、残高 1100mm、残厚 1040mm，炮座设置在东石墙中部内侧（西侧）凸起呈圆弧形。

PL2 号炮楼采用西侧开采的青石经精加工成规整的材料干摆砌筑而成东，石墙整个墙体和南北石墙座墙，南北石扶墙石质材料采用未经加工的非规整石块干摆砌筑。炮楼建筑体量高大，结构坚实，主要军事防御功能一是南北两侧石墙扶墙采用非规整石材干摆在石上部，防御时作为“擂石”进行近距离防御打击，二是南北石墙扶墙上设置射击孔（南墙设置射击孔已无存）和东墙设置隐蔽墙匍匐射击作为短距离射击防御，三是东墙外炮台设置可旋转 180° 的火炮中远程距离防御打击，四是西北侧再设置 D2 号碓窝自制火药，五是炮楼内侧东墙下方设置非常隐蔽的门道出入炮座；PL2 号炮楼根据地形地势和军事防御需要设置了具有强大火力的军事防御体系，对东部外城军事防御区具有集短距离防御打击和中远距离防御打击于一体的军事防御能力，主要防御东外城军事防御区域的敌人攻入 M3 号门道进入丁家营盘和攻入 M2 号门道进入东营盘。PL2 号炮楼除了对东部外城军事防御区进行军事防御外，还兼备对东北外城军事防御区和东南外城军事防御区进行有效防御打击的能力。

PL2 号炮楼保存状况一般，残损等级为 I 级。石墙、射击孔、门道、踏步、隐蔽墙和炮台及炮座基本保存原有形制，东石墙隐蔽墙南北两侧损毁无存、南石墙射击孔损毁无存、门道板门损毁无存、火炮无存，部分石质构件风化、位移。

PL2 号炮楼残损的主要原因：一是自然因素，即长期的风雨浸蚀造成石质构件位移和风化酥碱及排水不畅造成部分墙体下沉；二是人为破坏因素，如杂树杂草对石砌体造成一定的损坏、咸同起义造成石墙垮塌及农耕生产造成石构件不存等。

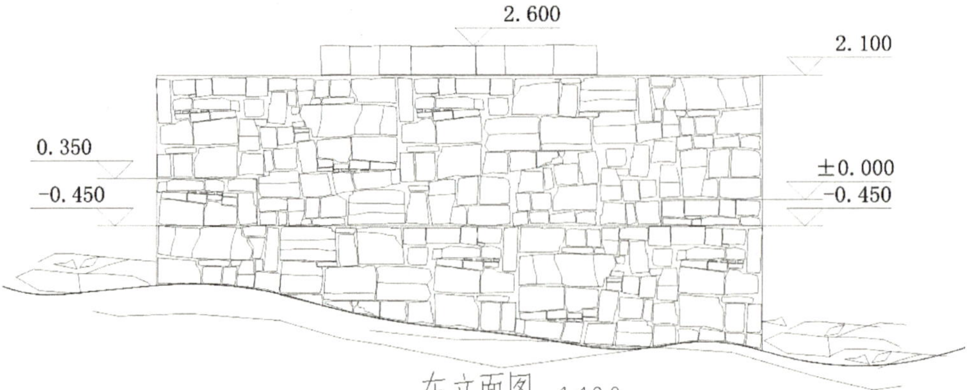

东立面图 1:100

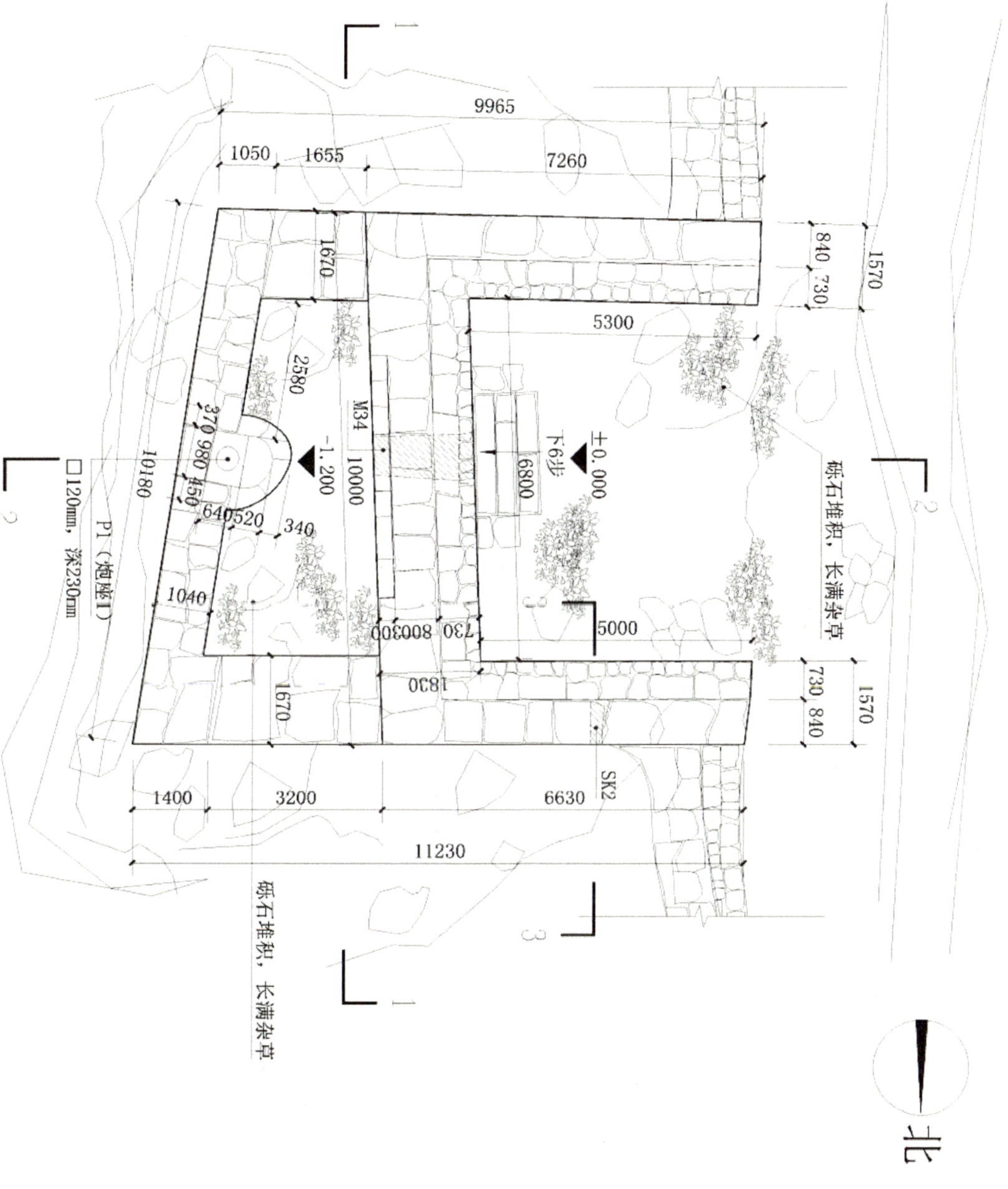

砾石堆积，长满杂草
P1（炮座1）
□120mm，深230mm
下6步
±0.000
-1.200
M34
SK2
9965
11230
北

炮楼2平面图 1:100

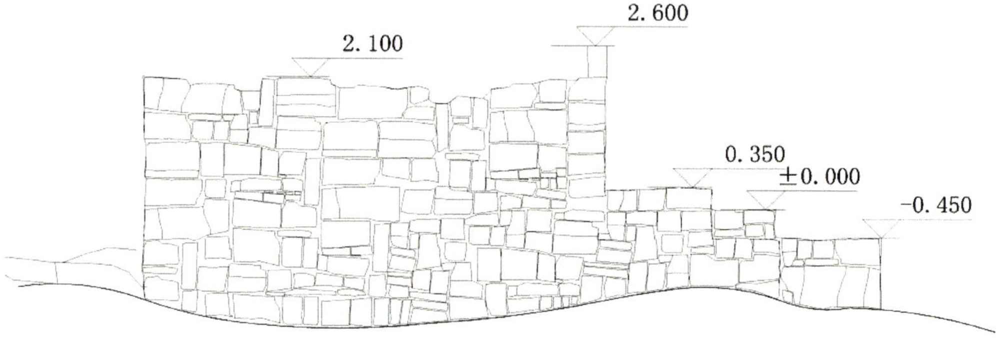

南立面图 1:100

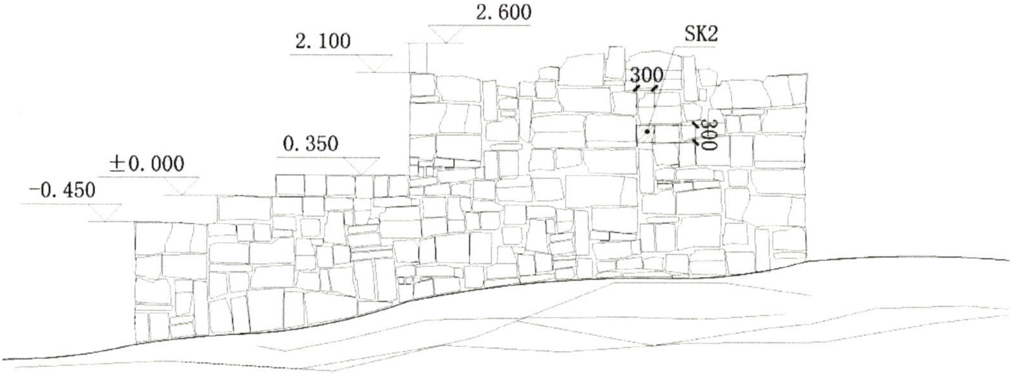

北立面图 1:100

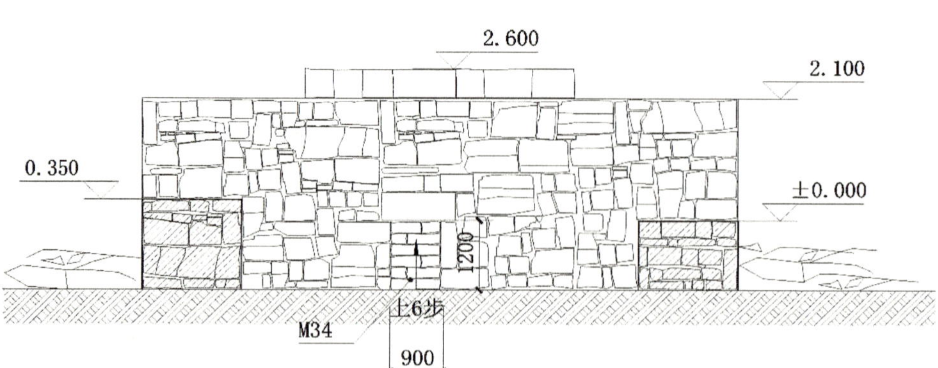

1-1剖面图 1:100

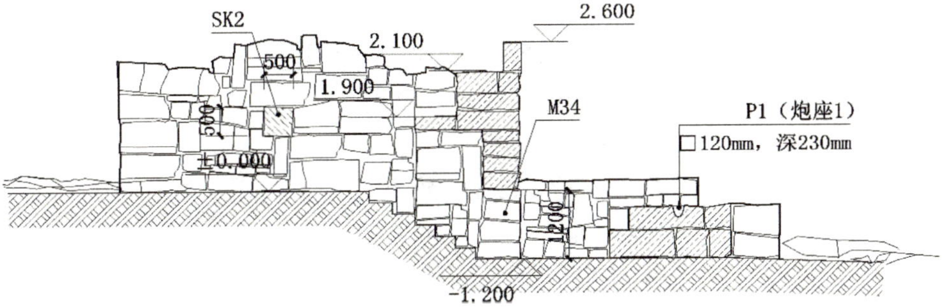

2-2剖面图 1:100

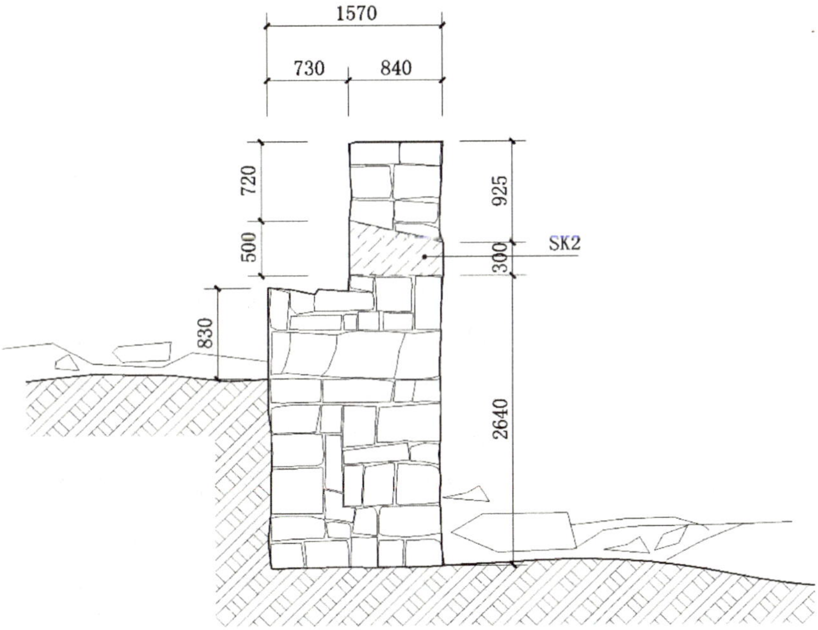

3-3剖面图 1:50

第六节　炮座

炮座是冷兵器时代支撑火炮的台座（台座又称为炮台），玛瑙山营盘内的炮座是在炮台上砌筑一块较大的规整青石，在青石中心人工凿出一海窝，或直接利用基岩作为炮台，在基岩上人工凿出一海窝，将火炮下的支架插入海窝内，使其火炮可做 180°旋转，形成 180°旋转军事防御和军事打击，具有较强的军事防御能力。玛瑙山现残存炮座 12 个，分布于玛瑙山 9 个营区内外的重要区域，与射击孔、城墙、炮楼、哨所等配合使用，形成玛瑙山营盘强大的军事防御体系。

6.1　P1 号炮座

P1 号炮座位于玛瑙山营盘遗址东侧丁家营东部 PL2 号炮楼外侧，炮台平面呈“凹”字形，内侧紧临 M34 号门道和 PL2 号炮楼东石墙，炮座建于“凹”字形炮台中部，北侧、南侧和东侧为空旷地域，即玛瑙山东部外城防御区域。炮座坐西向东西北向东南，座向 104°，海拔高度 853 米，位于北纬 28° 10′ 05″，东经 107° 45′ 57″，炮台采用丁家营盘内开采的青石经精加工成规整石干摆砌筑而成，炮台南墙长 2075mm、残高 1200mm、残厚 1670mm，炮台北墙长 4600mm、残高 1200mm、残厚 1670mm，炮台东墙长 10180mm、残高 1100mm、残厚 1040mm，占地面积 10.69 平方米。炮座设置在东石墙中部内侧（西侧）凸起呈圆弧形，圆弧形炮座外侧镶嵌 350—450mm 宽阶沿石，阶沿石中间嵌入一块规整长方形青石和一块半圆形青石，长方形青石中心再开凿一海窝形成炮座。长方形青石长 980mm、宽 640mm，圆弧形青石边长与长方形青石同为 980mm、半径为 520mm, 海窝直径 240mm、深 230mm。

P1 号炮座建筑体量高大，结构坚实，主要军事防御功能一是设置了可旋转 180°的火炮中远程距离防御打击，二是西丁家营盘内设置 D2 号碓窝自制火药作为弹药给养，三是炮座内侧设置非常隐蔽的门道作为 PL2 号炮楼和炮座的出入口，四是与 PL2 号炮楼南北两侧石墙扶墙上“擂石”和射击孔（南墙设置射击孔已无存）配合使用，形成了强大的军事防御体系，具有对东部外城军事防御区集短距离防御打击和中远距离防御打击于一体的军事防御能力，主要防御区域是防御东外城军事防御区域的敌人攻入 M3 号门道进入丁家营盘和攻入 M2 号门道进入东营盘。P1 号炮座除了对东部外城军事防御区进行军事防御外，还兼备对东北外城军事防御区和东南外城军事防御区进行有效防御打击的能力。

P1 号炮座保存状况好，残损等级为 I 级，石墙、炮台、炮座石、海窝等都基本保持原有的建筑布局和形制，部分石材风化、部分石墙石位移。

P1 号炮座残损的主要原因：一是自然因素，即长期风雨浸蚀造成石质构件风化和位移松动；二是人为破坏因素，如管理不善造成墙内侧排水不畅及杂树根系对石墙结构造成一定的破坏等。

6.2　P2 号炮座

P2 号炮座位于玛瑙山营盘遗址西侧西营中部严防区内，炮台平面呈长方体形，设置于中部严防区中心位置的表面，西侧距西营西侧城墙 5 米、北侧距西营北部严防区城墙 13 米，东侧距中营西部外城墙 7 米，南侧距西营南部严防区城墙 11 米；与西侧城墙上的 SK11 号射击孔相距 8 米、南侧城墙上的 SK12 号射击孔相距

18 米。炮座坐东南向西北，座向 272°，海拔高度 849 米，于北纬 28° 7′ 8″，东经 107° 45 ′ 53″。

炮台采用就地开采的青石经精加工成规整石干摆砌筑而成，炮台长 1400mm、宽 900mm、残高 1200mm、残厚 1670mm，炮台北墙长 4600mm、残高 1200mm、残厚 1670mm，炮台东墙长 10180mm、东侧残高 600mm、西侧残高 650mm，占地面积 1.26 平方米。炮座干摆一块与炮座同样长与宽的青石，青石中部人工凿海窝，将火炮支架插入海窝内，形成可旋转 180° 的防御射击区域；海窝直径 110mm、深度 120mm。

P2 号炮座建筑体量一般，但结构较为坚实，主要军事防御功能一是设置了可旋转 180° 的火炮进行中远程距离防御打击；二是与南侧城墙上的 SK12 号射击孔、西侧城墙上的 SK11 号射击孔配合使用，形成了西营中部严防区这狭小区域内完整的军事防御体系，具有对西部外城军事防御区集短距离防御打击和中远距离防御打击于一体的军事防御能力，主要防御区域是防御西外城军事防御区域的敌人攻入 M7 号门道进入西营北部严防区和攻入 M8 号门道进入西营南部严防区；三是 P2 号炮座作为中营军事指挥中心西部的前沿防御体系对西部外城军事防御区进行军事防御，确保中营安全。

P2 号炮座保存状况好，残损等级为Ⅲ级，石墙、炮台、炮座石、海窝等都基本保持原有的建筑布局和形制，炮座石断裂、海窝断裂，部分石材风化、部分墙体石位移。

P2 号炮座残损的主要原因：一是自然因素，即长期风雨浸蚀造成石质构件风化和位移松动；二是人为破坏因素，如旅游开发中对其进行混凝土干扰及 2017 年人为对炮座石进行破坏等。

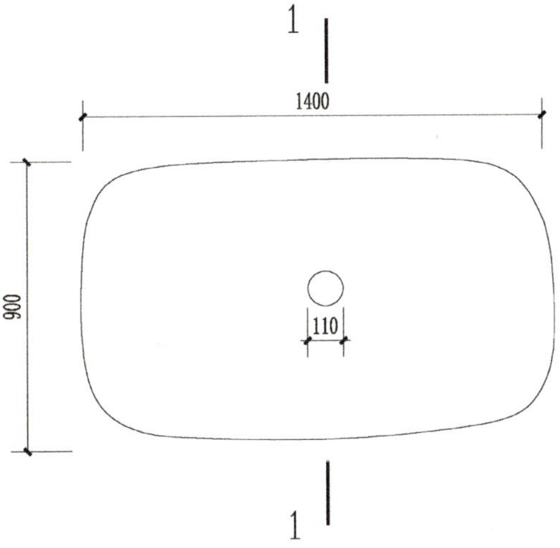

P2平面图 1:20

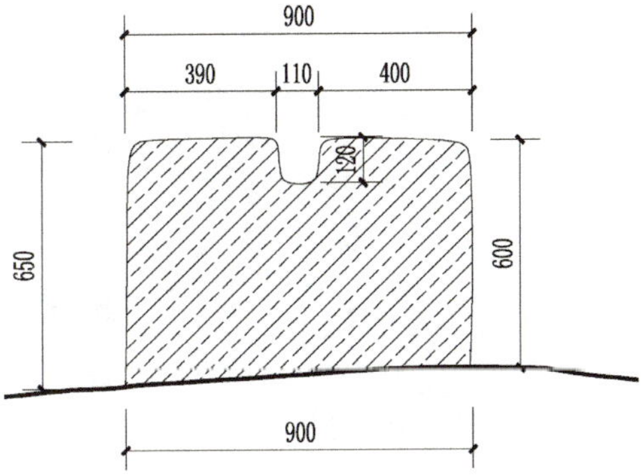

1-1断面图 1:20

6.3　P3 号炮座

P3 号炮座位于玛瑙山营盘遗址子营西侧的城墙上，炮台平面呈长方体形，设置于子营西侧城墙顶部，西侧为西营南部严防区、北侧顺城墙 13 米为 M21 号门道，南侧顺城墙 11 米处为 M22 号门道，内侧（东侧）为子营军事管理中心。炮座坐东北向西南，座向 262°，海拔高度 849 米，位于北纬 28° 7′ 6″，东经 107° 45 ′ 54″。

炮台就地利用子营西侧城墙作为基础，炮台上干摆一块青石作为炮座，炮座中部人工凿一海窝，将火炮支架插入海窝内，形成可旋转 180°的防御射击区域。炮台（城墙）外侧残高 2780mm、内侧残高 900mm、残厚 1500mm，炮座长 1500mm、宽 700mm、厚 600mm，海窝直径 140mm、深度 100mm。

P3 号炮座建筑体量一般，采用一块方整石直接干摆在城墙上，方整石重达 1.69 吨，坚实牢固，放置较为大型火炮，其主要军事防御功能一是设置了可旋转 180°的大型火炮进行中远程的防御打击；二是与城墙南侧和北侧的射击孔（已毁损）配合使用，形成了子营军事指挥中心区域内完整的军事防御体系，具有对西

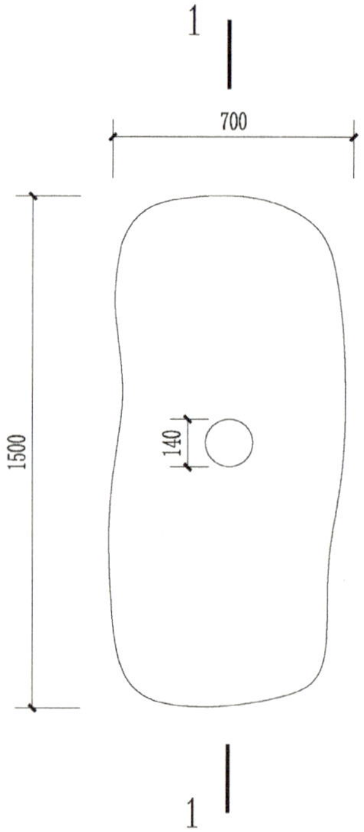

P3平面图 1:20

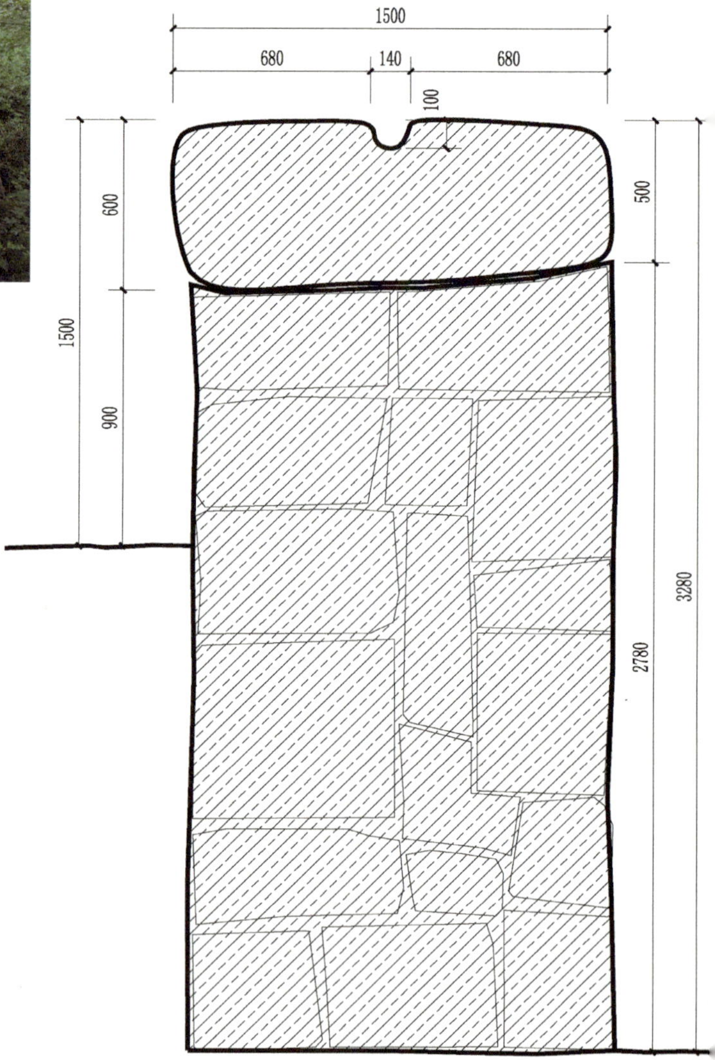

1-1断面图 1:20

营军事防御区集短距离防御打击和中远距离防御打击于一体的军事防御能力，主要防御功能是防御西营军事防御区域失守时，敌人攻入 M21 号门道和 M22 号门道进入子营军事管理中心；三是 P3 号炮座作为子营军事管理中心西侧的内部防御体系对西营军事防御区进行军事防御，确保子营安全。

P3 号炮座保存状况好，残损等级为 I 级，城墙（炮台）、炮座石、海窝等都基本保持原有的建筑布局和形制，海窝口上皮残损 50%，炮台部分石材风化和部分墙体石位移。

P3 号炮座残损的主要原因：一是自然因素，即长期风雨浸蚀造成石质构件风化和位移松动；二是人为破坏因素，如咸同起义时使用火炮过多或装进火药量过大，火炮冲击力对海窝口震动造成海窝口上皮残损 50%、杂树根系对墙体造成一定的破坏及农耕生产造成墙体流水不畅等。

6.4 P4 号炮座

P4 号炮座位于玛瑙山营盘遗址子营西南侧的一平坦地势边沿的基岩上，炮台平面呈长方体，设置于子营南侧区域，西侧靠近为西营南部严防区和西南外城军事防御区、北侧子营军事管理中心的建筑区，南侧顺城墙 18 米处为 SK15 号射击孔，内侧（东侧）上方为南营盘。炮座坐西北向东南，座向 133°，海拔高度 852 米，位于北纬 28° 7′ 5″，东经 107° 45′ 54″。

P4 号炮座直接采用基岩作为炮座，炮座中部人工凿一海窝，将火炮支架插入海窝内，形成可旋转 180°的防御射击区域。炮座长 3250mm、宽 1500mm、东侧厚 320mm、西侧厚 640mm，海窝直径 130mm、深度 150mm。P4 号炮座建筑体量较大，海窝直径和深度尺寸也比常规的海窝大得多，同时又采用在基岩上直接加工成炮座，坚实牢固，安放的火炮应当属于大型火炮，其主要军事防御功能一是设置了可旋转 180°的大型火炮进行中远程防御打击；二是与南侧城墙上的 SK15 号射击孔、南营西侧城墙上的 SK17 号射击孔和 SK18 号射击孔、西营南城墙上的 SK13 号射击孔和 SK14

号射击孔等配合使用，形成玛瑙山西南部完整的军事防御体系，具有对西南外城军事防御区集短距离防御打击和中远程距离防御打击于一体的军事防御能力。主要功能一是防御西营军事防御区域失守时，敌人攻入 M21 号门道和 M22 号门道进入子营军事管理中心；二是对西南外城进行军事防御，防止敌人攻下这一区域经 M9 号门道进入西营。P4 号炮座保存状况好，无残损。

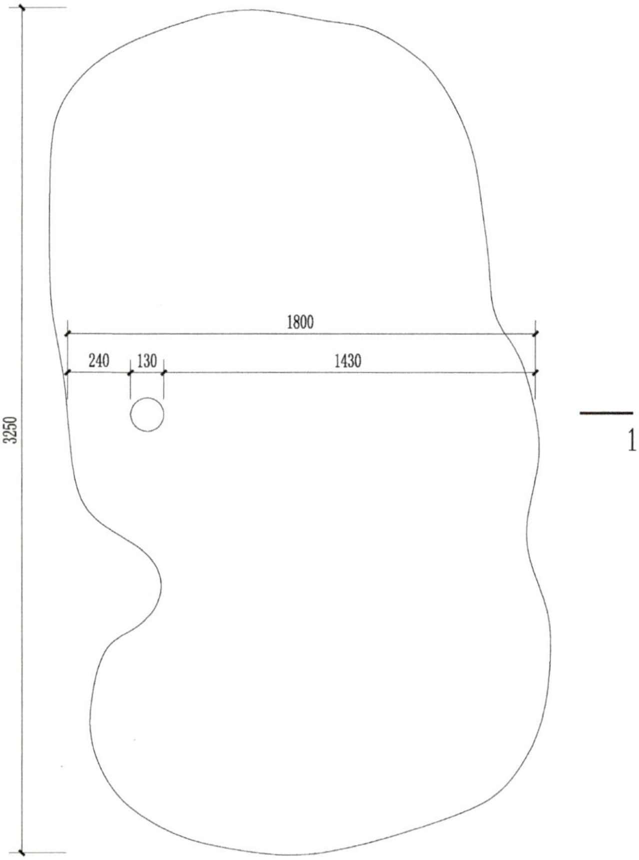

P4平面图 1:20

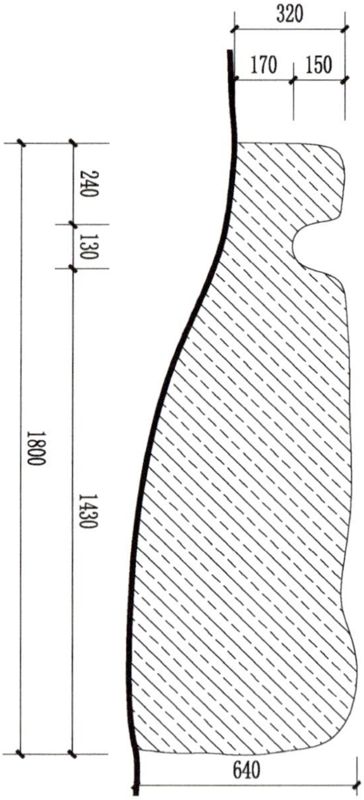

1-1断面图 1:20

6.5　P5 号炮座

P5 号炮座位于玛瑙山营盘遗址子营东侧的城墙内侧，炮台平面呈长方体型，设置于子营东侧城墙内侧地表平面上，西侧为子营军事管理中心建筑居住区，东侧为东营盘，北侧为中营腹地地下通道的 M43 号门道、中营南侧外城墙上的 M23 号门道和 SK28 号射击孔，南侧为 PL1 号炮楼。炮座坐东北向西南，座向 225°，海拔高度 844 米，位于北纬 28° 7′ 6″，东经 107° 45 ′ 54″。

炮台以子营地表平面作为基础，炮台上干摆一块整石作为炮座，炮座中部人工凿一海窝，将火炮支架插入海窝内，形成可旋转 180°的防御射击区域。炮座西侧边长 1050mm、东侧边长 730mm、宽 950mm、厚 600mm，海窝直径 140mm、深度 150mm。

P5 号炮座建筑体量较大，采用一块方整石直接干摆在地表平面上，方整石重达 1.36 吨，坚实牢固，安放火炮属于大型火炮，其主要军事防御功能一是设置了可旋转 180°的大型火炮进行中远程距离防御打击；二是与中营南侧外城墙上 SK28 号射击孔和南侧 PL1 号炮楼射击孔配合使用，形成了子营军事指挥中心区域内完整的军事防御体系，具有对东营军事防御区集短距离防御打击和中远距离防御打击于一体的军事防御能力，主要防御功能一是对东营进行军事防御区和打击；二是防御敌人攻入中营腹地地下通道经 M43 号门道出口进入子营军事管理中心，确保子营安全和退守；三是防御敌人从北侧攻入中营外经 M23 号门道进入子营军事管理中心，确保子营安全和退守。P5 号炮座保存状况好，无残损。

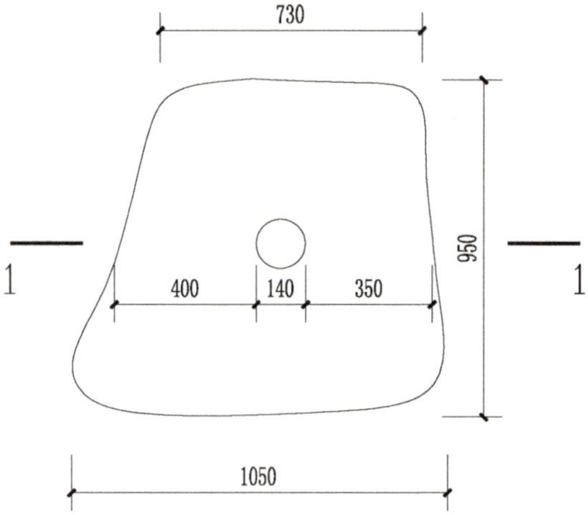

P5平面图 1:20

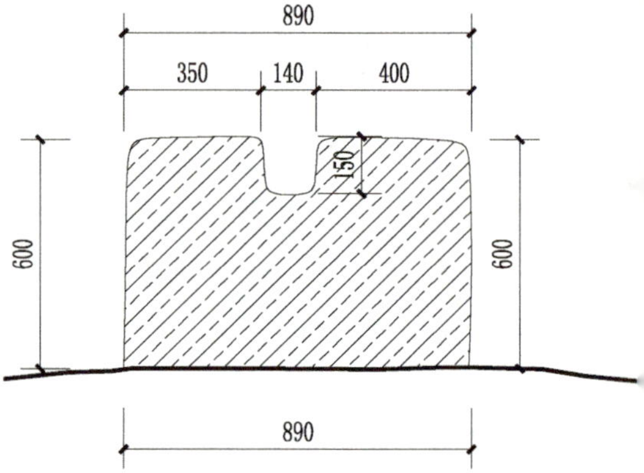

1-1断面图 1:20

6.6 P6号炮座

P6号炮座位于玛瑙山营盘遗址南营内中心地域，炮台平面呈不规则形，设置于南营内偏东地域的地表平面上，西侧南营西城墙、城墙上设置了SK17号射击孔和SK18号射击孔，东北侧为M25号门道，门道外为东营盘，北侧城墙上设置了SK16号射击孔，南侧紧临P7号炮座。炮座坐西南向东北，座向38°，海拔高度861米，位于北纬28°7′5″，东经107°45′56″。

炮台以南营基岩作为基础，选用较为凸起部分的基岩经加工后作为炮座，炮座中部人工凿一海窝，将火炮支架插入海窝内，形成可旋转360°的防御射击区域。炮座四边宽数米，露出地表基岩高1400mm，海窝直径150mm、深度160mm。

P6号炮座建筑体量非常大，直接在一大片无断裂的基岩上人工凿出海窝形成炮座，坚实牢固，安放的火炮属于大型火炮，其主要军事防御功能一是设置了可旋转360°的大型火炮进行中远程防御打击；二是与P7号炮座、西侧南营西城墙SK17号射击孔和SK18号射击孔、北侧城墙上的SK16号射击孔以及南侧城墙上的SK20号射击孔和东南侧城墙上的SK21号射击孔形成玛瑙山南营集中火力点，集短距离射击和中远程射击于一体对东营、南部外城军事防御区、西部外城军事防御区进行军事防御和军事打击，防止敌人攻入东营后对子营和南营造成威胁，同时还防止敌人攻入西南外城军事防御区进入西营。这一集中火力的军事防御体系是玛瑙山军事防御的重要火力点。P6 号炮座保存状况好，无残损。

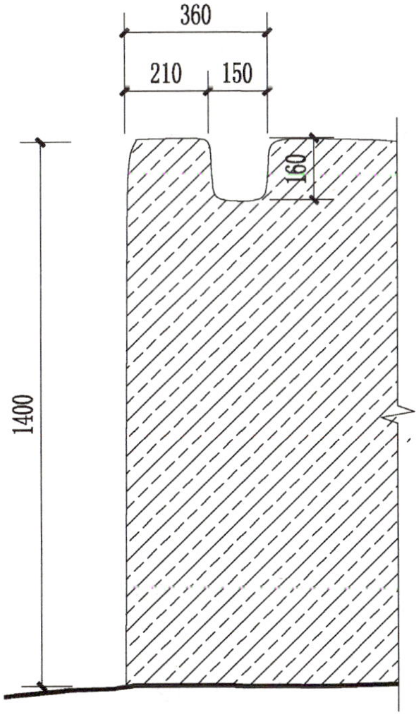

1-1断面图 1:20

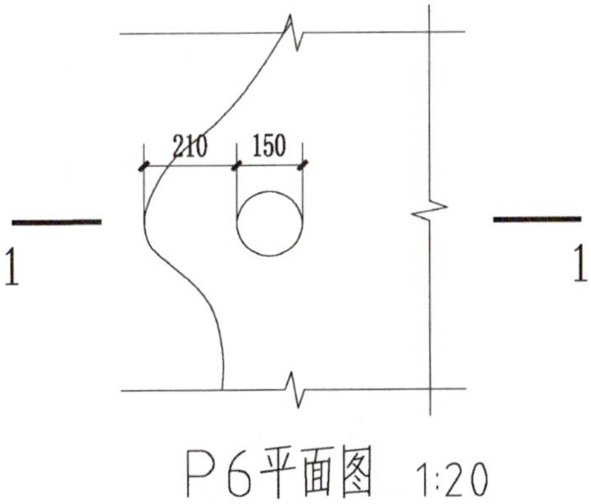

P6平面图 1:20

6.7 P7号炮座

P7号炮座位于玛瑙山营盘遗址南营内中心地域，炮台平面呈不规则形，设置于南营内偏东地域的地表平面上，西侧南营西城墙、城墙上设置了SK17号射击孔和SK18号射击孔，东北侧为M25号门道，门道外为东营盘，北侧紧临P6号炮座。炮座坐东南向西北，座向338°，海拔高度861米，位于北纬28° 7′ 5″，东经107° 45′ 56″。

炮台以南营基岩作为基础，选用较为凸起部分的基岩经加工后作为炮座，平面呈长方形，炮座中部人工凿一海窝，将火炮支架插入海窝内，形成可旋转180°的防御射击区域。炮座露出地表基岩长2100mm，东侧边宽1100mm、西侧边宽1000mm，高1400mm，海窝直径110mm、深度120mm。

P7号炮座建筑体量非常大，直接在一大片无断裂的基岩上人工凿出海窝形成炮座，坚实牢固，海窝直径和深度一般，这里安放火炮属于中型火炮，其主要军事防御功能与P6号炮座防御功能基本相同，一是设置了可旋转180°的中型火炮进行中远程防御打击；二是与P6号炮座、西侧南营西城墙SK17号射击孔和SK18号射击孔、北侧城墙上的SK16号射击孔以及南侧城墙上的SK20号射击孔和东南侧城墙上的SK21号射击孔形成玛瑙南营集中火力点，集短距离射击和中远程射击于一体对东营、南部外城军事防御区、西部外城军事防御区进行军事防御和军事打击，防止敌人攻入东营后对子营和南营造成威胁，同时还防止敌人攻入西南外城军事防御区进入西营。这一集中火力的军事防御体系是玛瑙山军事防御的重要火力点。

P7号炮座保存状况好，残损等级为Ⅰ级，炮座石、海窝等都基本保持原有的建筑布局和形制，海窝口北侧开裂。

P7号炮座残损的主要是人为破坏因素：咸同起义时使用火炮过多或装进火药量过大，火炮冲击力对海窝口震动造成海窝口开裂。

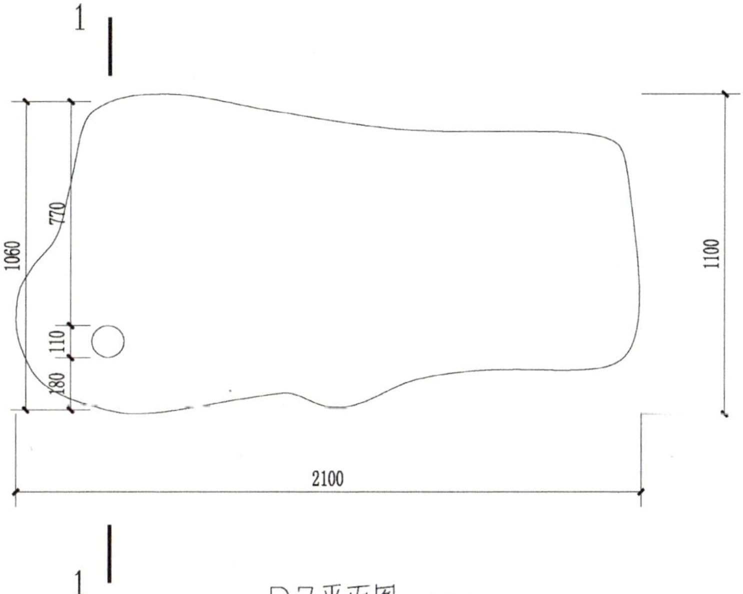

P7平面图 1:20

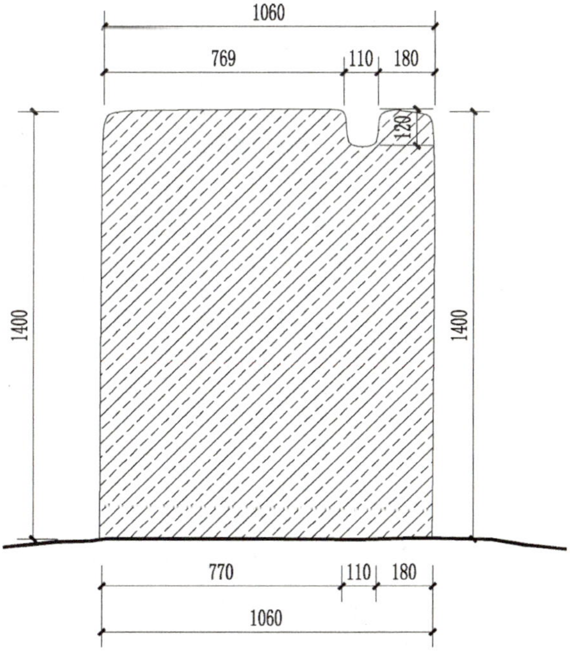

1–1断面图 1:20

6.8 P8 号炮座

P8 号炮座位于玛瑙山营盘遗址中营外城北部西城墙内侧，炮台平面呈不规则形，设置于中营外城北部的地表平面上，西侧中营外城西城墙、城墙上设置了 M27 号射击孔，东侧为 D7 号碓窝，北侧城墙上设置有 SK32 号射击孔，南侧为中营北部外城区域，紧临设置了 D8 号碓窝和 D9 号碓窝。炮座坐东南向西北，座向 270°，海拔高度 864 米，位于北纬 28° 7′ 10″，东经 107° 45 ′ 54″。

炮台以中营外城地下基岩作为基础，选用较为凸起部分的基岩经加工后作为炮座，平面呈不规则形，炮座中部人工凿一海窝，将火炮支架插入海窝内，形成可旋转 360°的防御射击区域。炮座露出地表基岩最长处 1320mm，最宽处 1320mm，露出地表基岩高 120mm，海窝直径 100mm、深度 110mm。

P8 号炮座建筑体量一般，直接在一整块无断裂的基岩上人工凿出海窝形成炮座，坚实牢固，海窝直径和深度一般，这里安放的火炮属于中型火炮，其主要军事防御功能一是设置了可旋转 360°的中型火炮进行中远程距离防御打击；二是与北侧城墙 SK32 号射击孔配合使用形成玛瑙中营外城北部集中火力点，集短距离射击和中远程射击于一体对北营进行军事防御和军事打击，防止敌人攻入北营后经 M27 号门道进入中营外城，同时还对杨家营进行军事防御，防止敌人攻入杨家营后对北营和中营造成威胁。这一集中火力点是玛瑙山军事防御体系中中营北部的第二道军事防线。P8 号炮座保存状况好，无残损。

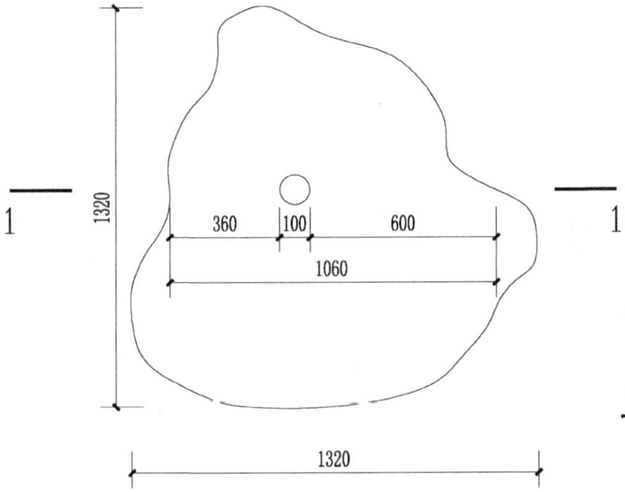

P8平面图 1:20

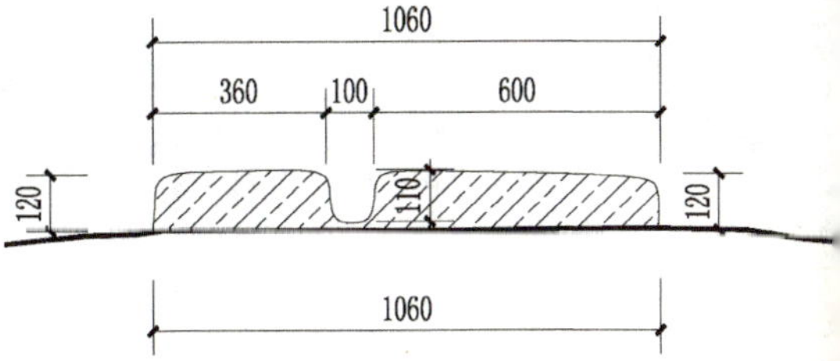

1-1断面图 1:20

6.9　P9 号炮座

P9 号炮座位于玛瑙山营盘遗址东营东南侧小山上，北侧顺山脊向北与东外城城墙相连接，西侧顺山脊向西与南部外城南城墙相连接，东南侧为东南外城前沿军事防御区，西侧紧临 PL3 号炮楼，炮楼东石墙下部设置 M35 号门道作为炮楼与炮座的出入口。炮座坐西北向东南，座向 177°，海拔高度 854 米，位于北纬 28° 7′ 6″，东经 107° 45 ′ 55″。

炮台以 PL3 号炮楼东石外侧的基岩作为基础，选用较为凸起部分的基岩经加工后作为炮座，平面呈长方形，炮座中部人工凿一海窝，将火炮支架插入海窝内，形成可旋转 180°的防御射击区域。炮座露出地表基岩长 1300mm，宽 1040mm，露出地表基岩高 1450mm，海窝直径 140mm、深度 120mm。

P9 号炮座建筑体量一般，直接在一整块无断裂的基岩上人工凿出海窝形成炮座，坚实牢固，海窝直径和深度较大，这里安放的火炮属于大型火炮，其主要军事防御功能一是设置了可旋转 180°的中型火炮进行中远程防御打击；二是与 PL3 号楼上的射击孔（已毁）配合使用，形成玛瑙山东南外城防御区的集中火力点，

集短距离射击和中远程射击于一体对东南外城前沿军事防御区进行军事防御和军事打击，主要防御东南部外城前沿军事防御区域的敌人攻入M45号门道进入玛瑙山地下通道以及防御敌人攻入M14号门道进入东南部外城军事防御区和攻入M11号门道进入南部外城军事防御区。P9号炮座北距M41号门道58米、距M14号门道81米、西距M11号门道120米、与M14号门道和M11号门道平面上呈三角形布局互为掎角，对东南部外城前沿军事防御区M14号门道、M45号门道和M11号门道进行军事防御。

P9号炮座这一集中火力点是玛瑙山军事防御体系中东南部最前沿的军事防线。P9号炮座保存状况好，无残损。

6.10 P10号炮座

P10号炮座位于玛瑙山营盘遗址北营盘城墙外西北侧小山上，北侧为玛瑙山西北外城军事防御区，南侧和西侧为山地。炮座坐东南向西北，座向330°，海拔高度851米，位于北纬28° 7′ 12″，东经107° 45 ′ 52″。

炮台以小山上的原生基岩作为基础，基岩平面100余平方为，非常平坦，直接在平坦的基岩上人工凿一海窝，将火炮支架插入海窝内，形成可旋转360°的防御射击区域。海窝直径210mm、深度260mm。

P10号炮座建筑体量较大，直接在一整片无断裂的基岩上人工凿出海窝形成炮座，坚实牢固，海窝直径和深度较大，这里安放的火炮属于大型火炮，其主要军事防御功能一是设置了可旋转360°的大型火炮进行中远程防御打击，二是北营盘外城形成玛瑙山西北外城防御区的独立火力点，以中远程射击于对西北外城军事防御区进行军事防御和军事打击，主要防御西北部外城军事防御区域的敌经小山攻入北营盘和安家营盘。P10号炮座这

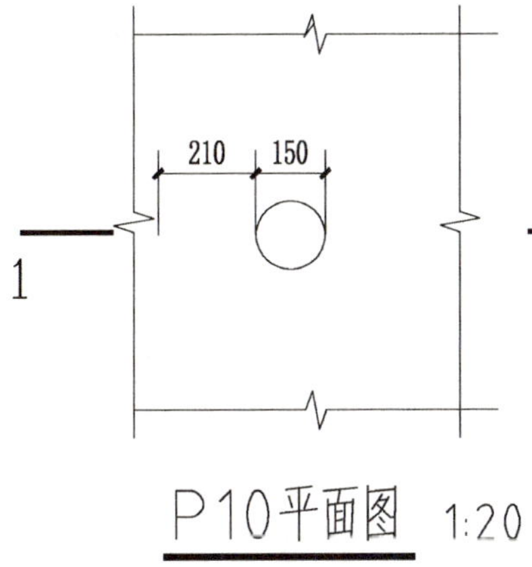

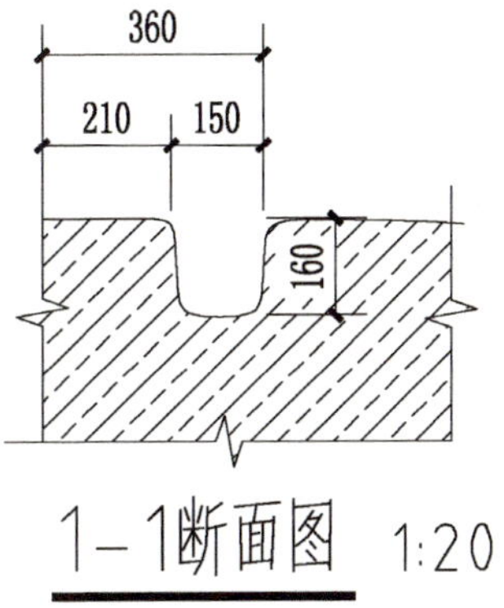

一集中火力点是玛瑙山军事防御体系中西北部最前沿的军事防线。P10 号炮座保存状况好，无残损。

6.11　P11 号炮座

P11 号炮座位于玛瑙山营盘遗址丁家营盘城西南角的缓坡上，北侧为玛瑙山丁家营，西北侧 23 米处为进入中营北部外城的 M41 号门道，西侧紧临中营北部外城墙，炮座坐西向东与东营和丁家营的隔墙相距 7 米，东北侧是 PL2 号炮楼、P1 号炮座。坐西南向东北，座向 36°，海拔高度 860 米，位于北纬 28° 7′ 9″，东经 107° 45 ′ 56″。

P11 号炮座以突兀的原生基岩作为炮台与炮座，炮座石露出地表面长 1700mm、宽 1100mm，露出地表面高 450—500mm，在基岩上人工凿一海窝，将火炮支架插入海窝内，形成可旋转 180°的防御射击区域。海窝直径 140mm、深度 140mm。

P11 号炮座建筑体量一般，直接在一整块突兀的基岩上人工凿出海窝形成炮座，坚实牢固，海窝直径和深度中等，这里安放的火炮属于中型火炮，其主要军事防御功能一是设置了可旋转 180°的中型火炮进行中远程防御打击，二是设置位置高

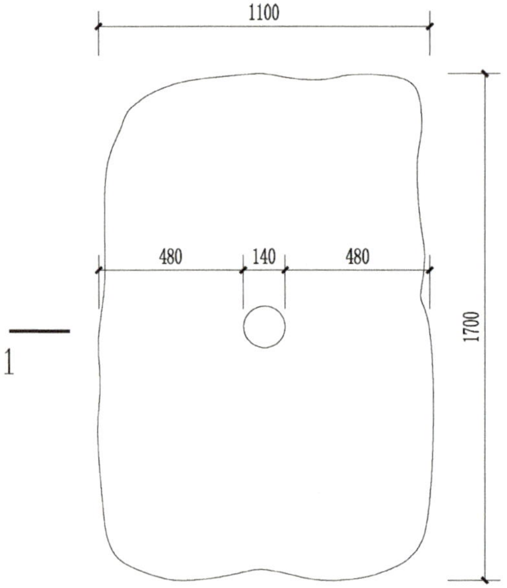

P11平面图 1:20

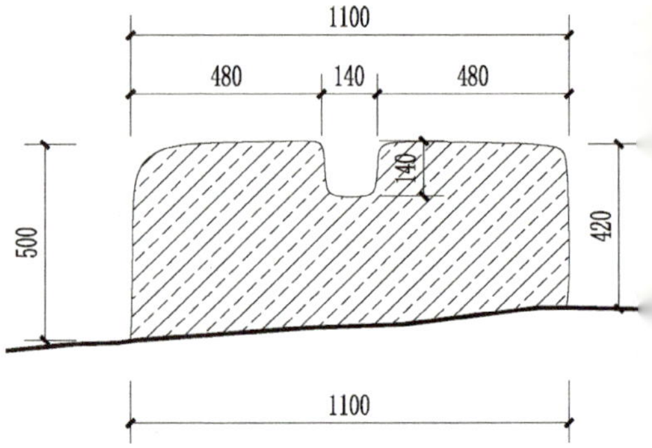

1-1断面图 1:20

于PL2号炮楼，是PL2号炮楼和P1号炮座的军事防御火力补给点；三是与PL2号炮楼、P1号炮座以及PL2号炮楼上的射击孔形成丁家营南部军事火力点，以集中远程射击和短距离射击对东部外城军事防御区进行军事防御和军事打击，主要防御东部外城军事防御区域的敌人攻入M2号门道进入东营和攻入M3号门道进入丁家营。P11号炮座这一火力点是玛瑙山军事防御体系中东部的第二道军事防线。P11号炮座保存状况好，无残损。

6.12 P12号炮座

P12号炮座位于玛瑙山营盘遗址西营南部严防区南侧，北侧8米处为古驿道，南侧5米处为M9号门道，西侧为西营西部严防区和M8号门道，东侧与子营南侧P4号炮座相距18米。炮座坐南向北，座向326°，海拔高度860米，位于北纬28° 7′ 9″，东经107° 45 ′ 57″。

P12号炮座以突兀的原生基岩作为炮台与炮座，炮座石露出地表面长 1400mm、宽 1250mm，露出地表面高 50—400mm，在基岩上人工凿一海窝，将火炮支架插入海窝内，形成可旋转 180°的防御射击区域。海窝直径 140mm、深度 120mm。

P12 号炮座建筑体量一般，直接在一整块突兀的基岩上人工凿出海窝形成炮座，坚实牢固，海窝直径和深度中等，这里安放的火炮属于中型火炮，其主要军事防御功能一是设置了可旋转 180°的中型火炮进行中远程防御打击，二是设置位置在 P4 号炮座西侧下方，是 P4 号炮座军事防御的火力前沿点；三是与 P4 号炮座形成西营西部军事火力点，以集中远程射击对西营西侧进行军事防御和军事打击，主要防御西部外城军事防御区域的敌人攻入 M8 号门道进入西营。P12 号炮座保存状况好，无残损。

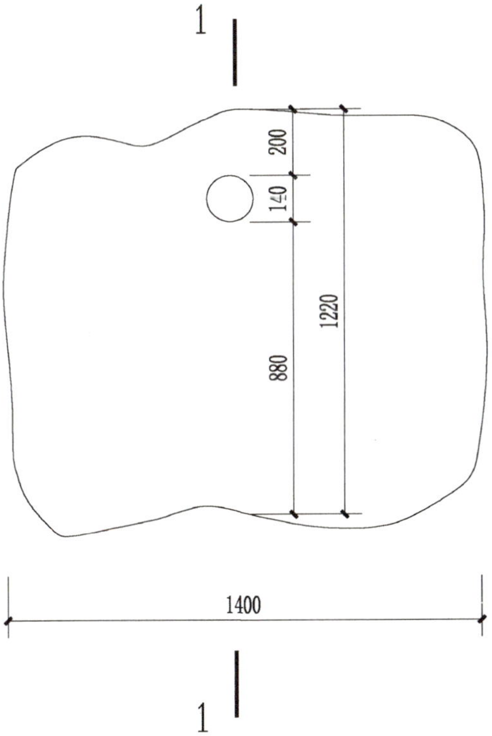

P12平面图　1:20

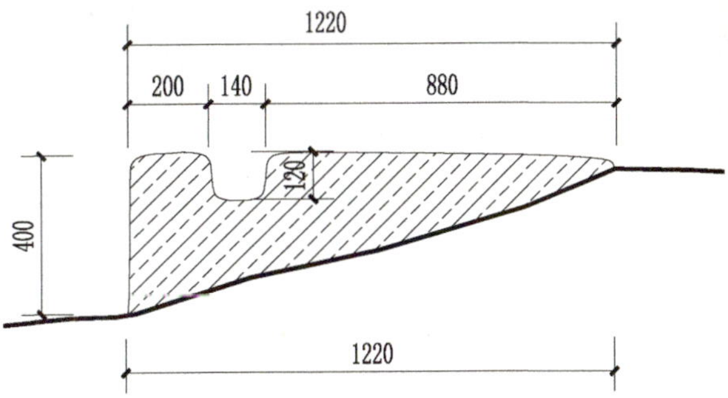

1-1断面图　1:20

第七节　碓

碓是古代用于舂米的工具，一直沿用到20世纪80年代初期，农村一些未通电的地方还保持着使用碓舂米的习惯。碓最早为人工踩踏碓，由U形支架、支背、碓轴、碓杵和石臼组成。随着生产力的发展，碓发展为水力动力机械碓，是人工脚踏碓机械化的结果。单个石臼（俗称碓窝）主要用于加工糯米粑，在冷兵器时代也可加工火药。玛瑙山遗址内碓的全部为人工脚踏机械碓。

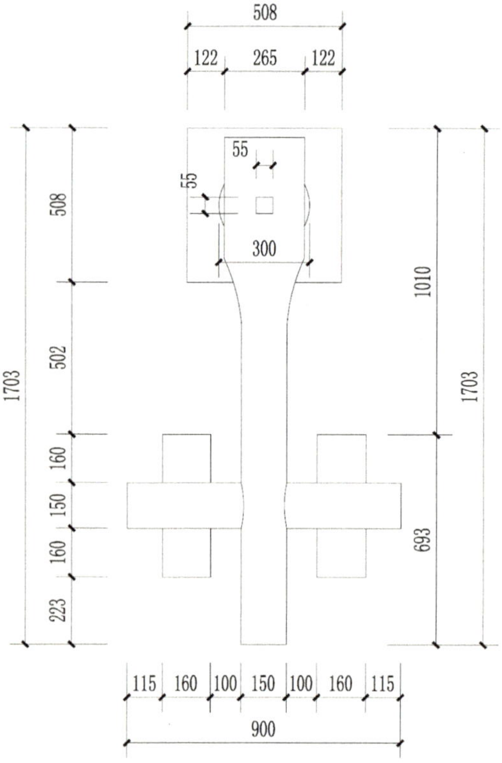

碓平面图　1:20

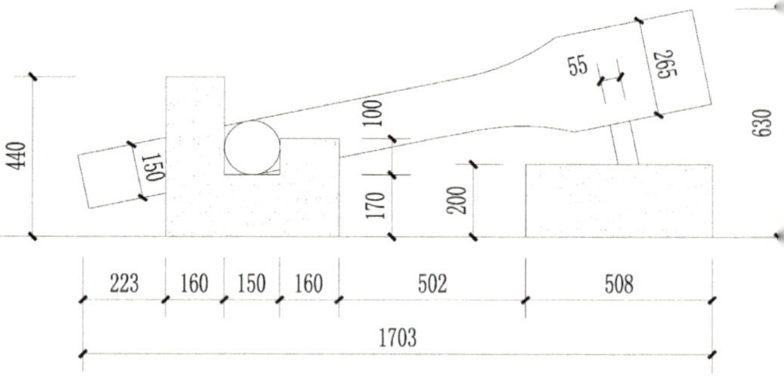

碓立面图　1:20

7.1　D1 号碓

D1 号碓位于玛瑙山东营盘东北侧，坐东北向西南，座向 188°，海拔高度 853 米，位于北纬 28° 7′ 8″，东经 107° 45′ 57″。D1 号碓是利用基岩人工凿出一锥形海窝形成石臼，石臼尾部两个支架铆口不详、踩踏板槽口不详。D1 号碓基岩石平面呈方形，长 1000mm、宽 730mm，石臼口面直径 280mm、深 200mm。D1 号碓主要功能一是用于东营防御人员舂米，二是加工火药作为 SK1 号射击孔的弹药补给。

D1 号碓保存状况差，残损等级为Ⅳ级，基本能复原原有的形制与布局，石臼保存较好，支架铆口不存，踩踏板槽不存，支架、支背、碓轴、碓杵不存。

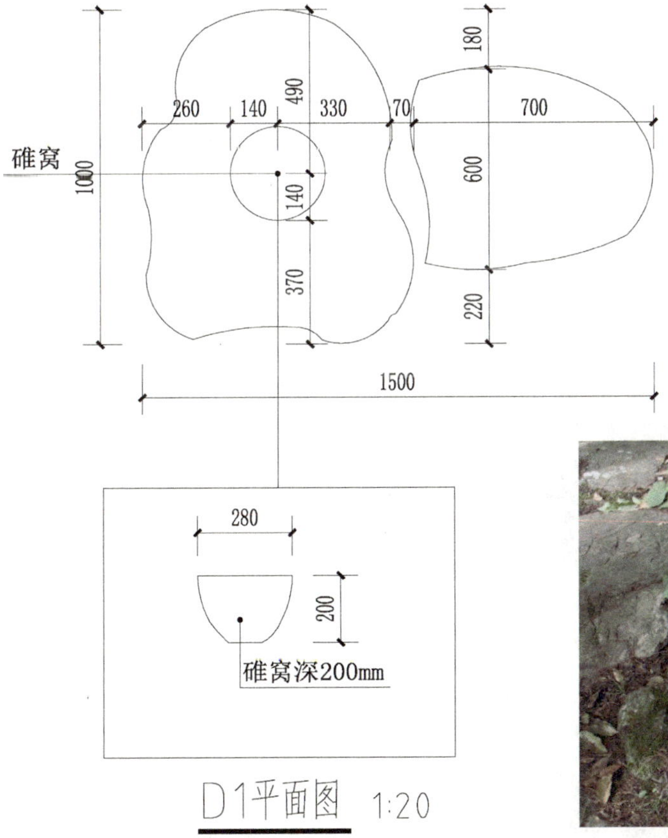

7.2 D2 号碓

D2 号碓位于玛瑙山丁家营盘内中心地域，坐东北向西南，座向 185°，海拔高度 856 米，位于北纬 28° 7′ 10″，东经 107° 45′ 56″。D2 号碓是利用基岩人工凿出一锥形海窝形成石臼，石臼尾部两个支架铆口不详、踩踏板槽口不详。D2 号碓的基岩石平面呈手柄形，长 1240mm、柄宽 830mm、把宽 480mm，石臼位于柄部的中心位置，石臼口面直径 300mm、深 2200mm。D1 号碓主要功能一是用于丁家营防御人员舂米，二是加工火药作为PL2 号炮楼、P1 号炮座以及 P11 号炮座的弹药补给加工。

D2 号碓保存状况差，残损等级为Ⅳ级，基本能复原原有的形制与布局，石臼保存较好，支架铆口不存，踩踏板槽不存，支架、支背、碓轴、碓杵不存。

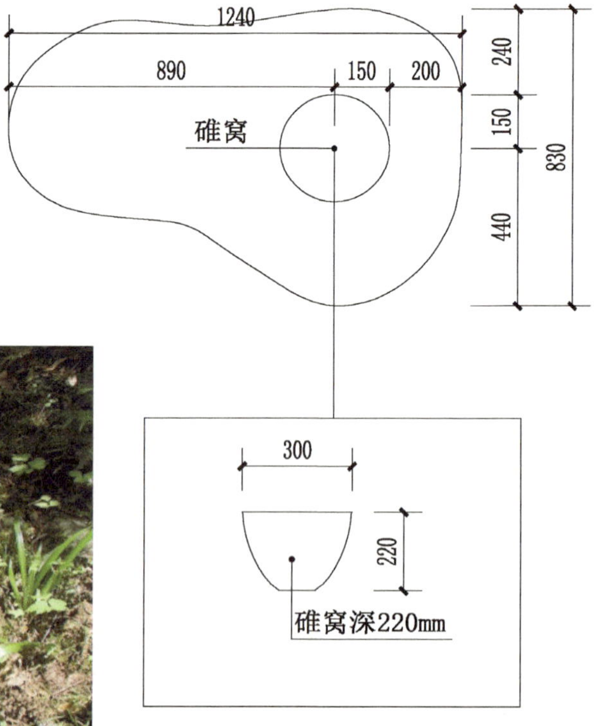

D2平面图 1:20

7.3　D3 号碓

D3 号碓位于玛瑙山北部安家营盘西侧、杨家营盘东北侧城墙外侧，坐西南向东北，座向 45°，海拔高度 861 米，位于北纬 28° 7′ 12″，东经 107° 45′ 54″。D3 号碓是利用人工在整块基岩上凿出一锥形海窝形成石臼，石臼口面直径 300mm、深 250mm。同时在石臼尾部人工凿出南侧支架铆口，北侧利用天然形成的石窝作为支架铆口，南北两支架口间距 600mm，南侧支架铆口长 200mm、宽 120mm、深 200mm，北侧支架铆口为椭圆形天然石窝，直径分别为 260mm 和 150mm、深 250mm。支架铆口后面的基岩上人工凿出踩踏板槽口，踩踏板槽口平面呈梯形，上底宽 200mm、下底宽 210mm，深 30—40mm。D3 号碓占地面积 4.33 平方米。其建筑形式为将左右两个 U 形支架分别铆入两个铆口内固定，U 形支架上支撑支背，碓轴上的碓杵与石臼对应形成碓。D3 号碓主要功能一是用于安家营防御人员舂米，二是加工火药作为 SK3 号射击孔、SK4 号射击孔和 SK5 号射击孔的弹药补给。

D3 号碓保存状况好，残损等级为 I 级，石臼、支架铆口、踩踏板槽口保存原有的形制与布局，石臼、支架铆口、踩踏板槽口保存较好，支架、支背、碓轴、碓杵不存。

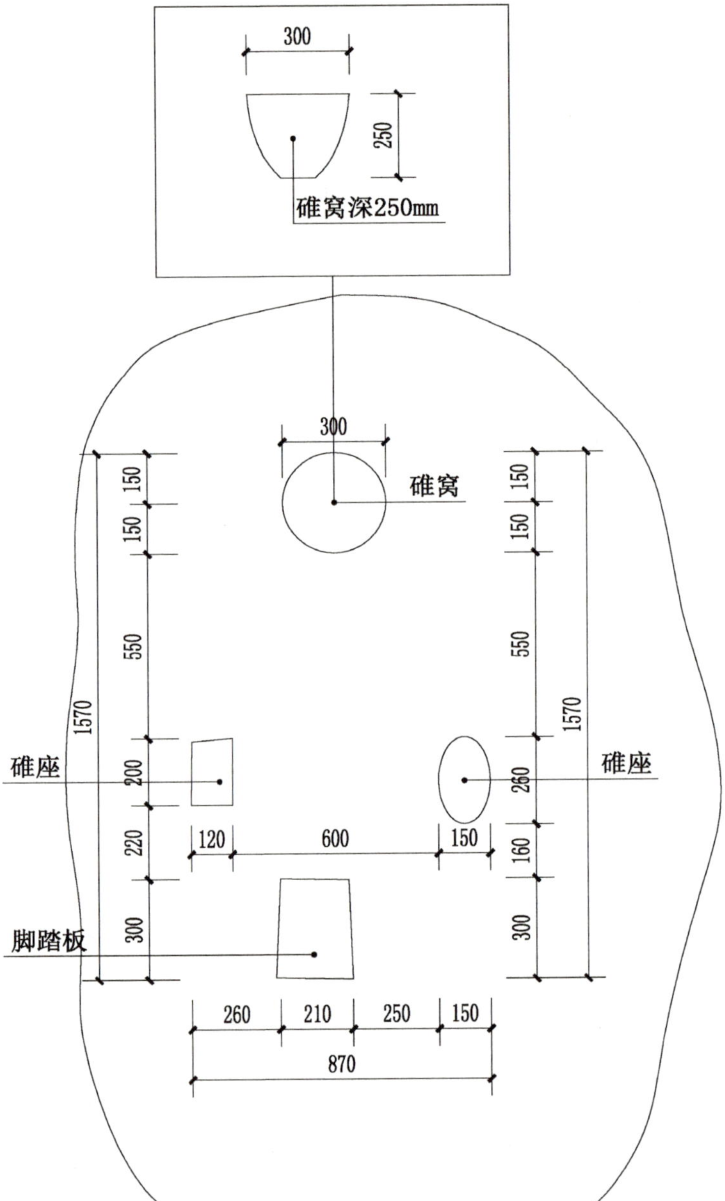
300
250
碓窝深250mm
300
碓窝
150
150
550
1570
碓座
200
220
300
脚踏板
120
600
150
260
210
250
150
870
160

D3平面图 1:20

7.4　D4 号碓

D4 号碓位于玛瑙山北部安家营盘东北侧，坐东北向西南，座向 189°，海拔高度 866 米，于北纬 28° 7′ 13″，东经 107° 45′ 55″。D4 号碓是利用在整块基岩上人工凿出一锥形海窝形成石臼，石臼口面直径 300mm、深 200mm。同时在石臼尾部人工凿出南北两个支架铆口，南北两支架口间距 549mm，南侧支架铆口长 150mm、宽 124mm、深 180mm，北侧支架铆口长 152mm、宽 138mm、深 200mm。支架铆口后面的基岩上人工凿出踩踏板槽口，踩踏板槽口平面呈正方形，长和宽分别为 200mm，深 25—30mm，踩踏板槽口还凿一槽口，槽口长 500mm、宽 280mm、深 250mm, 功能不详。D4 号碓占地面积 4.56 平方米。其建筑形式与 D3 号碓同为将左右两个 U 形支架分别铆入两个铆口内固定，U 形支架上支撑支背，碓轴上的碓杵与石臼对应形成碓。 D4 号碓主要功能一是用于安家营盘东北部防御人员舂米，二是加工火药作为东北部射击孔的弹药补给。

D4 号碓保存状况好，残损等级 I 级，石臼、支架铆口、踩踏板槽口保存原有的形制与布局，石臼、支架铆口、踩踏板槽口保存较好，支架、支背、碓轴、碓杵不存。

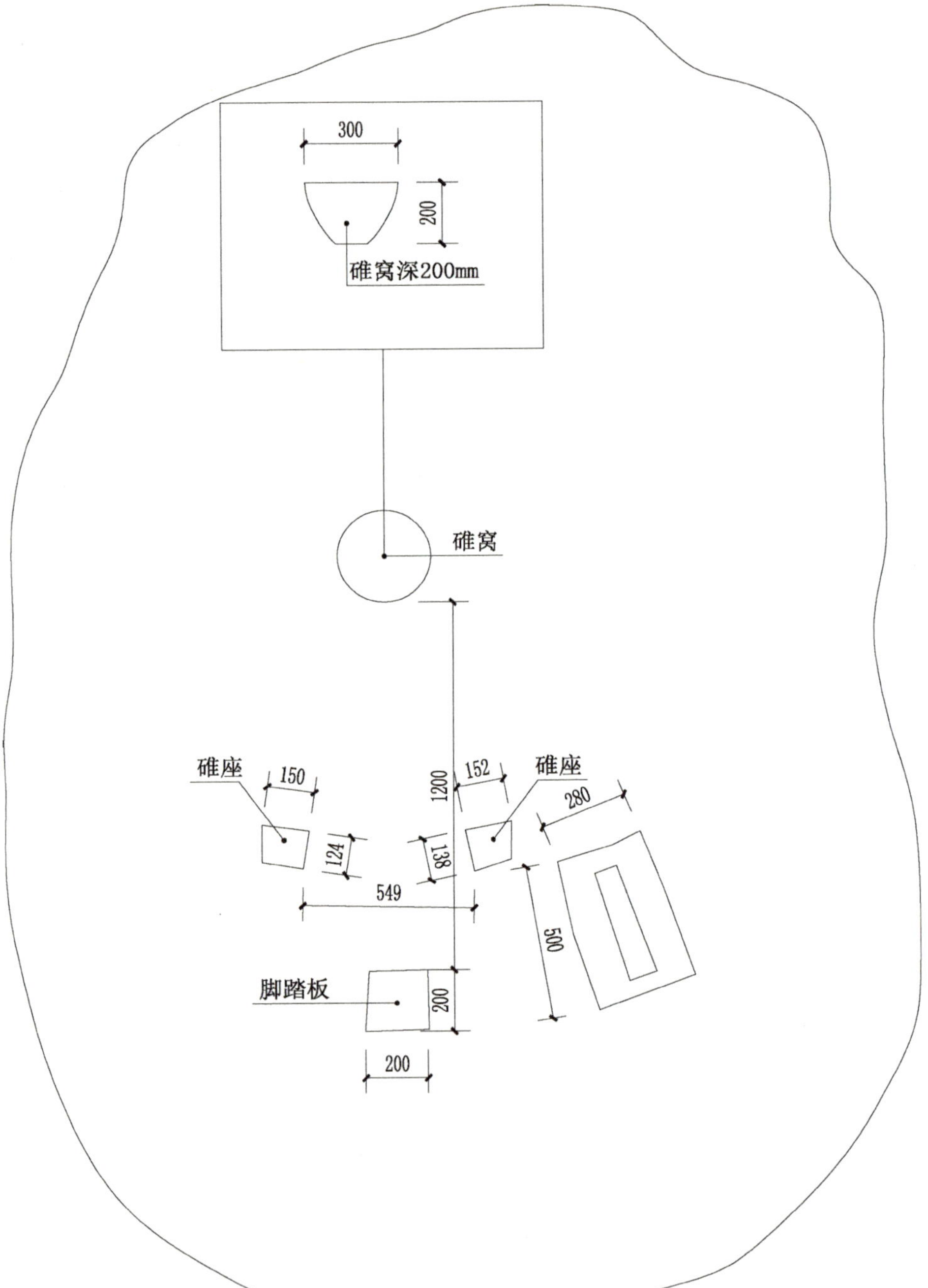
300
200
碓窝深200mm
碓窝
1200
碓座
150
124
碓座
152
138
280
549
500
脚踏板
200
200

D4平面图 1:20

7.5 D5 号碓

D5 号碓位于玛瑙山北部安家营盘中部，坐西南向东北，座向 10°，海拔高度 867 米，于北纬 28° 7′ 13″，东经 107° 45′ 55″。D5 号碓是利用在整块基岩上人工凿出一锥形海窝形成石臼，石臼口面直径 300mm、深 240mm。同时在石臼尾部人工凿出东南侧和西北侧两个支架铆口，两支架铆口间距 459mm，东南侧支架铆口长 268mm、宽 140mm、深 200mm，西北侧支架铆口长 245mm、宽 158mm、深 190mm。支架铆口后面的基岩上人工凿出踩踏板槽口，踩踏板槽口平面呈长方形，长 300mm、宽 250mm，深 25—35mm。D5 号碓占地面积 4.16 平方米。其建筑形式与 D4 号碓同为将左右两个 U 形支架分别铆入两个铆口内固定，U 形支架上支撑支背，碓轴上的碓杵与石臼对应形成碓。D5 号碓主要功能是用于安家营盘东北部防御人员舂米。

D5 号碓保存状况好，残损等级 I 级，石臼、支架铆口、踩踏板槽口保存原有的形制与布局，石臼、支架铆口、踩踏板槽口保存较好，支架、支背、碓轴、碓杵不存。

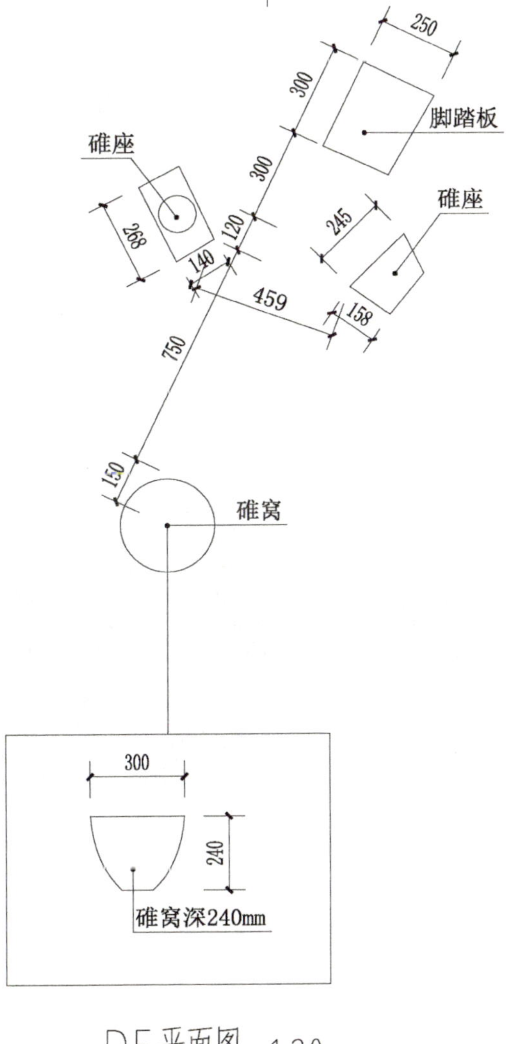

D5平面图 1:20

7.6 D6 号碓

D6 号碓位于玛瑙山北营盘中部，坐东北向西南，座向 216°，海拔高度 859 米，位于北纬 28° 7′ 12″，东经 107° 45′ 53″。D6 号碓是利用基岩人工凿出一锥形海窝形成石臼，石臼口面直径 250mm、深 250mm。石臼尾部两个支架铆口不详、踩踏板槽口不详。D6 号碓的基岩石平面呈马蹄形，占地面积 3.92 平方米。D5 号碓主要功能一是用于安家营盘东北部防御人员舂米，二是加工火药作为 SK7 号射击孔、SK8 号射击孔、SK9 号射击孔和 SK10 号射击孔的弹药补给。

D6 号碓保存状况差，残损等级为Ⅳ级，基本能复原原有的形制与布局，石臼保存较好，支架铆口不存，踩踏板槽不存，支架、支背、碓轴、碓杵不存。

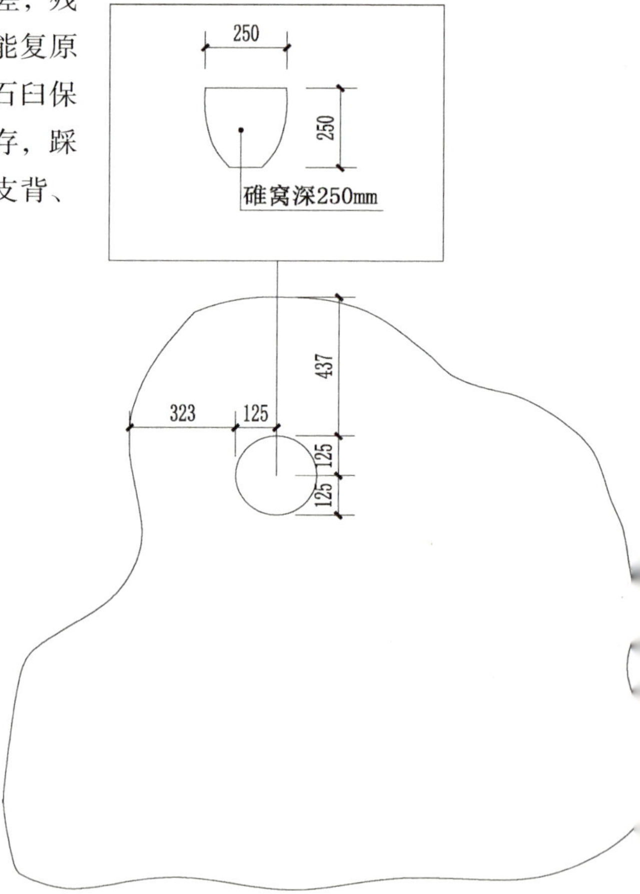

D6平面图 1:20

7.7　D7 号碓

D7 号碓位于玛瑙山中营北部外城北侧，紧邻 P8 号炮座。坐西南向东北，座向 89°，海拔高度 866 米，位于北纬 28° 7′ 11″，东经 107° 45′ 55″。D7 号碓是在整块基岩上人工凿出一锥形海窝形成石臼，石臼口面直径 300mm、深 240mm。同时在石臼尾部人工凿出南北两个支架铆口，两支架铆口间距 388mm，北侧支架铆口长 205mm、宽 126mm、深 200mm，南侧支架铆口长 220mm、宽 154mm、深 200mm。支架铆口后面未做踩踏板槽口，利用台地落差作为踩踏板槽口。D7 号碓占地面积 2.10 平方米。其建筑形式与 D5 号碓同为将左右两个 U 形支架分别铆入两个铆口内固定，U 形支架上支撑支背，碓轴上的碓杵与石臼对应形成碓。 D7 号碓主要功能一是用于中营北部外城防御人员舂米，二是加工火药作为 P8 号炮座的弹药补给。

D7 号碓保存状况好，残损等级为 I 级，石臼、支架铆口保存原有的形制与布局，石臼、支架铆口保存较好，支架、支背、碓轴、碓杵不存。

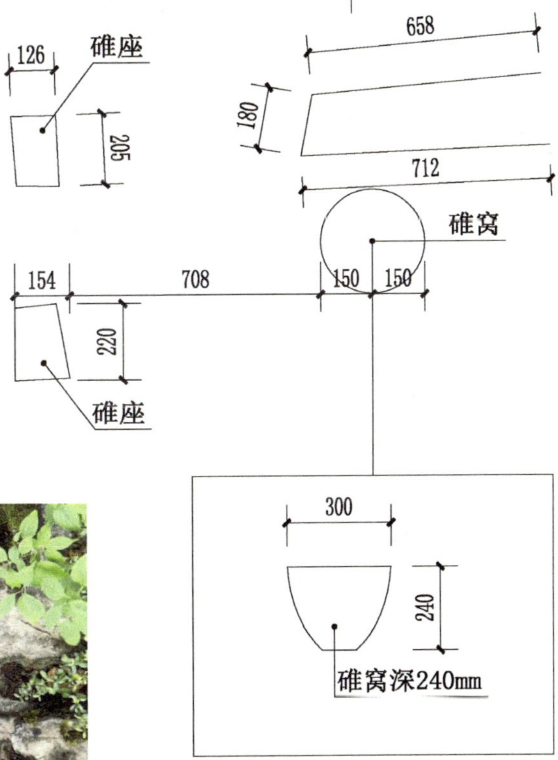

D7平面图　1:20

7.8 D8 号碓

D8 号碓位于玛瑙山中营北部外城北侧，北侧紧邻 P8 号炮座和 D7 号碓，南侧紧邻 D9 号碓。坐东南向西北，坐向 353°，海拔高度 865 米，位于北纬 28° 7′ 10″，东经 107° 45′ 54″。D8 号碓是在整块基岩上人工凿出一锥形海窝形成石臼，石臼口面直径 400mm、深 300mm，是玛瑙山较大的碓。同时在石臼尾部人工凿出东南侧和西北侧两个支架铆口，两个支架铆口平面呈正方形、长方形，东北侧支架铆口长和宽为 104mm、深 245mm，西南侧支架铆口长 131mm、宽 96mm、深 180mm。支架铆口后未做踩踏板槽口，利用台地落差作为踩踏板槽口。D8 号碓占地面积 3.10 平方米。其建筑形式与 D7 号碓同为将左右两个 U 形支架分别铆入两个铆口内固定，U 形支架上支撑支背，碓轴上的碓杵与石臼对应形成碓。 D8 号碓主要功能与 D7 号碓同，一是用于中营北部外城防御人员舂米，二是加工火药作为 P8 号炮座的弹药补给。

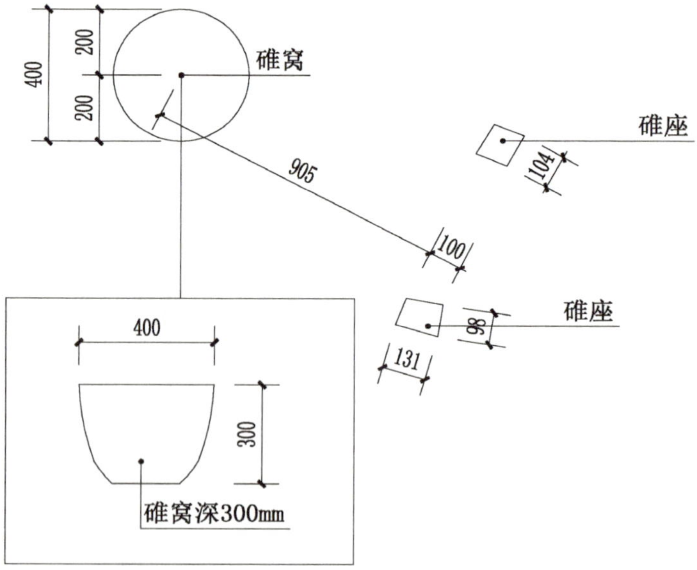

D8平面图 1:20

D8 号碓保存状况好，残损等级为 I 级，石臼、支架铆口保存原有的形制与布局，石臼、支架铆口保存较好，支架、支背、碓轴、碓杵不存。

7.9　D9 号碓

D9 号碓位于玛瑙山中营北部外城北侧，北侧紧邻 P8 号炮座和 D8 号碓。坐西南向东北，座向 63°，海拔高度 867 米，位于北纬 28° 7′ 10″，东经 107° 45′ 55″。D9 号碓是在整块基岩上人工凿出一锥形海窝形成石臼，石臼石平面呈长方形，面积 2.9 平方米，石臼口面直径 250mm、深 240mm。石臼尾部两个支架铆口不详、踩踏板槽口不详。D9 号碓主要功能与 D8 号碓同，一是用于中营北部外城防御人员舂米，二是加工火药作为 P8 号炮座的弹药补给。

D9 号碓保存状况差，残损等级为Ⅳ级，基本能复原原有的形制与布局，石臼保存较好，支架铆口不存，踩踏板槽不存，支架、支背、碓轴、碓杵不存。

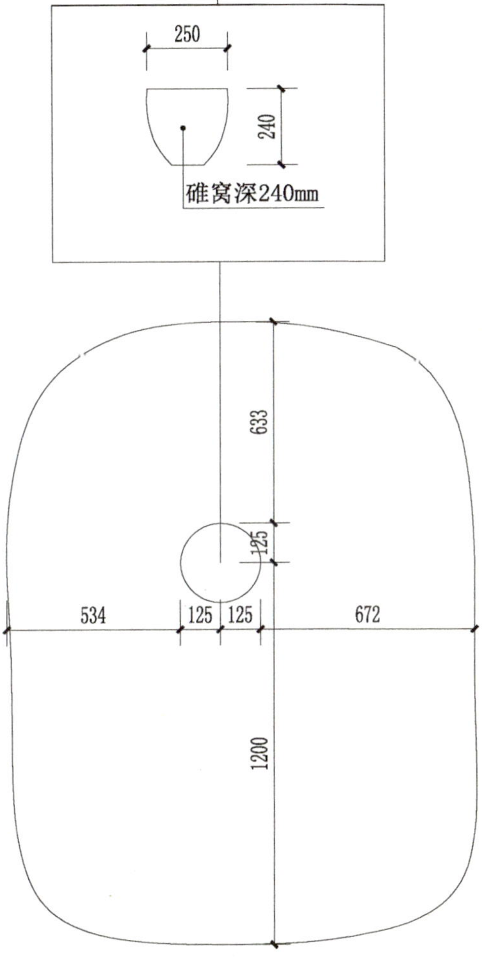

D9平面图　1:20

7.10 D10 号碓

D10 号碓位于玛瑙山中营内城建筑遗址西侧，西侧为建筑遗址地袱石、东侧紧邻 D11 号碓、北侧为建筑遗址地袱石、南侧为 C2 号池以及建筑遗址地袱石。坐西北向东南，座向 110°，海拔高度 864 米，位于北纬 28° 7′ 8″，东经 107° 45′ 54″。D10 号碓是在整块基岩上人工凿出一锥形海窝形成石臼，石臼石平面呈方形，占地面积 3.9 平方米，石臼口面直径 250mm、深 240mm。石臼尾部两个支架铆口不存、踩踏板槽口不存。D10 号碓南、北、西三面还遗存有建筑遗址地袱石，位于中营内城军事指挥中心，其主要功能用于中营内城军事人员舂米作为生活给养，必要时也加工火药作为中营内城防御弹药补给。

D10 号碓保存状况差，残损等级为Ⅳ级，基本能复原原有的形制与布局，石臼保存较好，支架铆口不存，踩踏板槽不存，支架、支背、碓轴、碓杵不存。

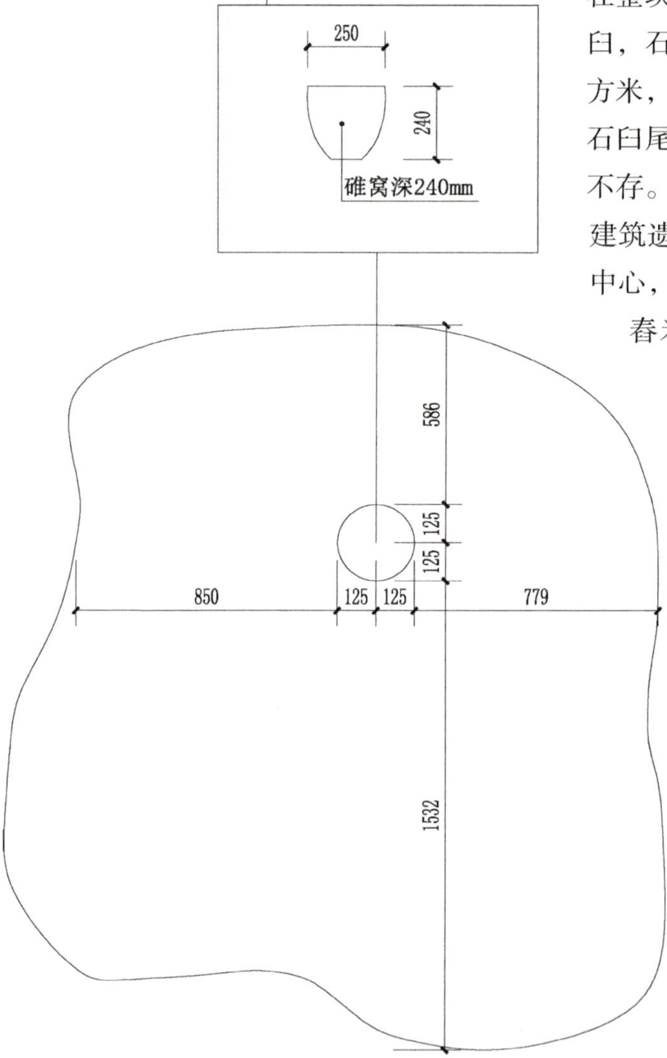

D10平面图 1:20

7.11 D11 号碓

D11 号碓位于玛瑙山中营内城城建筑遗址西侧，西侧为 D10 号碓和建筑遗址地袱石、东侧建筑遗址，北侧为建筑遗址地袱石、南侧为 C2 号池以及建筑遗址地袱石。坐西南和东北，座向 8°，海拔高度 864 米，位于北纬 28° 7′ 9″，东经 107° 45′ 54″。D11 号碓是在整块基岩上人工凿出一锥形海窝形成石臼，石臼石平面呈手柄形，占地面积 2.5 平方米，石臼口面直径 300mm、深 240mm。石臼尾部两个支架铆口不存、踩踏板槽口不存。D11 号碓南、北、西二面还遗存有建筑遗址地袱石，且又与 D10 号碓相邻，位于中营内城军事指挥中心，其主要功能与 D10 号碓共同用于中营内城军事人员舂米作为生活给养，必要时也加工火药作为中营内城防御弹药补给。

D11 号碓保存状况差，残损等级为Ⅳ级，基本能复原原有的形制与布局，石臼保存较好，支架铆口不存，踩踏板槽不存，支架、支背、碓轴、碓杵不存。

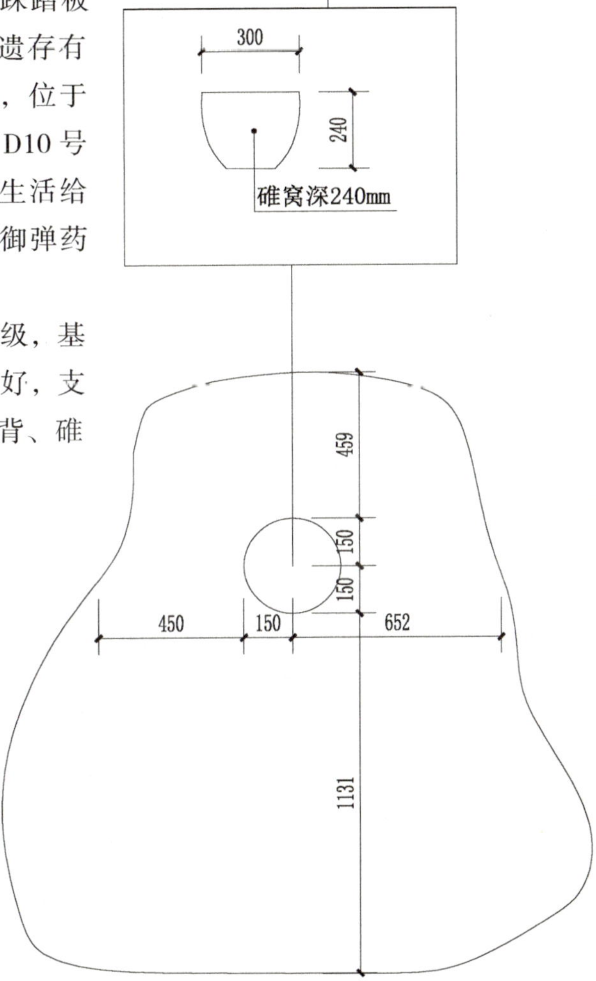

D11平面图 1:20

7.12 D12 号碓

D12 号碓位于玛瑙山中营西部外城西南侧，北侧为建筑遗址地袱石和进入地下通道的 M42 号门道、南侧为 C3 号池和建筑遗址地袱石、东侧为建筑遗址地袱石、西侧为中营西部外城墙。坐东北向西南，座向 238°，海拔高度 852 米，位于北纬 28° 7′ 8″，东经 107° 45′ 53″。D12 号碓是在整块基岩上人工凿出一锥形海窝形成石臼，石臼石整体与山体连接，石臼口面直径 380mm、深 280mm，是玛瑙山营盘内较大的碓之一。石臼尾部人工凿出东西两侧各一个支架铆口，两个支架铆口平面呈正方形、长方形，东侧支架铆口长 109mm、宽为 73mm、深 200mm，西侧支架铆口长 108mm、宽 69mm、深 180mm，支架铆口后面未做踩踏板槽口，利用台地自然落差作为踩踏板槽口。D12 号碓占地面积 3.20 平方米。其建筑形式为将左右两个 U 形支架分别铆入两个铆口内固定，U 形支架上支撑支背，碓轴上的碓杵与石臼对应形成碓。D12

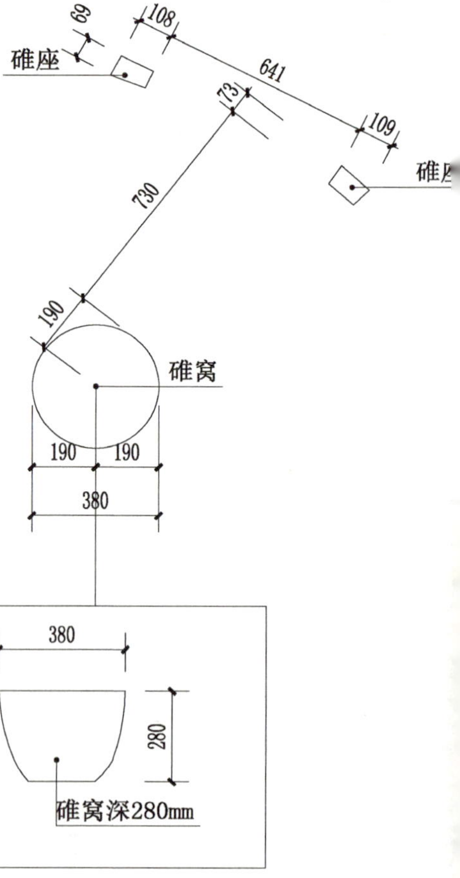

D12平面图 1:20

号碓主要功能是中营外城南部防御人员舂米作为生活补给，必要时加工火药作为防御弹药补给。

D12 号碓保存状况好，残损等级 I 级，石臼、支架铆口保存原有的形制与布局，石臼、支架铆口保存较好，支架、支背、碓轴、碓杵不存。

7.13　D13 号碓

D13 号碓位于玛瑙山南营内城中部，南侧为建筑遗址地袱石，东侧为 P6 号炮座、P7 号炮座、D14 号碓和建筑遗址地袱石。坐东南向西北，座向 279°，海拔高度 864 米，位于北纬 28° 7′ 5″，东经 107° 45′ 56″。D13 号碓是在整块基岩上人工凿出一锥形海窝形成石臼，石臼石平面呈长方形，石臼位于基岩石南侧，石臼口面直径 290mm、深 240mm。石臼口面进行了精加工，沿石臼一圈人工凿出方形口面，并向南侧凿出一槽口，以便碓在往下锤打时碓轴与地面保持一定距离。方形口面 450mm × 450mm，深度 20mm，碓轴槽口 420mm × 250mm，深度 20—35mm。石臼尾部支架铆口不存，支架铆

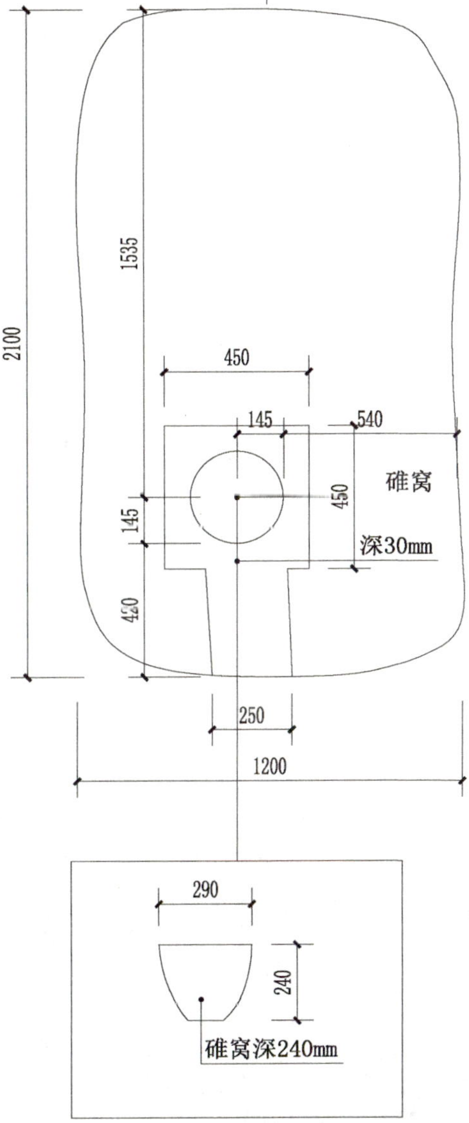

D13平面图　1:20

口后未做踩踏板槽口，利用台地自然落差作为踩踏板槽口。D13 号碓占地面积 3.63 平方米。其建筑形式为左右两个 U 形支架铆入地下泥土中固定，U 形支架上支撑支背，碓轴上的碓杵与石臼对应形成碓。D13 号碓主要功能一是用于南营防御人员舂米作为生活补给，二是为 P6 号炮座、P7 号炮座加工火药作为防御弹药补给。

D13 号碓保存状况差，残损等级为Ⅲ级，石臼保存原有的形制与布局，石臼保存较好，支架、支架铆口、支背、碓轴、碓杵不存。

7.14　D14 号碓

D14 号碓位于玛瑙山南营内城中部，南侧为建筑遗址地栿石，东侧为南营东部城墙，西侧为 P6 号炮座、P7 号炮座和 D13 号碓。坐东南向西北，座向 305°，海拔高度 861 米，位于北纬 28° 7′ 5″，东经 107° 45′ 55″。D14 号碓是在整块基岩上人工凿出一锥形海窝形成石臼，石臼石平面呈手柄形，石臼位于基岩柄部。D14 号碓首先是对基岩进行了精加工，先将计划凿石臼位置凿平并向下凿出一方形槽口，再在方形槽口中部向下凿出石臼，最后在石臼尾部东西两侧各凿一个支架铆口以铆固支架。方形槽口 500mm × 500mm、深度为 30mm，石臼口面直径 270mm、深 200mm。支架铆口后面未做踩踏板槽口，是利用台地自然落差作为踩踏板槽口。D14 号碓占地面积 4.63 平方米。其建筑形式为左右两个 U 形支架铆入支架铆口固定，U 形支架上支撑支背，碓轴上的碓杵与石臼对应形成碓。D14 号碓主要功能与 D13 号碓同，一是用于南营防御人员舂米作为生活补给，二是为 P6 号炮座、P7 号炮座加工火药作为防御弹药补给。

D14 号碓保存状况差，残损等级为Ⅲ级，石臼、支架铆口等基本保存原有的形制与布局，石臼保存一般，有风化现象，支架铆口残损 30%，支架、支背、碓轴、碓杵不存。

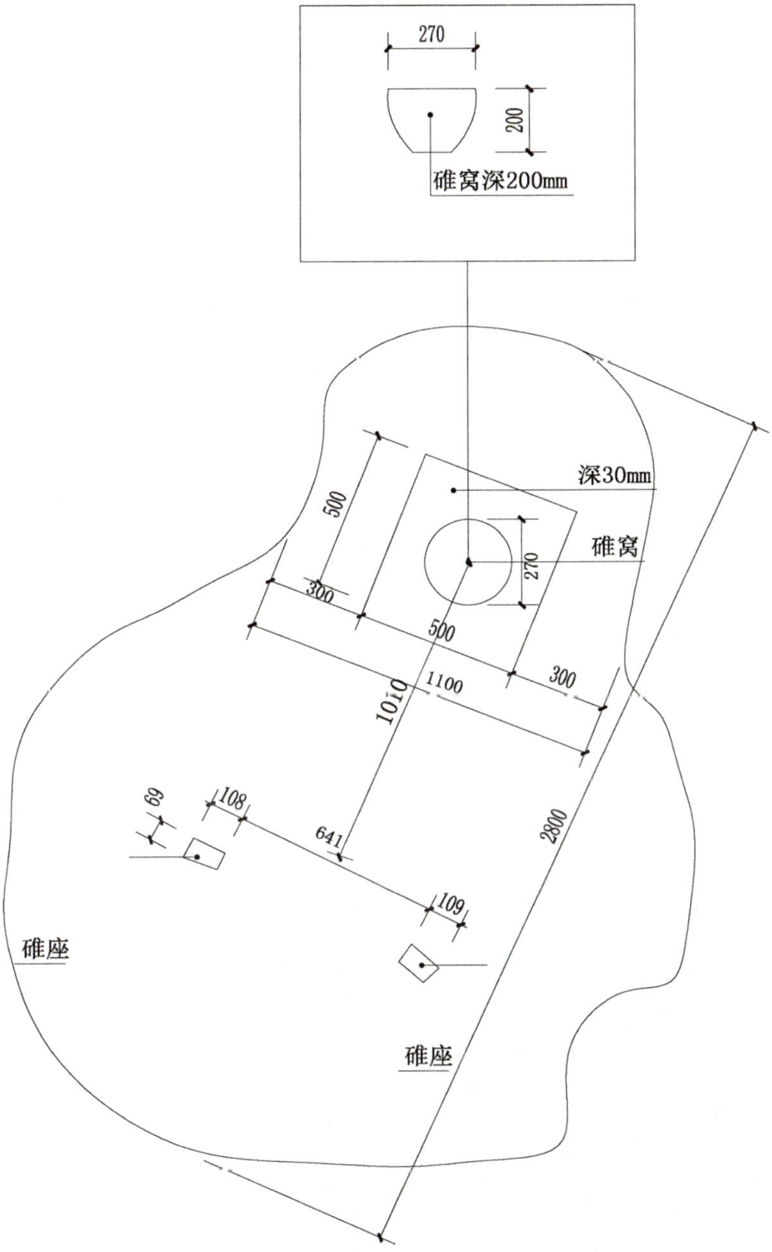
270
200
碓窝深200mm
深30mm
碓窝
500
270
300
500
300
1100
1010
2800
69
108
641
109
碓座
碓座

D14平面图 1:20

7.15 D15号碓

D15号碓位于玛瑙山南营内城西南侧，西北侧为建筑遗址地袱石、西南侧为中营西部城墙和SK19号射击孔。坐东北向西南，座向227°，海拔高度862米，位于北纬28° 7′ 4″，东经107° 45′ 56″。D15号碓是在一块方整石上人工凿出一锥形海窝形成石臼，石臼石平面呈方形，长550mm、宽430mm，石臼口面直径250mm、深200mm。石臼尾部支架铆口不存，是以地下泥土开挖槽口作为铆口，支架铆口后面未做踩踏板槽口，利用台地自然落差作为踩踏板槽口。其建筑形式为左右两个U形支架铆入地下泥土中固定，U形支架上支撑支背，碓轴上的碓杵与石臼对应形成碓。其主要功能与D13号碓和D14号碓相同，一是用于南营防御人员舂米作为生活补给，二是为P6号炮座、P7号炮座加工火药作为防御弹药补给。

D15号碓保存状况差，残损等级为Ⅳ级，基本能复原原有的形制与布局，石臼保存较好，支架铆口不存，踩踏板槽不存，支架、支背、碓轴、碓杵不存。

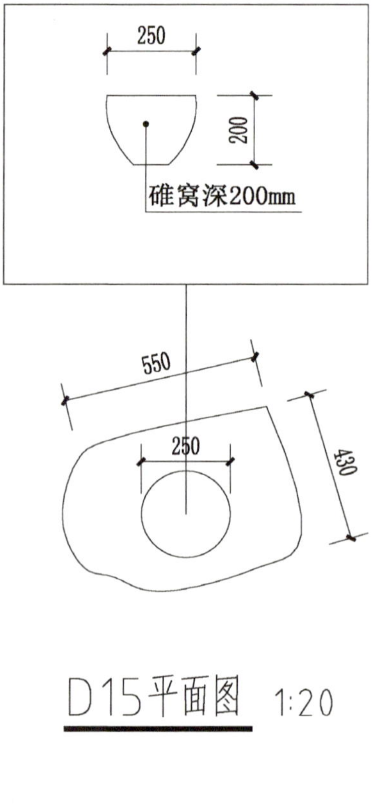

第八节　建筑遗址

玛瑙山建筑遗址主要有营房建筑遗址、兵营建筑遗址、宗教信仰建筑遗址和居住建筑遗址，军用建筑主要分布于玛瑙山营盘遗址内，宗教信仰建筑主要分布在官田寨前，居住建筑主要分布在官田寨内，其中营房遗址和兵营建筑遗址早年人为损毁，宗教建筑遗址残损严重，居住建筑遗址保存较差。

8.1　中营内城建筑遗址

中营内城建筑遗址位于玛瑙山中营内城，坐北向南，座向214°，海拔高度856米，位于北纬28° 7′ 8″，东经107° 45′ 54″。占地面积206平方米，遗址平面布局呈长方形，建筑基址的地袱石保护较好。其是玛瑙山中营内城军事指挥中心，用于玛瑙山战乱时的军事指挥。地面建筑于1958年“大跃进”时损毁。

8.2　东营兵营遗址

东营集市街区遗址位于玛瑙山东营南部，坐南向北，海拔高度844米，位于北纬28° 7′ 6″，东经107° 45′ 54″。占地面积2198平方米。遗址平面呈长方形三级台地状，建筑基址和地袱石保存较好，建筑体量较大。主要是战乱时期防御人员居住营房。地面建筑于1958年“大跃进”时损毁。

8.3　南营兵营遗址

南营兵营遗址位于玛瑙山南营盘内，坐向不明，海拔高度846米，位于北纬28° 7′ 6″，东经107° 45′ 54″。占地面积约1500平方米。遗址后期干扰太大，建筑基址保存零星，从现状分析，南营建筑大多为小体量建筑，但间数较多，建筑随意性较大。主要供军事防御时防御人员临时休息和加工火药等。地面建筑于1958

年“大跃进”时损毁。

8.4 北营兵营遗址

北营兵营遗址位于玛瑙山北营盘内，海拔高度850米，位于北纬28° 7′ 9″，东经107° 45′ 59″。占地面积约750平方米。遗址后期干扰太大，但遗址主要格局大体较为集中，依山而建。主要供军事防御时防御人员临时休息和加工火药等。地面建筑于1958年“大跃进”时损毁。

8.5 子营军事管理中心遗址

子营内城建筑遗址位于玛瑙山子营中部，坐东向西，座向266°，海拔高度859米，位于北纬28° 7′ 11″，东经107° 45′ 53″。子营建筑基址保存原有的格局，地面建筑正房保护较好，南厢房有过改建，北厢房不存。子营内城建筑平面呈三合院落式建筑，东侧以城墙与东营相隔离，西侧以墙与西营相隔离，西侧城墙西南侧设置M22号门道与西营相连通，西北侧城墙上设置P3号炮座护卫其安全。子营建筑是玛瑙山营盘的军事管理中心，具有玛瑙山营盘的军事管理功能。占地面积约1230平方米。现存的正房面阔三间、进深两间，歇山顶、穿斗式木瓦结构建筑，始建于清代，后期曾有维修，梁架、屋架和大部分装修材料为清代时期建筑构件，20世纪80年代在正房南添建一抱厦；南厢房面阔三间、进深一间，歇山顶、穿斗式木瓦结构建筑，始建于清代，后期进行改造，二层加建回廊，梁架、屋架为清代时期建筑构件，20世纪80年代在厢房南添建圈舍；北厢房建筑已毁，具体年代无考，建筑基址保存原有的格局。

第三章

玛瑙山营盘
相关配套设施遗存

第一节 字库塔建筑遗址

字库塔建筑遗址位于玛瑙山东外城军事防御区东侧一缓坡上一级台地上，下临通组公路，东侧为玛瑙山官田古寨，海拔高度852米，位于北纬28° 7′ 8″，东经107° 46′ 12″。字库塔采用就地开采的青石经精加工成规整条石干摆砌筑而成，平面呈六边形，边长1330mm，直径2304mm、残高865mm，建筑面积4.66平方米。残存石材三层，东、南侧块石位移。字库塔的“塔”，又称“浮图”，源于佛教。浮图，一作“浮屠”，是梵文的汉语音译，即“佛塔”之意。佛塔又称“宝塔”，起源于印度，用以庋藏“舍利”及经卷等物。[①] 所谓字，即所写的文字，所谓库，即贮存物资，字库塔即为贮存字的地方，封建社会时期，读书人废弃的字纸不能随意丢弃，所有用过的字纸或废书，统一收集放到字库塔集中焚化，是我国传统文化中“惜字如金”“敬天惜字”观念的影

①《玛瑙山官田古寨》贵州人民出版社 凤冈县旅游局编 第100页

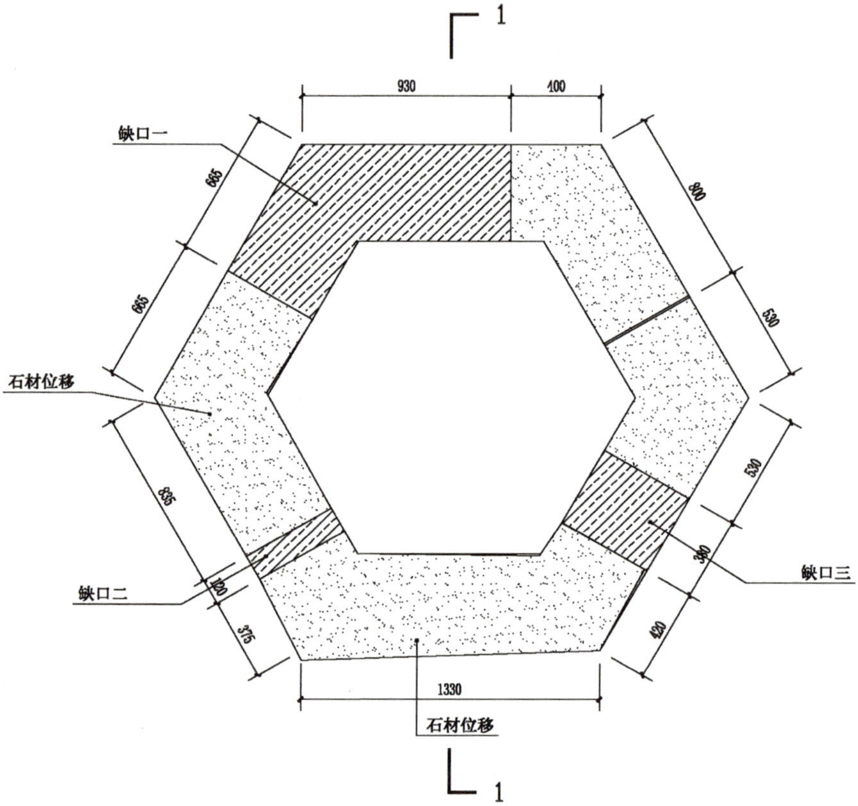

字库塔平面图 1:20

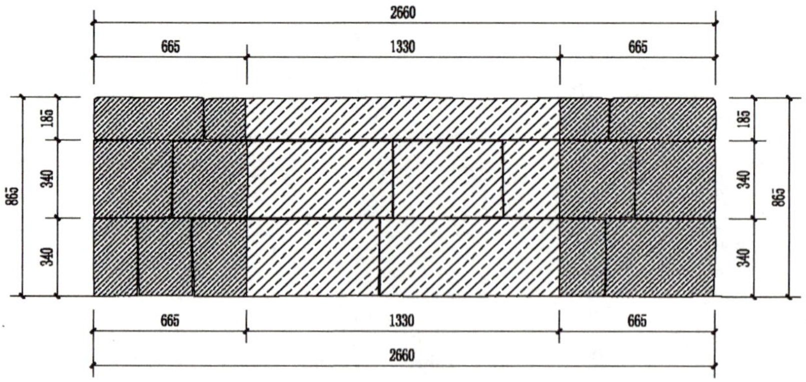

字库塔立面图 1:20

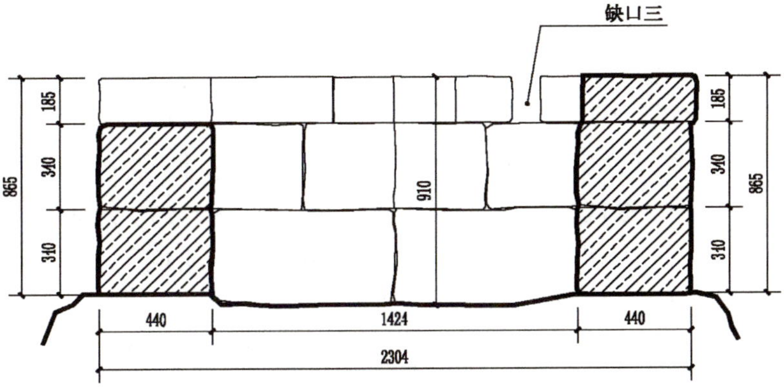

字库塔1－1剖面图 1:20

响所形成的一种习俗。玛瑙山的字库塔体现了钱氏及乡邻崇尚儒学、耕读为主的思想观念，也因此出现了“岁进士”钱恩普一样的文人。

第二节 钱清云住宅

钱清云住宅位于玛瑙山营盘东侧的官田寨，坐东南向西北，座向326°，海拔高度850米，位于北纬28° 7′ 7″，东经107° 46′ 13″。据钱氏家谱记载，钱氏始祖钱谦二受朝廷之命自浙江赴江西为官三代，其后钱谦二又受朝廷之命率部入黔平定地方之乱，屯驻玛瑙山下的沟里头，从此钱氏一族在此屯田种地，维护百姓，使得一方百姓安宁，得到地方邻众拥护，钱氏家族事业也得到不断壮大。清咸丰七年（1857），钱谦二后裔钱清云“捐金修营于玛瑙山，取名为金磐山”，并聚族众，招练防剿，远近众皆乐输乐役，因此，贼不敢正视。[①] 其间，钱清云兄弟5人协同扩建官田寨，官田寨原有寨墙一周不存，7个龙门（又称“朝门”）形成相对独立又相对互通的7个院落，与玛瑙山营盘形成集军事区

①《玛瑙山官田古寨》 贵州人民出版社 凤冈县旅游局编 第80页

和居住于一体的军事防御体系。钱清云老宅位于官田寨北侧，是一座穿斗式、悬山顶、小青瓦屋面的院落式建筑，占地面积590平方米，由龙门（又称“朝门”）、厢房、正房和院落组成。龙门不存，其青石台阶保存完好；东厢房和西厢房不存，正房也保存清代时期的建筑风格和建筑艺术。正房面阔三间，通面阔15500mm、通进深8500mm、通高7100mm，其中明间面阔5500mm，东西次间面阔为5000mm；西次间西侧为抱楼，面阔3150mm，进深7100mm，通高4890mm。东次间槛窗损毁两扇、西次间槛窗损毁一扇，明间大门、槛窗、腰板装修和雕刻保存完整。院落青石铺墁保存着清代时期的风貌，中轴线置5级石质台阶至台明，陡板石、土衬石、台明石全部采用青石精加工为寸7道至寸9道的錾道，以石灰浆砌筑而成，做工考究，陡板石和台明石一块石料在一吨以上，多者达3吨有余，陡板石通高940mm、台明石厚50mm、台明石宽1200mm、明间马口宽2800mm。钱清云住宅建筑的元素基本完整地保存了下来，其建筑形式、建筑艺术、雕刻技艺等是黔北地区民居传统建筑中的典型代表，也是玛瑙山营盘建设的实物例证。

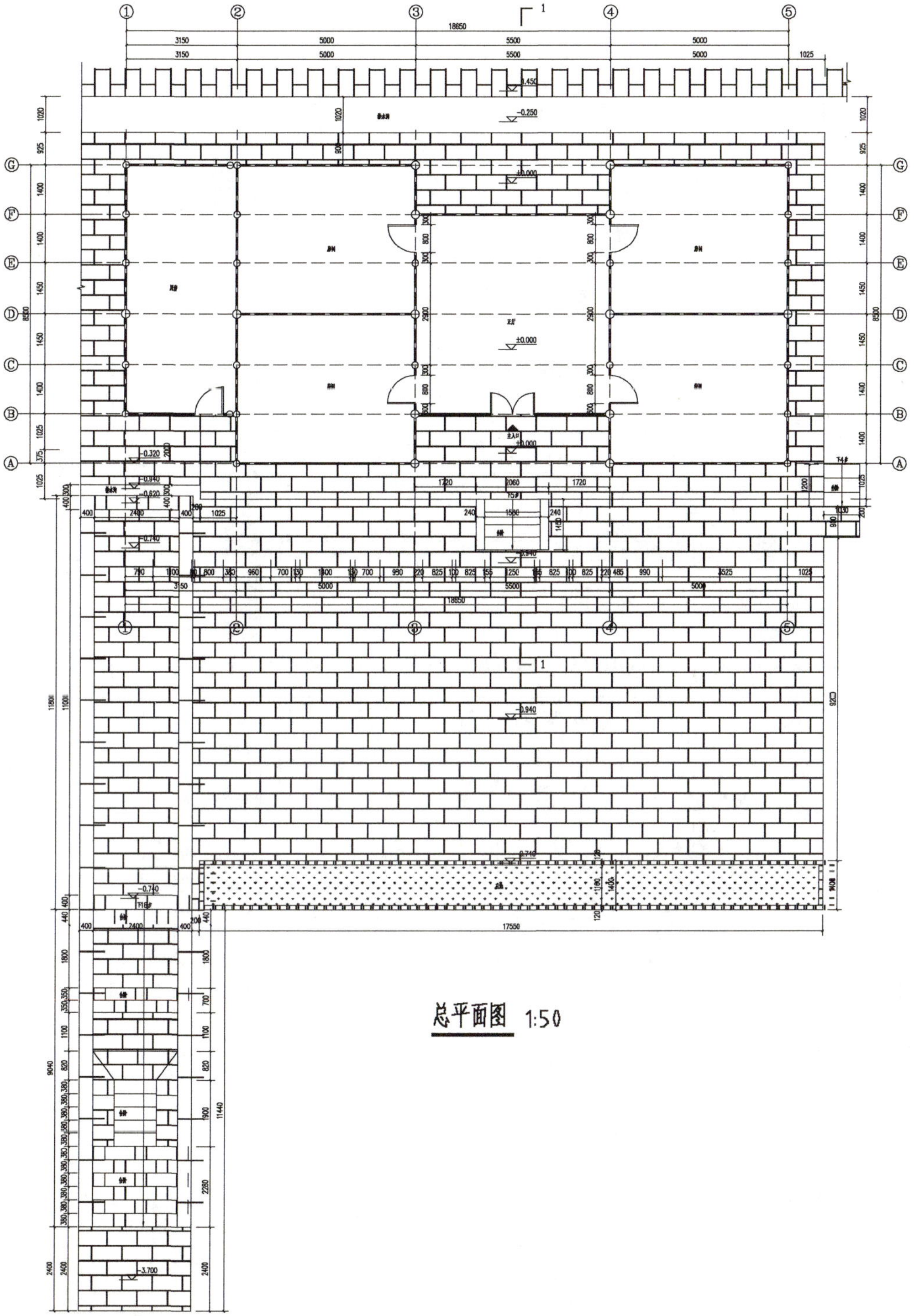

总平面图 1:50

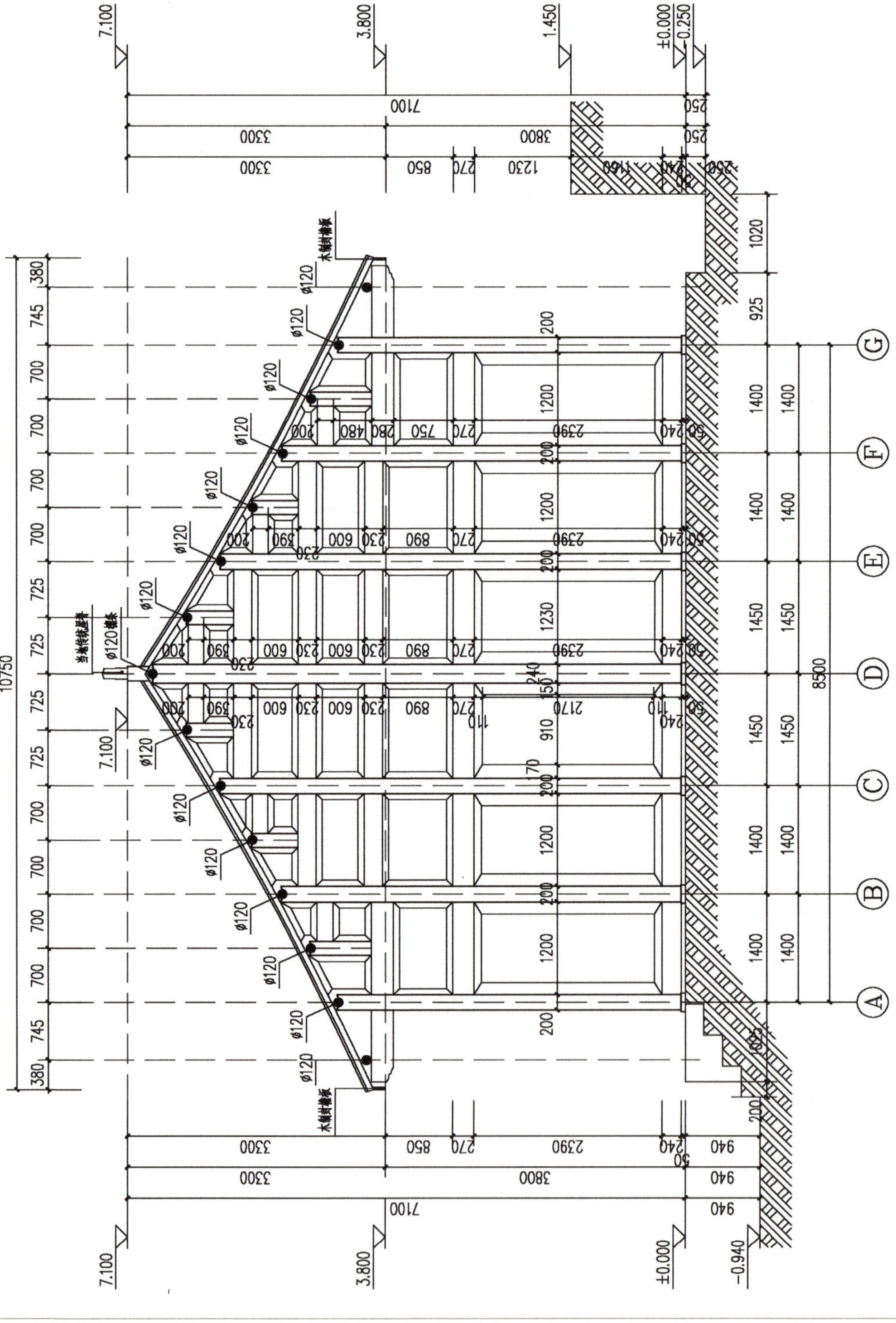
7.100
3.800
1.450
±0.000
-0.250
-0.940
7100
3300
3800
10750
8500
A
B
C
D
E
F
G
ø120
木制封檐板

Ⓐ-Ⓖ立面图 1:50

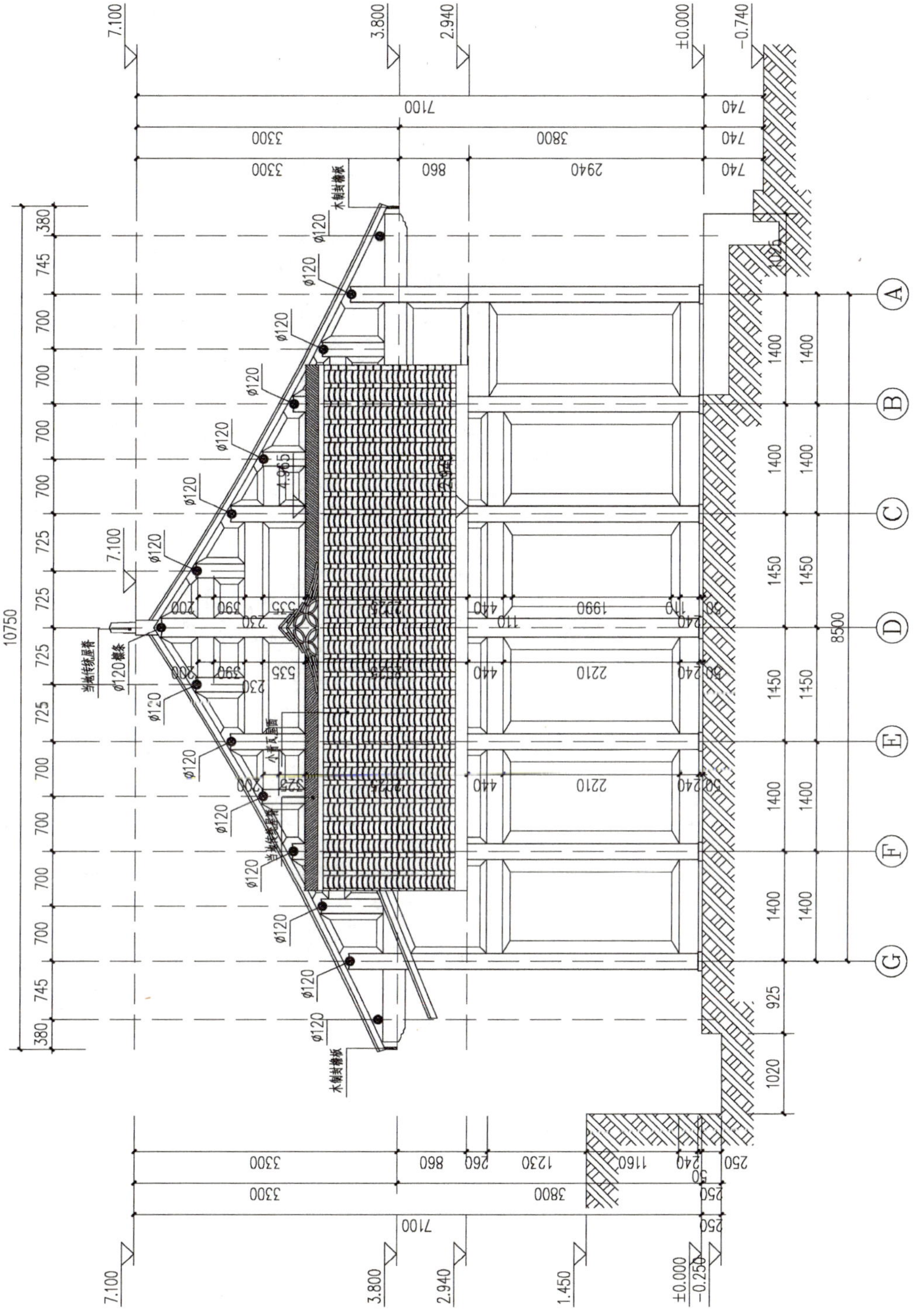

G－A 立面图 1:50

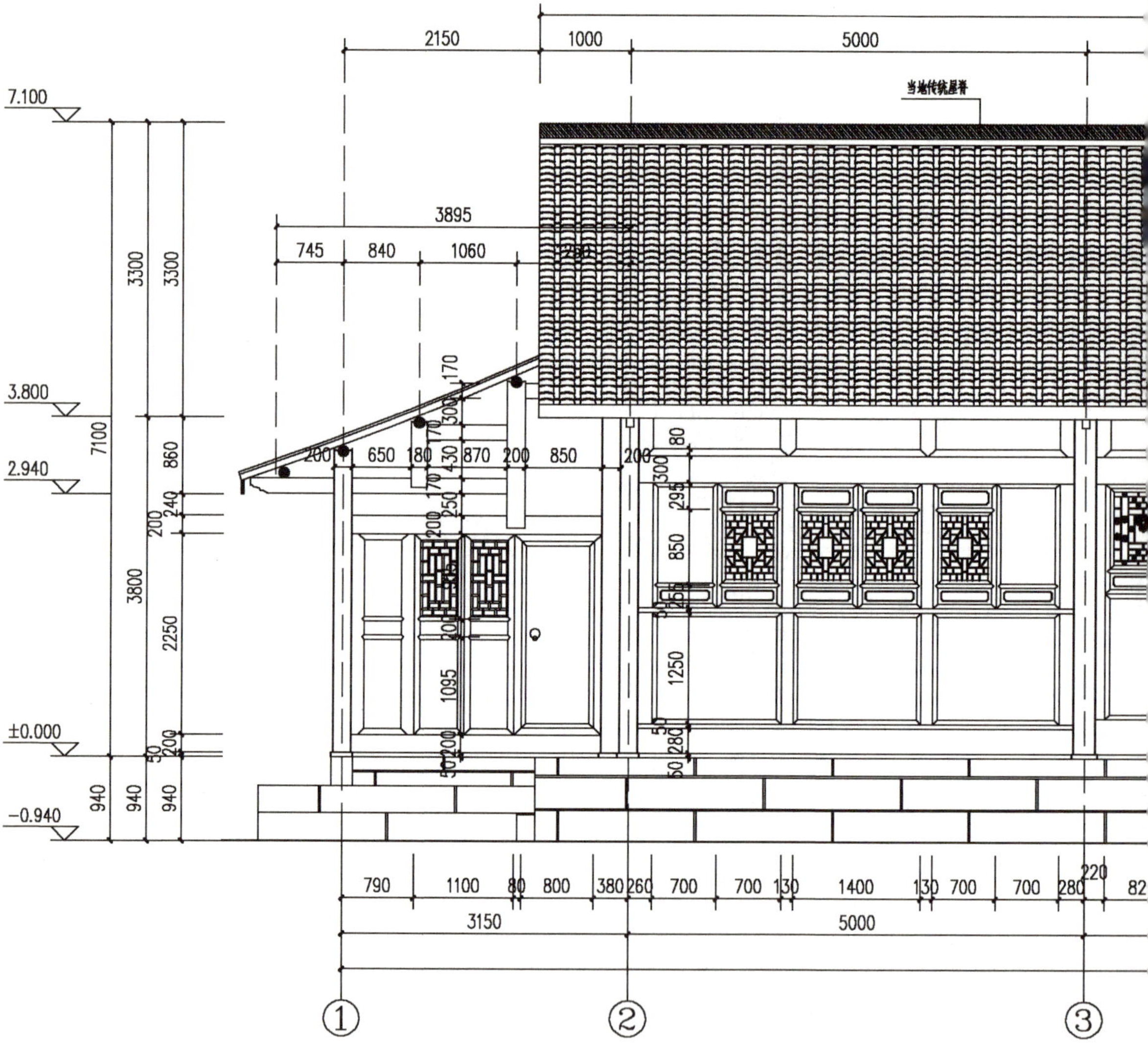
当地传统屋脊
7.100
3.800
2.940
±0.000
−0.940
2150
1000
5000
3895
745
840
1060
7100
3300
3800
940
790
1100
800
3150
①
②
③

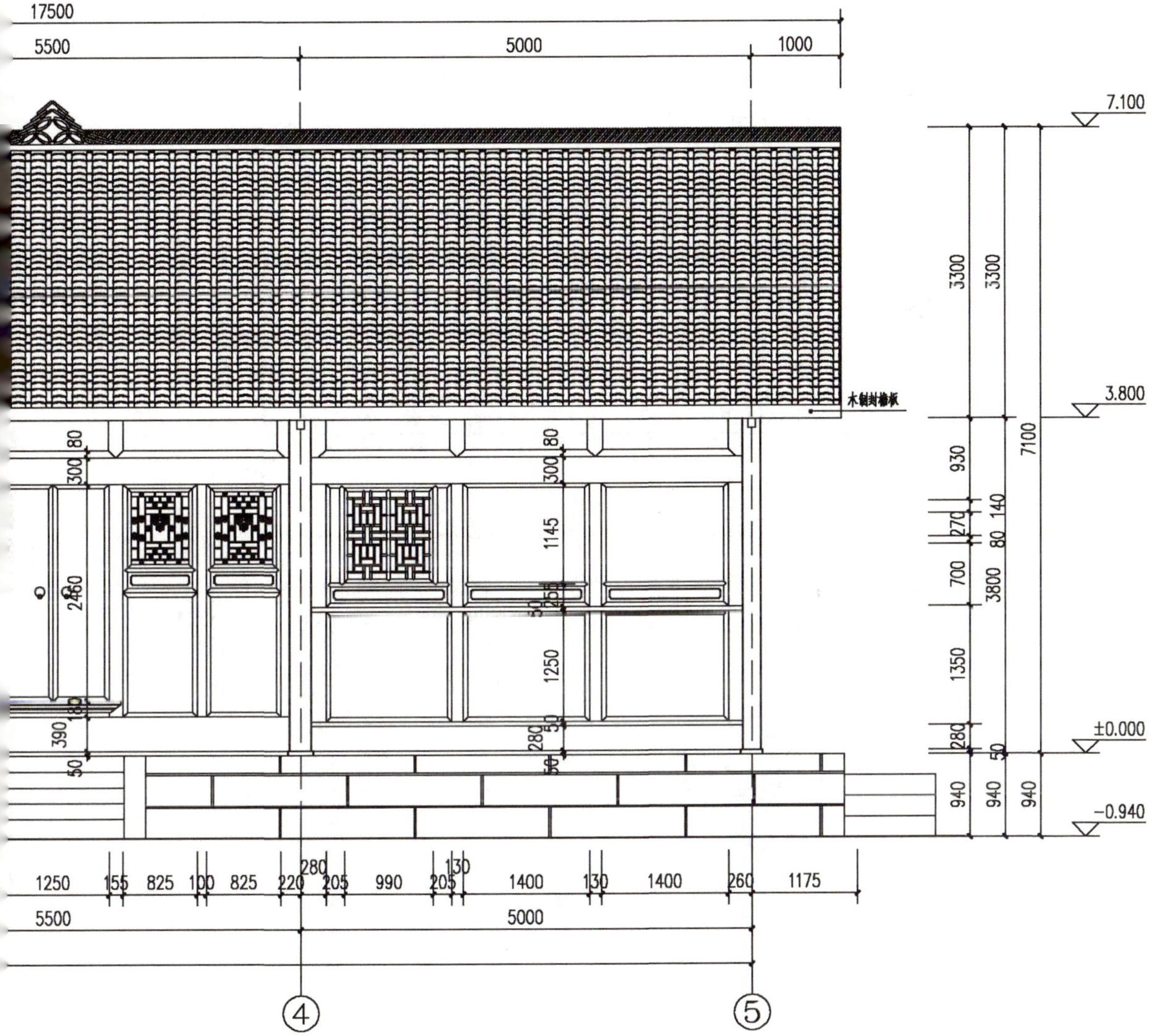

17500
5500
5000
1000
7.100
3.800
±0.000
−0.940
木制封檐板
3300
3300
7100
930
270
140
80
700
3800
1350
280
50
940
940
940
80
300
2460
180
390
50
80
300
1145
50
250
1250
50
280
50
1250
155
825
100
825
220
280
205
990
205
130
1400
130
1400
260
1175
5500
5000
4
5

①–⑤ 立面图 1:50

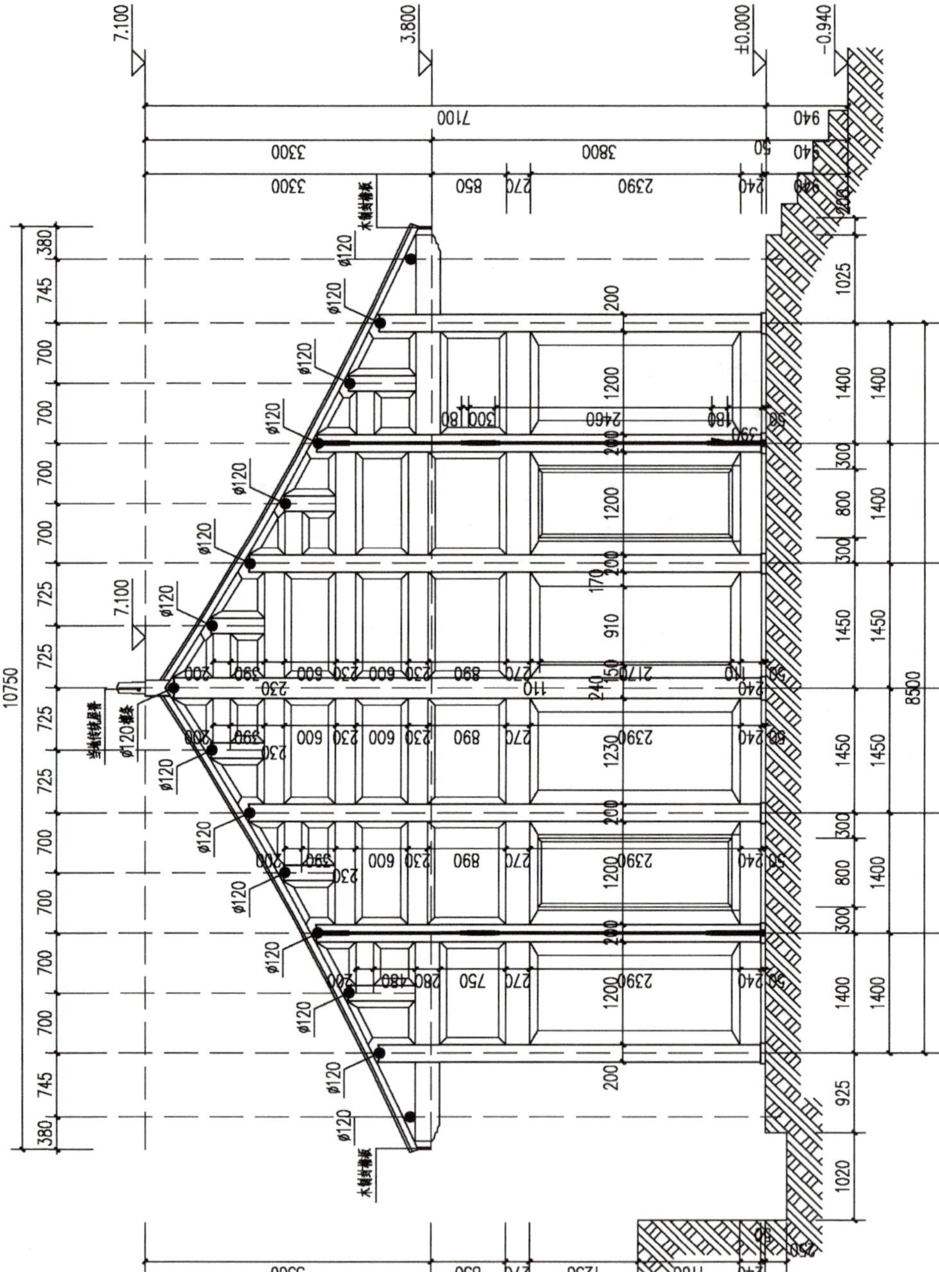

1—1剖面图 1:50

第三节　夹杆石

夹杆石，又称“石桅杆”“石桅桩”，是将两块条石平行埋入地下，地表露出部分分别在侧面设置上下穿孔，穿孔中置以横木，将旗杆置于两块石材中间以固定形成旗杆的底座。中国古代的科举制度中考取功名者，将在自己的老宅前醒目位置竖立桅桩，升旗彰显。

3.1　J1 号夹杆石

J1 号夹杆石位于玛瑙山营盘子营中部军事管理区西侧城墙外侧，坐东向西，座向 287°，海拔高度 730 米，位于北纬 28° 7′ 12″，东经 107° 45′ 52″。由两块条石并排组成，两块条石间距为 350mm，露出地表部分均为 1.4 米，埋放地下部分不详。夹杆石正立面均呈长方形，高 1400mm、宽 170mm，侧立面呈双束腰状，高 1400mm、上宽 510mm、下宽 490mm，上束腰和下束腰高分别为 100mm 和 140mm，上部置菱形孔各一个，下部设置方形孔各一个，方形孔边长为 100mm。南侧夹杆石西立面楷书阴刻“四川候补知县”字迹、北侧夹杆石西立面楷书阴刻“钱恩普”字迹。清代时期，凡科举中榜，包括秀才、举人、进士等，都会在其屋门口或祠堂门口立旗杆一对，用以光耀门庭，激励后进。[1]石刻内容与中营军事管理中心存的“岁进士”匾说明，钱氏后裔钱恩普是晚清贡生。

[1]《玛瑙山：考古，文献与口碑》李飞

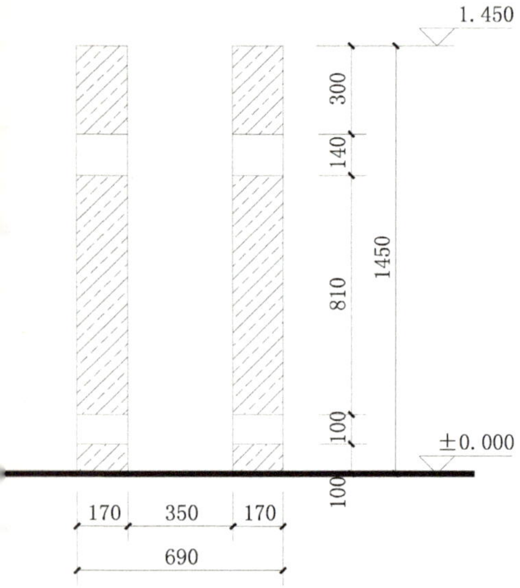

1-1剖面图 1:20

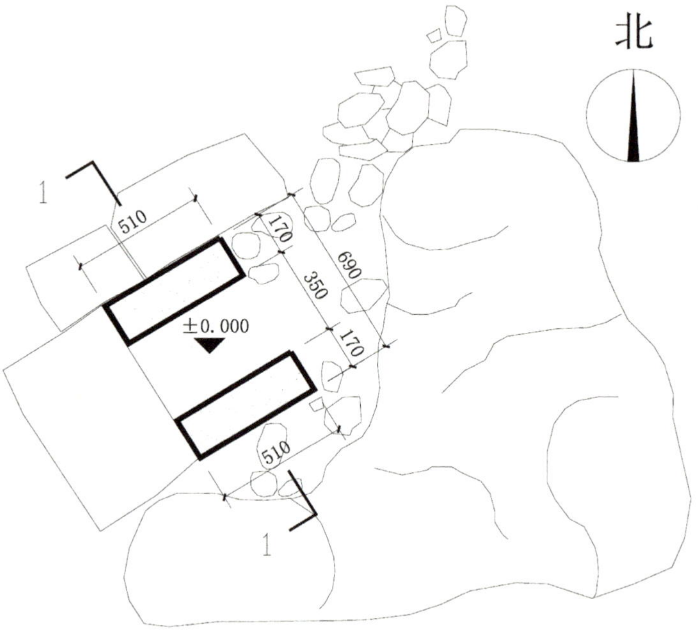

J1平面图 1:20

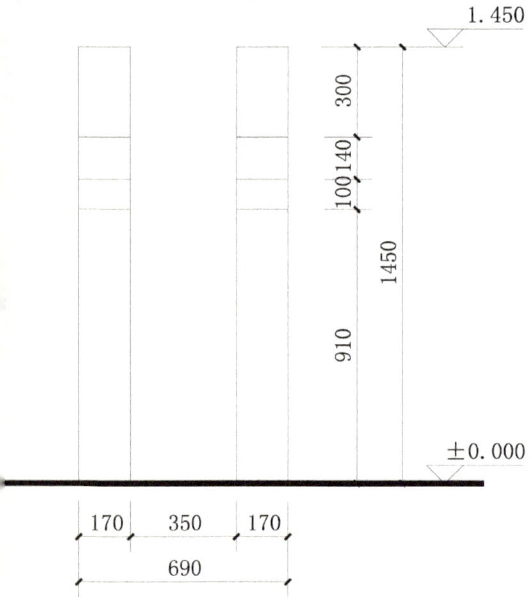

J1东、西立面图 1:20

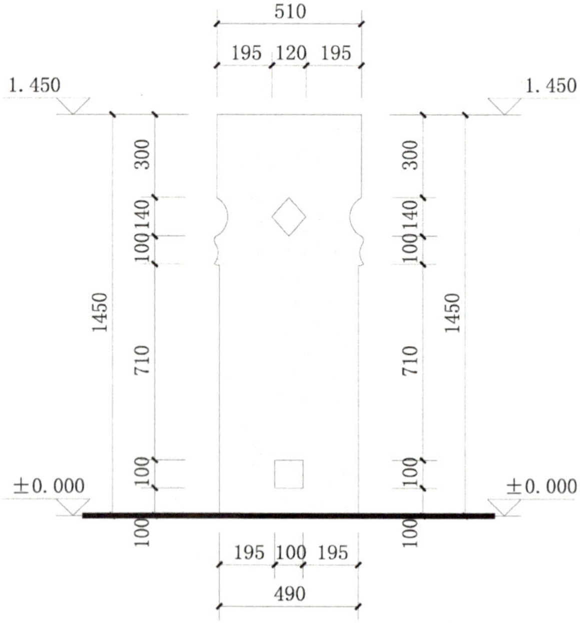

J1南立面图 1:20

3.2　J2 号夹杆石

J2 号夹杆石位于玛瑙山营盘子营中部军事管理区西侧城墙外侧，坐东向西，座向 248°，海拔高度 730 米，位于北纬 28° 7′ 12″，东经 107° 45′ 51″。与 J1 号夹杆石组成一对，由两块条石并排组成，两块条石间距为 270mm，南侧夹石露出地表部分为 1.1 米，北侧夹杆石露出地表部分为 1.25 米，埋放地下部分不详。夹杆石正立面均呈长方形，南侧夹杆石残高 1100mm、宽 150mm，北侧夹杆石高 1250mm、宽 170mm，侧立面呈双束腰状，南侧夹杆石上部残损，残高 1100mm、上部残宽 520mm、下宽 480mm，北侧夹杆石保存完好，高 1250mm、上部残宽 520mm、下宽 480mm。上束腰和下束腰高分别为 140mm 和 160mm，上部置菱形孔各一个（南侧菱形孔已损毁），南侧夹杆石下部设置方形孔一个，方形孔边长为 100mm，北侧夹杆石下部未设方形孔。

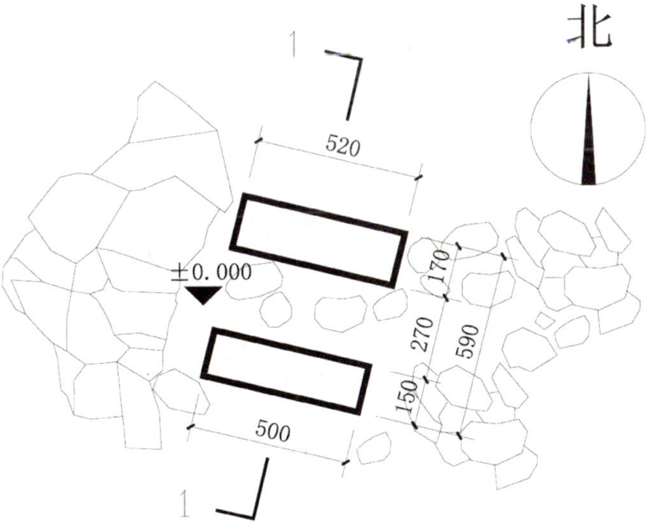

J2平面图　1:20

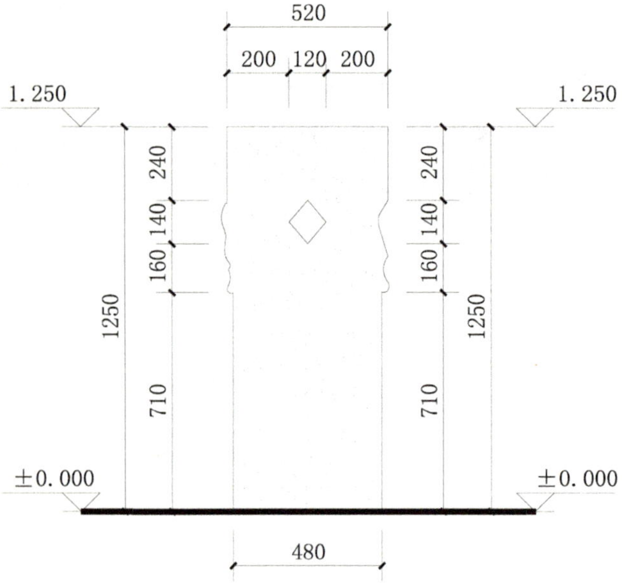

J2北立面图 1:20

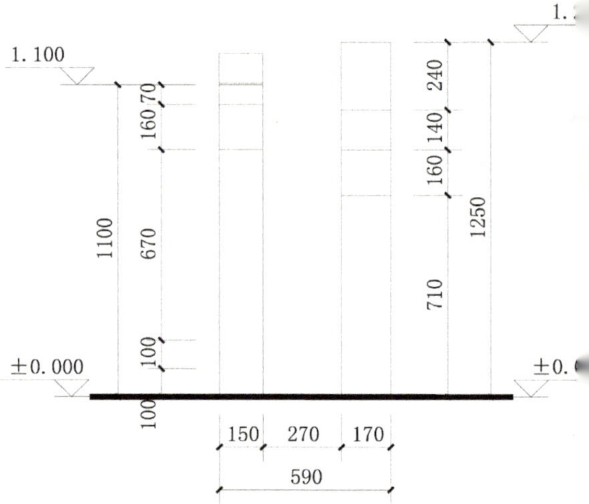

J2东立面图 1:20

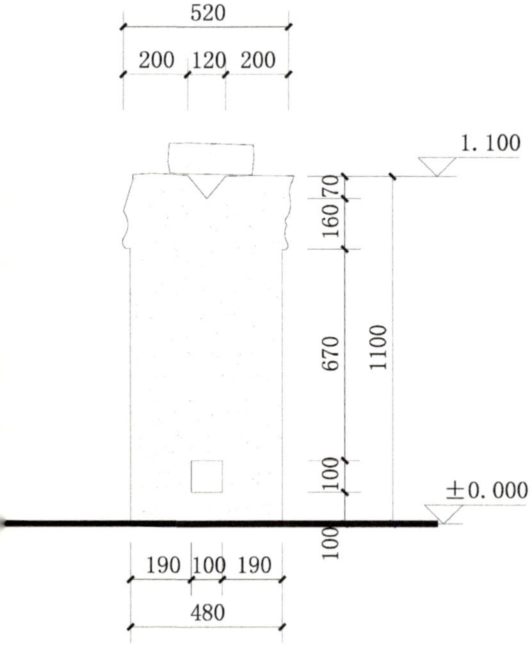

J2南立面图 1:20

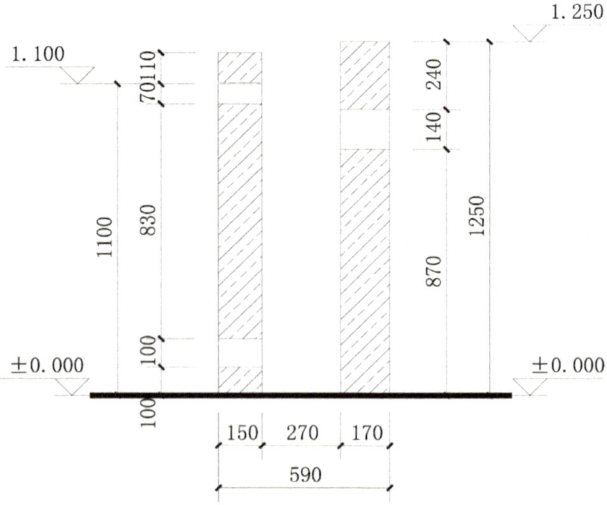

1-1剖面图 1:20

3.3　J3 号夹杆石

J3 号夹杆石位于玛瑙山官田寨西侧田坎旁，坐西北向东南，座向 104°，海拔高度 810 米，位于北纬 28° 7′ 5″，东经 107° 46′ 08″。由两块条石并排组成，两块条石间距为 460mm，露出地表部分均为 1.3 米，埋放地下部分不详。夹杆石正立面均呈长方形，高 1300mm、宽 280mm，侧立面下部呈方形、上部呈弧形，高 1300mm、宽 610mm，上部置菱形孔各一个，下部设置圆形孔各一个，圆形孔径 150mm。

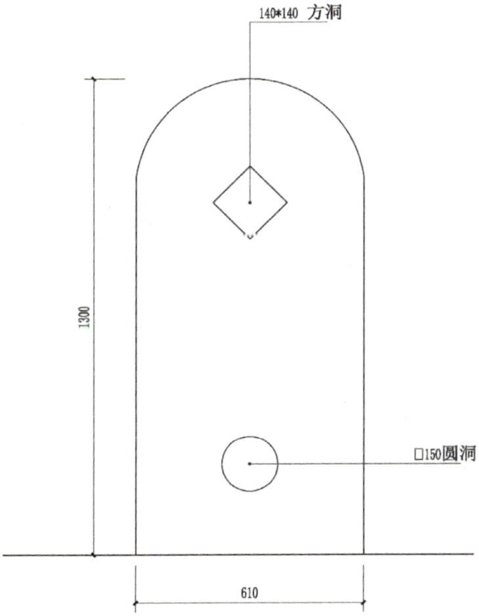

J3侧面图 1:10

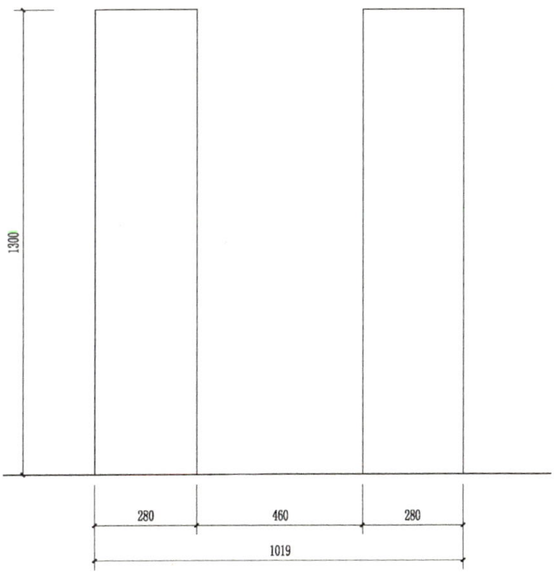

J3立面国图 1:10

方位：西北
北纬：28°7′5″
东经：106°46′8″

第四节　钱氏祠堂遗址

钱氏祠堂位于玛瑙山营盘东侧的沟里头，坐东南向西北，座向312°，海拔高度870米，位于北纬28° 7′ 8″，东经107° 46′ 29″。占地面积590平方米，由戏楼、院落、两庑和正殿组成，地上建筑全部损毁，改建为学校并荒废。祠堂建筑基址保存80%、地袱石保存70%，遗存柱础四个，石狮子一个。遗址的建筑基本保持原有的布局，台明、台明石、陡板石、石质台阶保存较好，东西两庑建筑基址损毁严重，地袱石不存。从祠堂建筑遗址遗迹进行分析研究，该祠堂建筑通面阔21250mm、通进深21480mm，面阔五间，其中，戏楼建筑基址通面阔21250mm、通进深7880mm，正殿通面阔21250mm、通进深7200mm。祠堂现存台基高1560mm、石质台阶8级，遗址前建设广场埋入一部分；台明与院落在同一水平线上，戏楼高于台明和院落地表平面200mm、正殿台基高于院落地表平面800mm。从祠堂建筑基址的尺寸和布局进行分析研究，钱氏祠堂建筑布局是贵州清代时期祭祀建筑的典型代表，对其建筑遗址进行清理发掘，还可能会有更多的发现。

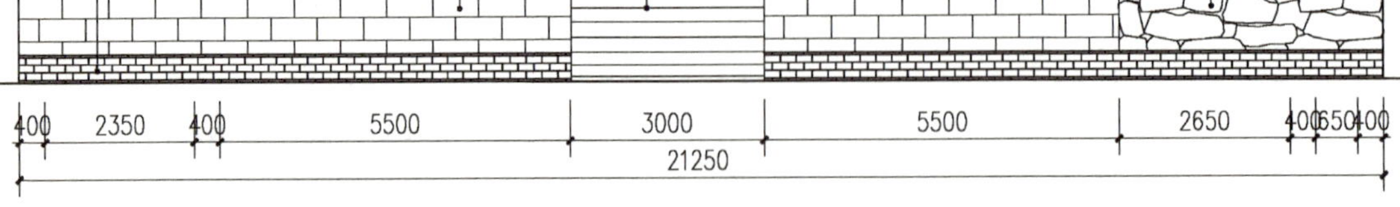

祠堂立面图　1:100

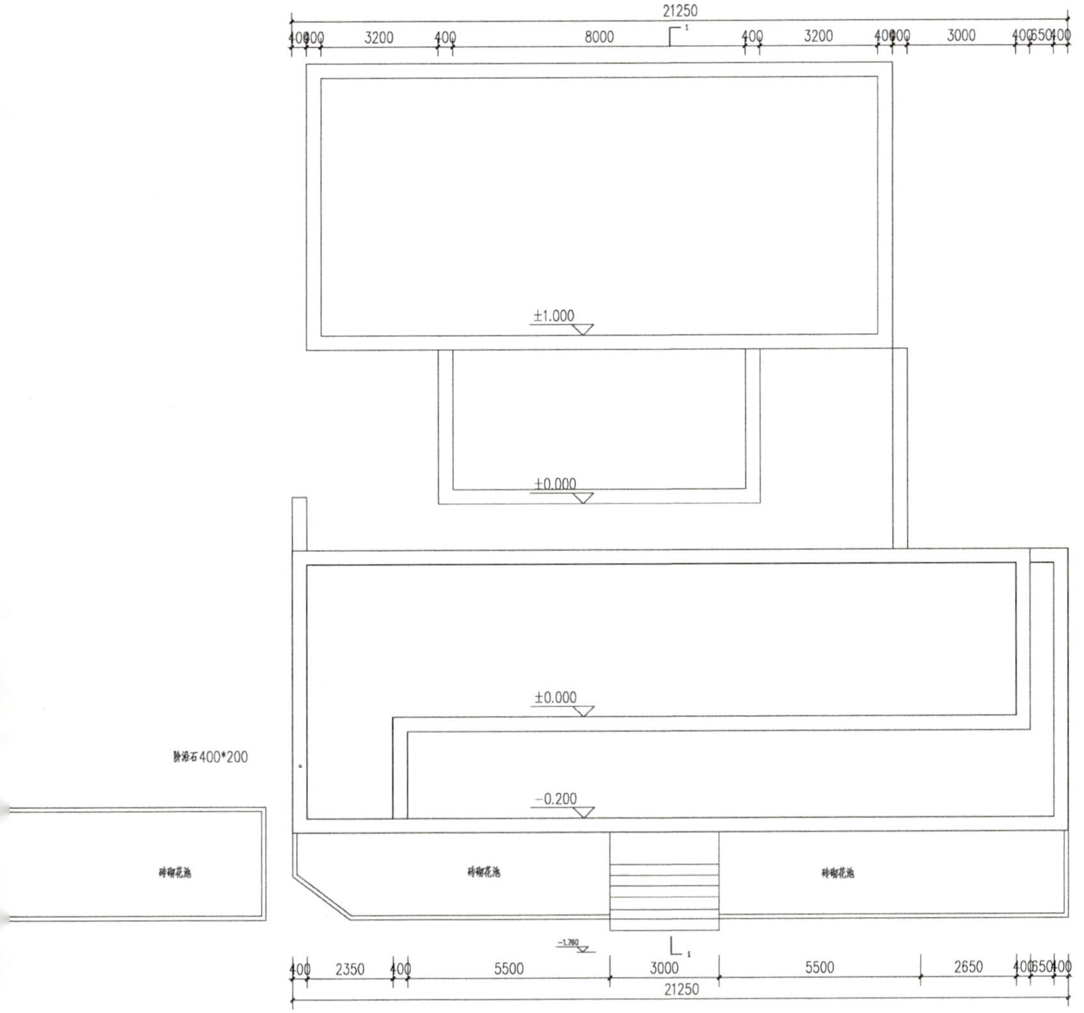

祠堂平面图　1:100

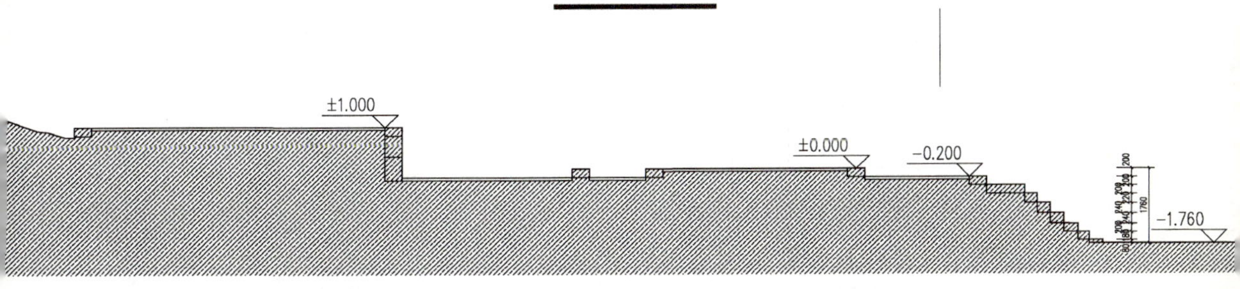

祠堂剖面图　1:100

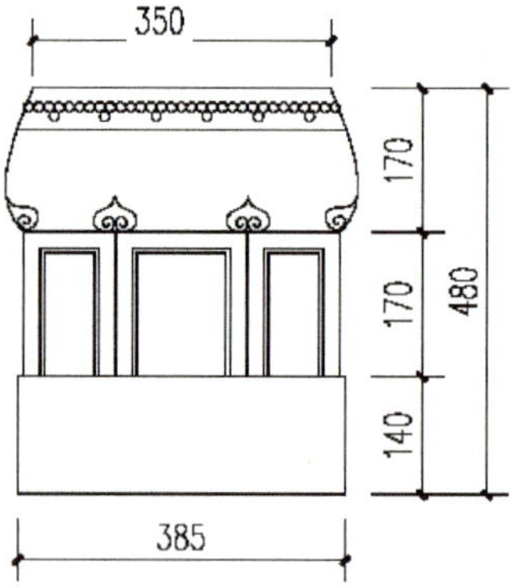

遗存石柱础（一）1:5

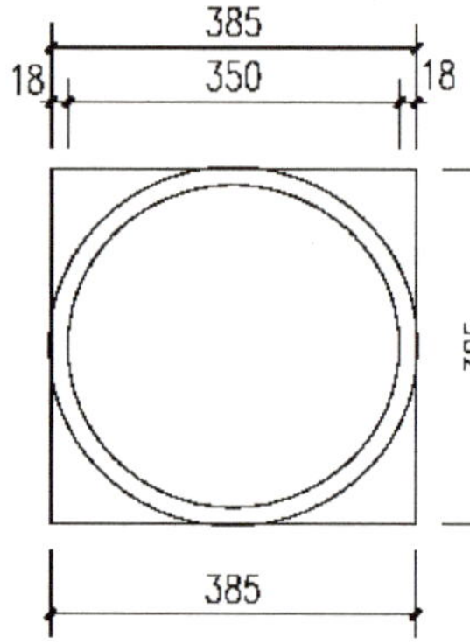

遗存石柱俯视（一）1:5

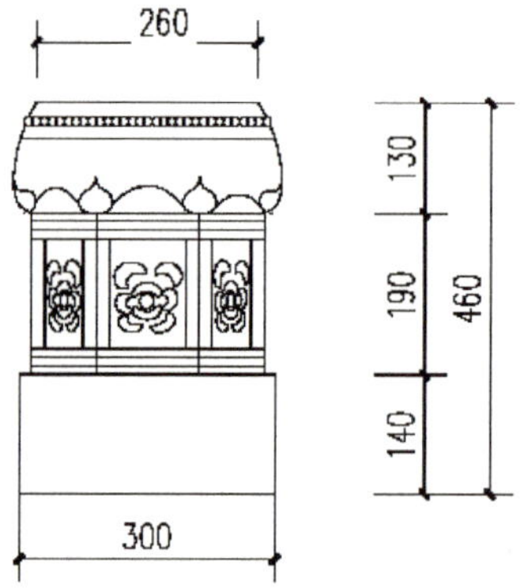

遗存石柱础（二）1:5

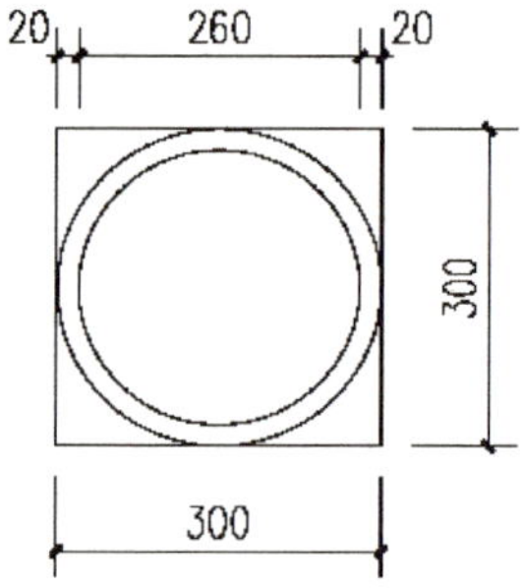

遗存石柱俯视（二）1:5

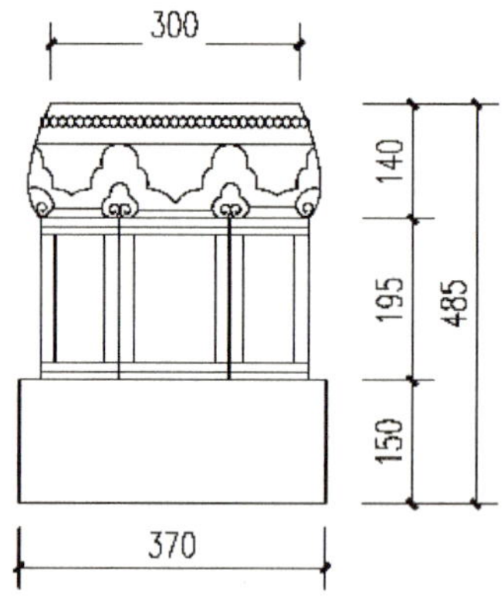

遗存石柱础（三）1:5

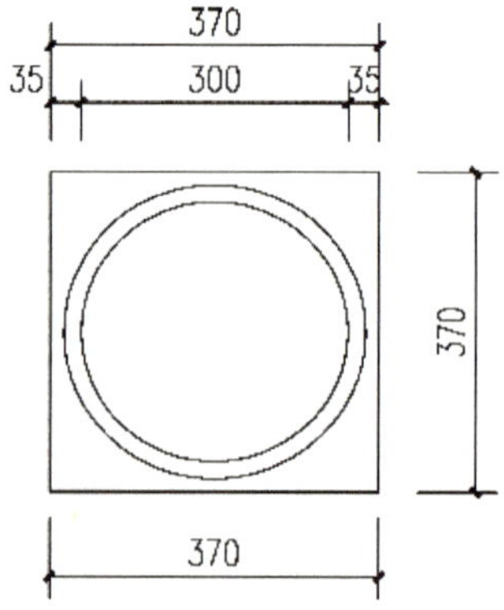

遗存石柱俯视（三）1:5

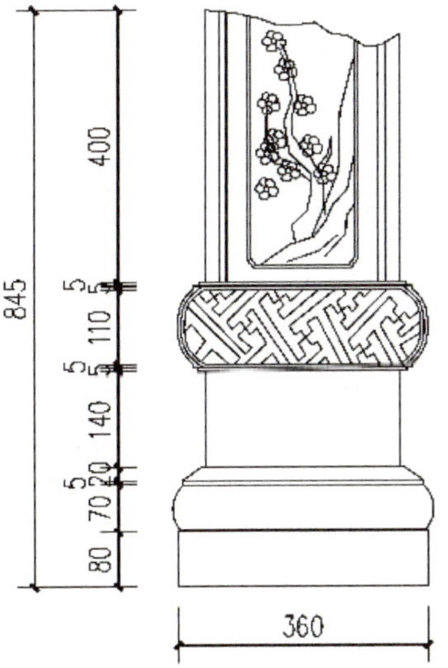

遗存石柱立面（四）1:5

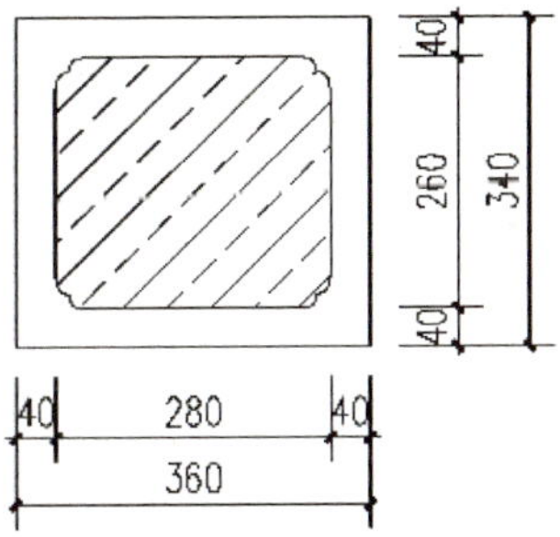

遗存石柱俯视（四）1:5

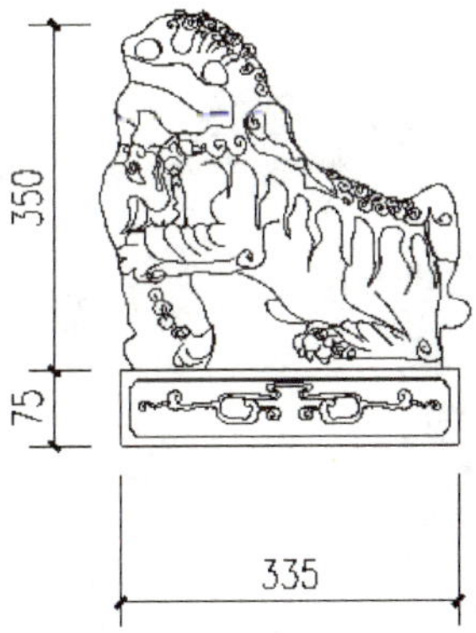

遗存石狮子立面（五）1:5

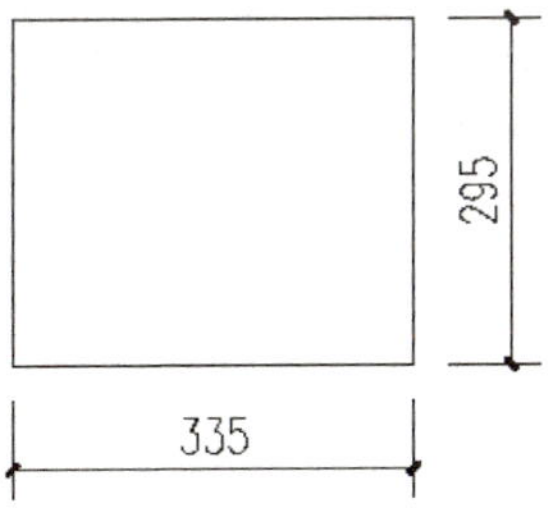

遗存石狮子平面（五）1:5

第五节　碾槽及碾子

碾槽及碾子位于玛瑙山东营西北角，海拔高度 860 米，位于北纬 28° 7′ 9″，东经 107° 45′ 57″。占地面积 18 平方米，由碾槽、碾子、支架和覆罩组成，支架不存、覆罩不存。从遗址遗迹分析研究，覆罩是悬山顶、穿斗式、茅草屋面、面阔为一间的简易建筑，供碾槽和碾子以及工作人员避雨之用。碾子和碾槽的主要功能是加工谷物，其体量较大，一般不会加工火药等爆炸物品。现遗存碾子一个，呈圆形，中设置一方孔，以横木穿入将碾子置于碾槽中，横木两端置于支架上并配以拉杆；碾槽在基岩上人工凿成一平面呈“嘴唇形”，底部呈 V 形的凹槽，铆孔两组四个位于碾槽两侧，主要用于铆固碾子支架，支架上部立面呈弧形，人工推动拉杆，呈上下弧形来回推动，使碾槽中的谷物等在碾子下剥离。

后　记

十年前初识玛瑙山，得缘于与时任凤冈县文物管理所所长熊玉飞先生在一次会晤后，聆听到了玛瑙山的故事，此时的我对海龙屯情有独钟，对“名不见经传”的玛瑙山也未曾想去识读。再识玛瑙山，因工作关系，在周志龙所长的介绍下与其接触，随后也不断对玛瑙山有新的了解。2017 年，凤冈县文体广播电视局启动玛瑙山申报全国重点文物单位的申报工作，遵义师范学院历史与文化旅游学院承担了玛瑙山的价值研究课题，作为课题组成员，我负责了玛瑙山文化遗存的调查与研究工作。在调查中，得到了省博物馆馆长、研究馆员李飞先生和遵义师范学院历史与文化旅游学院院长、硕士生导师陈季君先生的指导，调查得以有序地开展，经过一年半的努力，以《贵州山地军事防御工事·玛瑙山营盘》一书作为成果向课题组交卷，算是对玛瑙山营盘的一个初步认识。

《贵州山地军事防御工事 · 玛瑙山营盘》成书前，笔者对玛瑙山 2262 米城墙、48 道城门、53 个射击孔、2 座炮楼（碉楼）、12 个炮座、3 座哨所、15 个碓窝等进行了详细的调查、测绘和研究，基本建立了玛瑙山营盘的文物数据库，分析了玛瑙山营盘的建筑艺术、功能布局和军事防御思想，提出了玛瑙山营盘将贵州宋明时期山地军事防御工事的建筑艺术、功能布局和军事防御思想进行了传承和发展，是我国古代劳动人民智慧的结晶。在这次调查工作中，得到了凤冈县委和县人民政府、凤冈县文体广播电视局、县旅游局的大力支持；在调查、测绘与研究工作中，得到了省文物考古研究所、省博物馆、市文化广电新闻出版局的指导和市文物保护与研究所领导及专家的指导；在现场调查和测绘中，得到了薛维、李海鹏、周双、熊玉飞、涂明生、周志龙、谢长勇、袁红、何彩云、陈远兰、王玉庭的大力支持和协助，并做了大量的调查与测绘工作；在编写工作中，还得到了省文物局专家、市博物馆馆长、副研究馆员李良福老师，凤冈县文体广电新闻出版局局长薛维，凤冈县文物管理所所长周志龙指导，同时还得到了各县（市、区）文物管理所的支持，在此一并表示衷心的感谢。最后，还要感谢湖南柏加建筑园林（集团）有限公司、贵州圣艺规划设计有限公司的大力支持。

由于水平有限，加之时间紧迫，错误和不妥之处在所难免，恳望专家、学者和读者提出批评指正。

何　烨

2018 年 10 月 1 日于遵义